U0525242

天壹文化

从声音到文字，分类人类智慧

甲辰贞祭祖乙刻辞卜骨

商代晚期。牛肩胛骨。残长 26.5 厘米，残宽 19 厘米，1973 年河南省安阳市殷墟遗址小屯村南地出土。

小双桥遗址朱书陶文

毛笔书写,颜料为朱砂,是目前发现的商代最早的书写文字。

窄流平底爵

夏代晚期铜器,通高14.50厘米、流至尾长19.50厘米、足高4.30厘米。

夏绿松石龙形器

2002年在洛阳市偃师市二里头遗址一处高等级贵族墓葬中出土。夏绿松石龙形器的发现,证明了早在夏代的时候,二里头先民们已经把龙作为图腾来崇拜。

西周中期的史墙盘

史墙盘是西周时著名青铜器，1976年12月在陕西扶风出土，为西周恭王史官墙所作的礼器，内底铸有铭文18行284字，是研究西周历史的重要史料。

妇好鸮尊

1976年出土于安阳殷墟妇好墓。妇好墓是目前在殷墟发现的唯一一座不曾被盗掘过的商王室贵族大墓,也是中国迄今发现的、能够确切断定墓主人身份的年代最早的一座大墓。

三星堆青铜罍

进入商朝之后,古蜀国的青铜文明繁荣一时。尤其在武丁之后的殷商中晚期,古蜀文明达到鼎盛阶段。三星堆遗址,就是当时古蜀王国的心脏所在地。

三星堆青铜神树

殷商六百年

殷周革命与青铜王朝的兴衰

Shang Dynasty

柯胜雨 著

天地出版社 | TIANDI PRESS

目　录

引　子 ... 001

第1章　玄鸟传人 ... 003
　　产自鸟卵的殷商始祖 ... 003
　　流共工于幽州 ... 011
　　万国时代：昭明南归 ... 017
　　动荡的第一王朝 ... 023
　　从相土到冥 ... 030

第2章　夏商并立 ... 037
　　有夏之居 ... 037
　　王亥的风流账 ... 044
　　上甲微：殷商文明奠基人 ... 051
　　喜欢吃龙肉的夏王 ... 060

第3章　王者之都 ... 067
　　商汤的七个名号 ... 067
　　桀是十足的暴君吗？ ... 074
　　二里头与皇皇夏都 ... 081
　　夏桀的繁荣 ... 090

第 4 章	始征夏桀	099
	成汤解网收人心	099
	景亳之命结盟东夷	106
	陨落的东方要塞	112
	成汤困于汤丘	120

第 5 章	成汤革命	127
	空桑木钻出的元勋	127
	反复的权谋者	135
	两日斗蚀	141
	自西东击"太阳王"	147
	鸣条之战	153
	桀奔南巢与夏亡	159

第 6 章	商初风云	167
	成汤作夏社：变与不变	167
	郑亳、西亳双城记	173
	成汤的治世新政	183
	伊尹放太甲	189
	伊陟相太戊	195

第 7 章	中商之乱	203
	中丁迁隞征蓝夷	203
	九王之乱，王都频迁	210
	遗失的周人先公	217
	从土方到漆水	226

第8章　安阳殷都　　　　　　　　　　233
盘庚迁殷　　　　　　　　　　　　　233
梦得傅说：从奴隶到宰辅　　　　　　241
高宗肜日与孝己之死　　　　　　　　247
武丁的新殷都　　　　　　　　　　　253

第9章　武丁中兴　　　　　　　　　　261
贞人与甲骨卜辞　　　　　　　　　　261
王的女人：尚武崇军　　　　　　　　269
武丁的征伐　　　　　　　　　　　　279
天命之将：盛世利刃　　　　　　　　285

第10章　殷周恩怨　　　　　　　　　　293
迁岐与姬姜融合　　　　　　　　　　293
武乙之死　　　　　　　　　　　　　300
商王文丁的复仇　　　　　　　　　　306

第11章　商纣当国　　　　　　　　　　313
西伯昌的崛起　　　　　　　　　　　313
上古暴君　　　　　　　　　　　　　319
纣王征东夷　　　　　　　　　　　　325
天命在兹　　　　　　　　　　　　　331

第12章　仁君文王　　　　　　　　　　339
文王遇吕尚　　　　　　　　　　　　339
饮恨羑里　　　　　　　　　　　　　346

  周文王的征途   354
  徙都丰京与保训   362

第 13 章 武王伐纣   371
  太子发践阼   371
  战火与诗歌   378
  观兵孟津的局   384
  三星堆古国与伐纣战争   393

第 14 章 牧野灭殷   403
  决战之前   403
  纣王的最后抉择   411
  鹰扬牧野，血流漂杵   418
  殷商余绪：武庚之乱   427

参考文献   435

附　录   441

后　记   445

引　子

光绪二十五年（公元1899年），摇摇欲倾的大清帝国在萧索秋风中抖瑟着，义和团运动犹如燎原烈火，燃遍了整个华北大地。

西方强敌们摩拳擦掌，准备将这个拥有数千年灿烂文明的古国豆剖瓜分，而后像饿汉那样一口气将其吞下肚。

在皇城根王府井大街的一座宅屋中，国子监祭酒王懿荣对已经烂到根底的清王朝忧心如焚。他又患上了疟疾，求医多时未果，国家的命运与久治不愈的病痛令他寝食难安。

一日，有位谙习医道的友人告诉王懿荣，唯有北京菜市口西鹤年堂的"龙骨"方能治愈他的痼疾。药买回来之后，王懿荣对"龙骨"仔细检视了一番，究竟是何等神药如此灵验？孰料这一检视，犹似石破天惊，开启了学术史上的一个新时代。

王懿荣蓦地发现，"龙骨"上刻画着各种扭扭曲曲的符号。他满腹经纶、精通金石考据，立即意识到这是一种类似先秦籀篆的失传文字。王懿荣买下鹤年堂药店中所有的"龙骨"，并重金求购，把六文钱一斤的"龙骨"大幅抬价到一个字符价银二两五钱。不日，山东古董商范维卿携带大量刻有字符的"龙骨"前往王府求赏。

王懿荣对"龙骨"上的刻符进行研究之后，振奋地宣布，他找到了一种消失了三千多年的古文字——殷商甲骨文！

这不啻是破天荒的发现，旋即震撼了整个学术界。

正当王懿荣为此废寝忘食，准备刨根究底之际，庚子国难发生，八国联军大举犯京。慈禧仓皇西遁，逃走前指定王懿荣为京师团练大臣，让他抵御凶狠的外敌。国难当头，临危受命，王懿荣不得不含恨抛下手中的甲骨文，发出一声无奈的叹息："此天与我以死所也！"

在保卫东便门的战斗中，王懿荣率部殊死拼杀，终究不敌西洋的长枪巨炮。王懿荣决定以身殉城，书写下"主忧臣辱、主辱臣死"的绝命词之后，毅然吞金二钱，不死，又服毒，仍不死。敌军已冲进城，大肆屠掠。王懿荣回天乏术，愤而携同妻子谢云鹤、儿媳张允淑投井自杀，悲壮殉国。

在那个苦难深重的乱世年代，即便是皇亲勋贵都已命不保夕，更遑论学术研究。王懿荣给历史留下了一个巨大的遗憾。但是王懿荣开启了甲骨文巍峨殿堂的大门，从而唤醒了一个沉睡了三千多年的古老王朝——殷商王朝。其后刘鹗、孙诒让继续追踪王懿荣的足迹，及至"甲骨四堂"（董作宾、罗振玉、王国维、郭沫若），研究著作蓬勃而出，终于形成了甲骨学。

王懿荣无愧于"甲骨文之父"的称号！

由于王懿荣等甲骨文研究先驱的努力，世人不再单纯依赖史传文献的断编残简，而是可以利用殷商王朝的第一手史料，对这个王朝进行不断剖析。殷商王朝的历史脉络日渐清晰，昔日的辉煌得以鲜活地重现出来。

第 1 章

玄鸟传人

产自鸟卵的殷商始祖

简狄吞鸟卵而生商的神话

根据司马迁《史记·殷本纪》的记载,殷商始祖——契大致生活在唐尧、虞舜、大禹之际,是这个时代的风云人物。契的降生很传奇,蒙上了一层神秘的面纱。他的生母简狄,是有娀（sōng）氏之女,帝喾（kù）的次妃。一日,简狄与两位同宗女子,"三人行浴"（三个女人去洗澡）,在野外见到玄鸟产卵（玄鸟就是飞燕）。简狄可能有点饿,捡取飞燕所产之卵吞食下肚,结果怀孕生下契。后来,契辅佐大禹治水有功,被册封于商,赐姓子氏。契的部落就以地为名,号曰商族。

简狄吞鸟卵而生商的神话,在先秦典籍中屡见不鲜。如《诗经·商颂》中说:"天命玄鸟,降而生商,宅殷土芒芒。"屈原《楚辞·天问》中也写道:"简狄在台,喾何宜？玄鸟致贻,女何喜？"可见,在春秋战国时期,商族就被视为"玄鸟传人",载入《诗经》和《楚辞》。

令人啧啧称奇的是,殷墟花园庄东地出土的一版卜甲中,竟然出现上玄下鸟的一个合文（鵆）,这是卜辞中的孤例。这版卜甲的年代是商

殷墟花园庄东地甲骨拓片

王武丁时期，刻有卜辞十七条，其中第十条说："辛卜，贞：往焉。疾不死？"意思是向玄鸟祭祀，祈求玄鸟神灵的佑护，保佑病患不死。

古之人不余欺也！动人而又神秘的玄鸟生商传说，得到了考古文物的实证。

感生神话与图腾崇拜

一个即将闪耀历史的伟大民族，竟然由一粒寻常的鸟卵孵化出来。这绝非后世某个人醉迷时的胡编臆造，而是上古社会反映人类起源的一种感生神话。

正史中记载，上古帝王或圣人的降世往往伴生着奇异的征兆，通常称之为感生神话。感生神话所感之物大都是动植物，以及雷、电、星辰、日、月等自然现象。比如黄帝之母附宝在郊野看见闪电环绕着北斗七星，受到惊吓而怀孕；颛顼之母女枢看见北斗瑶光之星，贯月如长虹，飞入腹中而怀孕；唐尧之母庆都在河边游玩，与一条赤龙交感而怀孕；大禹之母脩（xiū）已见流星穿越昴宿，在梦中与流星交感，又吞吃神珠薏苡，她拆开前胸而产下大禹；周人始祖弃之母姜嫄踏着巨人的足迹，腹中颤动而怀孕；等等。

感生神话是远古母系氏族社会的产物，反映出蒙昧时代的原始先民由于对生育现象无法作出科学合理的解释，因而对人类起源产生的一种美妙的朦胧假设。

感生神话很多与部落或氏族的图腾崇拜相关，有的能与出土文物相印证。如庆都感赤龙而生陶唐氏之君帝尧，赤龙就成了陶唐氏的图腾。夏朝时，帝尧的后裔被称为御龙氏，就源于陶唐氏的龙图腾崇拜。山西陶寺遗址是陶唐氏的文化遗存，此处发现了彩绘蟠龙纹陶盘，盘内朱地彩绘一条蛇形龙，是迄今为止中原地区发现最早的龙图像。这是对庆都"感赤龙交"而生尧传说的最好诠释。

简狄吞吃鸟卵感生殷契的传说，反映了早期商族中曾经盛行鸟图

陶寺遗址彩绘蟠龙纹陶盘

腾崇拜。从殷墟甲骨卜辞中，也可以寻觅到早期商族鸟图腾崇拜的蛛丝马迹。

商族与玄鸟的不解之缘

《山海经·大荒东经》中记载，有一个叫王亥的人，两手抓住一只鸟，在吃它的头。

这个行为怪诞的吃鸟人王亥是谁？

他就是卜辞中的"高祖王亥"，商族发展史上一位极为关键的人物。

亥，在甲骨卜辞中像一只被剥净了皮、浑身滑溜溜、正要下油锅的猪。但是"王亥"二字连写时，"亥"的字形从鸟从亥，亥字上冠一鸟。有时"亥"还跟"隹"（燕之类的短尾鸟）组合成"萑""崔"等字形。这说明作为殷商民族的先祖，"王亥"与鸟之间有着一种特殊的亲密关系。

《山海经》中的王亥与卜辞中的王亥，不但名字相同，而且形象也相近。

在商王康丁时期的一版甲骨卜辞中，王亥的"亥"头上站立着一鸟，鸟头上还有一只手，作捕捉状，准确无误地诠释了《山海经》中的描述。

《山海经》中的王亥形象　　　　甲骨卜辞中的王亥字形

两者之间的不谋而合，绝非简单的巧合。这不但说明了早期的商族是一个食鸟部落，以捕食鸟类为生，而且与简狄吞鸟卵的传说有异曲同工之妙。王亥食鸟头、简狄吞鸟卵，都是商族渴求获取自然神力的一种表象，很明显早期的商族中曾经盛行着鸟图腾崇拜。

商族与玄鸟结下不解之缘，他们对鸟类怀有极其深厚的感情。在于省吾所著的《甲骨文字释林》中，"隹"部下的字共108个，居所有动物类部首之冠。"隹"部中与祭祀有关的字有11个，更是其他动物类部首所不能比的。[1]

殷墟出土的器物盛行鸟形纹饰，如为数甚多的鸟形酒樽、鸟形玉制品等器物。鸟类形象多见于礼器，可见对鸟类的尊崇成为商族宗教祭祀观念中无法割舍的一部分。而这些应该与早期商族中流行的鸟图腾崇拜相关。

商族来自何方

距今五六千年的新石器时代晚期，华夏大地上生活着众多的不同族群，各有各的风雨和灿烂，如同百花齐放，争奇斗艳，共同缔造了伟大的中华文明。按照严文明"重瓣花朵"模式所说，黄河中游地区是华夏族的中原文化区，黄河下游地区是东夷族的海岱文化区，黄河上游地区是西戎部落的甘青文化区，华北燕山地带是戎狄部落的长城文化区，长江中游地区是苗蛮族的江汉文化区，长江下游地区是百越族的太湖-钱塘文化区。

华北燕山地带的戎狄部落是商族的族源之一。契的母亲简狄来自有娀氏。根据《淮南子·地形训》记载，有娀氏在不周山以北，有二女，长女叫简翟，次女叫建疵。这里的简翟就是简狄。不周山在中原的西北方，也称为幽都之门。东汉高诱说，幽都在雁门以北，也就是今天山西

---

[1] 潘启聪：《由甲骨文的"隹"部文字看殷商的图腾崇拜》，《殷都学刊》，2013年。

右玉县附近。所以，殷商始祖契的母族有娀氏当生活在山西西北、内蒙古岱海地区，以及河北北部一带，是戎狄部落的一个氏族。

有娀氏可能就是有戎氏，尚处在母系氏族社会时期。那时，人们只知其母，不知其父，以至于司马迁说简狄是帝喾的次妃，但契却不是帝喾的亲生儿子。

契的降生，可能有一段难言的隐情。

《史记》中说简狄等"三人行浴"，"三人行浴"这四个字可能暗含淫乱的意味，是母系氏族社会族外群婚的真实写照。母系族外群婚是两个或两个以上不同母系血缘的族群之间进行婚配，大多以男女野外媾合形式进行。这就是"简狄吞鸟卵而生商"神话产生的社会背景。有可能是简狄"行浴"时与某人野合，之后便怀上契。

这样的神话后来也广泛流传于东北地区的游牧民族，如扶余、高句丽、鲜卑。《高句丽好太王碑文》中就称，高句丽族的始祖邹牟王（朱蒙）是天帝之子，母亲是河伯女郎，剖卵而生邹牟王。甚至到了明末清初之际，在满洲族中也流传着相同的始祖神话。皇太极远征黑龙江时，一个叫穆克希克的虎尔哈人给他讲了祖先的故事。他的先辈们世代居住于长白山脚下的布勒瑚里湖，父老相传，三仙女恩古伦、正古伦、佛库伦来布勒瑚里湖洗澡。佛库伦捡得一只神鹊衔来的朱果，含在嘴里，吞下肚，就怀孕了，生下布库里雍顺，他就是爱新觉罗氏的祖先。[1]

穆克希克与司马迁相距将近两千年，他生活在远离中原的黑龙江偏僻之地，几乎不可能读过《史记》。但在穆克希克的故事中，除了佛库伦吃的是朱果，而不是鸟卵，其他的与《史记》中记载的简狄生商基本相同，有点不可思议吧。

这是因为商族与扶余、高句丽、鲜卑、女真都出于北方戎狄系统，他们都在讲述一个相同的祖先故事。

---

[1] 《旧满洲档》，天聪九年（1635）五月六日。

除了北方戎狄部落，黄河下游的东夷族也对商族的形成与发展产生了重大影响。司马迁称有娀氏之女为帝喾次妃，说明有娀氏与帝喾联姻过。

帝喾何人？高辛氏之君也。

史书中记载，帝喾高辛氏为东夷族的先祖。如《左传·昭公十七年》记载："昭子问焉，曰：'少皞氏鸟名官，何故也？'郯子曰：'……我高祖少皞，挚之立也，凤鸟适至，故纪于鸟，为鸟师而鸟名……'"少皞又作少昊，是东夷族的首领。《太平御览》卷七九引《帝王世纪》曰："少昊帝，名挚。"而根据《史记·五帝本纪》，帝挚是帝喾二子之一。以此推断，少昊为帝喾之子。

东晋王嘉《拾遗记》中也记载："帝喾之妃，邹屠氏之女也。轩辕去蚩尤之凶，迁其民善者于邹屠之地，迁恶者于有北之乡，其先以地命族，后分为邹氏、屠氏。"少昊、蚩尤都是东夷系统的传说人物[1]，所以帝喾与东夷族应当有着千丝万缕的关系。

新石器时代晚期，东夷族的势力范围向北扩展到河北一带，与燕山地带的戎狄部落频繁往来，两者之间互相通婚，这是极为正常的事。所以司马迁说，有娀氏之女为帝喾次妃。

帝喾的都城——亳，处在东夷族与华夏族两大集团的交会地带，后来成了商族早期的政治文化中心。《史记集解》中说："契父帝喾都亳，汤自商丘迁焉，故曰'从先王居'。"成汤将都城迁至亳之后，商族势必与邻近的东夷族产生千丝万缕的关系。史书上的"从先王居"就是将契视为帝喾的儿子，这说明商族文化与东夷文化之间，存在着一定的传承关系。

早期商族的鸟图腾崇拜，应来自东夷族。

东夷族是个典型的鸟图腾崇拜民族，东夷集团的核心部落——少昊

---

[1] 徐旭生：《中国古史的传说时代》（增订本），文物出版社1985年版。

（皞）氏以凤鸟为号。少昊（皞）氏之君叫挚，挚就是一种凶猛的飞禽。官名也以鸟禽来称呼。少昊部落则是由二十四个崇鸟的氏族构成的。

商族也盛行鸟图腾崇拜，这并非偶然。《史记》中有简狄吞鸟卵而产契的传说；《山海经》中也有王亥两手抓鸟食其头的记载；卜辞中有"高祖王亥"从鸟从亥的字形；甚至连无血缘关系的帝喾，也成为殷商祭祀的祖神之一——《礼记·祭法》中记载，"殷人禘喾而郊冥，祖契而宗汤"。诸如此类可证明商族身上有深厚的东夷文化烙印。

这个曾经盛行鸟图腾崇拜，与北方戎狄和东夷族均有密切关系的商族，是如何由一个北方燕山地带原始落后的母系氏族，进而主宰中原，建立一个长达六百年的青铜王朝的？

除了北方戎狄文化和东夷文化，殷商文化的最终形成还与中原地区的大司空文化、后冈二期文化和燕山地区的夏家店下层文化有关。

流共工于幽州

共工氏是谁

五千多年前的仰韶文化时期，商族的一支远祖就生活在富饶的豫北冀南平原上。关中至豫西一带是仰韶文化的核心区，通常称为"典型仰韶文化"。随着华夏先民的不断流徙，人们分散到核心区以外的广大地区，发展出几个地方变种，其中在豫北冀南平原的是大司空文化（公元前3100年至公元前2700年）。大司空文化主要分布于河南安阳、新乡一带，日后这里成了殷商王朝统治的核心区域——王畿。

豫北冀南平原的富庶造就了定居者的强大，承继大司空文化的后冈二期文化（公元前2700年至公元前2200年）分布范围急剧扩大，东起山东菏泽，西至河南济源，北抵冀中的子牙河和滹（hū）沱河，南达开封以南，与环嵩山地区鼎盛一时的王湾三期文化相接。

约公元前2200年，鼎盛的后冈二期文化突然在豫北平原消亡了。而在辽西、内蒙古东南、冀北一带，崛起了文化内涵与后冈二期文化极为相似的夏家店下层文化。这几乎是同时间的一兴一亡事件，其中必然有内在的逻辑联系。考古学家认为，后冈二期文化沿着古黄河河道向北迁徙，在燕山地区，与西进的辽西红山–小河沿文化相碰撞，产生了夏家店下层文化。夏家店下层文化中的尊形鬲被认为是后冈二期文化与红山–小河沿文化杂交的产物，除此之外，其他的器物类型均可在两种文化中找到原型。

后冈二期文化千里北徙反映的是"流共工于幽州"的历史记载。

大司空文化陶器

大司空文化的主要陶器包括罐、瓮、盆、钵等，最富有特色的是一种上半端内折收敛的折腹彩陶盆，造型朴实，色彩艳丽，通常被用来储存水或食物。黄河之水奔腾而下，其中游有漳河等众多的支流，它们携带泥沙不断沉积成平原，非常适宜于农耕劳作。因而大司空文化区粮食充盈，陶盆、陶罐之类是必不可少的储存器皿。

后冈二期文化可能与史传中的共工氏相关。

在黄河流域中下游，与后冈二期文化并立的有豫中环嵩山地区的王湾三期文化——与有崇氏相关，晋南地区的陶寺文化——与陶唐氏、有虞氏相关，海岱地区的山东龙山文化——与东夷族相关。共工氏与传说时代的尧、舜、鲧、禹同时。共工氏后来发展为春秋时期的共国。郑庄公的弟弟段发动叛乱，最后被剿灭于共。共国，位于今天河南新乡辉县市。可见共工氏位于后冈二期文化区内。

据文献记载，共工氏在当时称雄一方，横行一时，剽悍好战伐。与中原英豪尧、舜、禹，甚至五帝之一的颛顼都爆发过激烈冲突。《尚书·尧典》说"流共工于幽州",这个"战斗的民族"最后被驱逐到遥远的幽州去了。

共工氏的罪恶

第一桩罪,兴起史前大洪水。

史传尧舜之际,中原地区发生了一次大水灾。这次大水灾,由于气候反常,降雨量骤增,导致河流泛滥、山洪暴发、坡面流水剧增。但是世人却将大洪水归咎于共工氏,说因为共工氏与颛顼帝争帝失败,怒触不周之山,使天地重心失衡,日月星辰移位,向东南倾斜,所以引发滔天洪水。《淮南子·本经训》中说:"舜之时,共工振滔洪水,以薄空桑。"共工氏成了史前大洪灾的罪魁祸首。

传说归传说,事实上位于黄河北岸的共工氏,是史前大洪灾的最大受害者。

共工氏所居之地,在如今的河南新乡辉县市,南眺黄河。历史上黄河几经改道,其改道点正是在新乡辉县市附近。每一次改道都泛滥成灾,共工氏首当其冲,深受其害。共工氏殚精竭虑,以治水为首务。史书上对共工氏的记载,也都与治水有关。如《左传·昭公十七年》云:"共工氏以水纪,故为水师而水名。"《国语·鲁语上》亦云:"共工氏之伯九有也,其子曰后土,能平九土,故祀以为社。"共工氏被尊为水神,他的后代也因平土治水,而被称为后土,被尊为土神和社神。

但是共工氏的治水之术徒费功夫,全作打水漂。共工氏采取的措施是挖肉补疮,削平高丘,土壤用来堙塞低洼,以绝水患。结果上游的洪水受堵四溢,临近的各部落大受其害,怨声鼎沸。于是共工氏成了中原公敌,人人欲诛之。攻伐共工氏的有颛顼、帝喾、唐尧、虞舜、夏禹等诸说,在中原先民心目中,共工氏形象之糟糕可见一斑。

第二桩罪,干预禅让制度。

中原地区部落联盟领袖实行禅让制,有德者居之。尽管历史真相可能并没有想象中的这么美好,但是这属于原始民主推举制度,符合当时中原社会的实际情况,而共工氏却横加干涉。尧想把位置传给舜,共工大放厥词,极力反对:谁会把天下让给一个普通人?尧很是恼怒,发兵攻打共工,将他诛杀于幽州之都。因而后世史书将共工描述为一个桀骜不驯、残暴不仁的反派巨孽,甚至背上了"水患祸首"的黑锅。

共工氏与殷商族的关系

共工氏的灭亡也有其自身的原因。《逸周书·史记》云:"久空重位者危。昔有共工自贤,自以无臣,久空大官。下官交乱,民无所附,唐氏伐之,共工以亡。"由于共工氏之君刚愎自用,放僻淫逸,加上连年水患,民穷财尽,终于被唐尧所灭。《国语·周语下》对此作了十六个字的总结,云:"皇天弗福,庶民弗助,祸乱并兴,共工用灭。"

但是共工氏并不是真正被唐尧灭族了,而是被驱逐出豫北冀南平原,流徙到北方的幽州(今天的燕山地带)。

《史记·五帝本纪》记载:"流共工于幽陵,以变北狄。"幽陵即幽州。共工氏最终融入北方戎狄部落。先秦时期的幽州地理范围包括今天的辽西、内蒙古东南、冀北一带,正是夏家店下层文化的分布区。与共工氏相关的后冈二期文化北徙之后,在他乡异地梅开二度,催生了夏家店下层文化。

夏家店下层文化遗址普遍发现青铜小器件,说明已经进入初级青铜时代。该文化的青铜器纹饰,如雷纹、云纹等,与殷商青铜器的图案密切相关。唐山小官庄遗址发现的铜耳环,其铜锡比例与殷商早期青铜器近似。铿锵作响的青铜器在殷商王朝臻于极盛,而殷商青铜制造业的滥觞之源,或许就在北方幽陵之地的夏家店下层文化。

共工氏是一个流动性极大的部落。他们游离不定,血液中奔腾着运动的激情。《风俗通·祀典》引《礼传》:"共工氏之子曰修,好远游,舟车所至,足迹所达,靡不穷览。"只要舟车能到达的地方,都会留下

夏家店下层文化尊形鬲

共工氏的脚印。

《山海经》中令世人感叹万分的夸父追日神话，说的正是共工氏后人不屈不挠的故事。后土又称句龙，生有二子，分别是垂、信。夸父就是信的儿子，后土的孙子。他善于奔跑，曾经是尧之子丹朱的部下。后土为共工的儿子，所以夸父就是共工的裔孙，或者共工氏的族人。

夸父追日是共工氏太阳崇拜的反映。《山海经·海外北经》云："夸父与日逐走，入日；渴，欲得饮，饮于河、渭；河、渭不足，北饮大泽。未至，道渴而死。"这个事件应当发生在河、渭地区，也就是黄土高原一带。"北饮大泽"，相传雁门以北有个大湖泊，应是内蒙古岱海，与雁门相距约150公里。岱海古称诸闻泽，现有水域面积超过70平方公里，四千多年前的尧舜禹时期就更加烟波浩渺了。岱海在河、渭之北千余里，夸父追日从黄土高原一直朝着千余里外的内蒙古地区奔跑，最后在抵达岱海之前就倒下了。

那么共工氏、后土、夸父与殷商民族又有什么关系呢？

雁门以北、岱海附近的内蒙古东南、冀北等广大地区，地形复杂，或莽原山川，或戈壁黄沙，古属于幽州。传说中的不周之山、有娀氏，也都位于这一带。共工怒触不周山的神话，侧面佐证了文献中"流共工于幽州"的记载。吞燕卵而感生契的简狄出身于有娀氏，有娀氏在不周之北，是幽州戎狄部落的一个母系氏族。史书虽未明载，但有理由相信，有娀氏与流徙幽州的共工氏一定存在某种关联，二者都与商族关系密切，甚至是亲族。周武王伐纣之后，为了彰显革命的正义性，揭了商族的老底，蔑称之为戎。如《尚书·泰誓中》中的"戎商必克"、《尚书·康诰》中的"天乃大命文王，殪戎殷"等。

商族的起源扑朔迷离，错综复杂，传说中的有娀氏、共工氏、东夷族，考古学上的大司空文化、后冈二期文化、夏家店下层文化，很可能都跟商族和殷商文化的形成密切相关。这是一个糅合诸种文化于一体的多元化群体，诞生于中原大地，又流徙到北方幽州去，融合戎狄部落，最终又南归中原，建立极为辉煌灿烂的青铜文明。

商族如何从北方幽陵之地回到沃野千里的中原地区，首先必须从先商文化说起。

万国时代：昭明南归

先商文化的滥觞

考古学上把成汤灭夏之前以商族为主体所创造的文化称为先商文化。

先商时期的商族首领确知的有十三位，即契、昭明、相土、昌若、曹圉（又称粮圉、根圉）、冥（又称季）、王亥（又称振、该、核）、上甲（又称微）、报乙、报丙、报丁、示壬（又称主壬）、示癸（又称主癸）。

伐桀灭夏、建立商王朝的成汤又名天乙，是示癸的儿子。

在甲骨卜辞中，除了昭明、昌若、曹圉、冥，其余的九位殷商先公均可找到。此外卜辞中还出现了一个王恒，被认为是王亥的兄弟，冥的儿子。

甲骨文中有个字形，上端是颗奇异的脑袋，下端是侧立或侧跪的人形，通常释读为兕（sì）。兕经常被殷人祭祀，不但是祖先神，而且还是能够呼风唤雨的自然神，学者们认为他就是商族的始祖——契。

契最初的居住地在番，番又作蕃，今河北平山县附近。番西北250千米处，就是史传中的不周之山或幽都之门。不周山之北的有娀氏之女简狄吞鸟卵而感生契，等到契年长之后率其族人南迁至水草丰美、物产充盈的滹沱河流域，在滹沱河南岸的番建立根据地，商族从此繁衍下来。滹沱河是海河水系重要的支流之一，发源于山西黄土高原，向西南横劈五台山和恒山，而后东折，从巍峨的太行山滚滚而下，波涛汹涌，直奔低洼的华北平原。

契的根据地——番坐落在太行山东麓的冲积扇上，这里是孕育古文明的摇篮。海河上游的无数条支流，裹挟着泥沙冲下太行山，在山前堆积起一个个富饶的冲积扇，其上崛起了一个个古国。从殷商到东汉，河北境内曾经有上百个方国、王国或诸侯，其中绝大多数聚集于太行山东麓的冲积扇上。

契的时代，商族的生活习性与北方戎狄相近，过的是半农半牧、狩猎的日子，很可能尚处在由部落向简单酋邦的过渡阶段，文明发达程度远远落后于占据中原腹地、傲视九州的夏人。在大禹的心目中，商族或许只是尚处在未开化状态的北方蛮人，很不起眼。

契因产自玄鸟之卵，所以也被称为玄王。玄王死后，他的儿子昭明成了商族部落的首领。昭明把根据地从番迁徙到砥石。砥石，位于今天河北泜河流域，在番南边大约110千米处。

泜河两岸丰美的水草、湿润的气候，让商族拥有成群的膘肥体壮的马、牛、羊。到了昭明之子相土时，商族有了大发展。由于畜牧业发达，相土驯养马匹，制作车乘，用来运输货物，开始从事原始商业活动。但与夏人广筑宫室、以耕作为业的定居生活相比，仍然有着天壤之别。

坐落在河北邯郸市西边的涧沟龙山文化遗址，位于泜河流域与漳河流域之间，是昭明南迁以后商族的文化遗存。这儿挖出了极为丰富的器物，诸如陶鬲、陶斝（jiǎ）、陶鼎等，具备了中原地区的文化特征。考古发现揭露了商族的某些生活信息，如挖掘出石刀、石斧、蚌刀、蚌锯等劳动工具，说明当时的生产力较为落后。而居住地附近有沟道及与之相通的蓄水的竖井，口径2米，深度7米以上，井底淤泥中散落着先民们汲水时不小心掉落的陶樽、陶罐及破碎的陶片，可见当时已经过着定居的农耕生活。契时占很大比重的狩猎业、畜牧业，在昭明南迁之后已退居次要地位。

简狄吞鸟卵而生契的神话表明，商族在诞生之初的婴儿期，尚未脱离母系氏族社会的襁褓。自契以降，殷商先公都有明确的世系，意味着商族已经彻底告别"只知其母、不知其父"的母系氏族时代，开始迈入父权社会。涧沟龙山文化遗址的发现告诉我们,昭明率族人南迁之后,跟随着中原文明的脚步,逐渐由部落向酋邦过渡,不但出现了父权制,而且也产生了人剥削人的私有制。

反复迁徙的民族

在涧沟遗址的灰坑里,时有残碎的人骨出现,有的是火烧过并弄乱了的骨架,有的是单一的头骨。被发现的尸骨上残留着砍伤和剥皮的痕迹,这是因为在史前部落冲突中,俘获的敌方人员被斩首,用来祭祀。更惊悚的是,在两座半地穴式房址中央,各放置了三个人的头盖骨。这六个头盖骨都是从眉弓经颞骨到枕后一刀切下,制作成用来饮水的头盖杯,表明当时存在残忍的猎头习俗或头盖杯习俗,这是父权制出现以后部落战争加剧或者阶级压迫的产物。这样的习俗被商族沿袭了下来,在郑州商城宫殿区的一条壕沟中就堆积着近百个头盖杯。

此外,涧沟龙山文化遗址还出土了十件龟甲,有的在上部凿穿一孔,可穿绳佩戴。这些龟甲应是巫师占卜祭祀时用来沟通鬼神的器具。殷商民族的占卜、祭祀等宗教活动,应是从昭明时代开始的。

带领族人回归中原的,也正是这个使用头盖杯、开始占卜祭祀的昭明。昭明和他的子孙后裔经过反复迁徙,终于在豫北冀南平原安居下来。

从年代上看,"流共工于幽州"或者夏家店下层文化的兴起,距离殷商始祖——契的诞生不会太遥远,大致一两百年。契之后的四百多年间,殷商先公率领族人多次迁徙,这就是《尚书》中的"自契至于成汤八迁"。八迁具体路线众说纷纭,但是均在河北滹沱河流域与河南商丘之间,南北直线距离大约500千米。

商族的不断迁徙可能与全新世晚期气候的反复有关。

全新世时期,全球及中国气候的波动呈现出八冷八暖的格局,冷期历时大多在两百年至五百年之间。全新世时期最著名的冷事件有新仙女木事件(公元前10900年—公元前9580年)、"8200年冷事件"(公元前

6200年前后)、仰韶中期寒冷期(公元前3500年前后)、"全新世事件3"(公元前2200年前后)等。

新仙女木事件催生了农业革命,中国史前社会由旧石器时代进入新石器时代。"8200年冷事件"则推动了黄河流域与长江流域之间不同族群文化的大交流。仰韶中期寒冷期导致中原地区华夏族的衰微,引发东夷、苗蛮等周边各族的侵扰,而在长江下游则兴起了良渚文明。"全新世事件3"又称"夏禹宇宙时期",持续时间长达数个世纪,气候极不稳定,冷热交替频繁,破坏性强的水、旱灾连续不断,史前文明遭受重创。辉煌一时的良渚文化消亡了,黄河中下游则爆发尧舜时代大洪灾。

从龙山时代晚期至二里头文化时期的四百年间,华北地区陷入断崖式的大衰退,聚落村社和人口锐减八九成,几乎遭受灭顶之灾。公元前1800年前后曾经出现短暂的温暖期,在北纬40°的今河北阳原县一带有成群的大象出没,这是全新世时期亚洲象分布的最北地点。但是好景不长,一两百年后,又发生一次明显的干/冷干事件。北方骤冷,环境恶化,势必对以半农半畜牧为业的商族产生影响,寻找更好的生存环境是唯一的出路。

在这四百年间,十三四位殷商先公率其族人,在幅度超过500千米的巨大空间内不停地作南北来回摆动。商族可谓是"陆地上的漂流部族",即便是汤灭夏建国之后,统治者也是频频迁都,居无定所,将商族与生俱来的游动激情发挥得淋漓尽致。《尚书·酒诰》称,商族"肇牵牛车,远服贾用"。这使人不禁想起了共工氏之子修喜欢驾着舟车远游,两者是何等的神似!

在史传文献中,最早记载的商业行为和贸易事件就产生于驾驭牛车、云游四方的商族部落。殷商先公王亥也被誉为"商业的鼻祖"。商王朝灭亡之后,殷商遗民难改四处流动的习性,为了谋生奔波不息,重操祖业。后人就将这一流动性强的行业冠以商族之名,称曰"商业"。这个崇尚运动、活力十足的原始部落,注定要在中原大地纵横驰骋,在文明史上叱咤风云，留下永恒的足迹。

万国时代的华夏

殷商始祖契和昭明父子所处的年代，正值史前中国处在风云突变、脱胎换骨的关键时期。这个时期，就是史传文献中的"万国"时代。《战国策·齐策》中记载："古大禹之时，诸侯万国。""万国"，绝非指远古时期有一万个小国家，意思是有极其众多的国家同时并存于华夏大地。这些小国家，势力所及范围很狭窄。《汉书·地理志》说，黄帝"画野分州，得百里之国万区"。这是对"万国"的最好诠释。以上记载说明大禹之时，虽有诸侯万国，但地域之广，不过百里而已，约有1200平方千米，与中国的第三大岛——崇明岛面积相当。当然，这里的百里也是虚指。

"万国"的政体性质，如夏曾佑所说的那样，一个部落就是一国，一国之君也不过部落首领而已。因而大禹之时的万国，当指处在社会发展不同阶段、规模不等的氏族部落。有夏氏为一国，陶唐氏为一国，共工氏也是一国，其君主就是该氏族部落的酋长。国内学者将这个时期不同的政体形式概括为"方国"、"邦国"或"古国"。

西方学者则将这些文明国家出现之前的复杂的氏族部落社会称为酋邦，酋邦是人类社会发展的独特形态和重要发展阶段。美国人类学家埃尔曼·塞维斯（E.R.Service）认为人类社会经历了游群、部落、酋邦和国家四个社会进化阶段。游群（即原始群）和部落是缺乏等级的小型社会，酋邦是介于平等社会与国家之间的过渡类型。另一位美国学者罗伯特·卡内罗（R.L.Carneiro）进一步指出，酋邦是由一个最高酋长永久控制下的多聚落和多社会群体组成的自治政治单位。酋邦的下限标志着聚落自治的结束，上限标志着向文明国家迈进的开始。

酋邦也不是一种整齐划一和铁板一块的政权形式，它分成简单酋邦和复杂酋邦两种类型。简单酋邦具有两个层次的聚落等级，若干个较小的普通聚落围绕着酋长的中心聚落。复杂酋邦具有三个层次的聚落等级，普通聚落围绕着次中心聚落，而次中心聚落又围绕着最高酋长居住的中心大聚落。简单酋邦和部落相差无几，而复杂酋邦已经非常像早期国家了，也只有复杂酋邦才能演变为国家。

然而，由酋邦向国家迈进并非一帆风顺的坦途，由于疫病、农业歉收、外敌入侵以及内乱等因素，大部分复杂酋邦会瓦解成简单酋邦，或从整体上崩溃，从而留下了文明的悬念。其中，最典型的例子是山西南部的陶寺文化。

"方国"、"邦国"或"古国"大致相当于人类社会进化中的酋邦阶段。唐尧、虞舜、大禹之际，正处在国家诞生的前夜。中原大地万国林立，并存着数量极为众多的氏族部落，它们大小不一，文明程度各异。有的尚处在母系氏族社会，譬如契的母族——有娀氏；有的已进入简单酋邦阶段，譬如共工氏、昭明时代的商族；有的已经是复杂酋邦，譬如山西南部临汾盆地的陶唐氏或有虞氏，它们正朝着早期国家阔步迈进，甚至跨入早期国家阶段。而建立第一个真正意义上的国家的，却是有夏氏之君大禹。

动荡的第一王朝

最早国家的建立

自契至成汤八迁的四个世纪内,黄河中下游地区发生了翻天覆地的变化。临汾盆地的陶寺文化衰亡了,曾经威赫一时的有唐氏在内乱中被消灭了。环嵩山地区的有夏氏之君大禹通过治理大洪水,树立了绝对的权威,取代唐尧、虞舜,成为中原各氏族部落的共主。

约公元前2072年,夏禹率军南下攻屠三苗,大会诸侯于涂山,建立了第一个世袭制国家——夏朝。关于夏朝建立者是禹还是启,学术界多有争论。顾颉刚先生曾断言"禹与夏没有关系,是我敢判定的"。但是近年来出土的考古材料,明确无误地确认了大禹建立了夏朝。战国楚简《清华简·厚父》载:"禹……川,乃降之民,建夏邦。"竹简残缺十字,应是叙述大禹治水的功德,新近出土的遂公盨(xǔ)铭文中开篇即云"天命禹敷土,随山浚川,乃差地设征,降民监德",可与出土的《清华简·厚父》相印证。禹作为夏王朝的创建者应是确凿无疑的。

大禹择都于颍河畔的阳翟(今河南禹州附近),制定刑法,确立官制。夏朝刚建立之初或许只能勉强算是早期国家,然而自此以降,中原地区大为改观,不再是万邦林立,一盘散沙。各路诸侯俯首听命于高坐殿堂的大禹,凝结成命运共同体,踏上迈向文明时代的康庄大道。

《史记·殷本纪》云"契长而佐禹治水有功",如此一来契也应该是遵从夏禹的地方诸侯之一。但这是后世史书的假托之辞,因为那时候契尚在冀中滹沱河流域,远离中原洪水泛滥区数百里,不大可能南下辅

大禹像（汉代石刻）

佐大禹治水。

契大致跨越禹、启父子二人的在位年代。夏朝初年的统治中心在今河南中部的郑洛地区，大禹定都于阳翟，启居于黄台之丘，太康、仲康都斟鄩（zhēn xún，今河南偃师境内，或即二里头文化遗址），均在这一区域内。大禹建立夏朝之后，以其无私成其有私，抛弃了当时政治领袖产生的"潜规则"——推举制，将王位传给自己的儿子启，开创了世袭制的先河。

充满血腥的王朝

夏王朝在建立的第一天就充满了阴谋和血腥味。《韩非子·外储说右下》说，夏禹希望儿子启继承王位，但"以启为不足任天下"，担忧儿子德才不配位，于是假意宣称要禅让给德高望重的伯益，暗中却大肆培植启的势力。禹死之后，伯益继位。屈原《天问》中说，启想取代伯益而做国君，没想到会忽然遭到灾难（被拘禁），却又从拘禁之中逃脱出来，伯益的弓箭手向启交出武器，以示投诚。[1]

启以暴力杀掉伯益之后，取得了王位，尽情享受其父披荆斩棘、饱受风雨之苦换来的安逸日子。启在钧台召集诸侯，举行大型酒宴。即位的第十年，在天穆之野舞《九韶》，举行大规模的祭天典礼。早期文献及近年出土的考古材料，都说启是一个失德或德薄的君主。

《墨子·非乐上》引用逸书《武观》云："启乃淫溢康乐，野于饮食，将将铭苋磬以力。湛浊于酒，渝食于野，万舞翼翼，章闻于天，天用弗式。"（启纵乐放荡，沉湎于酒乐之中，尽情歌舞，连天地鬼神都看不顺眼。）战国楚简《清华简·厚父》亦称："启惟后，帝亦弗巩启之经德。"这是说天帝担心启德薄，与《武观》所说相吻合。

启还西征有扈氏（今陕西西安鄠邑区西南甘峪和甘亭一带），战于甘泽。《吕氏春秋·先己》中说，夏启与有扈氏战于甘泽，夏启败北。六卿请求再战，夏启颇有自知之明，认为"吾地不浅，吾民不寡，战而不胜，是吾德薄而教不善也"，从侧面印证了史传文献与出土材料中有关夏启德薄的记载。

根据《墨子·耕柱》的记载，启"折金于山川，而陶铸之于昆吾"，制成九鼎。昆吾，在今河南新郑、新密一带。新密的新砦（zhài）遗址与启所居的"黄台之丘"相关。虽然世传九鼎是大禹铸造的，但是笔者宁可相信墨子的话，是启铸九鼎于昆吾。唯有坐收先人之成，崇尚"丰亨豫大"的启，才会在远征有扈氏之后，不惜民力，开采中条山的铜矿，在"黄台之丘"旁边的昆吾，完成这一标志着坐拥河洛、挥令诸

---

[1]《天问》原文：启代益作后，卒然离蠥。何启惟忧，而能拘是达？皆归射鞠，而无害厥躬。

夏铸九鼎

侯、一统中原，足以彪炳千古的"王朝形象工程"。

夏铸九鼎的历史意义重大，它翻开了青铜时代的第一页。九鼎作为王权的象征，让抽象的权力不再是一个虚无缥缈的概念，它以物理形式表达王权，使得王权成为一个触手可及、睁眼可见、实实在在的具体物质。启铸九鼎，确立了垄断性、强制性的王权，这是国家与复杂酋邦的最大区别，标志着夏王朝获得了历史性的跨越，成为真正意义上的国家。

对权力的觊觎

九鼎一问世，就成为先秦时期政治权力上独一无二的标志物，如同海面上一条漂流不定的木舟，随着王朝的沉浮更迭而不断易手。夏亡，九鼎从夏桀手中转移到商汤手中。商亡，周武王又从商纣王手中夺得九鼎，将战利品置于洛邑旧城。周成王时，周公旦在旧城东北的郏鄏（jiá rǔ）营建新邑洛，将九鼎挪移到郏鄏新城，安放在明堂，并召集诸侯，

二里头文化陶鼎

正式宣告定鼎中原，确立了周天子"天下共主"的至尊地位。

在那个兵马强者为雄的乱世，任何有野心的人，都会对九鼎垂涎三尺。夏启铸鼎之后一千四百年，即公元前606年，楚庄王伐陆浑之戎，兵锋到了洛邑城下，震撼了摇摇晃晃的东周王朝。

周定王已无力秀肌肉，只好派出王室宗臣王孙满去慰劳楚庄王。楚庄王却向王孙满问起九鼎的大小轻重。楚庄王问鼎，这是对周王"天下共主"权威的一次赤裸裸的挑衅。

九鼎究竟长得如何？鼎，是上古时期用于烹煮食物的炊具。今人可从二里头文化遗址出土的陶鼎去拟想九鼎的模样。典型的陶鼎通体浑圆，高40厘米，口径30厘米，敛口，鼓腹，圜足，下有三个刀形扁足支起。夏时的九鼎以青铜铸就，也有三足，但外形方正典雅，散射出幽幽的金黄光芒，泛着令人敬而生畏的威权魔力。

有幸亲眼看过这一王权至尊象征物的，肯定不在少数，王孙满就是一位。但是楚庄王却从未见过，倍感稀奇，以为得此神物，天下就是自己的囊中之物了。

王孙满如此向楚庄王描述：九鼎上浮雕着各地物产的图像，各种东西都刻在上面了，让百姓知道神物和恶物。晋郭璞注《山海经》时说："像在夏鼎，《左传》所谓'饕餮'是也。"可见九鼎上还铸有饕餮之纹。

王孙满最后说了一句："周德虽衰，天命未改。鼎之轻重，未可问也。"以此告诫楚庄王，周王室虽然衰落了，但楚庄王还是没资格询问九鼎的轻重大小。

在周王室岌岌可危之际，王孙满及时给头脑发高烧的楚庄王泼了一大盆冷水，终于将他劝退，漂漂亮亮地化解了一场政治危机。

夏启铸造九鼎于昆吾之时，契或许尚在滹沱河畔游走，为商族民众的温饱问题而烦恼，绝对不会对数百里之外九个金灿灿的铜鼎产生兴趣。契也断断料不到，四百多年后"鼎迁于商，载祀六百"，夏王启苦心铸就的九鼎将落到自己的子孙手中，子孙们会建立一个延续近六个世纪的青铜王朝。

及至启的儿子太康，沉湎于淫乐之中，朝政腐化。大禹苦心经营的事业开始崩解，中原地区各方国、部落渐渐失去向心力，甚至起了叛逆作乱的不臣邪念。彼时，契在滹沱河南岸的番，走完了生命的最后一程。他的儿子昭明成了商族的领袖，正准备南迁泜河，向中原腹地靠拢。

与之同时，与商族关系密切的东夷族，也觊觎富饶的洛阳盆地，不断西进，蚕食夏王的领地。东夷有穷氏的酋长后羿凭借着高超的射术，率其部属，进占夏都斟鄩。

太康只知过着飞鹰走狗的骄奢日子，对包藏祸心的后羿毫无戒备。太康身为国君，严重失职，在远离国都斟鄩两百余里之外的"有洛之表"（洛河南岸一带）狩猎游玩，数月不归。后羿顺利地窃取了夏朝的权柄，扶植太康的弟弟仲康为王。但仲康只不过是后羿的玩偶，虚有其位。

精通射术的后羿（东汉石刻）

仲康死后，后羿将仲康的儿子相撵走，自己独揽大权。夏王相被迫流亡帝丘，投靠同姓诸侯斟灌氏、斟鄩氏。帝丘，在今天河南濮阳一带，二斟位于濮阳邻近的范县境内。夏王相东徙帝丘，处于华夏集团与东夷集团之间的交叉地带。

夏王相——史书称之为帝相，为了站稳脚跟，不断东扩，征讨淮夷、畎（quǎn）夷、风夷、黄夷，它们都属于东夷部落。夷夏融合，夏的实力进一步得到了加强。江苏省连云港市发现的藤花落古城，有内外双重城垣结构，外城面积约14万平方米，内城面积约4万平方米。藤花落古城始建于尧舜时期，是淮夷部落的一座具有防卫功能性质的史前城址，据研究废弃时间在夏朝初年，或许与帝相征淮夷相关。

从相土到冥

相土迁商丘

后羿乱夏、帝相东奔之时，商族的相土已经取代其父昭明，成了殷商第三位先公。相土再次迁徙，从今河北泜河流域南迁至今河南商丘一带。商族回到了富庶的豫北冀南平原，坐收膏腴沃土之利、河水灌溉之便，开始仿效夏人，筑造城郭，得以脱胎换骨，获得了质的飞跃。

相土所居的商丘，是传说中帝喾之子阏（è）伯（即契）的旧地。阏伯在唐尧时期担任火正的官职。火正，专司祭祀大地、神鬼、祖灵，负责观测大火星（即心宿二，又名商星、大辰，全天最孤独的亮星之一），并根据其运行规律确定时节，用以指导农耕劳作。相土承袭阏伯的天文历法，农业生产逐渐发展起来，以后的殷商王朝就以大火星为祭祀主星。

相土所迁的商丘，在哪里？历来有两种主张。一说是河南濮阳，一说是河南商丘。两地分居黄河南北，相距160公里。

濮阳说的依据是《水经注》中的记载："河水旧东决，逕濮阳城东北，故卫也，帝颛顼之墟。昔颛顼自穷桑徙此，号曰商丘，或谓之帝丘，本陶唐氏之火正阏伯之所居，亦夏伯昆吾之邦，相土因之。"另外，可信度很高的《古本竹书纪年》中也有一句话："帝相即位，处商丘。"这里的商丘就是帝丘，在今河南濮阳。而且濮阳离殷墟安阳较近，只有70千米，甲骨文中记载商王多次卜问，要在这里举行大祭。武丁的王后妇妌（jìng）还曾在这里主持农业生产。

商丘说的依据是《左传·昭公元年》中的记载："迁阏伯于商丘，主辰，商人是因。"《左传·昭公十七年》又说："宋，大辰之虚也。"意思是说，宋国是大火星（即大辰）的分野，所以商丘在宋地，也就是今天的河南商丘。今河南商丘有阏伯庙、阏伯台。宋太祖曾经祭拜过阏伯庙，说明商丘的阏伯传说不是空穴来风。

濮阳说与商丘说，到底孰是孰非？

濮阳说有地理学名著《水经注》作的详细考证，又有西晋出土的《古本竹书纪年》作佐证。所以唐宋时期大都认为相土迁居的是濮阳，而不是商丘。宋代文献《太平御览》卷一一一锤定音："故辰为商星，今濮阳是也。"至于为什么帝丘又作商丘，通常认为商、帝字形相近，容易出现错误，文献在转写过程中，又以讹传讹，帝丘就成了商丘。

商丘说的主要依据是《左传》的分野理论。所谓的分野理论，指的是天上一星对应地上一国，是后世占筮家根据神话传说，经过个案解释，辗转产生的天文学说，虽具有一定的进步性，但仍不成熟与完备，属于玄学范畴，并不适用于准确解释历史事件。将商人主祀的大火之星，与春秋战国时期宋国的星占分野为大火相联系，得出结论，相土迁居的商丘在宋地，是十分勉强的。阏伯为火正，商族主祀大火星，但不能因此理解为相土所迁居的商丘的分野就是大火。因为相土以后商族多次迁徙，不可能所居之地的星野就是大火。宋为商族之后裔，所居之地的分野恰为大火，这只能说是一种巧合，二者之间没有必然的联系。

阏伯为帝喾之子，史称帝喾定都于亳，这个亳，也就是南亳。根据唐代《元和郡县志》的记载，亳在谷熟县西南四十五里，即今河南省商丘虞城谷熟集。《左传·昭公元年》中说，帝喾有两个儿子，除了阏伯，还有一个叫实沈。兄弟俩不和，经常争斗不休，吵吵嚷嚷。帝喾一怒之下，把阏伯赶到"商丘"去。这足以说明古"商丘"必定不是帝喾的都城亳，也就是今河南商丘一带。

《史记集解》引孔安国云："契父帝喾都亳，汤自商丘迁焉，故曰

'从先王居'。"孔安国明确无误地指出，汤从古"商丘"迁往帝喾的都城亳。所以，相土南迁的古"商丘"就是今河南濮阳。

商族势力的扩张

商族首领相土迁徙濮阳，与后羿进占夏都斟鄩有异曲同工之妙。后羿篡夺夏朝权柄之后，大禹建立的中原旧秩序逐渐瓦解，新秩序尚待重建。夏王相屡次武力讨伐东夷，以拓展自身影响力。相土反其道而用之，迁濮阳之后，祭祀大火星，以阏伯的继承人自居。实则是打着帝喾高辛氏的旗号，以博取东夷族的认同或支持，与夏王相较劲，在黄河中下游争夺势力范围。

《诗经·长发》歌颂殷商先公的功绩时，赞道"相土烈烈，海外有截"，向后人展示了一个威风凛凛的领袖形象。海外，并非指东海或黄海之外，而是指古时内陆面积较大的湖泊或沼泽地之外，如西汉时的居延泽、唐代时的居延海。此处的"海"，应该是今河南濮阳与山东鄄（juàn）城之间的雷夏泽和今山东巨野北的大野泽。"海外"就是指雷夏泽、大野泽以东的岳石文化区，属于东夷族的活动区域。相土的雄健征服了骁勇的东夷人，势力扩张到山东半岛去了。

商族在相土的率领下，迅速崛起，不但在豫北冀南平原站稳脚跟，而且伴随着频繁的征讨，军事民主制也渐渐建立起来了。商族因而得以拉近了与夏王朝的差距，成为夏王朝最强劲的潜在对手。两百年之后商汤能够灭夏，建立一个铿锵有声的青铜王朝，它的十一世祖——相土功不可没。

相土南迁之后，商族就活跃于豫北冀南平原，开始酝酿自己的宏大前程。相土的儿子昌若、孙子曹圉默默无闻，他们的事迹早已埋没在厚厚的历史积尘里，史书上只留下他们的名字，在甲骨文中甚至连名号也找不到。

曹圉，商汤的九世祖，也叫粮圉、根圉。《说文解字》云："一曰圉人，掌马者。"粮圉，意味着这时候的商族部落有发达的农耕，也保留了畜牧业的传统。沃腴的豫北冀南平原是上天赐给商族最好的礼物，温暖湿润的适宜气候，让商族五谷丰登、六畜兴旺，成为黄河中下游地区一个不容小觑的部落。但在昌若、曹圉时代，父子二人静观时局变幻，奉行隐忍不发、壮大实力、伺机而动的策略。

寒氏政权的恐怖阴影

昌若、曹圉时代，夏王朝正经历长达半个世纪的大动荡。后羿逼走帝相之后，斟鄩成了他的天下。大禹苦心经营的伟业沦丧在他的不肖子孙手中，被异族窃走。后羿篡夺王位，建立了有穷氏政权。但是后羿重蹈夏王太康的覆辙，他对自己的武功和高超射术过于自信，整日沉湎狩猎而无法自拔。他排斥武罗、伯姻、熊髡（kūn）、尨（máng）圉等忠臣，把朝政交给了心机重、城府深的权奸寒浞（zhuó）。此君是东夷寒氏（今山东潍坊一带）的弃人，因其恶行被驱逐出族。寒浞流落到斟鄩，凭借着他的机巧百辩获得了后羿的欢心与重用。

寒浞却背叛了后羿，趁后羿出外，他广结党羽，大树亲信，斟鄩城迅速易主。后羿走投无路，毙命于自己的家仆之手，后羿的儿子也被活活饿死。寒浞取而代之，成为中原各部落的新主子。

寒浞进而大举东征，讨伐流落濮阳一带的帝相。帝相被杀，王后身怀六甲，从小洞侥幸脱走，逃亡至有仍氏（今山东济宁），在那儿生下了少康。

寒浞令儿子寒豷（yì）镇守戈（今河南安阳地区），以监视夏族残余的活动；另一个儿子寒浇（ào）镇守过（今山东莱州），以震慑东夷族各部。同时派人四处搜寻少康的下落，以防止夏人复辟。黄河中下游的广大地区，从洛阳盆地到山东半岛，全都笼罩在寒氏政权的恐怖阴影之下。

商族部落或许尚未迁徙，仍以濮阳为都，寒豷的驻地戈就在西边的不远处。昌若与曹圉的一举一动都受到寒豷的监视，只能继续采取隐忍无作为的策略，免得树大招风，引来灭族之祸，这或许是昌若、曹圉在青史上默默无闻的原因吧。

兼具祖先神与自然神身份的商族首领

其后曹圉的儿子冥成了商族的首领。冥之时，帝相的遗腹子少康以有虞氏（今河南虞城一带）为据点，积极谋划复国。夏朝旧贵族伯靡也在有鬲氏（今山东德州一带）收拢"二斟之烬"，与少康齐心协力，共图大业。少康派儿子季杼（zhù）攻打戈地的寒豷、过地的寒浇，消灭寒氏外围势力。伯靡自有鬲氏南下，与少康、季杼父子会合，一路西进，凯歌高奏，直捣斟鄩，击杀老迈昏庸的寒浞。

斟鄩虽然一度是夏朝的都城，但是遭到异族的践踏，残破不堪，到处都是乌烟瘴气，几乎成了一片废墟。少康就把京城设在颍河畔的大禹旧都——阳翟，以宣示致力于恢复大禹的丰功伟业，史书上称之为"少康中兴"。

由于东夷穷、寒二氏的破坏，中原地区陷入了超过半个世纪（可能不止史书上所说的四十年）的混乱局面，在少康复国成功之后，建立了新秩序。中原地区的方国、部落都尊奉少康为共主，将大禹、启等夏朝先王与天一起祭祀。少康因此被视为继大禹之后又一位夏族英主。

"少康中兴"是夏朝发展史上一个标志性的事件。商族首领冥仰望着声势日涨的少康，决定心甘情愿臣服于夏王朝。他率领商族，在漳河至黄河之间的平原地带安居乐业，积极发展农耕。

那个时候，黄河故道由今河北经天津入海，桀骜不驯的黄河夹杂着浑浊的泥沙奔腾东下，犹如猛兽一般，将所有的东西席卷一空。于是冥被夏王朝任命为司空，负责治水之事。数百年前，共工治水失败被迫流徙幽州的惨痛教训历历在目，冥不得不举全族之力，与洪水之魔作搏斗。尽管冥苦心孤诣，勤勤勉勉，但是仍然难逃共工的劫运，不幸殉职于治水之事。

冥虽身死，但其勇于牺牲的精神在商族中却永放光芒。商族对舜、始祖契实行禘祭，对商汤、冥实行郊祭。禘祭是祭祖先以配上帝；郊祭最为隆重，是祭祀天地的一种仪式。古人举行郊祭，在特定的冬至之日、特定的开阔原野上进行。

《礼记·祭法》郑玄注："冥，契六世之孙也。其官玄冥，水官也。"冥治河，死于河，故被夏人尊为河神。河神，是保佑农业丰收的自然神。

在殷墟甲骨卜辞中，河就是指冥，与史传文献的记载相符合。如有两条卜辞云："辛巳卜，贞：来辛卯酒河（燎）十牛、卯十牢。王亥燎十牛、卯十牢。上甲燎十牛、卯十牢。""辛巳卜，贞：王亥、上甲即宗于河。"[1]

在第一条卜辞中，河与王亥、上甲微三者祭祀的规格相同，说明河与王亥、上甲微的地位是相等的。王亥、上甲微是殷商先公，河也应当是一位殷商先公。

第二条卜辞中，问的是在河的宗庙一起祭祀王亥、上甲微可以吗？也说明河与王亥、上甲微地位相等，都是殷商先公。

冥是不见于卜辞的四位殷商先公（昭明、昌若、曹圉、冥）之一。这两条卜辞中，河的位次在王亥、上甲微之前，王亥是上甲微之父，那么河应当就是王亥的父亲冥。

再看另外一条卜辞："贞：于河、王亥求年。"[2]这条卜辞祈求河、王亥的佑护，以过一个丰收年。卜辞中河与王亥并列，且在王亥之前，确认了河、王亥都是殷商先公，而且极有可能是父子二人。

冥勤其官事，治水身死，与日月争辉，山河同在！所以在卜辞中，冥兼具祖先神与自然神双重身份，受到殷人的崇祭。

---

[1] 《屯南》1116，四期。

[2] 《甲骨文合集》10105。

第 2 章

夏商并立

有夏之居

穷、寒之乱后的夏王朝

殷商先公自相土至冥，共四代人，他们目睹了上古第一王朝从大乱到大治的全过程。

每一个新生事物的产生与发展总要经历一个艰难曲折的过程。只有熬过阵痛，才能迎来辉煌。文明也不例外，这是因为从蒙昧时代跨进文明时代，必须有一个消化期。

大禹艰苦创业，建立的第一王朝，经历了一个动荡不安的消化期，终于迎来了健硕魁梧的成长期。在考古学文化上，新砦期遗存是夏朝文明的消化期，二里头文化则是夏朝文明的成长期。

著名考古学家李伯谦认为，新砦期遗存代表穷、寒之乱时期的夏文化，而二里头文化代表的是"少康中兴"至商汤灭桀的夏文化。[1]

---

[1] 李伯谦：《新砦期遗存——"后羿代夏"确有其事的证据》，《黄河·黄土·黄种人》（华夏文明）2017年02期。

新砦遗存朱砂绘饕餮纹陶瓮

新砦期遗存仅分布于嵩山以东、以北地区，其典型的文化遗址目前只发现新密新砦和巩义花地嘴两处。巩义花地嘴遗址位于二里头遗址以东30余千米，出土的器物中既有延续本地传统风格的鼎、罐、瓮、钵、甗，也有来自东方海岱文化风格的瓮、鬶（guī）、三足盘、豆等。这是因为该遗址坐落在洛阳盆地的东北缘，被嵩山与黄河夹峙，扼住豫东平原西入洛阳盆地的咽喉，是郑洛区之间极其繁忙的交通要点。穷、寒氏等东夷势力想杀入洛阳盆地，篡夺夏朝政权，巩义是必经之地。

之所以将新砦期遗存与穷、寒之乱关联起来，判定的重要依据是该遗存发现的两件极为奇特的朱砂绘饕餮纹陶瓮。陶瓮上面绘有怪异的神像，神像双目近方形，鼻端及嘴巴上颚呈倒"介"字形，同时上、下两颚内卷。在早于新砦遗存期或同一时期，这类风格的图案仅出现在今山东日照市两城镇出土的玉圭上，距离新砦遗存有600千米之遥。神像头戴的冠帽呈天盖状，而天盖冠也是东夷、百越等东方民族所特有。陶瓮盖钮顶略突出，盖顶均匀地用朱砂绘制了四个圆圈，盖壁中间的外缘绘有一条宽带。类似风格的瓮盖广泛分布于豫东、山东地区，却不见于豫西地区。所以，这两个朱砂绘陶瓮的主人应是东夷族。在中原腹地——洛阳盆地出现千余里之外典型的东夷器物，当是被入侵者携带而来的。

李伯谦认为，新砦期遗存即是文献所记"后羿代夏"至"少康中兴"事件的物质遗存。太康时期的都城在斟鄩，后羿也定都于斟鄩。但是史书上并未明确指出寒浞的都城，新砦期遗存有可能是寒氏政权的文化遗存。

新砦期遗存承上启下，连接王湾三期文化与二里头文化，吸收了大量的东夷文化因素，为灿烂的二里头文化奠下基础，所以是夏朝文明形成的消化期。

穷、寒之乱后，少康驱逐了鹊巢鸠占的东夷势力，夏王朝复辟。嵩山以南、颍河畔的大禹旧都——阳翟再次被少康定为都城，至夏桀时又迁回斟鄩。在这样的历史背景下，嵩山以南的煤山类型逐渐向北渗透，最终进入洛阳盆地，在此与嵩山以北的王湾类型汇聚融合，闻名于世的二里头文化由此产生，夏朝文明也进入了茁壮成长期。

经历了一场场腥风血雨和半个世纪的大动荡之后，以二里头文化为代表的夏文化犹如瑰丽的雨后彩虹，以其壮观宏伟的宫殿、精美的礼器、摄人心魂的玉器、古朴厚重的青铜器而惊艳世人。宫殿建筑群展露出煌煌的王朝气象，青铜和玉石礼器规范了和谐有序的礼乐制度，夏王朝当之无愧是东亚地区最早的广域王权国家，是上古时期的第一王朝。

这个第一王朝的有效管辖范围到底有多大呢？

夏人起源于今山西南部，汾河下游注入黄河拐弯处的运城盆地，这一带的安邑（今山西夏县）、唐（今山西翼城）、平阳（今山西临汾市西南）、鄂（今山西乡宁）、晋阳（今山西虞乡）都有夏墟或大夏之称。运城盆地内有丰富的池盐资源，《吕氏春秋·本味》中的"和之美者，大夏之盐"，说的就是运城盆地的池盐。后来临汾盆地的陶唐氏南下进攻，夏人被迫离开故居，东迁至今豫中、豫西地区的伊洛河流域。

伊洛河流域因此被司马迁称为"有夏之居"。

随着夏王朝势力的扩张,"有夏之居"的地理概念也不断延伸。大禹南征三苗,夏人进入豫南的南阳盆地,所以颍川、南阳,都是"有夏之居"。其后,夏王朝继续向东拓展,都城有帝丘、西河等,"有夏之居"东扩至今鲁西、豫东、淮河以西一带。夏桀之时,定都于洛河北岸的斟鄩,《国语·周语上》中说"伊、洛竭而夏亡"。可见,自大禹至桀的近五百年期间,伊洛河流域始终是"有夏之居"的核心区域。

二里头文化作为伊洛河流域的夏文化代表,它的分布有多广,夏王朝的版图也就有多大。二里头文化主要分布在豫中南部,晋南地区,还有关中东部,分为五个类型,据此可以勾勒出夏王朝版图的大致轮廓。

夏文化的格局

河南郑洛之间的二里头类型,是夏文化的"核心文化",集中分布于聚落众多、人口密集的洛阳盆地,这儿是第一王朝的"心脏地带"——王畿。该类型陶器的特征,炊具以鼎(三实足炊器)为主,少见鬲(三空足炊器),爵(类似后世的酒杯)、鬶(三空足、有柄的炊器)、尊(敞口、圆鼓腹、下有高圈足)等酒器占很大比重。

东下冯类型分布于今山西南部临汾盆地与运城盆地,炊具鬲多鼎少,有爵、盉(hé)等酒器,爵、盉等高规格的随葬品通常归属高级贵族,说明当时这一带是贵族的聚居地。该类型出现于公元前1700年之后,有可能是夏王芒向晋南地区扩展的文化遗存,一直持续到夏朝灭亡,才被殷商文化取代。

豫东开封一带的牛角岗类型,炊具以卷沿深腹罐为主,没有鼎和酒器,大致是夏王不降在位期间东扩的产物。

河南驻马店的杨庄类型,炊具以深腹罐、圆腹罐为主,没有鼎。伏牛山以南、汉水支流的下王岗类型,典型的陶器是垂腹罐(腹部呈上小下大、自然下垂的悬胆状)、刻槽罐(内壁刻画深浅不一,或纵横交错、或放射状的沟槽)。这两个类型存续时间均不过百年,有可能是因为不降在位期间向南方延伸，至孔甲时由于国力衰弱，难以为继，只好退缩放弃。

在二里头文化范围内，或者夏王朝的版图内，有着众多与夏后氏同姓的姒姓部落，包括有扈氏、有男氏、斟郭氏、彤城氏、褒氏、费氏、杞氏、缯氏、辛氏、冥氏、斟戈氏等族，形成一个姒姓集团。

夏朝时的国土概念只有零碎的"面"，也就是以一个大邑为都城，环绕这个都邑有若干村庄或聚落，尚未产生"线"的概念，还没有清晰的国界或边境线。

夏王朝的社会主体是夏后氏，众多的姒姓部落附属于夏后氏，奉夏王为共主，形成以夏后氏为核心的姒姓部落集团，在此基础上构成一个较为紧密的"复合型早期国家"。

纵览二里头文化两百多年间全国各地的文化格局，大致呈现出以黄河中下游为主轴线，南北对称、四周零星分布的特点。

主轴线上，二里头文化、下七垣文化（公元前1750年至公元前1600年）、岳石文化（公元前1900年至公元前1450年）形成三足鼎立的局面。夏王朝的二里头文化占据中原腹地，东夷的岳石文化则囊括了今山东全境。夹在二里头文化、岳石文化之间的下七垣文化，是先商文化，呈带状分布，形如一条长达500千米的巨型香肠，从今河北的滹沱河中游长驱南下豫东。二里头文化与下七垣文化之间的缓冲地带——豫北一隅的辉卫文化，是史传中的豕韦氏。[1]

主轴线的东南，散布着江淮地区淮夷部落的斗鸡台文化和点将台文化，环太湖地区百越族的马桥文化。与之对称的是北方燕山地带戎狄部落的夏家店下层文化和今内蒙古中南部的朱开沟文化。

主轴线的西端，是分布于黄河上游河湟地区西羌部落的齐家文化。狭长的关中平原横贯河湟与中原之间，东西千余里，除了东端陕西渭南

---

[1] 张立东：《论辉卫文化》，《考古学集刊》（第十集），地质出版社1996年版。

市华州区一带属于二里头文化,其余地方的考古学文化尚无法确认,几乎一片空白。只是到了二里头文化晚期,才在宝鸡岐山一带出现了刘家坡遗存,显得稀疏寂寞。

"商周考古第一人"邹衡认为,宝鸡刘家坡遗存与周族先民相关。周人族源有三支,晋中光社文化分化出来的使用联裆鬲、折肩罐的姬周部落,关中西部使用高领袋足鬲的姜炎部落,以及其他部落,包括夏的后裔戈族、秦族先民等。[1]

主轴线的西南方,远离中原千余千米之外的成都平原,孤悬着一个三星堆文化,族属应是古蜀人。

主轴线南面,长江中游的零碎遗存都包含有二里头文化因素。大禹征服三苗之后,将原来三苗的属地划分成几个区域。苗蛮集团的石家河文化(公元前2600年至公元前2000年)在中原文化的猛烈冲击下,突变为后石家河文化。后石家河文化中出现了具有中原文化特征的陶盉,流行矮领瓮、罐等,这是大禹南征带来的影响。

禹南征三苗的战事主要在汉水一线以北地区展开,大致在夏王不降时期,二里头文化经武当山和大洪山之间的汉水谷地抵达南阳盆地,又自南阳盆地迅速进入今襄樊至荆州一线以东的长江北岸地区,但尚未完全打通至长江中游的通道。所以,长江中游地区发现的二里头文化遗址比较稀少,表明该区域并未完全纳入夏王朝的统治之下。

大禹南征后的苗蛮孑遗,以碎片化形式存在,流落各处,极为涣散,彻底丧失了威胁中原的能力。长江中游地区的虚弱、枯萎状态持续了一千三百多年,直至公元前710年。《左传·桓公二年》中记载:"蔡侯、郑伯会于邓,始惧楚也。"彼时江汉平原的楚国势力开始北上,重返南阳盆地,中原民众对苗蛮族的恐惧感沉睡了千余年之后被唤醒。其

---

[1] 牛世山:《周族起源与先周文化研究的回顾与思考》,《三代考古》(7),科学出版社2017年版。

后楚庄王一鸣惊人，竟然问鼎中原，向周王室叫板。处于春秋列国歧视链末端的南方荆楚，从此成为中原诸邦国的噩梦。

但在二里头时期，最剧烈的纷争发生在中原地区夏、商、东夷三族之间。具体来说，是二里头、下七垣、岳石三个文化的摩擦与交融。

与二里头文化同生共灭的下七垣文化，被认为就是先商文化。该文化的陶器特征，流行三足器、平底器，炊具早期以深腹罐为主，晚期以鬲为主。

下七垣文化以东是岳石文化。岳石文化由山东龙山文化发展而来，陶器外表继承了海岱地区自七千年前北辛文化以来的素面（未加彩绘及釉料）传统风格。器物以平底器、三足器、圆足器为主，炊器有素面甗（yǎn）、深腹罐。整个二里头时期，山东半岛都被岳石文化占据，表明终有夏一代，东夷未曾被夏王朝征服过。

由于地域相连、年代相同，下七垣文化与岳石文化存在着密切关系。比如下七垣文化出现的中原地区未见的石棺墓及随葬石头，均源于山东海岱地区。河北磁县的下七垣文化墓葬出现的陶鼎、陶豆、陶盆，都是典型的岳石文化器物。《史记》中说，"有娀氏之女，为帝喾次妃"，帝喾与东夷族关系极为密切，也可能就是东夷族的首领。商族早期存在东夷族盛行的鸟图腾崇拜。这些都说明，商文化与东夷文化有交集，商族与东夷族唇齿相依。

王亥的风流账

受尊崇的高祖王亥

在长达两百多年的二里头时期，商族纵横驰骋于冀南豫北之间千余里，整个部落的活动中心区以滹沱河流域为线向南展开，漳河流域是其核心，占据了物产丰饶的冲积平原。商族东面与东夷族的文化距离相近，西面与弱小的豕韦氏为邻，虽夹杂在夏与东夷之间，却是左右逢源，游刃有余。

这期间，夏朝有十二人轮流坐在王位上。商族则经历了九位首领，包括冥、王亥、上甲微、报乙、报丙、报丁、主壬、主癸等八位先公，以及商朝的创建者成汤。夏与商由共存共荣到不共戴天，历史就是这样演变的，强者总是要吞并弱者，所以唯有自我强大才是正道。

随着实力的不断增长，商族开始对日渐式微的夏王朝起了觊觎之心。引领商族从漳河流域南下，并伺机西入洛阳盆地，推翻夏王朝，进而定鼎中原，让商文化取代二里头文化，成了殷商先公们必须完成的历史使命。

殷商先公冥为治水而死之后，其子王亥继位，先商文化大概在这时候进入了下七垣文化时期。

王亥，就是《山海经》中那个怪诞的吃鸟人。他的名字有七种写法，《世本·作篇》作胲，《世本·帝系篇》作核，屈原《天问》作该，司马迁《史记》作振，《汉书·古今人表》作垓，卜辞中作亥，《吕氏春秋·勿躬篇》作冰。王国维认为，篆文中冰与亥字形相似，所以王冰就是王亥。

王亥在殷商民族心目中形象崇高，被殷商民族尊称为"高祖"。祭祀王亥的规格非常高，每次要用三十或四十头牛。《尚书·盘庚》中说："肆上帝将复我高祖之德。"这里的"高祖"，就是卜辞中的"高祖王亥"。

王亥之时，商族已经离开了相土所迁居的商丘（今河南濮阳），定居于今河北内丘、邢台、磁县、邯郸一带，这里曾经密集发现了南三岐、葛庄、赵窑等下七垣文化遗址。王亥之父冥治河，死于河，那时候黄河不由山东入海，而是流经河北邯郸等地，在天津的宁河注入渤海湾。

商族大约在昌若、曹圉时期，为了躲避夏王朝的穷、寒之乱，北迁到漳河与滹沱河之间的冀中南平原，以远离大动荡的风暴中心。冀中南平原水草丰美、土地肥沃，适宜发展农耕与畜牧业。《世本》中载"胲（即王亥）作服牛"，王亥继承了"相土作乘马"的事业，驯养牛作交通工具。商族开始拥有成群的牛马，用来载重，与周边部落进行以物换物的交易活动，从中牟取暴利。

郭璞注《山海经》引《竹书》云"殷王子亥"，可见王亥居住在殷，也就是今河南安阳市。《今本竹书纪年》曰："帝芒三十三年，商侯迁于殷。"这个商侯就是王亥。王亥大致与夏王帝芒同年代。

夏王朝的鼎盛

大乱之后必有大治。帝芒之时，夏王朝如日中天。少康翦灭寒浞，昔日大禹的荣光再次焕发出来。少康和儿子杼励精图治，不断地东征西讨，将夏王朝推向盛世的顶峰。杼离开少康的都城阳翟，居黄河北岸的原（今河南济源）。东夷族的穷、寒之乱，令杼耿耿于怀，所以杼又从原东迁到老丘（今河南开封市祥符区杜良乡），意在经略东夷，吸取前车之鉴，巩固夏王朝的统治。夏王杼和几位继任者，都推行积极的东方战略，集中力量向东扩展。

在讨伐寒氏的战争中，夏王杼不断进行军事改革，制造了坚固的防御性装备——铠甲，以及杀伤力强的进攻性武器——矛。由于装备精良，夏王朝的军队锐不可当，屡屡获捷。《古本竹书纪年》说"柏杼子征于东海，及王寿，得一狐九尾"。王寿又作三寿，就是平寿，今山东潍坊地区，那里是篡位者寒浞的家乡。夏王杼率军杀到王寿去，很可能是秋后算账，扫荡寒氏的残余势力。

除了东征王寿，夏王杼还曾经到过东南的太湖流域，浙江长兴县西南三十里有座杼山，山高三百尺，周回一千二百步[1]，据传就是当年夏王杼巡狩游猎的地方。

帝杼堪称大禹之后最有作为的夏朝君主。《国语·鲁语上》云："杼，能帅禹者也，夏后氏报焉。"意思是说，杼能够继承大禹的事业，夏人举行隆重的报祭之礼来缅怀他的丰功伟绩。报祭，就是报德之祭，为报答先祖、神灵举行的祭祀活动。大禹之后的十六个夏王中，唯杼一人获此殊荣，可见帝杼在夏人的心目中威望极高。

帝杼在位十七年，死后儿子帝槐继位。帝槐，又名芬、祖武。帝杼的东方战略获得了巨大成功，帝槐挟其父之余威，确立了"东方霸主"的地位。帝槐在位的第三年，九夷来朝。九夷，包括畎夷、于夷、方夷、黄夷、白夷、赤夷、玄夷、风夷、阳夷，大都属于淮泗之间的淮夷部落。

帝槐在位四十四年，死后儿子帝芒继位。

帝芒接手的是一个鼎盛的王朝。夏、商实力相差悬殊，笼罩在帝芒高大的身影之下，蜗居于殷的王亥显得娇弱、苗条。王亥绝不敢以卵击石，贸然向夏王朝发起挑战。于是他率领族人，赶着成群的牛马，与远近各部落进行贸易交换。

---

[1] 1尺合1/3米，1步等于5尺。

王亥客死他乡

王亥所居殷之北,漳河岸边有一个古老部落——河,都邑在今河北临漳县西南。司马迁《史记·滑稽列传》中提及西门豹治邺时用铁腕手段,革除了"水神河伯娶妇"的陋习。河伯被尊奉为水神,说明这个部落在远古时期以治水闻名。《古本竹书纪年》载:夏王槐时"洛伯用与河伯冯夷斗",可见河是一个剽悍好战的部落。及至夏王芒时,"以玄圭宾于河"。有人认为,这是说芒在黄河边用玄圭沉祭神灵。夏王芒厚赐以玄圭或玉璋,试图收拢这个实力强劲的部落。

王亥受到屈原的高度评价,《楚辞·天问》中云:"该秉季德,厥父是臧。"该就是王亥,季是冥的私名。这是说,王亥秉承其父冥的美德,以他为榜样,兢兢业业,因而受人尊敬。

为了开拓贸易,壮大商族实力,王亥奉行亲仁善邻的政策,结好远近各部落。此时河伯是否冯夷不得而知,但商族与河部落紧紧相邻,往来频繁,两族关系相当不错。豫北一隅的辉卫文化与史传中的豕韦氏相关,属于非典型先商文化,也称为下七垣文化辉卫型。其族属不属于商族,但与商族关系密切,深受商文化的影响。

然而,在与周边部落的贸易日益热络之时,商族首领王亥由于一桩风流韵事,客死有易氏,从此改变了商族的命运,也改变了中原地区的格局。王亥之死这桩历史公案,屡见于先秦文献,如屈原《天问》《古本竹书纪年》《山海经》《周易》等。

有易氏是易水流域的一个部落,在屈原《天问》中称为有扈氏,或说位于今冀北一带,或说位于滹沱河、漳河之间。[1]殷商始祖契的母族有娀氏,与有易氏应当同属于燕山地带的戎狄部落。

---

[1] 先商文化保北型或者下岳各庄文化,被认为是有易氏的文化。参见张翠莲:《太行山东麓地区夏时期考古学文化浅析》,《三代文明研究》(一),科学出版社1999年版。

商族与戎狄部落长期通婚，结成儿女亲家。双方还有密切的贸易往来，所以富有经济头脑的王亥经常驾着大牛车，驱赶牛、羊，到易水流域，与有易氏进行物物交换活动。这就是《山海经·大荒东经》中所说的"王亥托于有易、河伯仆牛"。

然而，有一次王亥在寓居于有易氏时，与有易氏族中的女人勾搭上了，引来杀身之祸。

王亥的性命是怎么断送在女人手中的？屈原作了详尽的描述。

《天问》中说："干协时舞，何以怀之？平胁曼肤，何以肥之？"干是指盾牌，肥通妃，意即匹配，暗指交媾。

王亥勾女有术，在一次宴会上，他举起盾牌，载歌载舞，试图诱惑有易氏之女。有一个"平胁曼肤"——肋骨不显露、前胸丰满、风情十足的有易氏之女，春心荡漾，经不住诱惑爱上了他。食色，人之本性也，男欢女爱都属于自然欲求。于是接下去的剧本没有太多悬念。《古本竹书纪年》中云"殷王子亥宾于有易而淫"。王亥与有易氏之女在王亥所居的茅屋中整夜欢乐，结果东窗事发，被有易之君绵臣杀害了。

王亥之死的真相

《天问》云："有扈牧竖，云何而逢？击床先出，其命何从？"意思是说，王亥与有易之女在交媾，怎么会如此凑巧被有易氏的牧人发现？牧人趁着黑夜对王亥下手，刺杀的命令又是谁发出的？

屈原的这一连串发问，揭开了事实真相。杀害王亥，是有易之君绵臣蓄谋已久的，王亥的风流韵事只不过是一根导火线而已。

商族的势力可是很强大的，绵臣为什么敢置王亥于死地？有三种可能。

第一种可能，《山海经·大荒东经》中说："有易杀王亥，取仆牛。"绵臣贪图王亥带来的牛羊，杀人越货。

第二种可能，王亥屡屡勾引有易氏之女，败坏有易氏的族风。

第三种可能，王亥觊觎有易氏的财富及土地，试图通过诱惑有易氏之女，并吞有易氏。有易之君绵臣心知肚明，隐忍不发，最后择机拔除这一眼中钉。

从事态的后续发展来看，绵臣杀王亥的动机当属于第三种可能。

王亥死状之惨，令人不忍一睹。《山海经·海内北经》中云："王子夜（即王子亥）之尸，两手、两股、胸、首、齿，皆断异处。"王亥的尸体四分五裂，散碎满地。短短几个字，读之不禁汗毛直竖。

然而绵臣残忍地将王亥大卸八块之后，犹不能解心头之恨。绵臣后续还有一连串动作，《周易·旅》中说"旅焚其次，丧其童仆"，还有"鸟焚其巢，旅人先笑后号啕，丧牛于易"。旅和旅人，都是明指王亥，因为当时王亥旅居在有易氏。鸟，则是暗指王亥。商族早期盛行鸟图腾崇拜，王亥的"亥"字在卜辞中上面是鸟形，所以《周易》用鸟来代称商族之君。次，通茨，意指用茅或苇盖的屋子。次和巢都是指王亥居住的茅屋。

《周易》的这两句话意思很清楚，绵臣让牧人趁着夜黑暗杀王亥后，又下令焚烧王亥寄居的草屋，毁尸灭迹，连同王亥带来的"童仆"——大概是驾牛车的随从——以及赶牛马的商族牧人，集体葬身火海。王亥得到有易氏的美女，先是笑得合不拢嘴，尽兴欢愉之后哭都来不及了，人、牛全失，这就是《周易》说的"旅人先笑后号啕"。

绵臣简直把事都做绝了，用最卑鄙无道的手段，将王亥从人世间抹去，让他永堕地狱。绵臣心中除了担心商族报复之外，恐怕更是对王亥怀有刻骨铭心的仇恨。

勾引族中的一个女人，还不足以令绵臣痛下杀手。毕竟商族与有易氏存在长期通婚、贸易关系。上古时期，男女私会司空见惯，戎狄部落处在由母系氏族社会向父系氏族社会演化时期，实行族外群婚，男女自由欢会，习以为常。所以绵臣杀王亥另有原因，王亥试图通过贸易，控制有易氏，甚至灭其国、夺其民。因而绵臣对王亥恨入骨髓，必欲先除之而后快。

绵臣利用粗暴残忍的手段，将这一棘手的人物处理干净之后，这才意识到后果的严重性，赶紧把王亥的弟弟恒立为商族首领。

这就是屈原所说的"恒秉季德，焉得夫朴牛"。朴牛，即《世本》中的服牛，是指可驾车的大牛。可见王恒也具备了冥的美德，所以他被绵臣扶上王位，王亥的财产包括成群的牛羊，全部归王恒所有。

恒成了商族首领，却不得人心。王恒被迫逃到班禄（地望不详）去，从此消失得无影无踪了。或说，班禄是指有易之君绵臣颁发给恒的爵禄，王恒由此大失民心。但无论如何，哥哥王亥惨死之后，弟弟王恒坐过短暂的王位。

在浩如烟海的史传文献中，提到王恒这个殷商先王的只有屈原《天问》一个孤例。古人多不解"恒秉季德"的本意。如东汉大学者王逸把这四个字解释为成汤尊奉始祖契的德行，受到上天的嘉赏，让他出外狩猎时捕获到一只大牛。这楼也盖得太歪了。距离屈原不足四个世纪的王逸就已经跑题八千里了，后来人的释义就越来越离谱。

安阳殷墟重见天日之后，在卜辞上发现了一个不见于史传文献的殷商先王——王亘。如有条卜辞云："贞勿侑于王亘。"[1]清代学者王国维指出，卜辞中的"王亘"就是《天问》中的王恒，司马迁《史记》中的殷商世系把他遗漏了。王国维这一天才般的见地，使几千年来无数名家解释不通的问题，立刻迎刃而解。王国维兴奋不已，在《殷卜辞中所见先公先王考》中感叹道："《天问》之辞，千古不能通其说者，而今由卜辞通之，此治史学与文学者所当同声称快者也。"屈原《天问》的史料价值之高，由此可见一斑。

也有可能世人认为王恒是僭伪之君，异族扶植的傀儡，所以不予承认，没有载入史册。

---

[1] 《甲骨文合集》14768。

上甲微：殷商文明奠基人

上甲微扫荡易水流域

有易氏之君绵臣杀死王亥的消息传回商族，无异于投下一颗震撼弹，立即产生了剧烈而深远的连锁反应。

王亥之死，换来了殷商民族历史性的大跃进。

当时商族除了农牧业，与周邻各部落之间的贸易往来也是赖以生存的活动之一。《山海经·大荒东经》中记载："王亥托于有易、河伯仆牛。"商族很有可能进行了贸易分工，王亥、王恒等父辈专营与有易氏等远方部落的贸易活动。王亥的儿子上甲微等子辈则留守商族大后方——邺（今河北临漳县西南邺镇东），强悍的河部落就在邺一带。上甲微致力于与河、豕韦等附近部落的贸易活动。

商族试图通过婚姻、贸易，在易水与漳河之间形成一个以商族为中心的经济圈或政治联盟。有易氏之君绵臣拒绝融入这个经济圈，在贸易时与王亥发生利益冲突，这是王亥之死的根源。

王亥之死，意味着商族利用柔性手段扩充势力受挫。上甲微继位之后，决定发动武力讨伐。为此他向河伯借师，诛杀绵臣，并吞有易氏。这个河伯的都邑，就在邺城附近。也有一种说法，认为当时黄河流经今河北，在天津附近入黄海。有易氏境内的古易水注入黄河，在附近另有一个河伯，可称之为北河伯。[1]

---

[1] 韩江苏、江林昌：《〈殷本纪〉订补与商史人物徵》，中国社会科学出版社2010年版，第78页。

上甲微借师河伯见于《古本竹书纪年》，但在清华简《保训》中还有另一个版本。

《保训》是周文王临终前对太子姬发（即周武王）所说的遗训。周文王讲述了两个上古历史典故，向太子发传授了"中"或中道的思想观念。其中一个典故是虞舜未发迹之前，"求中""得中"，由一个卑微的"小人"成长为圣人。另一个典故就是上甲微诛灭有易氏。《保训》说："昔微假中于河，以复有易，有易服厥罪，微无害，乃归中于河。微志弗忘，传贻子孙，至于成汤。"其语言晦涩难懂。

对上甲微"假中于河"的"中"释读产生分歧。"中"有可能是实指，通"众"，"假中于河"就是向河伯借用军队。诛灭绵臣之后，上甲微"乃归中于河"，把军队归还给河伯。但是"中"也有可能是虚指。屈原《天问》中并未提到上甲微向河伯借师一事。所以，这个"中"不是指军队，而是中道，即后世儒家所说的中庸之道，圣人之道，无过、不及，公平、公正。

如何理解"中"的内涵？

孔子在赞扬虞舜时，说了一句话："执其两端，用其中于民，其斯以为舜乎！"孔子的话被精简为"执两用中"，这是中庸之道的精髓。

中庸之道并不是折中主义，而是处事要讲原则，实事求是，一切从客观实际出发，反对走极端主义。不冒进也不保守，恰如其分才是最好的。

上甲微在黄河"求中"，就像虞舜那样亲耕于历丘，让利于民，"执两用中"，团结族人，一举灭了有易氏。其后，上甲微"归中于河"，在黄河一带向殷商子孙传授治国齐民之道。

上甲微的中道一直传承了下去。商汤时，上甲微的中道确立为殷商的执政理念。所以，《孟子·离娄下》中说："汤执中，立贤无方。"——商汤恪守中道，任用贤才，不拘一格。

不管怎么说，有易氏之君绵臣的暴行引得人神共愤，让上甲微占据了道德制高点。上甲微师出有名，商族众志成城，周边部落同声共讨，为上甲微扫荡易水流域创造了一个难得的契机。

屈原《天问》中说："昏微循迹，有狄不宁。"昏微，或说就是上甲微，或说是王亥的两个儿子昏、上甲微。有狄，就是有易氏。上甲微展开了疯狂的报复，让有易氏举族不得安宁。上甲微的野蛮行径丝毫不亚于绵臣。《天问》中说："何繁鸟萃棘，负子肆情？""繁鸟萃棘"是以众多的鸟儿集中在荆棘上，用来比喻上甲微淫于有狄氏之女，即所谓的"负子肆情"，结果导致"有狄不宁"，完成了其父王亥未竟的事业。

侥幸脱身的有易氏子遗，就是《山海经·大荒东经》中的困民国，勾姓，以捕鸟为食。

上甲微的贡献

屈原在《天问》中如此评价王亥之死："眩弟并淫，危害厥兄。何变化以作诈，而后嗣逢长？"意思是说，王亥、王恒兄弟俩贪图淫乐，结果王亥搭进了一条性命。然而世情多反复，与有易氏之女淫乱，为什么王亥的子孙反而绵绵不绝？

答案就在王亥的儿子上甲微身上。

经过上甲微的讨伐之后，商族的势力拓展到燕山南麓的易水流域，由此成为华北地区的一方大国，逐渐具备了与夏王朝对抗的实力。而这些，都是用王亥的一条命换来的。

王亥、上甲微时代，商族的王权不断加强，在军事民主制的基础上，进一步跨入复杂酋邦阶段。后人将上甲微与夏朝的有为之君——帝杼相提并论，所以《国语·鲁语上》中说："上甲微，能帅契者也，商人报焉。"

上甲微的时代，是殷商民族脱胎换骨的时代，首先开启了商族的信史时代。信史，是指有文字记载的历史。周公旦芟（shān）平武庚之乱后，向殷商遗民训话时说道："惟尔知，惟殷先人，有典有册，殷革夏命。"[1] 意思是说，你们都知道，只有你们殷商的先人才有典章史册，记载成汤伐夏的历史。

上甲微时期"有典有册"吗？

甲骨卜辞中，有"册"字，写法与西周金文相近，字形作竹简编连成册之形。甲骨卜辞中也有"典"字，字形作双手捧着竹简册书放在台基之上。这是因为典册最先运用于宗庙祭祀，册书上记载祖先的世系庙号与历史，极为神圣尊严。

殷商后人在祭祀某先公时，供奉于神灵前的典册内容必与某先公的庙号、世系及生前功绩相联系。周祭祀谱中已经完整记录下上甲微、三报（报乙、报丙、报丁）、二示（示壬、示癸）的庙号，说明殷商民族对自上甲微以来的世系及其相关事迹已经有了明确的记载，并传承下来。郭沫若据此推断出，殷商先世，自上甲微就进入了有史时代。[2]

另外，卜辞中记载了上甲微时期专职负责记录典册的史臣，如"贞：上甲，史五牢"[3] "上甲史其祝父丁必"[4]。

由此可见，虽尚未发现当时的甲骨卜辞或文字材料，但从殷商后人祭祀先公先祖的情况来看，上甲微时期是"有典有册"的。

殷商甲骨文起源于何时？尚未有定论。目前发现的最早的甲骨文是刻在郑州商城遗址出土的两片字骨上，年代约公元前1500年。其中一片牛肱骨骨臼，刻一"㞢（有）"字；一片牛肋骨，刻有十个字："……又土羊，乙丑贞，从，受……七月。"[5]

人的名字都是用文字记录下来的，通过卜辞中的殷商人名可追溯甲

---

[1] 《尚书·周书·多士》。

[2] 韩江苏、江林昌：《〈殷本纪〉订补与商史人物微》，中国社会科学出版社2010年版，第78—88页。

[3] 《甲骨文合集》27070。

[4] 《甲骨文合集》32390。

[5] 中国社会科学院考古研究所：《中国考古学·夏商卷》，中国社会科学出版社2003年版，第424页。

骨文产生的大致年代。比如《库方二氏藏甲骨卜辞》1506号卜骨收录的一份殷商贵族儿氏的家谱，共记载了儿氏十一代的13个人名。其中第一代"儿先祖曰吹"，最后一代生活在武丁时期（约公元前1250年至约公元前1192年）。

一代有多少年？

一代就是一世，唐朝为了避李世民的讳改世为代。东汉许慎《说文解字·卅部》中说："三十年为一世。"《字汇·一部》解释说："世，父子相代为一世。"实际上的统计数字在20年至30年之间。[1]

如果只考察女性的世代间隔，约20年左右。[2] 男性平均世代间隔则较之女性要增加2至4年。[3]

按照平均世代间隔20年至30年来估算，则吹生活于约公元前1550年至公元前1450年之间，也就是说"吹"这个字在商朝初年就出现了。

王亥、上甲微父子是卜辞中能确认的最早的两位殷商先公，王亥的父亲冥极有可能就是卜辞中的"河"，但这是今人推测的，那时甲骨文还不是很成熟，所以冥的名字没有被文字记录下。王亥至商汤共八代，每代二三十年计，王亥约生活于公元前1800年至公元前1700年之间。所以，甲骨文起源年代不迟于公元前1800年。

上甲六示的祀典，尤其是示壬、示癸及其配偶出现在殷商王室的典册上，使我们有理由相信，商族人至少从上甲六示开始，就已经进入了成文历史记录的时代。[4] 一种文字从起源发展到初步成熟，被用来记录典册，至少要经历一两百年，甚至更长。以此推算，甲骨文大约出现于

---

[1] 比如岳飞出生于1103年，第21世孙岳钟琪出生于1686年，二者之间有20个代隔，如此一来平均代隔为29.15年。从宋太祖到宋恭帝为28.76年，汉高祖到汉平帝为27.44年，汉光武帝到汉献帝26.71年，唐高祖到唐哀帝为25.84年，明太祖至崇祯帝为25.63年。

[2] 马国泉等主编：《新时期新名词大辞典》，中国广播电视出版社1992年版。

[3] 《辞海》："平均世代间隔"词条，中华书局1989年版。

[4] 于省吾：《释自上甲六示的庙号以及我国成文历史的开始》，《甲骨文字释林》，中华书局1979年版，第193—198页。

公元前2000年，也就是夏朝初年。

史传文献中，有的引述《夏书》《夏训》的佚文，如《尚书》中的《甘誓》《胤征》，还有的保存了夏朝时期的《五子之歌》《候人歌》《予及汝偕亡》等韵文歌谣。夏朝有完整的君主世系，若无文字记录，单凭口传，恐非易事，因而说夏朝已产生文字绝非妄言。至于甲骨文与夏朝文字，是否有关联，不得而知。

殷商甲骨文中，"册"字很像韦编的竹木简，"典"字作双手捧册，给人一种庄严、肃穆之感。可见，当时除了龟甲、兽骨以及青铜器，竹木简是第四种文字载体。战国时代的竹木简，保存下来的都残烂不堪，殷商典册发现的可能性更是微乎其微。

上甲微之时不但有典册，而且设置了负责记录事件、载入典册的专业官员——史，如卜辞中的"贞：上甲，史五牢"。史，就是史官，有作册、作册内史、卿史等。

除了史官，还有负责祭祀、占卜的专业集团——贞人，意味着上甲微时期初步确立了官制。经过两三百年的发展，上甲微统治下的商族已非契时代半农半牧的游走族了，而是拥有文字典册、政权结构、军队的复杂酋邦或者早期国家。可以说，上甲微是殷商文明的早期奠基者之一。

上甲微的重要性还在于他塑造了殷商民族的精神世界。上古时期，宗教祭祀是一个民族精神世界的核心。殷商民族祭祀的第一个近祖就是上甲微。所谓近祖，是指上甲微至成汤之父示癸六位先公，包括上甲、报乙、报丙、报丁、示壬、示癸，统称为"上甲六示"。

上甲微不但与他之前先公诸如王亥、高祖河（冥）合祭，而且也经常与"上甲六示"合祭，说明了上甲微是殷商民族一位承前启后的关键性人物。

商人在合祭殷商先祖时，都是从上甲微开始的，如有条卜辞："囗未卜，求自上甲、大乙、大丁、大甲、大庚、大戊、中丁、祖乙、祖辛、祖丁十示，率牡（fén，公羊）。"[1]上甲微字上甲，因他出生于干支甲某日而得名。此后，殷商王室成员形成了以出生日期的十个天干称名的传统，如商汤生于乙日，所以卜辞称之为大乙。

上甲微也是殷商第一个以天干为庙号的先公。上甲微之后的报乙、报丙、报丁、示壬、示癸等，都是遵照这个规则而得名。殷商民族祭祀先祖的日期，与受祭者的日干相同。如祭祀上甲微，要在甲日祭祀。

《国语·鲁语上》中说："上甲微，能帅契者也，商人报焉。"报，卜辞中写作"匚"，是盛藏祖先灵牌的神龛。从上甲微开始，殷商祖先的灵牌都置放于匚中，然后按日干依序祭祀，这就是《国语·鲁语上》所说的"商人报焉"。在卜辞中，上甲微的"甲"字置于形似神龛的"囗"之中，报乙、报丙、报丁的"乙、丙、丁"则置于形似神龛的"匚"之中。

国之大事，在祀与戎。祭祀天地神灵、祖宗，成了殷商王朝政治生活中的头等大事。祖甲之后，商朝形成了一个严密、有规律的祭祀制度——周祭或周祀。所谓的周祭，是指商王及王室贵族按照翌、祭、祼（guàn）、协、肜（róng）五种祀礼的顺序，对其祖先轮番和周而复始地进行祭祀。其中，翌为祀首，是舞羽（手执翟雉的尾羽而舞蹈）之祀，祭为肉祀，祼为食（黍稷等祭品）祀[2]，协为合祀，肜为鼓乐之祀。在周祭时，翌、肜分别是单独进行的，祭、祼、协则是相互交叉举行的。

周祭的祭祀周期有三十六旬、三十七旬两个类型。殷商周祭的受祀者包括三十一位先王、二十位先妣，祭祀一轮需要十个旬序的时间。

周祭对象有一个严格的规定。殷商先王及旁系先王都列入周祭对象，按即位次序受祀。上甲微是周祭的第一位殷商先王；但是周祭的先

---

[1] 《甲骨文合集》32385。
[2] 清华简《系年》及青铜器铭文中的祼祀通常是指用簋等器皿盛放黍、粟、稻、粱等粮食以祭祀神灵。参见常玉芝：《商代宗教祭祀》，中国社会科学出版社2010年版，第443页。

妣（女性先祖）仅限于直系先王的配偶，按所配先王即位的次序受祀。示壬的配偶妣庚是周祭的第一位先妣。上甲微作为殷商政治制度的奠基人，以及精神世界的引领者，无疑是殷商最重要的先王之一。殷商后人对上甲微的祭祀，有燎祭、侑祭、御祭、肜祭、报祭等，种类多，规格高。在全部的甲骨卜辞中，能够确认是祭祀祖先的超过15000条，其中以祭祀上甲微的卜辞最多，有1100多条，祭祀祖乙的有900多条，祭祀商汤的有800多条，祭祀武丁的有600多条。上甲微在殷商民族心目中地位之崇高，由此可见一斑。

上甲微之后，商族历史又进入了近百年的空白期。史书及卜辞上除了留下殷商先公的名号外，鲜有记载他事。

有一版龟甲记录了一份完整的殷商诸王祀谱："甲戌翌上甲，乙亥翌匚乙，丙子翌匚丙，丁丑翌匚丁，壬午翌示壬，癸未翌示癸，乙酉翌大乙，丁亥翌大丁，甲午翌大甲，丙申翌外丙，庚子翌大庚。"[1]这份祀谱便利了今人订正司马迁对殷商世系的误记。

上甲微相当于夏王帝泄、帝不降之时。上甲微卒后，报乙（匚乙）、报丙（匚丙）、报丁（匚丁）、示壬（主壬）、示癸（主癸）等依序即位。这五位殷商先王的年代，大致可与夏王朝的帝扃（jiōng）、帝廑（jǐn）、孔甲、帝皋、帝发相对应。（参见下表）

殷商先公简表

序号	先公	备注
第1代	契	殷商始祖，居蕃。卜辞中"兕"可能是契
第2代	昭明	居砥石，不见于甲骨卜辞
第3代	相土	又称乘杜，迁古商丘。卜辞中"土"可能是相土
第4代	昌若	不见于甲骨卜辞
第5代	曹圉	又称粮圉、根圉，不见于甲骨卜辞

---

[1] 郭沫若：《殷契粹编》113版。

（续表）

序号	先公	备注
第6代	冥	名字季，不见于甲骨卜辞
第7代	王亥	王亥又称商侯振、该、核、高祖王亥
	王恒	王恒为王亥之弟
第8代	上甲	名字微，居邺。上甲六示之一
第9代	报乙	又写作匚乙，上甲六示之一，三报之一
第10代	报丙	又写作匚丙，上甲六示之一，三报之一
第11代	报丁	又写作匚丁，上甲六示之一，三报之一
第12代	示壬	又称主壬，上甲六示之一
第13代	示癸	又称主癸，上甲六示之一
第14代	天乙	又称成汤，居亳，建立殷商王朝

喜欢吃龙肉的夏王

夏商并立之势的形成

上甲微之后大约一百年间,商族与夏王朝都处在一个较为稳定的平静期。殷商先王们谨记上甲微的遗训——"中",也就是中道,致力于发展民生经济。商族的领地范围以漳河流域为中心,北起古易水、滹沱河,南至古黄河,南北超过一千里的宽幅地区。巩固这片辽阔而又富庶的地盘,是殷商先王的当务之急。

夏王朝延续了帝杼、帝芒时代的繁荣与强大,与周边各部落的关系越来越紧密,形成比较牢固的宗藩关系。《古本竹书纪年》记载,夏王帝泄二十一年,"命畎夷、白夷、赤夷、元夷、风夷、阳夷"。在卜辞中,命和令是同一个字,本义是发号施令。这说明畎夷、白夷等周边各部落已臣服于夏王,甚至受其支配。夏王在中原地区拥有绝对的权威,他的共主地位,是商族一时之间无法摇撼的。

帝泄之后,其子帝不降继位。帝不降六年,西征九苑。根据《水经注》的记载,九苑在今甘肃榆中县境内的苑川河附近,距离中原超过两千里。在当时极为落后的交通条件下,帝不降的大军能否作一次长达两千里的远程奔袭,自当存疑。但是帝杼时代不断扩张的势头,一直持续了四代,可见当时的夏王朝仍处在巅峰状态。

帝不降是中国历史上在位时间较长的君主之一。《古本竹书纪年》说他在位六十九年,《路史·后纪》说他在位五十九年。这么长的在位时间并非不可能。世界历史上共有八位统治时间超过七十年的君主,最长的是古埃及第六王朝的佩皮二世，在位九十四年。其次是日本加贺藩的第五代藩主前田纲纪，在位七十九年。

《今本竹书纪年》认为帝不降在位五十九年，将王位让给弟弟扃，并赞誉说，"三代之世内禅，惟不降实有圣德"。帝不降也因之成为上古时期的一大圣君。帝不降跟清朝的乾隆帝很有可比性，两位君主在位均约六十年。乾隆朝武功极盛，乾隆帝自诩有"十全武功"。帝不降亦有讨伐九苑的战功。乾隆禅让给嘉庆，当了四年的太上皇。按照《今本竹书纪年》的说法，帝不降也内禅给其弟帝扃，当了十年的太上皇似的人物。

无论帝不降在位五十九年，还是六十九年，均属于中国历史上少有的"长待机"君主，表明他执政期间夏王朝处于盛世时期，一派繁荣，社会安定。面对这样的一个强大王朝，殷商先王仍然不敢与之直面碰撞，去挑战夏王的"中原共主"地位。

但是，经历了上甲微的励精图治之后，商族也是欣欣向荣，实力猛增，对臣服的周边部落挥舞大棒，加以诛伐。

帝不降三十五年，殷商灭皮氏。皮氏，在今山西黄河与汾河交汇处的河津一带。可见，商族的势力已经翻越太行山脉，深入山西南部的临汾盆地。皮氏灭亡的原因，《逸周书·史记》中说："信不行、义不立，则哲士凌君政。禁而生乱，皮氏以亡。"意思是皮氏之君不讲信义，臣属试图发动政变，取而代之。皮氏之君大肆镇压，国内大乱。商族乘虚而入，一举灭了皮氏。

商族灭皮氏，约在报乙或报丙之际，其意义十分重大，从此打通了太行山东麓至关中平原的通道，商族势力能够从北面威胁到夏王朝的统治。

随着皮氏的灭亡，夏王朝持续了两百多年的繁荣盛世也走到头了。帝不降之后，其弟帝扃继位。帝扃在位二十一年，儿子帝廑继位。帝廑又名胤甲，把都城迁到西河（今河南汤阴至内黄一带）。夏王朝的统治中心已经逼临商族活跃的核心区域——漳河流域，两者之间的距离只有一条黄河的宽度了。

帝廑之时，灾异频现，夏王朝人心惶惶。《古本竹书纪年》云："天有妖孽，十日并出。其年胤甲（帝廑）陟。"十日并出就是大旱灾，天气酷热。如《淮南子·本经训》中记载："尧之时，十日并出，焦禾稼，杀草木，而民无所食。"《楚辞·招魂》中也说："十日代出，流金铄石些。"意思是，天气极度炎热，连金石都快要熔化成液体了。

天灾并不可怕，可怕的是人祸。帝廑在位八年，碌碌无为。帝廑死后，王位转移到帝不降一系，由不降的儿子孔甲来继承。

好吃龙肉的孔甲

据《史记·夏本纪》记载，夏王孔甲是一个名副其实的庸君。司马迁说他迷信鬼神，好淫乱，导致夏朝衰落，诸侯背叛。帝杼开创了夏王朝的黄金时代，终于以天灾人祸而惨淡收场。夏、商力量对比开始出现了大逆转，历史的天平正朝着商族缓慢倾斜过去。

说孔甲是庸君，主要是他在位期间的两件事。

其一，孔甲与夏朝初年的昏主太康一样，沉溺于狩猎游玩。曾经在东阳萯（fù）山田猎，数月不归。东阳萯山就是今河南巩义市西北一带的首阳山，在郑洛之间，毗近二里头文化遗址。

有一天刮起大风，天空晦暗无光，孔甲迷路了，拐进一户百姓家。当时主人正在生育，有位家人说，国君来了，这孩子一定后福无穷。另一个家人说，恐怕这孩子无福享受，一定大祸临头。孔甲把孩子带回国都，对人说："这是我的孩子，谁都不准欺负他！"

孩子长大之后，有一次帐幕突然间掀动，屋椽裂开，落下一把斧头，把他的脚砍断了，他从此成了一个废人，孔甲只好让他去看门。但是孔甲对此事并不在意，甚至以此为乐，用东方的音调作了一首《破斧之歌》，开创了一种称为"东音"的乐曲，终日沉湎其中。

其二，孔甲驯龙，嗜好龙肉，见于《史记》和《左传》。

龙，就是鳄鱼。《神农本草经》把鳄鱼称为鼍（tuó）龙。古时候的人吃鳄鱼。宋代《图经本草》中记载："南人食其肉，云色白如鸡，但发冷气痼疾。"

孔甲喜欢猎奇。一日，有人进献一对雌雄鳄鱼。孔甲不知如何驯养，于是四处寻找以养鳄为业的豢龙氏。豢龙氏又名豵（zōng）夷氏，原来定居于今河南嵩山以南的汝州、临颍、长葛一带。豵夷氏以驯养鳄鱼为业，所以被称为豢龙氏。

但是豢龙氏已不知去向，有人把刘累推荐给孔甲。

刘累的族人是陶唐氏后裔的一支，后来迁移至今河南偃师东南一带。刘累曾经向豢龙氏学习"扰龙"之术。扰龙，就是驯养鳄鱼。刘累颇得孔甲欢心，于是被封为御龙氏，取代了豕韦氏。

豕韦氏原叫大彭氏，是上古时期颛顼高阳氏的一支彭姓后裔。彭姓中有个叫彭祖的，相传活了八百多岁，说明彭姓部落历史悠久，经千年而不灭，是上古时期的一棵常青树。

大彭氏在夏朝时是一方诸侯，因为太康乱政，大彭氏起了逆心，不再臣服于夏王。少康中兴之后，大彭氏重新听命于夏朝。少康把大彭氏的首领元哲赐封在滑州韦城（今河南滑县），称之为豕韦氏。

孔甲为了满足自己的私欲，不惜让豕韦氏这棵千年常青树枯萎。刘累受封滑县，取代豕韦氏之后，专职为孔甲驯养鳄鱼。不久，那条雌鳄鱼死了，刘累暗暗地将它剁成肉酱，进献给孔甲。孔甲迷上了这一怪异的舌尖之味，要求刘累继续供应。

孔甲贪得无厌，刘累不堪重负，赶紧迁徙到远离孔甲的鲁县（今河南鲁山县）去。《太平寰宇记》中记载："今汝州鲁山县即御龙氏邑。又汝州有大龙山，并刘累养龙之处。"可见，刘累南迁鲁山县之后，不改本行，仍以驯养鳄鱼为业。

刘累离开滑县之后，颛顼后裔彭姓的豕韦氏得以复国。豕韦氏不念旧恶，忠诚于夏王，与顾、昆吾并称为夏末三大方国，拱卫着夏朝的东方门户，抵御商汤的进攻。

刘累逃走了，孔甲只好另找一个叫师门的驯龙能手。但师门还是无法满足孔甲的贪婪，孔甲一怒之下，把他杀了，埋在荒山野外。有一天，下起大暴雨，暴雨停息之后又发生火灾，把整座山林都烧毁了。孔甲沉迷鬼神，宠信巫术，认为这是师门的魂灵在作祟，亲自去野外建祠祭祀，回来的时候却在路上死去了。

庸君还是贤君

由于孔甲治国无德，好神鬼巫术，喜欢猎奇，沉溺酒乐，夏王朝迅速衰败下去。诸侯离心，帝杼苦心经营的中原新秩序，逐渐陷入分崩离析的危机之中，到了夏桀之时夏终于被商汤灭掉。《国语·周语下》中说："昔孔甲乱夏，四世而陨。"将夏朝的灭亡，归咎于好吃龙肉的庸君孔甲。

然而，比《国语》和《史记》年代更早的文献刷新了世人对孔甲的认知。清华简《厚父》中提到，夏桀"弗甬（用）先哲王孔甲之典刑，真（颠）复（覆）厥悳（德），湎（沉）湎于非彝，天乃弗若（赦），乃述（坠）厥命，亡厥邦"。将孔甲称为"哲王"，说他制定了治国法典，打理朝政很有一套，是上古的圣明之君。夏桀违背了孔甲制定的典刑，沉湎酒色，因而丧身亡国。

无独有偶，《左传·昭公二十九年》中载："及有夏孔甲扰于有帝，帝赐之乘龙，河、汉各二，各有雌雄。"杜预注云："孔甲，少康之后九世君也，其德能顺于天。"意思是说孔甲对天帝恭顺，因而得到了天帝的嘉奖。古时候判断一个圣君的标准就是看他是否顺应天道人心，杜预也把孔甲视为"德能顺于天"的贤君，与清华简《厚父》不谋而合。

怎么看待对孔甲不同的评价？

历史是后人书写的，是为现实服务的。著史者处在不同的政治生态环境中，产生不同的史观。清华简《厚父》被认为属于西周初期的文献,《左传》成书也较早,处在商周战争之后及春秋战国纷争的社会动荡时期。"刑乱世,用重典",孔甲之时夏朝也呈现出衰败之势,所以孔甲用典刑,被称为"先哲王"也在情理之中。而司马迁著《史记》之时,正逢汉武帝宠信新儒家董仲舒,"罢黜百家,独尊儒术",整个思想界浸润于狠批法治、尊崇德政的浓郁氛围之中,所以对孔甲制典刑颇有微词。

当然,也不能因《厚父》一句话,就将孔甲定性为一代明君。他沉浸在鬼神、巫术之中,事淫乱;虽动用典刑,却无法压制民众的非议与不满,诸侯离心离德,使夏朝不可逆转地处于下降通道之中。

孔甲在位三十一年,也有说九年;死后,儿子皋继位。

皋是个短命的夏王,在位仅三年就驾崩了,葬于崤山之南陵(今河南省洛宁县一带)。公元前627年,秦、晋两个霸主在帝皋王陵附近爆发名垂千古的崤之战。这是历史上一次真正意义上的伏击歼灭战,导致三万秦兵全军覆灭,扼住了秦穆公东进的迅猛势头。晋襄公得以再次称霸,从此改变了中原地区的大格局。历史记住了崤之战,却忘记了三万秦军躺尸之地不远处的夏后皋陵墓。

皋死后,儿子发继位。《古本竹书纪年》载:"发即位元年,诸夷宾于王门,再保庸会于上池,诸夷入舞。"保庸,意思就是重酬有功之人,使之心安。可见,帝发之时,以夏朝为核心的中原宗藩体制仍然存在,周边各部落俱俯首听命于夏王。但是夏王朝经过孔甲的折腾之后,文化软实力大为下降。帝发力不从心,只能够通过重赏厚赂的方式,在上池酬谢、慰抚前来朝觐的方国首领,勉强维系了体面的共主地位。

帝发、帝皋之际,商族的首领是主壬、主癸。此时,商族默默无闻,夏商关系看似风平浪静,实则一股暗流正悄悄酝酿之中。主癸之后,商族诞生了一位伟大的领袖——成汤,他是这股暗流的制造者。

第3章

王者之都

商汤的七个名号

七个名号的由来

成汤堪称上古时期最卓越的政治领袖之一,被后世儒家标榜为圣君的典范。春秋时期的孔子将夏禹、商汤、周文王并列为"三王",其弟子子夏说这三位上古圣王的品德"参于天地",与天齐、与地齐。

孔子解释了何以赋予三王如此崇高的评价。是因为这三王具备了"三无私"的精神,如春风化雨,惠泽人世间的普罗大众。何为三无私精神?按照孔夫子的原话,是指"天无私覆,地无私载,日月无私照。奉斯三者以劳天下,此之谓三无私"[1]。意思是说,夏禹、商汤、周文王,就像苍天那样无私地覆盖着万物,像大地那样无私地承载着万物,像日月那样无私地照耀着万物。把自己拥有的一切毫无保留地奉献出来,这是后世儒家理想中圣贤人格所能达到的最高境界。成汤就是这么一位与天地同在、与日月同辉的上古帝王。

---

[1] 《礼记·孔子闲居》。

成汤像（南宋马麟绘）

如此一位高尚的圣王，理应受到后人的崇仰。缅怀一个圣人的方法有千万种，而尊号以文字载体的形式显示出来，流传百世，无疑是彰扬圣人事迹的有效途径。成汤由此拥有了七个名号，《古本竹书纪年》中说"汤有七名而九征"。

至于成汤有哪七个名号，古今说法不一。按照《金楼子》的说法，成汤的七个名号是姓生、履长、瘠肚、天成、天乙、地甲、成汤。但是《金楼子》成书年代较晚，大致在南北朝时期，距离成汤已有两千年之遥，对上古史事的记载难免失真，甚至出现以讹传讹的情况。

今人结合史传文献与甲骨卜辞，罗列出成汤的七个名号：

第一个名号，唐。史传文献见于《归藏》："昔者，桀筮伐唐。"也见于卜辞，如："贞上甲、唐、大丁、大甲。"[1]

第二个名号，成或天成。成，被认为是谥号。按照《逸周书·谥法》的说法，"安民立政曰成"。成，带有平定动乱、开创盛世之意。通常只有贤君才有资格谥号为成，如周成王。汤兴师伐桀灭夏，平定中原之乱，武功卓著，因而谥号为成汤。卜辞中有"侑于成、大丁、大甲、大庚、大戊、中丁、祖乙"[2]，可作为史传文献的注脚。天成，似乎仅见于《金楼子·兴王》。

第三个名号，成唐、成汤。成汤是史传文献中最常见的称呼之一，也是人们最熟悉的名字。成唐见于周原甲骨，是周文王时期祭祀成汤的卜辞，如："癸巳，彝文武帝乙宗，贞王其邵祭成唐。"[3]北宋末期出土的叔夷镈钟，也铸刻有"成唐有严在帝所，尃受天命"的铭文。近代甲骨文研究大师王国维认为，唐古字从口从易，与汤字形相近。卜辞中的唐，是汤的最原始写法，后来逐渐转写作汤。

第四个名号，大乙或天乙。殷商之时，已经使用天干地支来纪时。当时盛行以一个人出生日的天干来命名，成汤是主癸及妣甲（扶都）的儿子，生于乙日。大乙是卜辞中对成汤的称名，其后祭祀成汤的日子固定在乙日，称之为大乙日。举个例子，如有条卜辞："甲戌贞，大乙日

---

[1] 《甲骨文合集》1241。

[2] 《甲骨文合集》1403。

[3] 《周原甲骨文》1。

亡害。"[1] 天乙，见于《史记》《世本》《荀子》等史传文献。成汤被尊为天乙，缘由如谯周所说："夏、殷之礼，生称王，死称庙主，皆以帝名配之。天亦帝也。殷人尊汤，故曰天乙。"天乙，就是帝乙。殷商时期崇拜天帝，成汤称号为天乙，将其抬升至天帝的至尊之位，可见成汤在殷商后人心目中形象之高大。

第五个名号，履。履是成汤的本尊大名。似仅见于史传文献，如《墨子·兼爱下》云："汤曰：惟予小子履。"这是成汤的自称，意同"在下履某"。成汤叫履的原因，《帝王世纪》解释说："主癸之妃曰扶都，见白气贯月，意感以乙日生汤，故名履。"履，就是足迹。成汤的母亲扶都看到白气贯月，在天空上缓缓前行，觉得十分好奇，就跟着月亮跑。结果白气入身，扶都怀上了成汤，生下来之后就以"履"命名。"履"之名不见于卜辞，可能是后世为神化成汤的假托之名。

第六个名号，武王、武汤、武唐。这是殷商后人对成汤武功显赫的一种颂名。武王、武汤见于《诗经》中的《长发》《玄鸟》等。《史记·殷本纪》云："于是汤曰：吾甚武，号曰武王。"可见成汤是一个极为自信的人，他对自己的成就颇为骄傲，宣扬说："我雄赳赳气昂昂，最会打仗，所以号称武。"当然，成汤绝非王婆卖瓜。论武功之盛，成汤伐桀灭夏，建立了一个长达六个世纪的青铜王朝，此等丰功伟业，古今能有几人？武唐见于卜辞，有时就简称一个"武"字，如："叀（zhuān）武唐用，王受有佑。"[2] 可见殷商后人确实为有这么一位能征善战、武功赫赫的先祖而倍感自豪。

第七个名号，帝乙、高祖乙，这两个应是成汤的庙号。帝乙见于《易纬·乾凿度》："易之帝乙为成汤。"高祖乙常常见于卜辞，如"甲

---

[1] 韩江苏、江林昌：《〈殷本纪〉订补与商史人物徵》，中国社会科学出版社2010年版，第97页。

[2] 《甲骨文合集》27151。

子卜，其又岁于高祖乙三牢"[1]等。

集如此之众的名号于一身，成汤或许是上古帝王中绝无仅有的。成汤诞生的年代，时值昏庸的孔甲无德乱国，夏王朝江河日下，而商族却是蒸蒸日上，快步迈入文明的时代。成汤之所以能够风风光光地闪动在历史大舞台上，正是时势造英雄的结果。

自成汤的祖母——示壬的配偶妣庚开始，殷商的直系先妣列入周祭受祀的对象，其意义十分重大。殷商周祭的第一个先王是上甲微，这是殷商民族信史时代的开端。然而，上甲微配偶的庙号尚未出现在甲骨卜辞上，表明当时没有记载下来，到了殷商末期举行周祭时，已经无从考证了。

上甲微之后的三匚（报乙、报丙、报丁），他们的配偶庙号也没有记录下来。但在卜辞中统称为"三匚母"，表明殷商后人已经产生追溯直系先妣的想法。只是当时没有记录下三匚配偶的名号，让殷商后人无从供祀，只能含糊地合祭。

对女性先祖的尊重与祭祀，是跨入文明时代的重要标志之一。主壬配偶妣庚、主癸配偶妣甲，是卜辞中最早的直系先妣名号。这意味着，从成汤的祖父主壬开始，商族已设置专业的祭司或史官，负责整理攸关商族大事的典册。因而成汤祖母、生母的名号得以载入典册，让后人祭祀先妣时有案可稽。可见，主壬或主癸之时，商族的政治制度进一步完善，算是跨入了早期国家的门槛。

成汤作为商王朝的开国之君，在后世儒家心目中属于与天地、日月齐的理想圣哲，正因为如此，成汤才拥有如此之众的名号并流传至今。成汤与殷商先祖契一样，他也被赋予神奇的色彩，拥有扑朔迷离的感生神话。

《宋书·志》卷二十七引《帝王世纪》云："主癸之妃曰扶都，见白

---

[1] 《甲骨文合集》32447。

气贯月，意感以乙日生汤，故名履。"到后来，成汤诞生的神话越来越离奇，《金楼子》说："成汤母感狼星之精，又感黑龙而成。"所以成汤又有黑帝子之称。

成汤奇异的形貌

史传文献对成汤外貌的记载，也很离奇，说他生有四种异相。

其一，成汤身躯伟岸，高八九尺。《太平御览》卷八引《洛书》云："黑帝子汤，长八尺一寸。"

其二，成汤上半身消瘦，下半身肥粗；皮肤白皙，两颊饱满，长有络腮胡；躯干昂直，声音洪亮。《艺文类聚》卷十二引《帝王世纪》云，成汤"丰下锐上，晳而有髯，倨身而扬声"。《晏子春秋·内篇·谏上》亦云："汤质晳而长，颜以髯，兑上丰下，倨身而扬声。"

其三，成汤身体背部隆起，称之为龟背。孔子是殷商族的后裔，成汤这种奇异的体形也遗传到大圣人身上。《孔丛子·嘉言》说，孔子"修肱而龟背，长九尺有六寸，成汤之容体也"。《孔丛子》传为孔夫子的后人孔鲋所作，可信度很高。春秋一尺约等于现在的19厘米，一尺十六寸。孔子身体颀长，高九尺六寸，约1.8米，也算个伟岸丈夫。史书又称，成汤双臂修长。古代一肘等二尺，或说一尺五寸为肘。东汉的《白虎通》说，成汤臂长三肘，三肘相当于四至六尺，那是成汤的一双翅膀，要挥去不义之恶人，让百姓安居乐业，生生不息。东汉另一部儒家典籍《春秋元命苞》说，成汤臂长四肘，四肘在六尺与八尺之间。成汤双臂之长超过六尺，犹如长臂猿。他的一股神力，能够像皎洁的明月驱散阴云，让大地瞬间安宁幽静。出现这样离奇、浮夸的描述，是东汉儒家进一步将成汤神圣化与神秘化的需要，可见当时对成汤的推崇已到了登峰造极的地步。

其四，成汤有生理缺陷。《春秋繁露·三代改制质文》称："至汤，体长专小，足左扁而右便。"这是说成汤左脚扁平，不便走路，行走时重心都落在右脚上，是个右利者。《尚书大传》又称"汤半体枯"，成汤不但是个右利者，而且也患有半身偏瘫。殷商尚右的观念，可能与其先祖成汤的遗传基因相关。如甲骨卜辞中出现以右卜为用的占卜习俗，形成以右队为先的军事编制，存在以右宗为尊的宗庙制度，建立以右官为高的官僚体系，等等。

对比文献记载与甲骨卜辞，足证史传中成汤奇异的形貌并非完全是虚妄之说。成汤身体上存在先天性的缺陷，但是他具备了上古圣君所拥有的"三无私"精神。如同古希腊维纳斯断臂女神像残缺之美，这种先天缺陷让成汤的形象更加丰满，也更加真实。当你见到一个走路姿势一点都不帅气、略微跛行的人，却能够威武地挥令三军，那种从心底油然喷发出来的震撼，绝非普通语言所能表达的。正因为如此，后人才会赋予成汤种种不可理喻的神迹，让他拥有七种名号，将他推崇到参于天地、比于日月的至尊位置。

殷商民族的希望就寄托在如此一位玄乎其玄却又不失真切的神奇首领身上。成汤，将带领殷商民族，大踏步向中原腹地进军，从而赢得天下，创造极其辉煌的青铜文明。

桀是十足的暴君吗？

夏桀的残暴不仁

成汤被确立为商族的首领之时，夏王帝发在位七年死去，儿子履癸继位，他就是上古著名的"暴君"之一——夏桀。夏王朝由此进入了最后的"疯狂"时期。

夏桀的本名叫履癸，除了他，夏朝晚期还有两位以干支命名的王，分别是胤甲、孔甲，可能是受到商族习俗的影响。《史记·夏本纪》集解引《谥法》云："贼人多杀曰桀。"桀，等同于滥杀，等同于十恶不赦的贼盗。后人就用这么极端贬义的字眼，概括了夏桀残暴不仁的君王生涯。

根据史传文献的记载，夏桀的残暴不仁有三。

其一，夏桀穷兵黩武，嗜杀成性。

桀是一位彪悍的肌肉男，孔武有力。史书上说，桀之猛，足以徒手折断骨角，拉直铁钩，绞铁成索，揉金成团。桀之勇，足以只手擒恶虎。可见，夏桀也是力拔山兮气盖世的一时雄杰。然而，夏桀自恃过人的神力，目空一切，滥杀成性。

桀喜饮清澈如水的美酒，一旦发现酒中浑浊，厨子立即成了可怜的刀下冤魂。夏桀的暴政导致众叛亲离，关龙逄（páng）捧着黄图进宫直谏，结果惨遭杀戮。桀残忍的本性可见一斑！

嗜杀者必黩武，黩武者必亡国。

夏桀曾经多次进攻东夷。东夷族首领伯益曾经辅佐大禹治水，共同

夏桀（山东嘉祥武梁祠拓片）

建立了夏王朝。太康失国，东夷酋长后羿趁乱而起，篡夺了夏政，由此进入近半个世纪的穷寒之乱。然而，少康也是在东夷族有仍氏、有鬲氏的帮助下，成功复国。所以夷夏关系，攸关夏王朝的存亡。

夏桀时期，各种矛盾激化，东夷频频内犯。夏桀在有仍氏举行诸侯会盟，东夷有施氏、有缗（mín）氏叛离，夏桀发兵大举讨伐。结果东夷纷纷反抗，导致夏王朝国本动摇，最终灭亡。这就是《左传·昭公十一年》中的"桀克有缗，以丧其国"。

其二，夏桀沉湎酒色，荒淫无度。

夏桀嗜酒如命，为了满足自己的酒瘾，命人打造了一个酒池，池中可行船，积糟成小山，足够三千人同时张开大嘴，尽兴畅饮。

嗜酒催生荷尔蒙，产生欲望，所以说"酒是色之媒"。夏桀两次攻打东夷，都掳掠美女而归。第一次伐有施氏。有施氏姓喜（或僖），所以也称有喜氏，分布在今山东蒙阴县一带。有喜氏之君打不过夏桀，就献上美女妺（mò）喜乞和。妺喜应该得名于她的姓氏，意为来自有喜氏的小姑娘。东汉的王逸说，夏桀征伐蒙山之国而得妺喜。蒙山之国就是有缗氏，这是王逸把有施氏和有缗氏搞混淆了。

夏桀抱得妺喜归，对她十分宠幸，千方百计来取悦她。因为妺喜是夏桀的第一个王妃，所以被称为元妃。元妃有个怪癖好，喜欢听撕裂缯帛时发出的那种刺耳声音，为此夏桀搜集全国的丝绸布匹，以迎合她荒诞的口味。两人在宫中昼夜寻欢作乐，其淫荡情形不堪入目。西汉刘向在《列女传·孽嬖传》中专为夏桀与妺喜立章作传《夏桀末喜》（末喜即妺喜），使其秽行恶迹流遗千古。传记中说：

> 末喜者，夏桀之妃也。美于色，薄于德，乱孽无道，女子行，丈夫心，佩剑带冠。桀既弃礼义，淫于妇人，求美女，积之于后宫，收倡优、侏儒、狎徒，能为奇伟戏者，聚之于旁，造烂漫之乐，日夜与末喜及宫女饮酒，无有休时。置末喜于膝上，听用其言，昏乱失道，骄奢自恣。为酒池可以运舟，一鼓而牛饮者三千人，鞿其头而饮之于酒池，醉而溺死者，末喜笑之，以为乐。

夏桀第二次征讨东夷是攻打有缗氏。原因是夏桀在有仍氏召开诸侯大会，东夷各族首领都要参会，但是有缗氏之君无故缺席，由此惹怒了夏桀。

《古本竹书纪年》中有缗氏之君称作岷山庄王。岷山就是缗山或者蒙山之国，在今山东省金乡县东北。夏桀命令大将扁攻伐有缗氏。岷山庄王害怕灭族，有样学样，也将族内的两名美女献给夏桀。东夷族拥有发达的玉器制作业，有缗氏的两名美女穿金戴玉，浑身铿锵作响，所以一个叫琬，另一个叫琰（yǎn）。夏桀喜新厌旧，得到琬、琰之后，移情别恋，很快就把元妃妹喜甩到洛河一边去。

夏桀贪恋女色，恨不得将世界上所有的美女佳人都揽入怀中。他组织了一个女乐团，成员多达三万人。她们穿着华丽精美的衣裳，日夜不停地在王宫大门前欢唱，淫靡之声传出数里之外。

其三，夏桀大兴土木，劳民伤财。

《史记·夏本纪》中说："桀不务德而武伤百姓，百姓弗堪。"夏桀恶行最大者，莫过于大兴土木，让夏朝国力衰竭，百姓穷困潦倒，最终难逃覆灭劫运。《史记·司马相如列传》集解引《博物志》云："桀作瓦。"上古夏商时期，宫室的屋顶都是覆盖着茅草，夏桀却别出心裁，制陶瓦片，用作屋顶，在当时算是豪华至极了。

更有甚者，夏桀在深山空谷之中筑建一座长夜宫。长夜宫里昼夜灯火通明，男女混居，尽行苟且之事。夏桀则乐此不疲，沉迷其中数月不出，把朝政都荒废了。结果有一天晚上突然刮起暴风沙，长夜宫都被埋没了。

阴阳家的著作《太公金匮》则将夏朝灭亡归咎于桀凿空岑山的恶行，泄了夏王朝的龙脉地气。岑山，有的文献称为瞿山，即崟（yín）原丘（又作岑原丘），今河南巩义市西北。岑山下有深洞，称之为巩穴。巩穴南通淮河，北达黄河。夏桀之时，岑山发大水。桀于是在十月召集百姓，凿穿岑山，让大水流到黄河中去。

司马迁说："昔三代之居，皆在河洛之间。"巩义是河、洛的汇流处，为上古夏商周三代的龙脉所在。所以当时有百姓预言：孟冬十月凿山穿陵，这是泄了天地的灵气。夏王无道，早晚必亡。结果惨遭夏桀杀害。第二年，岑山因过度凿空，地震崩塌，变成大湖泊，深九尺有余。不久，成汤伐桀，灭了夏朝，预言终成真。

总而言之，史传文献对夏桀的描绘，从纵情于声乐犬马，沉湎荒淫，到穷兵黩武，残暴不仁，再到滥用民力，广建宫室，经过层层积累,铸造了一个集万恶于一身的典型暴君形象。

夏桀暴君之争论

夏桀到底是不是十足的暴君?他干了哪些恶事?

司马迁并没有列数桀的种种罪状,而是作了极为公允的评价,说"桀不务德而武伤百姓"。

务德,就是孔子所说的"为政以德",这是儒家治国的基本准则。"桀不务德",弦外之音,即夏桀与儒家所倡导的"仁政爱民""以德治国"背道而驰。说夏桀"武伤百姓",就是夏桀施行后世法家极力倡导的严刑酷法、武力征服、巧取豪夺。

出土文献也证实了司马迁的记载。《郭店楚墓竹简》中云,"桀以人道乱其民",上博楚简《鬼神之明》[1]也说,夏桀"焚圣人、杀谏者、贼百姓、乱邦家"。上博楚简《容成氏》详细记载了夏桀的荒淫无度,说"桀不述其先王之道,自为不量其力之不足"。这些出土文献均将夏桀视为反面人物来论述,以服务于自己的观点,而且与《史记》中桀的形象基本吻合。

该如何看待史书上将夏桀描述成"上古暴君之集大成者"这一现象呢?

司马迁说夏桀拒谏好贿,"武伤百姓",桀的无道,绝非虚言。但是史传文献对夏桀、商纣王等上古暴君的鞭挞之词,则过多呈现出程式化、同质化、笼统化的特征。

如《尸子》中说:"昔者,桀纣纵欲长乐,以苦百姓。珍怪远味,必南海之荤,北海之盐,西海之菁,东海之鲸。此其祸天下亦厚矣。"《太平御览》卷九百八引《缠子》:"桀王天下,酒浊而杀厨人。纣王天下,熊蹯不熟而杀庖人。"夏桀与商纣王的恶迹完全相同。

---

[1] 上博楚简,即上海博物馆藏战国楚简。

再如，夏桀有璇室、瑶台、象廊、玉床，都是用玉装饰的宫室、高台，用象牙装饰的走廊，用白玉打造的卧床。这些奢侈品也是商纣王的专利。还有桀打造酒池，池中可以行舟。糟丘长达十里，足够三千人畅饮。《论衡·语增》也说商纣王的酒池可行船、糟丘堆十里，有夸张之嫌疑。桀、纣的恶行存在着惊人的雷同，绝非巧合，应该是古人为贬损暴君政治而刻意捏造的一系列罪状。至于夏桀宠妃"妹喜好闻裂缯之声"，也与《御定渊鉴类函·布帛部》中所说的"周幽王后褒姒好裂帛"如出一辙，可信度极低。

甚者移花接木，将商纣王的罪恶栽赃到夏桀的头上。如发明炮烙之刑是商纣王时期的事，《符子》一书却将其记在夏桀的罪恶簿上，说"桀观炮烙于瑶台"。清代大学者马骕为此打抱不平，替桀辩白："桀用炮烙未闻。"

而刘向《列女传》对夏桀荒淫成性进行了畅快淋漓的鞭挞，也是言过其实。《列女传》写作于汉成帝在位期间。彼时赵飞燕姐妹秽乱后宫，汉成帝酒色侵骨，朝政荒废，天下危机四伏。刘向著《列女传》，意在劝诫汉成帝，希望他有所醒悟。因此，他对夏桀、商纣王等上古暴君的恶行，难免有夸大之词。

柏杨曾经在《皇后之死》中为妹喜辩诬洗白说："施妹喜是个可怜的女孩子，她的身份是一个没有人权的俘虏，在她正青春年华的时候，不得不离开家乡，离开情郎，为了宗族的生存，像牛羊一样地被献到敌人之手。"

如此千篇一律，含混不清，甚至不惜栽赃、抹黑的证词，当然是没有公信力的。

夏桀"暴君"恶名的产生，是有其文化根源的。

一是兴者必言亡者的罪恶，如此才能得到伐暴除恶之名，占据道德制高点，获得更多民众的拥护，以巩固新生王朝的统治。

这是朝代更迭的必然现象。成汤伐桀灭夏，也不例外。

二是先秦儒家理想层面上的需要。

先秦儒家对上古历史人物的评价往往遵从自己的伦理观与价值观，存在一边倒的绝对化、理想化倾向。将上古某位人物的善最大化，将他的恶最小化，甚至为尊者讳，隐其恶埋其毒，从而制造了一代又一代的完美圣人。尧、舜、禹、成汤、周文王，莫不如此。与此同时，作为圣贤的对立面，暴君或恶人，如共工、夏桀、商纣王等，也应运而生。

荀子曰："天行有常，不为尧存，不为桀亡。"夏朝的亡国之君——履癸或桀，成了服务于先秦儒家说理布道需要而树立的典型暴君形象。

对于三四千年前的古人，由于年代邈远，事迹漫灭难以稽考。单凭文献记载，主观判断，一笔抹杀，恐失之偏颇。也许我们可以从地下考古入手，去追寻夏朝的遗迹，还原一个真实的夏桀。

二里头与皇皇夏都

夏都斟𬩽在哪里

夏朝曾经多次迁都，禹初都阳城，后迁阳翟。阳翟，今河南禹州一带，或者说就是瓦店遗址。禹的儿子启则居于钧台。太康再迁斟𬩽。帝相迁商丘，又迁斟灌，《水经注疏》卷二十六引《括地志》云"斟灌故城在青州寿光县东五十四里"，即今山东潍坊境内。少康迁原，汉代时河内轵（zhǐ）县有原乡，即为少康所迁居的原，在今河南济源市。战国时期著名的刺客聂政就是轵县人氏。帝杼自原迁老丘，《春秋地理考实》引《汇纂》中说"今河南陈留县北四十五里有老丘城"。帝廑迁西河。其后又迁斟𬩽。斟𬩽是夏桀一朝的都城。

斟𬩽在哪里？《史记索隐》引《括地志》云："故𬩽城在洛州巩县西南五十八里，盖桀所居也。"也就是说在今河南巩义市西南。

夏王太康沉湎于狩猎游玩，太康的五个弟弟和母亲整天在洛水北岸翘首盼望，期待太康能早日回来。但是太康数月不归，所以太康的五个弟弟非常气愤，唱起歌来，抒发对亡国的忧心之情，这就是著名的《五子之歌》。可见，斟𬩽地处洛阳盆地的洛河沿岸。

夏王孔甲曾经田猎于东阳萯山，而东阳萯山在今河南巩义市西北，与斟𬩽毗近，所以有可能在孔甲之时商就已经从西河迁至洛阳盆地的斟𬩽城。孔甲是帝不降一系，帝廑是帝扃一系。帝廑死后，孔甲逃离西河，迁往斟𬩽，意在另起炉灶，以摆脱帝扃一系势力的牵制。

根据史书上记载，斟𬩽的绝对位置在"洛州巩县西南五十八里"，相对位置如司马迁所说的："夏桀之居，左河济，右泰华，伊阙在其南，羊肠在其北。"

伊阙，即今河南洛阳以南2千米处的龙门。羊肠，即河南沁阳以北的羊肠坂道，是太行山脉最险峻难行的小道。曹操北征叛将高干时翻越太行山脉，途经羊肠坂道，为其险峻而感叹，曾赋诗说："羊肠坂诘屈，车轮为之摧。"明代诗人徐贲也有诗："盘盘羊肠坂，路如羊肠曲。盘曲不足论，峻陡苦踯躅。上无树可援，下有石乱礧。"斟鄩在沁阳羊肠坂道与洛阳伊阙之间，而且位于洛河之畔。有王者之都、皇皇气派的河南偃师二里头遗址，能够契合文献记载中的地理条件，年代上也相吻合，应该就是夏朝中晚期的都邑，即太康、夏桀之居——斟鄩。

由于偃师二里头遗址缺乏内证性的文字材料，在考古学和文献方面，二里头遗址就是斟鄩的证据均相对薄弱。但是以目前资料而论，二里头遗址显然是夏都斟鄩的最优选择。按照一般的聚落分布规律，在河、洛之间再发现另一座与二里头遗址同时而规模更大的遗址的可能性微乎其微，所以大可放心地指认二里头遗址为夏都斟鄩。

二里头遗址与定都斟鄩

夏人定都于此，有许多优越的地理条件。二里头遗址位于洛阳盆地的东缘，偃师西南9千米处的二里头村南，北紧邻洛河，南距伊河5公里，东西为低平之地。遗址之北是连绵的邙山，以南是高耸的嵩山。由于洛阳盆地地势平坦，伊、洛河多次改道，经冲刷、沉积之后形成不少牛轭湖，有的面积较大，为人类生存提供了丰沛的水源。

二里头遗址范围大致东起圪垱头村东，西抵北许村，东西最长2400多米；北至洛河滩岸，南达四角楼村南，南北最宽1900多米。现存遗址面积逾300万平方米。

二里头遗址的年代经过了反复的测定，最新数据是约公元前1750年至公元前1530年，可分为四期。一期（约公元前1750年至公元前1705

二里头文化的黑陶酒觚（gū）　　　　二里头文化的红陶空足鬶

年），大致相当于夏王帝扃或帝廑之时；二期（约公元前1680年至公元前1635年），大致是夏王孔甲、帝皋之时；三期（约公元前1635年至公元前1565年），大致是夏王帝发、履癸（即夏桀）之时；四期（约公元前1565年至公元前1530年），已经进入传统的殷商纪年了。

古代的都邑，最初都是由小村落发展而来的，斟鄩也不例外。夏朝建立以前的尧舜时代，甚至更早的仰韶文化晚期、龙山文化时期，在二里头遗址南部，尤其是沿着古伊、洛河北岸一带，出现了零星遗存，可见当时只是几个人烟稀少的小村庄。

夏朝建立之后，禹、启都定都于嵩山以南的颍河流域，古伊、洛河北岸仍旧是清冷之地。及至第三代夏王太康时，开始定都斟鄩。太康失国，后羿篡政，太康之弟仲康被立为夏王。仲康也定都于斟鄩。此后，夏朝初年的一系列政治活动，包括胤侯征羲和等，均以斟鄩为中心。

二里头文化的槽流铜爵

仲康死后，儿子帝相继位，但朝政落入后羿之手。帝相成了后羿的傀儡，如笼中之鸟，不但不自由，而且连性命也堪忧。后羿的嚣张跋扈，令帝相芒刺在背。帝相不得不走而避之，东迁于帝丘，也就是今河南濮阳。斟鄩遂沦为后羿的巢穴，夏朝也成了异族的王朝。直至少康中兴，芟平穷寒之乱，这才恢复了夏王朝的统治。少康重新将都城迁回了大禹的旧都——阳翟。

从太康至寒氏，历时大约一个世纪（约公元前1900年至公元前1800年），斟鄩是当时的政治、文化中心，这个时期的二里头遗址由于破坏严重，其详情不得而知。

在年代上，二里头文化与夏朝始建时间尚有一两百年的缺环，所以不是最早的夏文化。学界通常认为，最早的夏文化与二里头文化之间，存在一个过渡期，这就是河南新密的新砦期遗存。新砦期遗存的年代约在公元前1870年至公元前1720年，属于穷寒之乱时期的夏文化。

二里头一期的年代恰好可与新砦期相衔接，迄于公元前1750年，但是年代最早可达到公元前1800年左右。考古研究发现，新砦期遗存就是二里头文化的前身。二里头一期的开始年代，距少康中兴还有近半个世纪的时间，这个时期二里头遗址所发现的遗迹主要包括墓葬和灰坑。还有两处疑似属于二里头一期的大型夯土基址。这些遗存应该就是太康、仲康兄弟及穷、寒时期的残迹，当时因战乱不休，遭到严重破坏而颓败，真实原貌难以复原。

从二里头遗址看夏都

经过数十年的发掘和研究，目前对二里头遗址有了初步的系统认识。为了方便，考古学家将逾300万平方米的二里头遗址划分成若干挖

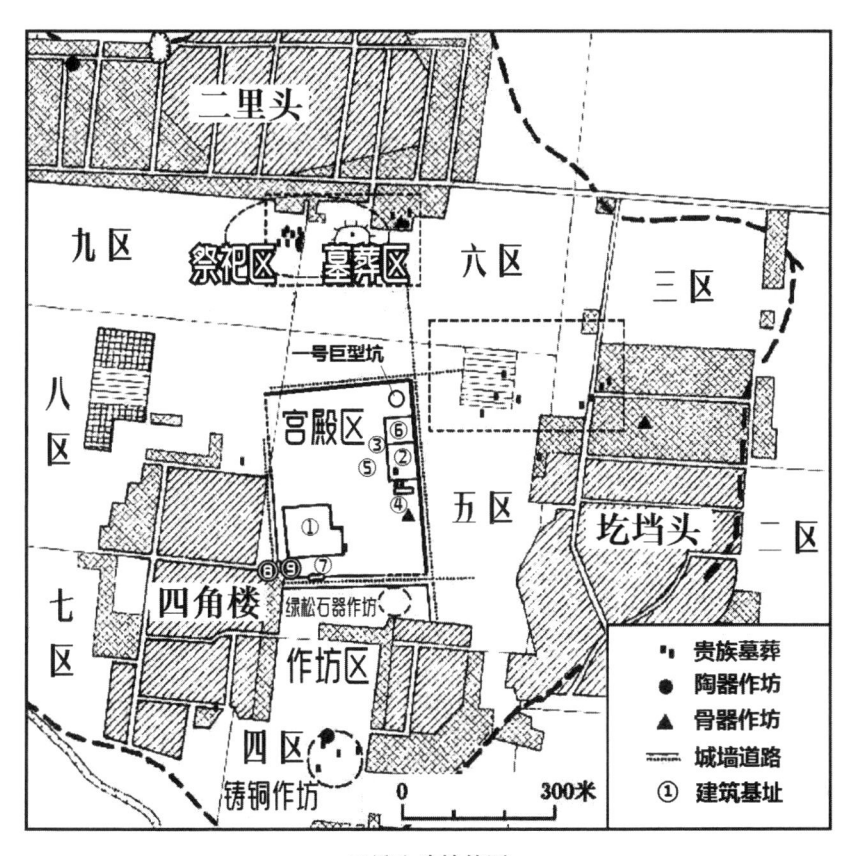

二里头遗址简图

掘区，从东到西、从南到北，依次标记。比如二里头遗址的核心——宫殿区，位于第五区。南边是手工业作坊区，位于第四区；北边是宗教祭祀区，位于第六区。那两处疑似二里头一期的夯土基址就位于第六区及邻近的第九区。

第六区的夯土基址发现墙槽、柱洞等有关建筑遗迹，应属于宫殿类的大型地面建筑物。

第九区的夯土基址南北至少长120米，东西至少宽80米，夯土总厚度超过3米，土质结实，应该也是一处宫殿。考古学家认为，第六区和第九区的夯土基址已经形成一个规模庞大的宫殿建筑群体，是二里头一期的核心地带。此外，在第四区和第五区各发现青铜小刀1件，第五区还发现铜渣1块，意味着彼时已经出现铸造铜器的手工业作坊区。

宫殿的建造，是王权出现的标志之一。二里头一期遗存很可能就是太康或有穷氏后羿所居的斟鄩。尽管没有皇皇的王朝气象，但至少是当时都邑之类的聚落中心。

二里头二期开启了城市化的进程，夏朝统治阶层对整个都邑的总体规划大致完成。经过上百年的孵化之后，一座亮堂堂的王者之都终于破壳而出了。

城内四衢八街，中心地区修建了四条纵横交错的主干道，宽12～15米，最宽处有20米，呈现出"井字形"九宫状的道路网。井字形交会的中间是两座东西并列的大型建筑基址，即3号基址、5号基址。两座基址之间，以宽约3米的通道相隔，当时的城市建筑者匠心独运，在通道的路土下埋设木质的排水暗渠。一旦发大水，可以防止城市内涝。

3号基址是一座长逾150米，宽约50米，包括三个院落的复合型建筑物，占地面积逾7500平方米。包括主殿在内的中院可能建于二里头二期早段，其中发现两座并排的墓葬。二期晚段，对中院进行改建，并新建了北院和南院。南院的西北部发现东西并列三座贵族墓葬，有一座编号为M3[1]的墓葬接近基址的中轴线，随葬有大型绿松石龙形器等。5号基址至少也有三进院落，总面积超过2100平方米。两座建筑基址占地面积如此之大，只能是王宫、殿堂之类的建筑物。

在3号、5号宫殿以北，有一个略呈圆角长方形的巨型坑（一号巨型坑），面积竟达2200平方米。坑底铺垫着大型陶片，发现幼猪骨头等祭品，说明此处是祭祀坑。

这时期最令人兴奋的发现无疑是M3墓葬精美华丽的随葬品。M3位于3号宫殿的南院，属于二里头二期晚段。墓主为30—35岁之间的成年男性，侧身直肢，头朝北，面部向东，双脚并列。墓底散见零星朱砂，没有发现棺椁痕迹。随葬品丰富，包括3件灰陶盉、1件陶爵、1件漆觚形成的酒器组合、1件玉鸟形器等，总计37件。墓主头部摆着3件白陶斗笠形器，顶上还各缀着1颗绿松石珠。颈部缠绕着货贝串饰，胸腹部置放着一件绿松石龙形器。

绿松石龙形器由两千余片绿松石嵌片贴嵌在一块红漆木板上，出土时置于墓主肩膀至髋骨处，斜放于右臂之上，呈拥揽状。龙形器巨首卷尾，头朝西北，尾向东南。距龙尾3.6厘米处有一个绿松石镶嵌条，长14厘米，宽2厘米，与龙体近于垂直，有红漆痕与龙体相连，属于龙形器的一个部件。由龙首至条形饰总长70.2厘米。上古时期龙是神圣之灵，龙形器物的佩戴者，代表着神灵，这是墓主身份尊贵的标志。

墓主腰部另置有一件青铜铃，铃内有玉质铃舌。铜铃表面黏附着一层红漆皮和纺织品印痕。这件青铜铃是目前可见二里头二期唯一的一件礼仪性铜器，也是二里头文化最早的礼仪性铜器。M3墓葬随葬的绿松石龙形器和铜铃组合，开二里头文化铜铃与动物母题松石镶嵌器配套的固定礼器组合的先河，与不同材质的酒礼器组合在一起，构成独具特色的华夏早期国家礼器群。

---

[1] 考古遗迹单位的编号，M指墓葬，H指灰坑。

M3 墓葬的主人生前地位显然非同凡响，但具体属于什么身份，目前尚有争议。他或许是一位既贵又贱的特殊人物，如宗庙的管理者。也有人将绿松石龙形器与文献中主管祭祀龙图腾的官员——"御龙氏"相联系。当然也有可能是夏王本人，或者王室贵族。

御龙氏，是指上古时期的陶唐氏后裔刘累。

孔甲之时，天降雌雄二龙（即鳄鱼）。刘累的祖上世代研究养龙之术，孔甲就把雌雄二龙交给刘累，并赐封为御龙氏。二里头遗址 M3 墓葬随葬的绿松石龙形器当与此存在密切联系。

《史记》中说，孔甲"好方鬼神"，就是喜欢祭祀鬼神。二里头二期出土了众多的卜骨，骨料为牛、羊、猪的肩胛骨，不钻不凿，仅有灼痕，明显是当时的祭祀占卜品。神秘而精致的绿松石龙形器，与最早的礼仪性铜器青铜铃，构成了沟通天地鬼神的礼器或法器组合，可与《史记》中孔甲"好方鬼神"的记载相印证。

二里头二期相当于夏王孔甲、皋之时。孔甲曾经游猎于东阳萯山，而东阳萯山就在二里头遗址附近。所以二里头二期，已经成为夏朝的都城。也就是说，孔甲之时已经把都城从帝廑时期的西河，迁移至斟鄩。

其后的帝皋葬于二里头遗址以西一百多千米处的崤山，这一带位于洛河中游，是夏王最喜欢的游猎区。史称的太康失国，"畋（tián）于有洛之表"，就在这一带。有其父必有其子，孔甲之子帝皋大概也是昏君，终年游猎于崤山附近，最后死在此地，王陵干脆就建在这里。

如果 M3 墓葬的主人是夏王，那么他就有可能是孔甲或帝发。孔甲在位时间，《通鉴外纪》《路史》都说是三十一年，只有《今本竹书纪年》说是九年，当另有所据，与 M3 墓主的实际年龄 30—35 岁不违和。孔甲死后儿子帝皋继位，有记载称帝皋在位三年卒，葬于崤山南陵。如果孔甲在位三十一年，帝皋在位三年，从年龄上判断，M3 的墓主不是孔甲，就是孔甲之孙帝发。

二里头 3 号、5 号宫殿可能是孔甲生前的居所，而 3 号宫殿的中院建于二期早段，应是孔甲或帝发的寝宫。5号宫殿是夏王的朝堂，是当时统治者进行各种政治活动的处所。夏王死后，其子将他的寝宫作为王陵，并在南北两端各新建一间院落，使之成为一座三进院落的大型建筑物，用来埋葬王室贵族，并在此举行宗教祭祀活动。也就是说，经过扩建改造后的3号宫殿成了夏王朝的宗庙。

可见，相当于孔甲、帝皋之际的二里头二期，斟鄩城内已经宫庙分离。建立宗庙，并举行祭祀之礼，赋予了国家系于一姓的特殊政治意义。禹传启家天下，姒姓一家治天下就在这里体现出来。

到了相当于夏桀之际的二里头三期，经过不断地扩建、整修，二里头文化呈现出皇皇的王朝气象，焕发出极为灿烂的光芒。二里头三期的辉煌与繁荣，或许就是"暴君"夏桀亲手缔造的。

夏桀的繁荣

夏桀的"帝王杰作"

夏桀统治期间，二里头文化迈入"黄金年代"，整个遗址面积陡然扩增到逾300万平方米，处在它的巅峰阶段。

在第五区，一个规模庞大的宫城横空出世，宫城城墙轮廓近似长方形，东墙长约378米，西墙约359米，南墙约295米，北墙约292米，占地面积超过10万平方米，相当于四分之一个天安门广场。

宫城是二里头遗址的核心空间与政治中枢，整个城市建设都是围绕宫城而展开的。

宫城东部是贵族居住区，这里分布着众多的中型夯土房址，发现了玉石钺（yuè）、玉琮、白陶器等等级较高的遗物。贵族们死后，安葬于宫城东北面的墓葬区。

宫城正北面是祭祀区，这里发现大量与祭祀相关的建筑遗迹，诸如圆形地面建筑物、长方形半地穴式建筑以及附属的墓葬等。

紧邻宫城南城墙的是半封闭的绿松石作坊区，绿松石象征着荣耀与成功，这里加工生产的绿松石制品色泽鲜美，深受夏王朝贵族们的喜爱。二里头二期3号宫殿南院M3墓葬随葬的绿松石龙形器或许就出自这个作坊区；绿松石作坊区以南的青铜作坊区，与宫城相距约200米，面积超过1万平方米。这里出产的青铜礼器诸如铜爵、铜斝，代表着贵族的身份与地位。

这个时期最重大的扩建工程，就是宫城中的两个宫殿建筑群，一个

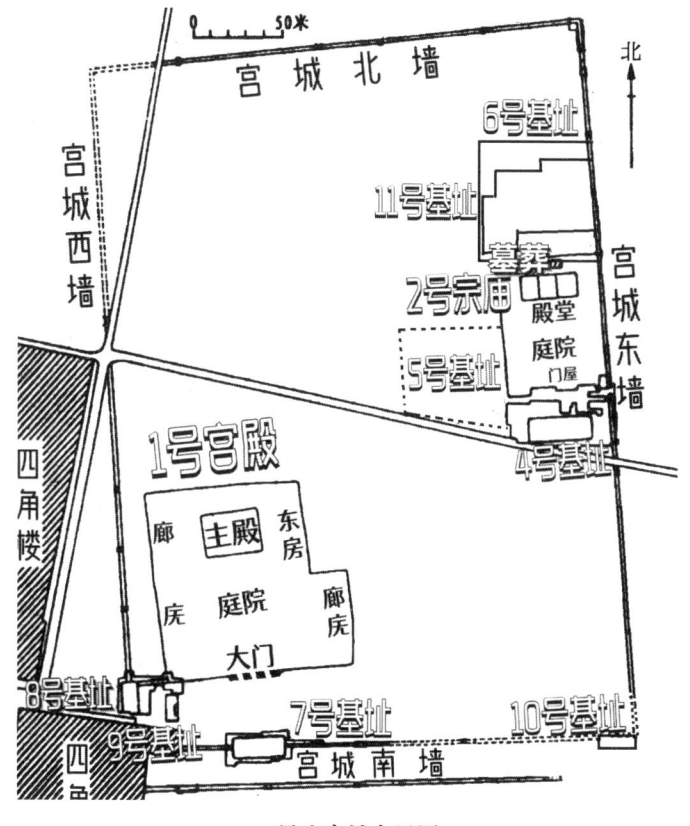

二里头宫城布局图

是宫城西南的建筑群，另一个是宫城东北的建筑群。两个建筑群相距150米。由于冒出大型的宫殿建筑群，不断压缩"井"字形主干道的宽度，宫城更加拥挤。

宫城西南部建筑群包括宏伟的1号基址、7号基址、8号基址及9号基址，凝聚了夏王朝的实力。其中1号基址是二里头遗址甚至早期中国建筑物的杰出代表。

1号基址略呈正方形，坐北朝南，东西长约108米，南北长约100米，占地面积9585平方米，其建筑应是夏朝统治者的宫殿，《考工记》中称之为"夏后氏世室"。

1号宫殿坐北朝南，不但是上古时期生活经验的体现，更是王权之尊的象征，这也是数千年来中国皇家宫室的本源。《易经·说卦传》中的"圣人南面而听天下，向明而治"，说的就是这个意思。

1号宫殿坐落在二里头遗址的中心位置，高出地面近一米，俯瞰四周，完全如《吕氏春秋·慎势》中所说的："古之王者择天下之中而立国，择国之中而立宫。"这种"择中立国"、"择中立宫"、高高在上的早期王权思想，在这座宫殿的建筑格调上充分地体现出来。

中国最早的宫殿

二里头遗址的1号宫殿可算是完整发掘的中国最早的宫殿建筑。

1号宫殿外观最明显的特征是东北隅向西凹进一角，凹缺部分东西长20米、南北宽48米，使得在视觉上产生规则障碍，看起来很不舒服。造成如此不完美的原因，可能是当时修建1号宫殿时，在其位置的东北隅，恰好有一处非常重要的建筑物。风水师占卜之后，认为有必要留下，不可毁坏，致使1号宫殿东廊北半部内凹，也可能是当时流行的某种迷信观念使然。

但是不完美，才是真正的完美。东北隅内凹，反而衬托出1号宫殿的壮观与华丽。

1号宫殿布局严紧，包括主殿、廊庑、大门和庭院，主次分明。殿堂下有台基，中有木柱，上有四坡屋顶，坐北面南。四周廊庑组成一个整体。这样的紧致建筑结构一直被后代所沿用。

主殿也坐北朝南，面前是空阔的庭院。基座夯土分为三层，质地坚硬，夯窝清晰，东西长36米，南北宽25米，占地900平方米。从四周的檐柱洞排列情况来看，主殿是一座面阔8间、进深3间的大型殿堂建筑物，其屋顶可能是四坡出檐式的大屋顶。由于没有发现明显的土墙遗迹，只有少量木柱灰痕和草拌泥土块，可以推断，主殿以木柱为骨，用草拌泥堆砌成墙。当然也有可能是夯土墙，以木架草泥为屋顶。

二里头文化三期嵌绿松石铜牌饰　　　　二里头文化方格纹铜鼎

但在史传文献中有夏桀发明瓦片盖房屋的记载，如《世本》云："桀作瓦屋。"《淮南子·说山》亦云："桀有得事。"高诱注曰："谓若作瓦以盖屋遗后世也。"这是后世对夏桀唯一的一次肯定，实属难得。这说明夏桀之时，建筑技艺有了极大的提升。以陶瓦片取代草泥，用来覆盖屋顶，无疑是房屋加固技术的一次革新，可见夏桀也并非一无是处。

环绕在主殿和庭院四周的是一组完整的廊庑。廊庑是用铺石立柱修筑起来的木骨墙，将1号宫殿与外面隔离起来。

主殿与北回廊之间，发现有一个深10米许的井藏式冷冻库，古书上称之为"凌阴"设施，井底铺有一层红烧土，上又有一层厚度1米的纯净土。这种"天然冰箱"利用地下深处的恒温低温，储藏肉类、蔬菜、果实，甚至美酒等食物，以供夏桀随时享乐。

在主殿附近和庭院中一些灰坑里，发现有人骨架，有的两手贴紧胯骨，左右上肢脱位，生前似乎被捆绑活埋。这是建造宫殿时的祭祀坑，坑内的殉难者通常是战俘或掳掠而来的异族人。

史书上记载，夏桀在位期间进行多次攻伐，东征有施氏、有缗氏等。夏桀用俘虏作人牲，祭祀鬼神，意在驱鬼安宅，让生者顺安无事。

大门位于1号宫殿的正南方，有4座房基夹着3条通道，应为一个面阔8间的牌坊式建筑。主殿正对着南门，二者之间是宽敞的庭院。南门外有一条缓坡状路土面，这是当时人们进入宫殿的大道。《管子·轻重甲》中载，夏桀拥有"女乐三万人，晨噪于端门"。端门，就是正门，或许指1号宫殿的南门。

1号宫殿南门以南是7号基址，落在宫城南城墙的西段上，东西长31米，南北宽11米。7号基址向北正对着1号宫殿的南大门，两者具有共同的中轴线，应属于同一组建筑。所以7号基址可能是大型门塾式建筑基址，也就是宫城最重要的南大门基址。

与1号宫殿相隔的一道东西走向的夯土墙基址，就是8号基址。8号基址跨建于宫城西城墙的南端，规模与7号基址差不多。7号、8号基址之间是9号基址，它有可能属于1号宫殿的附属建筑物，诸如拱卫宫殿安全的武库设施。

7号、8号、9号三座建筑都是在二里头三期也就是夏桀之际修建的，与主建筑1号宫殿一道，共同构成了一个错落有致、鳞次栉比的宫殿建筑群。

夏桀时的宗庙建筑

宫城东北的建筑群，是夏桀之际又一个浩大的工程。这个建筑群包括2号基址（宗庙）和4号基址。

2号基址位于宫殿的左侧，长方形状，东西宽约58米，南北长约73米。它包括主殿，东、南、西三道廊庑及环绕四周的围墙，南面的门道及庭院，大门和大墓，共同组成一个完整的宫殿建筑物。

2号基址被认为是夏朝的宗庙，是夏王祭祀祖先的地方。古代京城的建筑布局中有"左祖太庙"，就是起源于这一时期。

宗庙建成年代大致在二里头三期晚段，可能比1号宫殿略晚。史书中记载，夏桀大造酒池，忠臣关龙逄谏说，这么奢靡浪费，迟早宗庙会被酒淹没了。夏桀一怒之下，把关龙逄杀了。关龙逄死后不久，夏朝也就灭亡了。

这座差点儿被夏桀美酒淹没的宗庙，是围绕一座大墓而建的。

大墓位于宗庙主殿与北墙之间，与宗庙南大门南北相呼应。大墓墓口东西长约5.3米，南北宽约4.2米；内有生土二层台，墓室东西长1.85米，南北宽1.3米，深6.1米。墓室中部有一早期大盗洞，随葬品被扫荡一空，连人骨也不见。考古工作人员仅在盗洞内发现少量的朱砂、漆皮和蚌饰。另有一具完整的狗骨架，置于一红漆木匣内，位于大墓中轴线偏东之处，深2.7米。大墓的规模与安阳殷墟的妇好墓相当。这座大墓占地面积庞大，应该是当时的贵族墓，甚至可能是王陵。

宗庙可能原来是埋葬男性祖先的地方（如二里头二期3号基址发现的M3大墓），以后逐渐演变成存放祖先灵位之所。在甲骨卜辞中，"宗"字是在神主（包括石主、木主）之上，人工建造一个屋顶。中国早期的宗庙，就是供祀祖先的场所，用牲畜祭祀，如2号宗庙中红漆木匣内的狗骨架就是证据，殷商时期甚至用人牲。

2号宗庙就是专为大墓而建的，是"宗"的进一步发展。当时为了使先人灵魂仍然住在类似生前所住的房子里，商王就把宗庙建成寝殿的样子。夏桀定期在此祭祀祖先之灵，祈求祖灵的佑护，确保夏王朝江山永固，社稷长存。

2号宗庙可以说是后世皇家"太庙"的雏形。

2号宗庙外有四面围墙，其中东墙长约73米，东墙之内还有长约50米的东廊，西墙及西墙之内也有西廊，北墙长约57米，南墙的南北两面是里外复廊。

宗庙的大门位于南墙中部偏东，东西长约14米，南北宽约11米，是一座由木骨内墙围成的庑式建筑，有东、中、西三间屋子，东、西屋略呈正方形，就是门塾——门内东西两侧的堂屋。中间屋子被用作宗庙大门的门道。

宗庙四墙中间围成一个庭院，宗庙主殿就坐落在庭院中央偏北位置，东西长约32米，南北宽约12米，被两道隔墙隔成三室。三室南面均开一门，中间隔墙也有门相通。室外为回廊建筑。

2号宗庙南边约13米处是4号基址，两者具有共同的中轴线，应该属于同一组建筑。4号基址由主殿和东庑组成，主殿呈长方形，东西长36米，南北宽13米。由于尚未发现墓葬、祭祀之类的遗存，所以4号基址功能不详。但从其占地规模来看，应是一处公共活动场所。

夏桀之际先后营筑了两大建筑群，它们的规模和结构达到了非常完美和惊人的程度。这些建筑群不但形成了明显的西朝寝与东宗庙格局，体现了早期宗庙制度的初步成熟，而且也反映出夏桀之际的繁荣，将二里头遗址推向最鼎盛的时期。

夏都的引力

分别以1号宫殿、2号宗庙为核心的两个建筑群，如同两簇鲜艳的花儿，绽放在这片充满古老气息的土地之上。两大建筑群是二里头遗址的心脏，夏王在这里举行的每一次活动，都会产生极有冲力的脉动，牵系着中原地区的每一个方国或部落。

从年代上看，二里头二、三期之际大致相当于夏桀（或履癸）即位初年。夏桀追求物质享受，纵情于声色犬马之中。《吕氏春秋·侈乐》云："夏桀、殷纣作为侈乐，大鼓、钟、磬、管、箫之音，以钜为美，以众为观。"虽未发现钟鼓之类的礼仪青铜器，但密集分布的大型建筑基址、结构复杂的宫室、令人眼花缭乱的回廊等各类建筑物，足以证明这是一个崇尚"丰大豫亨"的奢侈年代。

与其说夏桀是个暴君，不如说他更像个"基建狂魔"。夏桀筑建长夜宫于深谷之中，又建造了豪华的宫室、高台以及廊庑，并用精美的白玉、象牙加以装饰，使之美轮美奂。二里头三期兴建的大型建筑物1号宫殿与2号宗庙，主殿多宫室，四周回廊环绕，与史传文献的记载相吻合。而1号宫殿西南有个长方形平台基址，作用不明，也许就是夏桀所造的瑶台遗址。

相当于夏桀之际的二里头三期，其繁荣昌盛不但体现在规模宏伟的建筑物上，而且青铜器和玉器的数量与质量，都大大超越二里头二期。居民总数更是达到二里头遗址的最高峰，超过3.1万人[1]。人口密度高达每平方千米145人，远远高于同时期翼城县（每平方千米51人）、垣曲（每平方千米5人）、侯马（每平方千米19人）。与史前时代的王城岗城址仅六十余户、两三百人相比，已是另一番景象。

从夏朝初年的稀疏村落，到夏桀之际一跃成为3万之众的皇皇王都，人口暴增，无疑是经济发展和社会化提高的必然结果。正因为数量众多的人口，发达的经济，夏桀才拥有建造大规模建筑群的底气与实力。

除了自然增殖外，夏都的人口绝大多数为外来移民。有的是向往斟鄩的繁华，慕名而来，有的是属于非自愿的强制性征调，他们大部分是奴隶或者贫困民众，被送到这里修筑宫室。其中1号宫殿面积约9600平方米，土方总量近1万立方米。仅夯筑一项，假设每人每天夯筑0.1立方米，有1000个夯筑工，则需要200个工作日。倘若再加上挖基槽、取运土、夯筑、垫石、立柱筑墙、盖屋等建筑工序，以1000人算，则需耗时数年之久。

如此高强度、大规模的人力资源调配，必须依靠强有力的动力机制来推动，也就是夏朝统治者的残暴统治。史书中记载，夏桀自比为太阳，深居宫中，生活极度奢靡。他不惜民力，"为琼室瑶台，金柱三千，始以瓦为屋，以望云雨"[2]。而百姓住在简陋、狭窄的草棚屋里，衣不蔽

---

[1] 数据来源：宋镇豪著《夏商社会生活史》，中国社会科学出版社1994年版，第113页。

[2] 徐宗元：《帝王世纪辑存》，中华书局1964年版。

体、食不果腹，下大雨的时候无处躲身，却日复一日、年复一年地被迫从事繁重的体力劳动，由此怨声载道，人心思变，咒骂声不绝于耳，甚至绝望地发出怒吼："时日曷丧，予及汝偕亡！"——这个可恶的太阳什么时候灭亡啊？我要跟你同归于尽！

尽管在今天看来，二里头遗址中最大的建筑物，也不过是9600平方米的宫殿，或者4000平方米的宗庙，二里头遗址的宫殿和宗庙并不算什么庞然大物，但在生产力极其落后的上古时期，缺乏大型机械，一切都须手工操作，所以每一座建筑物的每一寸地方，都浸透着平民、奴隶的血汗。正是他们的辛勤劳动以及聪明才智，铸造了中国最早的宫殿、中国最早的中轴线布局的宫室建筑群、中国最早的国家级祭祀场所和祭祀区。

相当于夏桀时期的二里头文化，呈现出来的皇皇王朝气象，不但产生了中国最早的具有明确城市规划的大型都邑，而且也是东亚大陆最早的核心文化，对早期国家形成与发展有着非常重要的推动作用。

世界上的每一个早期文明，诸如古埃及、古巴比伦、古希腊等，它们的辉煌灿烂无不建立在平民或奴隶的悲惨命运之上。伴随着文明的进步，人类总会失去一些什么，有时候还要付出极其沉重的代价——疾风骤雨般的暴动及其带来的血腥屠杀。

看似势所必然、神圣正义的背后，总是藏匿着邪恶，遮掩着虚伪。历史是无数因果交织而成的一匹布，圣哲也好，暴君也好，都是这匹布上的一条条经纬线，纵横交错，哪怕是缺失了一条，这匹布也会散裂。或许，我们应当拨开历史的浓雾，以更审慎的目光，去看待史书上所谓的"暴君"夏桀。

第4章

始征夏桀

成汤解网收人心

成汤南下的路线

夏桀在斟鄩大兴土木，修建宫殿，沉湎于声乐酒色之际，一支强大的力量正悄悄逼近。成汤率领商族从豫北冀南平原浩浩荡荡南下，准备将第一王朝摧毁。

夏朝的王畿在以二里头遗址为核心的洛阳盆地。成汤自漳河流域南下洛阳盆地，有两条路线。

第一条路线，西越太行山脉，进入晋南盆地，而后穿过王屋山与太行山之间的沁水河谷，夺取今晋豫交通的门户——沁阳，进入豫北平原，长驱南下，从北面直捣夏桀的老巢——洛阳盆地的斟鄩。从此进攻夏王朝，可收出其不意、攻其无备之奇效。

帝不降时期，商族首领上甲微就曾经西征皮氏，打通了漳河流域至晋南盆地的通道。但是从这条路线进攻夏王朝，最大的障碍就是要穿越险峻的太行山。太行山千峰耸立，万壑沟深，不利于大部队行军，后勤供应更是无法保障。商族畜牧业发达，拥有成群的牛马。商族先公擅长驯服牲畜，制造交通工具，如"相土作乘马""胲作服牛"等。所以商族的最大优势在于流动性极强的野战、运动战。如果成汤贸然穿越太行山，抄捷径南击斟鄩，势必要弃其牛马车乘，那就是舍其长而取其短。

与二里头遗址相对的黄河以北、太行山脉南端以南的狭长地带，因位于山南、水北，在先秦时期被称为"南阳走廊"。"南阳走廊"是豫东平原通往豫西山地、晋南盆地的交通要道。

夏王朝长期在此进行统治，沁阳与孟州之间的禹寺遗址就是"南阳走廊"上的一个重要据点。禹寺遗址有东西并列的两个环壕聚落，发现有夯土墙基槽，被认为是虞夏时期并列的两座城堡。东城堡面积6万平方米，西城堡面积2万平方米，深达12米的东西环壕已经超过了正常防御的需要，这里很可能是夏王朝为拱卫洛阳盆地而设置的一个军事重镇。

禹寺遗址南面是黄河天险，夏朝据险固守，已经设下多重防御体系。一旦商族来犯，势必遭到夏朝守兵的迎头痛击。所以西越太行山、南取斟鄩，虽为捷径，却是危险而且胜算不大的进攻路线。

富有战略眼光的成汤当然不会走这条路。

第二条路线，自冀南豫北平原一路南下至今开封、杞县一带的豫东地区，而后经郑洛区，向西直取斟鄩。这条路线阻力也不小。韦、顾、昆吾是洛阳盆地以东三个效忠于夏王朝的方国，实力较强，构筑了夏朝东疆的"铁三角"，是拱卫斟鄩的第一道防线。在环嵩山外围以东，由北往南又有郑州大师姑、新郑望京楼和平顶山蒲城店三座城址，呈弧形分布态势，是拱卫斟鄩的第二道防线。

洛阳盆地东北缘的巩义花地嘴遗址、荥阳成皋扼豫东平原进入洛阳盆地的咽喉，是拱卫斟鄩的第三道防线。商族要想突破这三道防线，必须做好打持久战的准备。但是这条路线地势平坦开阔，便利牛马及运输工具行进，商族可以将其优势发挥到极致。

成汤选择了第二条进攻路线。

成汤的布局

成汤第一步就是迁居亳。商族自始祖契开始，已经多次迁徙，但都是为了商族的生存与发展。到了成汤之时，商族已经拥有足以改变历史的巨大力量，灭夏桀而取天下是成汤矢志不渝的终极目标。

商族所居的商丘（今河南濮阳），位于黄河北岸，不但偏远，地形较为复杂，而且该地区也是夏王杼以后推行"东方战略"的重心所在，拥夏势力雄厚。濮阳的东西两侧受到韦、顾钳制，北边是帝廑的旧都西河，不利于伐桀大业。于是成汤从商丘迁都至亳。

亳，就是南亳。《尚书》中有"三亳阪尹"之称。三亳，是指南亳、北亳、西亳。南亳，今河南商丘虞城谷熟集；北亳，又称景亳或蒙亳，今河南商丘蒙县故城遗址；西亳，今河南偃师商城遗址。

南亳位于今豫东地区，被誉为殷商"先王之居"，商族势力在此根深蒂固。夏朝的影响力比较薄弱，东边的有缗氏、有施氏等东夷部落，多次受到夏桀的讨伐，反夏情绪高涨，却与商族如同一家，南面的淮夷部落也对夏朝叛服无常。从地利、人和来看，南亳比濮阳优越得多，是进军洛阳盆地之路的绝佳支点。

迁徙南亳之后，成汤委曲求全，向夏桀称臣，尊奉他为天下共主。《今本竹书纪年》载："帝癸十七年，商使伊尹来朝。"成汤都南亳之时，伊尹尚未辅佐成汤，朝觐夏桀的商使应另有他人。夏桀对这个貌似恭顺的异族领袖大为放心，赐予成汤商侯的称号，并授予他封地，把他视为夏王朝的一个方伯。

《商君书·赏刑》载："昔汤封于赞茅。"赞茅，又作攒茅，今河南修武县、辉县市占城一带，在豕韦氏之西，靠近夏王朝的统治中心——洛阳盆地。成汤的封地有多大呢？《墨子·非命》说成汤"方地百里"，《孟子》则说成汤"七十里为政于天下""汤以七十里"。不管是百里，还是七十里说，都是虚指，表明成汤作为一个方国诸侯，受到了夏王朝的认可，拥有自己的专属领地。

更重要的是，成汤取得了夏桀的信任。夏桀授权成汤建立一支军队，可以擅自征伐。成汤由此挟天子之令以征四方，在中原地区立威树名，不断地壮大起来。

成汤为了巩固其统治，恩威并施，明等级，行仁义，制刑罚。汤制定刑罚，包括《汤刑》《官刑》，惩治不法之徒。汤在自己的方国之内，理君臣之名，使上下有序，建立了严格的等级秩序。他对乘车进行了规范，百姓未被任命为官员时，禁止车驾涂抹红漆、底座安装长条横木，也不得坐豪华的四驾大马车、穿华丽的文绣服饰。

在成汤的治理之下，商族社会政治清明，民众安居乐业，具有良好的凝聚力和向心力。成汤的圣君形象也初步树立起来，王权地位得到了极大的巩固。此时的商族王权神圣，社会等级分明，出现了刑罚与军队，使用甲骨文，已经是一个强大的奴隶制国家。

成汤解网的故事

成汤虽得夏桀许可，拥有征伐大权，但他并不像夏桀那样穷兵黩武，用武力逼迫诸侯臣服。他为了争取民心，宽以待人，以德服人。史传文献中有个"成汤解网"的著名典故，说的就是成汤为收服人心而刻意制造的一桩矫情事件。

这个典故有几个不同的版本。

司马迁《史记·殷本纪》中说，成汤出游，见一人四面张网捕捉鸟兽。那人向上天祈祷："让四面八方来的鸟兽都跑进我的罗网吧！"成汤感叹说："这也太过分了。"于是他将罗网撤去三面，只留一面，并祝祷说："想往左的就往左飞，想往右的就往右飞，不想活命的就入我网吧！"诸侯感动万分，纷纷赞道，成汤的仁慈善举简直到了极致，甚至施用到飞禽走兽身上。

《吕氏春秋·异用》中的记载比《史记》更加详尽，增加了两个内容。其一，成汤说，四面撒网，捕捉鸟雀，只有暴君夏桀才会这么做，于是他网开三面，只留一面。其二，成汤的德行感化了汉南地区四十个方国。汉南之国指的就是汉水南部地区的荆楚部落。这说明成汤迁亳之后，商族的影响力已渗透到长江中游的汉中平原，对夏王朝形成了东、南夹击的战略态势。这就是《诗经·商颂·殷武》中说的"维女荆楚，居国南乡。昔有成汤，自彼氐羌，莫敢不来享，莫敢不来王"。

马王堆帛书《缪和》记载的是"成汤解网"典故的又一个版本。

帛书年代较早，大致在战国中晚期，所以跟史传文献差异较大。《缪和》将"成汤解网"发生的场景设在夜间捕鱼之时。说有一回成汤去巡狩，看到东北方一片火光。随行官员告诉他，这是有人在捕鱼。成汤听捕鱼的人祈祷："古时候人们学着蜘蛛结网捕鱼，今天我也这么做，让上下左右的鱼都来我的网吧！"成汤说："你这样就不对了。应该这么祈祝，鱼儿想往左游就往左，想往右游就往右，想往上游就往上，往下游就往下，我只捕捉撞入渔网的鱼。"诸侯听到后，大为感动，有四十余国向成汤进献皮币。但是《缪和》并没有提到这些小国来自汉南地区。

帛书《缪和》用这个故事来解释《周易》中的卦辞"王用三驱"。"王用三驱"，就是说仁是天赋的，不仅要以德感化百姓，而且还要像成汤那样网开三面，德及禽兽鱼鳖，甚至大千世界的一草一木。

成汤放生的是鱼鳖、飞禽走兽，收回来的却是无比宝贵的人心。

得人心者得天下，"成汤解网"由此成了上古时期圣人美德的典范。

夏桀囚成汤

"成汤解网"或许只是个传说。但无论怎样，成汤广布仁德，颇得民心，归附的方国、诸侯日渐增多，威胁到夏桀"共主"的地位。

夏桀终于发现这个貌似恭顺的商侯,其实就是自己最大的敌人,一个十分可怕的对手。于是夏商关系迅速恶化。夏桀召来成汤,收回了他的封地赞茅,剥夺了他的方伯爵位和征伐大权,并将他囚禁在夏台重泉。

夏台就是阳翟钧台,今河南禹州一带。阳翟是夏朝初年大禹、启父子二人的都城,后少康也定都于此。夏启因杀伯益而夺取王位,担心诸侯不服,所以在钧台举行诸侯会盟,宣布自己继承王位的合法性。自此以后,从夏朝初年至末年,钧台一直是政治活动中心之一。

这个钧台在哪里?《穆天子传》卷五中有句话:"天子南游于黄台室之丘,以观夏后启之所居。"钧台或许就是"黄台室之丘"。

今河南禹州东北约50千米、新密东南约23千米处,有一岗地称台子岗或黄台岗。该岗地为黄土丘,地面上存有夯土台,为周代建筑遗址,地面以下尚未发掘。黄台岗东南3千米处就是新砦期遗址和新砦古城。新砦古城就是夏启之居,黄台岗高出新砦城址约50米,应该是周穆王所登的黄台室之丘,站在上面可以眺望不远处的夏启之居。

夏桀时定都于斟鄩,钧台被改造为监狱,用于拘押夏桀的政敌或者叛逆的方国诸侯。屈原《天问》中有句话:"汤出重泉,夫何罪尤?"可见夏桀把成汤囚禁在钧台重泉,确有此事。

当年成汤就被拘押在高耸的黄台岗之上。但是夏桀囚禁成汤之后,很快又释放了他。释放的原因不明,可能是夏桀对自身的实力过于自信,而且成汤叛逆的证据不足,商族又进献珠宝、美女,赎买成汤的自由。最终,成汤被释放了。

然而这一次纵虎归山对夏王朝来说无疑是致命的。彼专以暴,我专以德,终将不战而胜夏桀,因为时间和人心都站在成汤这一边。所以成汤被释放之后,并未立即起兵复仇,反而更加注意施行仁义,以服远人,诸侯纷纷前来归附。《尚书大传》中称"诸侯八译来朝者六国",《帝王世纪》也说"同日贡职者五百国,三年而天下悉服",这些记载都有点儿夸张。但是夏桀自此失去了"共主"的地位,少康时期重塑的中原秩序正在坍塌,一个新的秩序即将诞生。

仁义立身、宽以待人的成汤,深孚众望,注定将是中原新秩序的塑造者。

景亳之命结盟东夷

商族的两件神迹

夏桀囚汤,是夏商关系的转折点。夏桀与成汤的蜜月期旋即告终,进入了水火不相容的冷战敌对期。

成汤迁亳之后,以亳为中心的今豫东地区成了夏、商、东夷三方势力竞逐的焦点。反映在考古学上,各种文化在豫东地区呈现出犬牙交错之势。代表夏王朝的二里头文化与代表东夷族的岳石文化,在这片地区对峙,分界线在商丘、虞城、柘城、周口一线,形成一个巨大的乳头状突出部。突出部之内的商丘地区,是二里头文化分布的最东缘,自此以东属于岳石文化的势力范围。

乳头状突出部的北缘,沿开封—杞县—商丘一线,则是夏、商的界线。杞县鹿台岗遗址是目前所知下七垣文化的最南点,出现于二里头文化三期,当在夏桀之时。下七垣文化属于先商文化,显然是成汤统率商族南下的结果。濮阳—滑县东部—杞县—鹿邑一线都发现有下七垣文化的遗址和遗物,这一狭长区域有可能是成汤统率商族一路南下的通道。[1]

从这来看,豫东地区的形势错综复杂。商族的势力仅限于商丘、杞县一线,商丘以西是夏朝的势力范围,商丘以东是东夷的势力范围。

要灭夏,就必须拉拢商丘以东的东夷族。成汤从钩台出来之后,就回到南亳,着手准备征夏大业。成汤返回亳都后不久,史书上记载商族

---

[1] 宋豫秦:《夷夏商三种考古学文化交汇地域浅谈》,《中原文物》1992年第1期。

出现了两件神迹。第一件是梼杌（táo wù）之神降临邳山；第二件是神人牵口衔铜钩的白狼，走进汤庭。

梼杌，本来是远古颛顼时期的恶人，不可教训，好话坏话都不听，教训他就更加顽劣，放任他就更加嚣张，傲慢凶狠，简直无法无天。这个大恶人死后变成一只凶兽，形象恐怖。外形大如老虎，毛长两尺，人脸虎脚，嘴巴里长出一对獠牙，尾巴长一丈八尺。

梼杌最初的意思与神、兽无关。梼杌，就是砍伐树木后的断木残桩，可以做成小矮凳。古人伐树时，树干曲偻，横截面有各种怪异的纹路，宛如狰狞的凶煞，令人憎恶甚至敬畏。因此段玉裁在《说文解字注》中说"榴头可憎者"。

春秋时期，晋国的史书被称为《乘》，楚国的史书被称为《梼杌》，鲁国的史书被称为《春秋》。楚国的史书专门记录了一些恶事，用以训诫后人，所以叫《梼杌》。如王筠《说文解字句读》中所说的："梼杌，恶木也，主于记恶以为戒也。"到了后来，梼杌渐渐凶煞化，引申为恶兽。古时，面目丑恶之物往往被赋予神秘的力量，成为世人敬畏的灵物。如饕餮，其原形可能是狰狞的猛虎，也可能是丑陋的猪首。龙，则是由鳄鱼、蛇蜥衍变而来的。这是古人以恶镇恶、辟邪驱鬼的心理。

邳山，即丕山，又作伓山，今河南浚县城东的黎阳东山，在安阳与濮阳之间，位于商族的发迹地——漳河流域内。梼杌之神降临在商族的发迹之地，意味着商族获得了神灵的佑护，天命所归，夺得天下，属于商族的时代来临了，所以《国语·周语上》中说"商之兴也，梼杌次于丕山"。

神人牵白狼衔钩，也具有相同的内涵蕴意，预示着成汤即将取代夏桀，成为天下共主。《尚书璇玑钤》中说："汤受金符帝箓，白狼衔钩入殷朝。"这句话信息量非常丰富。金符，据称是上天赐予大禹的符瑞，是受天命的凭证。白狼，是一种神兽。钩，束缚腰带的关键物件。汤得金符、钩，这是明示成汤受天命，将取得天下的预兆。

殷商民族有尚白的传统,《史记·殷本纪》中引用孔子的话说:"殷路车为善,而色尚白。"《五行大义·论律吕》中认为,殷商尚白的传统,就起源于白狼衔钩的神话。梼杌降临邳山见于《国语·周语上》,神人牵白狼衔钩见于《帝王世纪》。尽管两件神迹的真伪性尚待考证,但是契合夏商之际的时代特征。当时是崇信巫术、神灵的时代。尤其是东夷族,巫觋(xí)横行天下。一个部落的酋长,就是这个部落中最大的巫。梼杌降临邳山、神人牵白狼衔钩,或许是成汤巧借神灵之名,给自己头顶戴上耀眼的光环,为即将征讨夏桀大造舆论。

何为景亳之命

东夷部落重巫术,商亦如此,成汤威望由此骤增,诸侯相继归附,人心向背很明显。成汤趁着这股东风,在景亳举行诸侯会盟,建立反夏阵线,这就是著名的景亳之命。

上古至先秦时期有八次著名的称霸会盟,分别是夏启钧台之享、成汤景亳之命、周武王孟津会盟、周成王岐阳之蒐(sōu)、周康王酆(fēng)宫之朝、周穆王涂山之会、齐桓公昭陵会盟、晋文公践土之盟。景亳之命说明,夏朝的共主政体已经处在失控状态,无力维护和保持与各方国之间的关系,让成汤得以用会盟形式确立在中原地区公认的霸主地位,形成了以成汤为核心的军事政治集团。

景亳在哪里?有两种说法。一说今山东曹县西北的梁堌堆遗址,就是成汤会盟诸侯的景山。一说在商丘以北的大蒙城,也就是今河南商丘梁园区李庄乡蒙墙寺村一带,这里曾经发现殷商遗址。

商丘大蒙城与曹县相距不过30千米,两地都有可能是景亳的所在地。但是曹县地区在早商文化(二里岗下层)时期仍属于岳石文化,直至二里岗上层晚期商文化才取代岳石文化。而商丘比蒙城更加接近南亳,成汤在此举行诸侯会盟,尽得地主之利,对东方诸方国更具有号召力。景亳会盟后,成汤第一个拿葛伯开刀祭旗。葛,在今河南宁陵北。

自商丘大蒙城至宁陵不过30千米，成汤出师便捷，这么看来景亳应是商丘大蒙城。

根据《尚书大传》的记载，诸侯"来朝者六国"。参加景亳会盟的方国、部落大致有六个，主要来自东夷族。

有施氏，又称有喜氏，在今山东蒙阴县地区。夏桀曾经攻伐有施氏，有施氏被迫进献美女妹喜求和。

有缗氏，即蒙山国，在今山东金乡县一带。有缗氏也受到夏桀的攻伐，效仿有施氏，进贡美女讲和。有缗氏为报夏桀攻伐之仇，必与有施氏一道，投入成汤的怀抱。

有仍氏，在今山东济水地区。有仍氏一度是夏朝的亲族，夏王帝相的妃子就是有仍氏之女。穷寒之乱时，帝相之后逃亡有仍氏，在那儿生下少康。少康在有仍氏等其他部落的帮助下，成功复国。但是夏桀之时，有仍氏会盟东夷，有缗氏率先叛离，受到夏桀的征伐。其他东夷部落因此相继离去，有仍氏无法独善其身，只好倒戈反夏。所以《左传》说"桀克有缗，以丧其国"。

有莘氏，又称有侁（shēn）氏，在今河南开封陈留一带。成汤与有莘氏联姻，商朝开国大功臣伊尹就是有莘氏媵（yìng）臣。

薛氏，任姓，东夷太昊氏之后，在今山东滕州东南一带。成汤的佐臣仲虺（huǐ）就来自薛氏部落。

卞氏，在今山东泗水卞桥镇一带。《庄子·让王》中记载："汤将伐桀，因卞随而谋。"卞随是卞氏的一位名士，成汤与卞氏结盟，曾经向卞随问过伐桀的事。

商丘的景亳是成汤会盟东夷诸侯的最好地点。如果当时举行会盟之后，在景亳设立了反夏联盟总部，其东南不远处就是成汤的都城南亳，大大有利于成汤掌控反夏联盟的领导大权。

景亳之命，是成汤一次精明的政治算计，奠定了成汤灭夏的坚实政治基础。景亳会盟后，成汤首战伐葛，迈出了武力进攻夏王朝的第一步。

何为葛伯仇饷

葛，今河南宁陵北，位于成汤之都南亳西北约50千米处，所以孟子说："汤居亳，与葛为邻。"葛，伯爵，嬴姓，是东夷少昊氏之后。商族与东夷有极深的渊源关系，所以葛与商号称同宗。

成汤伐夏，理应团结周邻各部落，为什么偏偏选择同宗的葛首开杀戒？

《孟子·梁惠王下》说"汤事葛"。可见这个同宗之国势力强大，成汤不得不向它屈服。一山不容二虎。成汤伐葛，意在吞并今豫东地区最强大的部落，以扫清灭夏的障碍。

成汤伐葛，借口是葛伯放荡不羁，经常不举行祭祀礼仪。葛既然与商族有同宗之名，葛伯不祭祀先祖，就是不敬重商族的先祖。成汤让人责问葛伯，为什么不祭祀先祖？葛伯说，没有供品。那好吧，成汤送了一大批牛羊给葛伯。没想到葛伯把牛羊杀了，吃了，还是不祭祀。汤又派人去催促葛伯祭祀。葛伯说，粮食歉收，缺乏用来祭祀的谷物。

为了团结一切可以团结的力量，扩大反夏联盟，汤也只好忍一忍。于是成汤派遣"亳众"——商族百姓到葛国去，帮助葛伯耕种，并让老弱之人给耕种者送畜力，送饭吃。

成汤对葛伯极尽人道主义援助，也只有同祖共族者才会如此挂念、关心。没想到，成汤三番五次的屈尊将就惯坏了葛伯。葛伯竟然带人公开劫掠助耕商民的饮食、酒肉，更令人发指的是，有一个送饭的小童子，也被残忍地杀害了。这就是《尚书》中说的"葛伯仇饷"。

灭葛，就差一个借口。送饭小童子的惨死，无疑是最好的战争借口。

成汤忍无可忍，喊出替无辜童子复仇的口号，商族众志成城，一举灭了葛。

成汤灭葛，诸侯不但没有谴责，反而大加赞赏，人们都说成汤伐葛是仁义之举，不是因为贪图天下的财富，而是为了替一个普通人讨回公道。

葛伯可能是夏朝的诸侯，忠诚于桀，因为葛国就位于二里头文化区内。所以成汤征讨葛，是打狗给主人看，等于向夏桀宣战。孟子说："汤始征，自葛载。"成汤夺取天下的征途，就是从讨伐葛开始的。

成汤伐葛，不但检验了商军的战斗力，而且也再次检验了人心向背。因为葛是同宗邦国，伐同宗历来就被视为不仁不义。而这一次，人心都向着汤。

成汤通过景亳之命与伐葛，震服东方诸国，控制了今豫东北、豫东大片地区。殷（今河南安阳）、帝丘或商丘（今河南濮阳）、南亳（今河南商丘）三个重要据点连成一线，是商族势力活动的主轴。成汤伐夏初期的军事行动，都是围绕这条主轴展开的，目的在于肃清商族控制区域内的亲夏势力，以确保日后西攻夏桀时没有后顾之忧。

陨落的东方要塞

拱卫夏朝的"铁三角"

在"殷—帝丘—亳"形成的主轴线周围,成汤面临的对手主要有顾、韦、温、昆吾四个亲夏的方国。其中韦、顾、昆吾三个方国被称为夏桀的"三櫱(niè)"。

"三櫱"的称呼出现在《诗经·商颂·长发》中:"苞有三櫱,莫遂莫达。九有有截,韦顾既伐,昆吾夏桀。"南宋朱熹解释说,《诗经》这几句话的意思是一本生三櫱,本指夏桀;櫱,树木近根处长出来的枝杈。这里指韦、顾、昆吾,它们都是夏桀的死党,是拱卫夏王朝的"东方铁三角"。

成汤欲灭夏,必须先击破韦、顾、昆吾形成的"铁三角"。

韦,在今河南滑县一带,原是豕韦氏的封地。豕韦氏,彭姓,颛顼高阳氏之后。孔甲之时,刘累扰龙有功,被封于此,取代豕韦氏。后刘累南迁鲁山,豕韦氏复国。

韦国扼守自安阳、濮阳西进洛阳盆地的通道,地理位置非常重要。滑县一带在二里头时期分布着辉卫文化,从其内涵来看,是一支独立的考古学文化,其创造者应该就是以豕韦氏为主的族群。

昆吾,在今河南新密、新郑附近。传说昆吾氏是吴回的后裔,吴回就是祝融,高阳颛顼氏之后,老童之子。可见昆吾也是颛顼之后,与豕韦同宗。昆吾是中原地区最早掌握青铜冶铸技术的部落。夏启铸九鼎之时,命蜚廉采铜于中条山,而后让昆吾铸造九鼎。象征王权至尊的圣物——九鼎，就出自昆吾氏之手。由于昆吾毗近洛阳盆地，与夏王朝的渊源深厚，所以被世人视为夏桀最坚定的拥趸。

顾，在今山东鄄城北、河南范县东南之间，距离濮阳不过数十里。顾与昆吾同姓，都是己姓。韦、顾、昆吾三国都是上古时期颛顼高阳氏的苗裔，又跟夏王朝是唇齿之邦，有长达数百年根深蒂固的渊源关系。而商族与东夷同源于上古时期少昊氏或太昊氏，自然被韦、顾、昆吾视为异族。"非我族类，其心必异。"面临着异族的威胁与入侵，韦、顾、昆吾必定同仇敌忾，抱成一团，誓死捍卫宗主国——夏王朝的安危。恐怕这就是韦、顾、昆吾三国誓死抵抗成汤进犯的原因吧。

成汤伐夏，注定将是一场旷日持久的惨烈战争。

击破韦、顾、昆吾这个铁三角，成汤首先从顾国入手。顾国在古商丘（河南濮阳）以东，孤悬今豫东北一隅，夹在商族与东夷之间。

《吕氏春秋·具备》载："汤尝约于郼（yī）薄矣。"郼薄就是韦亳。韦亳在哪里？东汉高诱注《吕氏春秋·慎势》时说，郼是汤的本国，是汤夺取天下之前的根据地——今河南商丘的南亳。

成汤自南亳北上三百里，首先袭取顾。韦、昆吾的援兵驰救不及，顾被成汤轻而易举地征服了。其后成汤挥兵西南，翦灭韦国，基本上肃清了今豫北地区的夏朝势力。

韦、顾两国的残部向西逃窜，与夏桀的援军会合于莘之墟（今河南开封陈留），也就是有莘氏附近，在这里展开阻击战，结果还是被成汤击溃。这就是史书中记载的"汤伐桀，桀与韦、顾之君拒汤于莘之墟"[1]。

攻取东方要塞

紧接着成汤开始率商众大举西进。成汤的西进运动在考古学上表

---

[1]《太平寰宇记》卷一引《国语》。

现为，郑洛一带出现了被称为二里岗文化（约公元前1620年至公元前1300年）的早商文化。

二里岗文化可分为二里岗下层一期、二期（约公元前1620年至公元前1595年），二里岗上层一期、二期（又称白家庄期）。二里岗文化来源于下七垣文化，主要陶器如炊器——鬲，以及平底深腹罐、浅腹盆等，均是下七垣文化的典型器物。

此外，二里岗文化还吸收了二里头文化的某些因素，但是代表东夷族的岳石文化在二里岗文化中所占比重偏少，表明成汤大军的构成以商族为主，东夷族仅有一小部分。二里岗文化的核心因素来自商丘西部惠济河流域的杞县下七垣文化鹿台岗类型。而商丘一带正是成汤灭夏之前的活跃中心，与史传文献相吻合，表明成汤西征夏桀的出发地正是在商丘，也支持了南亳在商丘的观点。

在二里头文化与二里岗文化的交界地带，发现了修筑于二里头中晚期的两座古城遗址——荥阳大师姑城址与新郑望京楼城址。这两座古城是夏王朝抵抗成汤大军的两座军事要塞。

大师姑城址位于郑州市西北的荥阳，坐落在偃师二里头遗址以东70千米处，北靠邙山、紧贴黄河，扼豫东平原进入洛阳盆地的咽喉，地理位置非常重要。城址东西长900米，南北宽600米，总面积近51万平方米。其外形如同一个倒置的酒瓶，西城墙约300米，短直似瓶盖；东城墙约600米，长似瓶底；南城墙约950米；北城墙约980米。因为城址西部建筑在高地上，因而城墙逐段内缩，形似细长的瓶颈。城外有壕沟环绕，长约2900米，深2～3米，具备防御功能。

大师姑城址位于夏文化分布区的东北边陲地带，城内仅发现一座大型房址，其余皆为灰沟或灰坑，城外有防御性质的城壕，大师姑城应当是夏王朝东部一座坚固的堡垒。

大师姑城的使用年代可以分成三个阶段，即兴建、废弃与重建。古城兴建之前，曾经是一个村寨。挖掘出来的鼎、深腹罐、圆腹罐等器物

大师姑城址出土的玉琮

与二里头二期偏晚阶段的器物面貌相近,说明大师姑城始建年代与之相近或略晚,大致相当于帝皋或帝发时期,可能是为防备东夷而筑。二里头三期早晚阶段之间续建,在这个时期的大型灰沟中,发现了成片坍塌的夯土墙堆积,应是夏桀即位之后增修的大型地面建筑物。

大师姑城大约废弃于二里头第四期偏早时期,这个时候城址面貌发生骤变,具体表现为陶器遗物的种类和数量突然变少。陶器的纹饰出现了少量的篦纹,深腹罐的腹部变瘦,圆腹罐的腹部变浅。

到了二里头第四期偏晚时期,大师姑城址仅发现灰坑,鬲的种类增多。在其堆积物中,发现大量的草木灰和大型建筑的废弃物。建筑废弃物包括坍塌的、厚度超过0.6米的原始夯土墙体,以及地下陶水管残片。大量的草木灰则与大规模的用火行为相关,表明大师姑城在二里头第四期偏晚时期遭到了毁灭性的破坏,极有可能是战争破坏导致的。

这个时期，相当于史传中的夏桀政权倾覆之际，夏朝守军与进攻的成汤大军在此爆发激烈的攻防战。攻防战持续的时间可能长达数个月，最后大师姑城沦陷，城墙被摧毁，熊熊的战火吞噬了一切。这座夏王朝的东方要塞也变成了废墟。

成汤夺取大师姑城之后，进行了重建，大师姑城址的二里头文化完全被二里岗文化取代。二里岗时期的城壕位于原城墙与原城壕之间，成汤时期的城壕外侧打破了二里头文化护城壕沟，或者利用该壕沟的外侧壕壁，新挖内侧壕壁，并打破了叠压在城墙外侧的二里头文化层。可见，大师姑城易手之后，成为商汤大军西入洛阳盆地，直捣斟𬩽的重要据点。

大师姑城址以南60千米的望京楼城址是夏王朝又一座重要的东方城池。

望京楼城址位于河南新郑市望京楼水库以东，北距郑州35千米，保存着夏（二里头文化）、早商（二里岗文化）时期的两座大型城址，城外发现外郭城和外护城河，总面积超过168万平方米。夏朝时期的望京楼城址面积仅次于偃师二里头遗址。望京楼早商城址近方形，东城墙约590米，西城墙约560米，南城墙约630米，北城墙约600米，面积约37万平方米。二里头时期（即夏朝）城址位于早商城址外侧，外形也是方形的，城墙走向与早商城址城墙走向一致。

夏朝城址的城墙被早商城址的护城河打破，城内遗迹均叠压在早商遗迹之下，说明早商城址是在夏朝城址基础之上修建的。两座城址的外部壕沟长约1100米，系人工开凿而成，东接黄沟水，西连古溱水（即黄水河）。壕沟、外城墙与古溱水、黄沟水构成一个封闭的保护圈，夏与早商的两座城址均坐落于圈内。

望京楼夏朝城址由内、外城组成。外城破坏严重，详情不明。内城的东西城墙约635米，南北城墙约640米，面积近40万平方米。城内布局大致为：西南角发现大型夯土基址，占据整座城池的制高点，或为防御类的建筑物，或为府库类的建筑物；东部及中南部密集分布着灰坑和窖穴，另有水井和灰沟等生活遗迹。

城内遗物大都为二里头二、三期的文化遗存，据此推测夏朝城营建及使用年代也在二里头二、三期，相当于孔甲至夏桀之际，大致百余年时间。出土的遗物大都是二里头文化常见的器物，诸如深腹罐、圆腹罐、鼎、甑（zèng）、盆、刻槽盆等。

在望京楼城址周围还散布着二十余个小村落，面积10万～50万平方米不等。当时望京楼城应是该地区的中心城邑，担负着各村落之间的沟通、管理与资源配置等重责。

望京楼城址曾经出土了一批精美的铜器，包括爵、鬲、斝、斞、鼎、铜柄玉戈等，绝大多数属于二里岗早商文化时期，但形制、花纹与二里头文化的器物相近。其中有一件青铜爵，高14厘米，通长19.5厘米，造型为长流（倾酒的流槽较长）、三角形矮柱、尖尾、扁平鋬（pàn，把手）、束腰、平底、三棱足，素面无纹饰，明显属于二里头文化晚期青铜器的风格。爵，承载着酒器与礼器的价值，是贵族身份的象征。还有两件铜斞也可能是二里头文化的器物。斞，被用于温酒，也是礼器。由此可见，望京楼城的居住者绝非泛泛之辈，应是夏王朝的贵族阶层。他们不但贪婪于物质享受，而且也追求精神世界的垄断。

从望京楼夏朝城址的年代、地望、规模来看，应该就是史传文献中的昆吾氏旧地。史称，夏后启曾铸九鼎于昆吾，说明昆吾善于铸铜。周武王灭商之后，昆吾氏族人在西周王朝担任负责冶铸的官员，曾经奉武王之命，将周公旦拟定的治国之策铸刻在铜版之上，以供武王每日省视。望京楼城址发掘的精美铜器正说明了该地区拥有发达的青铜冶铸业，合乎文献的记载。

成汤伐昆吾

成汤伐夏，先伐韦、顾二国，然后再讨伐昆吾和夏桀。

昆吾在嵩山之东，夏朝初年的都城，诸如大禹时代的阳城、阳翟以及夏后启所居之"黄台之丘"等，都跟昆吾相去不远。如望京楼城址西边55千米处就是王城岗遗址——大禹的阳城，望京楼城址西南40千米处的阳翟瓦店遗址则是大禹的都邑阳翟。从这些城址分布情况可以看出，自大禹时代开始，昆吾就跟夏王朝的关系极为密切，唇齿相依，同生息，共命运。

夏王朝是昆吾的宗主国，甚至是精神支柱，捍卫夏桀就是捍卫大禹姒姓世家的血脉，这是昆吾最神圣的使命。《尚书正义·汤誓》中说："明昆吾亦来安邑，欲以卫桀，故同日亡。"昆吾并不因夏桀被世人视为暴君而抛弃他，为了夏王朝，甘愿拿起武器慨然赴难，与之同生共死。

昆吾与夏朝这种特殊的关系源远流长。《吕氏春秋·君守篇》载："昆吾作陶，夏鲧作城。"说明早在夏朝之前，昆吾就存在，除了善于冶铸青铜，也善于制作陶器，因此夏朝建立之后，昆吾成了夏王朝最倚重的部落。启让昆吾铸九鼎；仲康时期，后羿擅权，昆吾坚定地站在仲康一边，所以被册命为方伯；帝槐又将昆吾的一支封在有苏氏。

昆吾是夏朝时期势力最强大的诸侯，《白虎通义》将夏朝时期的昆吾，商朝时期的大彭、豕韦，周朝时期的齐桓公、晋文公，并称为上古五霸。

昆吾与夏王朝相伴相随，共同走过四百多年的风风雨雨。四百年的情谊，甚至比血还浓。昆吾誓死保卫夏王朝，与夏桀同日而亡，是对四百年情谊的一种承诺。这种承诺，生死不渝，比金子更加珍贵，还有那种以坚定信念去捍卫初心使命的精神，即使放在今天，也足以令人动容。

昆吾无疑是成汤翦灭夏桀，夺取天下的最大拦路虎。

由于望京楼城址规模较大，仅次于二里头遗址，城外有壕沟、城墙、河水环绕，易守难攻，成汤要将其拿下，恐是大费周章。望京楼城陷落之后，昆吾之君逃往斟鄩去，与夏桀会合。随后他们一同度过了夏王朝最后的艰难时光，流亡到山西去。今山西安邑有昆吾前坊和昆吾后坊，应当与此有关。

望京楼早商城址出土了青铜钺、玉戈、玉钺等军权的象征物。其中青铜钺通长33厘米、刃宽38厘米，两侧斜直、刃部平直，器体饰有宽线条饕餮纹。玉戈中有一复合型戈，称为玉援铜内戈，通长32厘米、刃宽6.3厘米，铜质曲柄，上饰浮雕兽纹。尖刃部分以白玉通体制成，玉如羊脂，坚洁细腻，精致华丽。

望京楼早商城址的东城门占地面积逾2000平方米，呈凹字形，极具浓厚的军事防御色彩，是后来瓮城的雏形。这说明望京楼城沦陷之后，又成了商王朝的军事要地。成汤委派军政大员镇守，也从侧面反映出望京楼城在夏商之际举足轻重的地位。

成汤困于汤丘

成汤得天命

成汤相继攻陷大师姑城、望京楼城南北两座要塞之后，通往夏都斟鄩的大门豁然洞开。下一步就是直捣夏桀的老巢——夏都斟鄩。

讨伐夏桀，势在必行，但是仍然需要一个富有号召力的口号。夏朝时期，人们崇信独一无二的至高上帝，所以成汤就从天命入手，为讨伐夏桀寻找一个正当的理由。

天是由帝演变过来的，所谓的天命，就是指天帝的旨意、天帝的教诲、天帝的安排。《墨子·非攻下》说大禹南征三苗之时，"天命殛之"，这是天帝让大禹讨伐的。

至于天帝怎么向大禹下达命令，根据《墨子》的记载，禹征三苗之前，到玄宫去祭祀、占卜。玄宫是供奉颛顼高阳氏的地方，高阳氏神明给了大禹"天之瑞令"，让他去征讨三苗。这个"天之瑞令"就是天命，可见大禹之时天帝是指颛顼。

颛顼本是上古时期部落联盟的首领，为什么被华夏族尊奉为天帝？

因为颛顼"绝地天通"，进行了一次影响深远的祭祀与巫术变革。通过变革，颛顼垄断了神权，获得了最高的地位，颛顼也逐渐由神鬼的代理人，华丽转身为绝无仅有的华夏共神，最后一跃成为至高的天帝。

禹征三苗，借助天命。成汤伐桀，照样可以借助天命。

夏桀之时，各种天象异兆频频发生，诸如出现日食、月食，寒暑季节杂乱，五谷焦死，斟鄩城中夜有鬼哭声，连续十来个晚上都可以听到鹤的鸣叫，等等。这些都是夏朝即将灭亡的预兆。

于是成汤也像大禹那样，在镳（biāo）宫祭祀、占卜。镳宫，北宋王楙（mào）《野客丛书》中说是天子之居或天子之堂，就是成汤的宫殿，跟玄宫一样都是祭祀上帝、鬼神之处。成汤在镳宫也得到一个"天之瑞令"。

天帝向成汤下令："夏德大乱，现在命你去诛杀夏桀！"[1]

天帝的命令，谁敢不遵？成汤只好谨奉天命而为之。

成汤在镳宫得天命，与梼杌之神降临邳山、神人牵白狼入汤庭等神迹，都是成汤假借天命树立自身威望的手段。因为成汤是商族之长，也是地位最高的巫，专制神权，可以将天命观玩弄于股掌之间。

成汤宣称，讨伐夏桀，是"天有诰命"，是天帝下的命令。成汤受天命于镳宫，不得不伐之。这是成汤大造舆论，将灭夏的动机归于"上帝之心"，借"天命观"以彰显伐夏的正义性，建立新政权的合法性。

成汤灭夏之后，天命观融入殷商社会生活各个领域，成为凌驾于一切之上的思想意识。《诗经·商颂·玄鸟》云："天命玄鸟，降而生商，宅殷土芒芒。"商族始祖契衔天命而降临于世，天命观由一种图腾崇拜性质的原始宗教，逐渐演变为至高无上的宗教神学，并与国家上层建筑紧密结合，进而垄断了思想领域中的一切。

插在夏桀身旁的尖刀

在"天命"旗帜的掩护下，成汤踏上了讨伐夏桀的征程。这就是《尚书·多士》中周公旦对殷商后人说的"乃命尔先祖成汤革夏"，所以史书上将成汤伐桀灭夏称为成汤革命，意思是革去夏桀的天命。

成汤革命并非一帆风顺，而是充满了艰难险阻。毕竟夏王朝是泱泱

---

[1]《墨子·非攻下》："天乃命汤于镳宫：'用受夏之大命，夏德大乱，予既卒其命于天矣，往而诛之，必使汝堪之。'"

大国，有四五百年的历史。

击破韦、顾、昆吾"铁三角"，也就是突破夏桀的第一道防线。攻陷了大师姑城、望京楼城等夏王朝东疆的军事要塞，夏桀的第二道防线又崩溃了，但这些只是伐夏的前哨战。

商军斗志昂扬，兵锋直指夏王朝的核心区域——洛阳盆地。

洛阳盆地又称伊洛盆地，面积约1万平方千米，处于第二阶梯和第三阶梯的过渡地带。其东面是嵩山，南面是万安山，西面是崤山及熊耳山，北面是邙山与黄河，"河山拱戴，形胜甲于天下"，自古称"天下之中"。洛阳盆地四塞险固，易守难攻。河南荥阳西北的汜水虎牢关（又称成皋关）一带地形复杂，是豫东地区进入洛阳盆地的必经要隘。

成汤的大军擅长野战，攻坚力却不足，受阻于汜水，不得西入洛阳盆地。由于连续作战，劳师费时，商军自身也损失很多，士气低迷。成汤不得不回到今郑州一带进行休整，申明军令，以激励士众。

成汤在今郑州地区休整期间，建立城邑，融合各种力量。这些力量有来自今豫北冀南、太行山东麓、创造下七垣文化的商族，属于山东龙山文化、岳石文化区的东夷部落，还有卫辉文化的创造者。这些文化在郑州一带汇聚，出现了二里头文化与二里岗文化的过渡期。

过渡期文化是成汤的伐夏大军长期停留于郑州一带在考古学上的反映，主要是郑州商城及其周围分布的三类遗存，包括洛达庙三期、南关外期[1]和二里岗下层一期。

郑州商城遗址在今河南郑州旧城及北关一带，洛达庙遗址位于郑州商城以西7千米处，南关外遗址位于郑州商城内城之南的外郭城中，具体位置在郑州旧城门南城墙以南，东侧隔着一条沟河就是二里岗遗址。其中洛达庙一、二、三期相当于偃师二里头二、三、四期，应属于夏文

---

[1] 南关外期包括南关外遗址中下层遗存及二里岗C1H9（郑州文物一区编号为9的灰坑）为代表的遗存，这是郑州地区最早的早商文化或先商文化遗存。著名的考古学家张忠培主张，二里岗H9:36鬲所存在的年代，是成汤与夏桀共存对立的年代。

化的范畴。南关外期约当二里头三期之末或三、四期之际，是先商文化在黄河以南的唯一据点。郑州商城内城及外郭城始建于二里岗下层一期或洛达庙三期，不会晚到二里岗下层二期之时。[1]

这几种文化的年代关系大体如下表：

二里头文化年代关系表

二里头一期				公元前1735—公元前1680	扃、廑
二里头二期	洛达庙一期			公元前1680—公元前1635	孔甲、皋
二里头三期	洛达庙二期			公元前1635—公元前1565	发、履癸
夏商之际		二里岗下层一期	南关外期	郑州商城始建	公元前1565—公元前1530 商汤、太甲进入商代纪年
二里头四期	洛达庙三期				

成汤的大军在今郑州地区休整了数个月，甚至长达一两年，所以留下丰富的文化遗存。可见，伐夏战争并非一蹴而就的，实际上是一个艰辛而漫长的过程。

简单一句话，成汤革命就是一场持久战。

打持久战必须选择好进攻与撤退的据点，成汤的据点在哪里？

《墨子·非攻下》中有句话："汤焉敢奉率其众，是以乡有夏之境。""乡"不是通假"向"，是"国""所""居"的意思。所以这句话应当理解为"成汤乃敢奉率其众，是以居有夏境内"，也就是说成汤直接在夏桀身边插上一把尖刀，而后准备捣其五脏六腑。

这把插在桀身旁的尖刀，就是成汤在"有夏之境"郑州地区设立的持久战据点——汤丘。

---

[1] 李伯谦：《对郑州商城的再认识》，《古都郑州》，2005年第4期。

如今汤丘已经不见踪影，被压在郑州商城遗址下面，具体位置在哪里呢？

在郑州商城遗址的夯土墙下发现了陶窑和不少灰坑，年代属于二里头四期的某个阶段。说明夯土墙建造以前，这里已是一个有相当规模的村落遗址。据公布的数据，村落面积可达80万平方米。

这个村落遗址出土的器物主要有三类：第一类最多，占八成五以上，特征接近二里头四期晚段的文化内涵，这类器物的使用者是夏族；第二类次之，占比约一成，同豫北冀南的下七垣文化器物较为接近，这类器物的使用者是商族；第三类最少，和豫东、鲁西南的岳石文化相同，这类器物的使用者是东夷族。可见，郑州商城建造之前的村落居民中，以夏族以及从豫北冀南远道而来的商族为主，此外还有少量东夷族。

而这个郑州商城兴建之前就已经存在的村落，据推测应该就是汤丘。汤丘在史传文献中鲜有记载，似乎只在《尸子》中出现。除此之外，还见于出土文献清华简《汤处于汤丘》，竹简中有这样一句话："汤处于汤丘，娶妻于有莘，有莘媵以小臣。"这是说成汤聘用小臣伊尹的事。

伊尹是夏商之际威名赫赫的政治人物，因辅佐成汤灭夏，功勋盖世，受到殷商后人崇敬，被荀子尊称为"圣臣"。但是相传伊尹发迹之前，只是有莘氏的一个贱民，其凭借高超的烹饪之术游说于成汤，由此受到了成汤的重用。

汤娶妻于有莘氏，聘用伊尹，发生在成汤居于汤丘期间。屈原《天问》中说："成汤东巡，有莘爰极。何乞彼小臣，而吉妃是得？"说的也是成汤聘用伊尹。可见汤丘的地理方位在有莘氏以西。有莘氏，在今河南开封东南一带。所以汤丘必定在河南开封以西。而开封以西、黄河以南的先商文化，只有一个南关外期，汤丘极有可能就是郑州商城尚未兴建之前的村落，或者南关外遗址，位于郑州商城内城南部的外郭城中。

不堪回首的屈辱

汤丘得名于成汤在此堆土为丘，后成汤在上面修筑堡垒，驻扎军队，跟夏朝的军队对峙。卧榻之侧岂容他人鼾睡？夏桀绝不容许成汤在他的眼皮下建立军事据点，所以试图夺取汤丘。在长达数月的对峙期间，双方多次交锋，战事胶着，一度让成汤进退不得。

《尸子》中有三王之辱、五伯之困的记载。三王之辱是指商汤复于汤丘、周文王幽于羑（yǒu）里、周武王羁于王门。五伯之困是指越王勾践栖于会稽、秦穆公败于崤塞、齐桓公遇贼（指曾被管仲所射）、晋文公出走（在位前流亡十九年）等。三王受辱而取得天下，五伯受困而称霸中原。

将商汤复于汤丘、周文王幽于羑里、周武王羁于王门，并列为三王之辱，意味着"汤复于汤丘"是不堪回首的屈辱之事。

"汤复于汤丘"到底是怎样的屈辱？

"复于汤丘"的意思与"复于左毂（gǔ）"相近。"复于左毂"一词出自《礼记·杂记上》，指的是诸侯死于道路上，或者遭难于旅途中。但"复于汤丘"并不是说成汤死于汤丘，而是像春秋时期越王勾践被围困于会稽、秦穆公败于殽之战那样，一败涂地。

成汤在今郑州一带的"汤丘"很可能与夏朝军队交锋时屡屡受挫，几度陷入重围，岌岌可危，甚至濒临灭亡的绝境。但成汤与汤丘的民众同舟共济，共渡难关，牢牢守住了这个至关重要的据点。

因为今郑州地区本来是夏王朝的领地，所以当时汤丘的民众主要是属于二里头文化范畴的夏民。所以《墨子·非攻下》中说："汤奉桀众以克有夏。""桀众"就是指汤丘一带的夏民，他们受够了夏桀的黑暗统治，于是投入成汤的怀抱，助他进攻夏桀。

成汤以汤丘为据点，役使夏民打夯筑城，使汤丘由一个普通村落晋级为有夯土墙的城池，作为成汤灭夏前夕的政治、军事中心。筑城时间相当于考古学上的南关外期，虽然规模并不大，刚刚筑起外郭及内城，不到3万平方米，但是这个城邑雏形已初步具备，当时的名字叫亳。

到了二里岗下层二期，郑州商城进入繁荣阶段，出现大量宫殿建筑基址，以及制骨、制陶、铸铜等手工作坊，初步具备了大都邑的形态。

那时夏朝已经灭亡，成汤取得天下，被中原各大部落尊奉为"天下共主"，成汤定都于郑州商城。汤丘也因此由一个普普通通的小村落，演变为新王朝的第一个都城，史称郑亳。然后，"汤复于汤丘"这段惨淡的经历，随着汤丘湮埋在郑州商城之下，逐渐被历史遗忘了。

成汤在进退维谷之际，能够顺利地走出"汤丘困境"，终于灭夏取得了天下，离不开有莘氏媵臣伊尹的辅佐。

第5章

成汤革命

空桑木钻出的元勋

伊尹的身世之谜

成汤深陷"汤丘困境"之时,四处寻访贤才。《鹖子》中说,汤有七大夫,庆辅、伊尹、湟里且、东门虚、南门蜎(ruǎn)、西门疵、北门侧。除了七大夫,还有仲虺、咎单、女鸠、女房、义伯、仲伯等辅臣。

伊尹绝对是成汤的头号智囊。没有伊尹,成汤就灭不了夏桀。伊尹可以说是成汤革命取得成功的最大推手。他第一次登上历史大舞台,是在成汤灭了同宗的葛国之后。成汤以葛伯为反面教材,说了一句富有哲理的话:"人视水见形,视民知治不。"[1]——水让一个人看清自己的面貌,百姓让一个君主知道治理的情况。这话当即受到了伊尹的赞赏。

征葛伯之时,成汤还不认识伊尹。成汤得到伊尹,是在攻拔大师

---

[1] 《史记·殷本纪》。

姑、望京楼城后，困在汤丘期间，与东边的有莘氏缔结政治婚盟时，伊尹作为陪嫁之臣，投靠成汤的。

这个革命推手伊尹的出生带有传奇色彩。

伊尹原名伊挚，长有异相，《荀子·非相》中称："伊尹之状，面无须麋。"这是说伊尹脸上没有胡须和眉毛。伊挚的母亲住在伊水（今河南洛阳以南的伊川一带）岸边，《水经注·伊水》中记载，伊水东北流经新城南，也就是今河南伊川县平等乡古城村南。伊川县城南4千米处的伊阙遗址发现了仰韶文化时期的墓葬，以及龙山文化、夏商周时期的遗存。据传，神农氏时期这里有伊国之称，唐尧时称伊侯国，虞舜时称伊川，夏朝时称为伊阙地，战国时称伊阙、新城[1]。公元前293年，秦国名将白起在此大破韩魏联军，威震天下，名噪一时。

伊川应该就是伊挚的故里，伊氏旧地。

《水经注·伊水》记载了伊尹的传奇出生。伊挚之母怀孕时梦见有一位神灵告诉她，要发大水了，让她一见石臼出水，就一直往东走，千万不要回头。天亮之后，伊挚之母果然看到石臼里不断地涌出水，赶紧朝着东边跑。大约逃了十里，回头一看，她的村庄已经全部被洪水淹没了，而她自己则立刻变成了一段空桑木。

空桑木漂流到有莘氏，恰好一位姑娘在水边采桑，发现空桑木头中有个婴儿在啼哭，于是把他抱回来，献给有莘氏之君。有莘氏之君将他交给自己的御厨。这个漂流儿长大之后，德才兼备，远近闻名。

伊阙在有莘氏（今河南开封陈留一带）西边200千米，中间河网密布，还隔着一个嵩山。伊挚是怎么来到有莘氏的？有人认为，伊挚应该是伊水之滨的伊氏之长，因遭洪灾流落至豫东平原的有莘氏。成汤想聘用他，因为伊挚的身份不是自由民，所以就向有莘氏之君求取，但被

---

[1] 洛阳市第二文物工作队：《河南伊川县伊阙城遗址仰韶文化遗存发掘简报》，《考古》，1997年第12期。

拒绝。

伊挚也很想投奔成汤，于是成汤请求跟有莘氏缔结婚盟。有莘氏之君大喜，就让伊挚作陪嫁人，一同来到成汤身边。

伊挚受到成汤的重用，被任命为尹。尹，在卜辞中与卜、作册、亚服同属于殷商王朝的外服政务官。尹负责辅佐商王，相当于后世的宰相，又称为相、阿、保。伊挚因此被尊称为伊尹。

至于伊尹生母得到神明告示要发洪灾，还有化为空桑木等，都不过是传说而已。在伊尹的家乡——河南伊川县平等乡流传着这么一个传说，新城县南涓水东北就是有莘氏女采桑得婴处，其地古称大莘店，伊、银二水交汇于此。但伊尹得名不是他被任命为尹，而是取自于伊、银二水的谐音。伊、银二水发洪水，伊尹之母在逃命中生子，情急时置婴儿于桑树空洞，母身力竭，随洪水而去，莘女采桑得婴儿。

但是有莘氏在今河南开封陈留一带，从伊水到有莘氏，两地相距至少200千米，伊尹不可能一路漂流过去。三国时期的蜀汉史学家谯周干脆在《古史考》中说，伊尹是河南陈留人，陈留有空桑故城，就是伊尹的出生地。伊水在陈留东北10千米，环绕着伊尹的故里。

伊尹到底出生在哪里？就是夏都斟鄩西南的伊川。

伊尹是伊水之滨伊氏的贵族。屈原《天问》中有句"水滨之木，得彼小子"，可见伊尹出生时遭遇水灾，有莘氏之女得之于伊水之滨的空桑木中的传说，并非空穴来风。

但这个有莘氏也在伊水之滨，跟开封陈留的有莘氏是两个不同的部落。伊水之滨的莘是一个古老的地名，尧舜时代就存在。相传鲧娶有莘氏女，名字叫女志，生下大禹。鲧是嵩山一带有崇氏的首领，所迎娶的女志就来自嵩山西部不足百里，伊水之滨的莘。《水经注·伊水》中说"有莘氏女采桑于伊川"，这里的有莘氏应是夏人的一支，夏启庶子的后裔，也叫辛氏，不是鲧所娶的有莘氏。夏启曾经把一个庶子封在莘，因为莘、辛的字形、读音相近，为了跟开封的有莘氏相区别，莘的子孙去掉草字头为辛，成了辛氏。[1]

除了开封陈留、伊水之滨的有莘氏，还有另外一个有莘氏。公元前632年晋楚爆发著名的城濮之战，晋文公登上有莘之墟，以观楚国军队的动向。这个有莘之墟在今山东曹县西北。可能在殷商或西周时期，河南陈留的有莘氏的一个支系迁徙至豫、鲁之间，就是春秋时期有莘之墟的所在地。

伊尹是怎么从伊水之滨的辛氏，去了河南陈留的有莘氏？

并不是因为洪水的缘故而东走。

尽管伊尹长大之后，有安邦定国之殊才，但是世人"恶伊尹从木中出"，他被视为不祥之人，因此得不到夏桀的重用。伊尹郁郁不得志，只好四处流浪，寻找明主。

伊尹流落到陈留一带的有莘氏后，穷困潦倒，在野外以农耕为业，勉强糊口。《元和郡县志》中记载，陈留县东北三十五里处的古莘城，就是夏朝末年的古莘国，伊尹曾经在古莘城之野耕种。

伊尹深谙兵家权谋，怀经略天下之大志，渴望有人赏识他，以成就大业。而致力于伐桀灭夏的商族首领成汤，网开三面，泽及鱼鳖禽兽，仁德有智，诸侯纷纷归附，无疑是伊尹心目中的理想君主。

伊尹靠厨艺见成汤

伊尹意欲投奔成汤，干出一番轰轰烈烈的事业，但自己一介农夫的卑贱身份求见成汤无门，只好委屈隐忍，待在有莘氏。这就是《史记·殷本纪》中说的"伊尹名阿衡。阿衡欲奸汤而无由"。奸，见也。伊尹静待成汤的一双慧眼能够发现自己的价值，却没有机会。

机遇取决于一个人的耐心。善于等待的人，不会错过机会。

成汤进攻夏桀受挫，陷入尴尬的"汤丘之困"，于是东巡寻求援军。

---

[1] 见于《世本》《元和姓纂》。

至有莘氏，与之缔结政治婚盟。属于伊尹的历史性一刻到来了，伊尹决定去见成汤。

伊尹接近成汤的情形，有两种说法。

第一种说法，伊尹主动去见成汤。他以有莘氏的庖人（厨师）的身份，凭借着高超的厨艺，获得与成汤见面的机会。然后伊尹巧借美食论取天下之道，说动了成汤。成汤大为赏识，聘任伊尹为辅相，二人共商伐夏大业。这种说法是主流，被《史记》等众多文献采纳。南宋洪兴祖《楚辞补注》中说，伊尹能够受到成汤的重用，缘于他很会煮一手美味的"鹄鸟之羹"，献给成汤吃，又把一个玉鼎修饰得美观精致，由此大得成汤的欢心。

第二种说法，有人向成汤推举伊尹。成汤让部下去聘请，前后来回五次，才把伊尹请出来。这种说法与成汤思贤心切，做的一个怪梦有关。

成汤梦见有人背着铜鼎、抱着砧板，冲着他傻笑。成汤醒后大悟，说了一句语义双关的话："鼎是用来烹饪煮食的器物，砧板是用来砍割鱼肉的器物，天下有谁愿意当我的宰呢？"宰既可以指君主的辅相，又可以指宰杀鱼肉的厨师。

成汤占了一卦，卦象说，这是得到贤人的吉兆。于是成汤四处访贤。有人就向成汤推荐了隐身于有莘之野的伊尹。成汤准备重金聘用他，但是被有莘氏之君阻止。成汤就求婚于有莘之君，与之结盟，条件是伊尹必须做媵臣（陪嫁人）。伊尹为了证明自己正是成汤的梦中之人，于是背着铜鼎、抱着砧板去见成汤。

清华简《汤处于汤丘》中也有记载。

简文中说，成汤在汤丘时，从有莘氏迎娶王妃。小臣伊尹作为一个媵臣，跟随王妃去了汤丘。伊尹厨艺高超，善于调味。王妃吃了伊尹烹煮的食物，"绝肪、滞以粹身，体痊、平；九窍发，明以道心；咽舒、快以恒"——大概是减肥、美容效果极佳，身体轻爽，皮肤光滑，耳聪目明，呼吸顺畅。

成汤也吃了伊尹的美味，赞不绝口，就顺便问了一句："你这种调和食物之术，可以用来调和百姓吗？"伊尹立刻回答："可以。"成汤素来礼贤下士，于是向伊尹咨询征伐夏桀之事。

清华简与《史记》中的记载大同小异，都认为伊尹是借着厨艺主动接近成汤的。至于《帝王世纪》中说成汤使人聘迎伊尹，当是后世儒家将成汤"圣君化"的需要，可信度不高。

伊尹作为媵臣，跟随有莘氏之女往就成汤时，他的身份是小臣，而不是一个低贱的庖人，也不是一介农夫。《吕氏春秋·本味》载，有莘氏国君得到伊尹之后，"命之曰伊尹"。可见，伊尹并非成为商汤辅弼大臣之后才有的称呼。尹，是上古官职的称呼，一官之长。伊尹应该得名于他曾经是伊氏之长，也就是伊族的贵族，在族中具有很高的威望。[1] 由于伊尹精通烹饪之术，所以后世说他是一个庖人。至于说伊尹"负鼎抱俎"去见成汤的传闻，那是为了将成汤和伊尹圣人化的需要而编造的桥段。

伊尹身为伊氏之长，地位显赫，深受有莘氏之君的信赖，所以才被赋予护送有莘之女，远嫁商族首领的重责。伊尹抵达汤丘后，通过"和味"得到成汤的赏识，由此以小臣的身份，开始参与灭夏大业的筹划工作。小臣，有时称作臣，在夏商时期通常指国君身旁的随行官吏，负责国君的饮食起居，有的是女性，有的甚至是商王的子嗣，地位并不低。小臣频频出现在甲骨卜辞和青铜器铭文中，如殷商后期有小臣艅（yú）犀尊等。

伊尹的"和民"思想

《吕氏春秋·本味》中记载，汤得到伊尹之后，在宗庙中举行除灾

---

[1] 杜勇：《清华简与伊尹传说之谜》，《中原文化研究》2015年第2期。

驱邪的祭礼，点燃捆绑在木杆上的芦苇，以祓（fú）除不祥，用纯色公猪的鲜血涂红祭器。

伊尹受到了神一般的礼遇。

第二天上朝，汤又以隆礼接见伊尹，让他讲述调味之道。伊尹从极为丰富的烹饪知识讲起，深入浅出，向成汤灌输了自己的治国理念。

清华简《汤处于汤丘》则提到了伊尹借助"食烹之和"来阐述"和民"思想，主张"和利万民""修四时之政"，使商族不断强大起来，最后灭夏取得天下。

伊尹的治国理念核心就是"和民"，调和君民之间的关系，使君主获得百姓的拥护。如何做到"和民"？君主必须自爱，自爱就是"不事问，不居疑"——信任百姓，放手让百姓去干，实行无为而治；"不服过文、器不雕镂""不虐杀""与民分利"——君主生活要俭朴，不滥杀，让利于民，展现出一副亲民的面孔。如此才能避免激化君民矛盾，从而达到"和"的境界。

清华简中伊尹的"和民"思想，与《吕氏春秋·本味》中伊尹所说的烹调之术及治国理念，同属一个体系，都具有道家倾向。

春秋战国时期，伊尹成了诸子百家的抢手人物。他的思想被道家学派、墨家学派所吸收，他甚至被尊为道家学派的创始人之一。儒家学派的掌门人孟子，也对伊尹十分推崇，但他矢口否认伊尹以烹饪之术来游说成汤。孟子过分强调伊尹的仁政思想，说伊尹以尧舜之道来教化成汤，试图把他拉进儒家阵营。由此可见伊尹对后世影响之大。

伊尹的和民理念，让深陷"汤丘困局"的成汤看到了胜利的曙光。

屈原《天问》中说："初汤臣挚，后兹承辅。"王逸注曰："言汤初举伊尹，以为凡臣耳。后知其贤，乃以备辅翼承疑，用其谋也。"这是说，成汤见到伊尹时，刚开始觉得他只不过是一个普通官员而已。伊尹巧借食烹之术，大谈自己的"和民"思想，让成汤刮目相看，才知道这个"面无须麋"之人并非泛泛之辈。从此汤对伊尹深为倚重，和他一起谋划灭夏大业。

不久伊尹生病了，三个月没出过门。成汤屈尊纡贵，时不时就去拜访伊尹，每一次回来时都在深夜，以致引起亲信方惟等人的不满。

伊尹在成汤革命中扮演了举足轻重的角色，是汤灭夏的第一功臣。

反复的权谋者

伊尹作为殷商王朝的开国元勋,在后世儒家眼中,是道德境界极为高尚的辅臣。

《孟子·万章》中说,伊尹特立独行,耕作于有莘田野的时候,就以尧舜之道为修身养性的准则。尧舜之道就是儒家的中道,伊尹成了儒家教化世人的楷模之一。

然而,成汤与伊尹之间的默契不是一蹴而就的,经历了一段反复无常的磨合期。

《战国策·燕策二》说:"伊尹再逃汤而之桀,再逃桀而之汤,果与鸣条之战,而以汤为天子。"《孟子·告子下》中也说:"五就汤五就桀者,伊尹也。"连大圣人孟子都对伊尹的反反复复直言不讳。

孔夫子说:"吾道一以贯之!"君子的志向应当始终如一,矢志不渝。伊尹却像一棵墙头草,持两端以观望,来回奔波于夏桀、商汤之间,在取舍之间摇摆不定。

伊尹第一次投奔成汤

伊尹出身于伊水流域的伊氏,伊氏与邻近的辛氏,都是臣属于夏王朝的部落。伊尹曾经自言,他的家族伊氏向来忠诚于夏王朝,世代以忠信自居。伊尹也曾经为官于夏朝,侍奉被世人视为暴君的桀。但是夏桀作孽太深,让世人寒心、诸侯离心,于是伊尹投奔成汤。

伊尹在夏都斟鄩为官时的情形,在《新序·刺奢》中有记载,说夏桀劳民伤财，兴建瑶台，生活奢靡无度，终日沉湎于酒色之中。伊尹知道夏朝天命将失，但他真心盼望桀能够悬崖勒马。于是在一次酒宴上，伊尹举起酒爵劝谏夏桀："君王再不听我的话，早晚会亡国。"

夏桀大为恼怒，拍案而起。他鄙夷这个从空桑木中钻出来的江流儿，朝着伊尹唾了一口，然后大笑说："你这是妖言惑众！我有天下，如天之有太阳。你见过太阳灭亡了吗？哪一天太阳灭亡了，我也就灭亡了。"

世界历史上有两个不可一世的太阳王，除了夏桀，另一个就是法国的路易十四。

路易十四在位长达七十二年，比夏王帝不降在位时间还长。路易十四曾经在舞剧中扮演太阳神阿波罗的角色，所以被人们称为太阳王。路易十四也当仁不让，傲慢地宣称："朕即国家！"

夏桀比路易十四更加张狂，他说："日亡吾亦亡矣！"但太阳毁灭之时，全人类都要紧跟着毁灭。伊尹要在夏桀灭亡之前，逃离这个狂妄的太阳王！于是他逃至有莘氏，这才有了"负鼎抱俎"的传说。

但伊尹投靠成汤之后，也并未马上受到重用。屈原《天问》云："初汤臣挚，后兹承辅；何卒官汤，尊食宗绪？"意思是说，刚开始时成汤只是授予伊尹一个小臣之职，相当于卜辞中的臣正；之后又让伊尹做辅臣，相当于卜辞中的卿吏、作册；最终官居"相、阿、保"，相当于卜辞中的尹，身后享祭殷商宗庙之哀荣。

臣，在甲骨文中像一只竖起的眼睛，作臣服之状，本意指奴隶或奴仆。《尚书传》中说："役人贱者，男曰臣女曰妾。"可见小臣的政治地位并不算很高。

伊尹逃汤奔桀

出土文献清华简《赤鹄之集汤之屋》首次披露了伊尹投奔成汤之初，身为一个小臣，有一段鲜为人知的辛酸经历，与史传文献的记载大相径庭。

《赤鹄之集汤之屋》被认为是战国时期在楚地流行的伊尹传说,有学者认为属于小说家言体裁,也就是虚构成分居多。

那么《赤鹄之集汤之屋》可信吗?

《赤鹄之集汤之屋》所载并非全都是无稽之谈,史料价值也很高。比如汤的正妃有莘氏之女,在卜辞中被称为妣丙,这是她的庙号。她的名字没有流传下来,但是竹简中有记载,称"汤后妻纴巟(huāng)",填补了历史的空白。再比如竹简中有这样一句话:"古有赤鹄集于汤之屋。汤射之获之,乃命小臣曰:脂羹之,我其享之。"屈原《天问》中也有一句话:"缘鹄饰玉,后帝是飨。"说的都是伊尹为成汤烹煮鹄鸟之羹,两者所载完全相符,可互为印证。清华简的年代约在公元前305前后30年,与屈原的生卒时间(约公元前340年至约公元前278年)几乎同时。在楚地流传有关伊尹的传说,屈原也必定了如指掌。

《赤鹄之集汤之屋》中记载,伊尹初仕成汤之时,地位较低,只是卜辞中的初阶官员臣正,处处听从于成汤和后妻纴巟。伊尹的性命甚至被纴巟随意拿捏。

伊尹为成汤煮了一锅鹄鸟之羹。鹄鸟就是天鹅,在东西方,天鹅肉都是王室贵族十分在意的珍馐美味。成汤嗜好天鹅肉,所以伊尹投其所好,获得重用。

纴巟命令伊尹:"给我尝一点鹄鸟之羹。"

伊尹吓得浑身发抖:"不行啊,成汤会杀了我的。"

纴巟怒斥:"你不给我羹,我就不会杀你吗?"

伊尹迫不得已,下厨房给纴巟(huāng)端来一点羹。

成汤回来后,果然大怒:"谁偷吃了我的羹?"

伊尹不敢说出真相。慑于成汤的淫威,伊尹动起了做"回锅肉"的念头,悄悄离开了成汤,准备回到斟鄩。

成汤得知伊尹逃跑后,施展巫术,让伊尹在半途得了怪病,患上失语症。但伊尹在无意中听到一群灵鸟谈到夏桀的疾病，天帝命两条黄蛇、两只白兔躲在夏桀寝室的屋梁上，吸他的气，使他病怏怏的；又命后土在夏桀的床底下放置两根尖桩，上刺夏桀，使他浑身疼痛难忍。

一只灵鸟治好了伊尹的失语症。伊尹回到斟鄩之后，为夏桀剪除了屋梁上的黄蛇与白兔，又砍断了床底下的尖桩，夏桀才痊愈。这就是《战国策·燕策二》所说的"伊尹再逃汤而之桀"。

伊尹在夏朝，暗通桀的弃妃妺喜。妺喜是有施氏进贡的佳丽，一度受到桀的百般宠爱，被称为元妃。后来桀又攻打有缗氏，得到了两个美女，一个叫琬，一个叫琰。桀王喜新厌旧，就把妺喜赶出斟鄩，让她居于洛。洛，就是夏都斟鄩以西的洛河中游，大致在今洛宁、洛阳之间。这一带是夏朝王室贵族狩猎游玩的乐园，曾令太康流连忘返，数月不归，导致朝政被后羿篡夺。帝皋的王陵也在这附近。

洛河以南的伊川正是伊尹家族——伊氏之地。伊尹回到夏朝之后，有可能在伊水流域活动，并与寂寞的怨妃妺喜取得联系。至于伊尹与妺喜之间的互动有多密切，不得而知。但妺喜像情人那样向伊尹诉苦：夏桀与琬、琰二女在斟鄩过着淫靡奢侈的日子，完全不顾百姓的死活，还把自己扔在荒芜的洛河边。

伊尹在夏三年，细观民情，确实如妺喜所说那样，百姓困苦不堪，桀的统治已经濒临覆灭的边缘。民怨似火，到处都在传唱一首诗歌："上天弗恤，夏命其卒。"——连天也不可怜我们，夏朝气数将尽了。

诗歌只有两句，却足以表达百姓心中的哀怨与愤怒。

夏桀这个自命不凡的太阳王成了众矢之的，百姓都在诅咒他："时日曷丧，予及汝偕亡！"——这颗太阳什么时候灭亡啊，我要跟你同归于尽！

民怨的积累就像火山，早晚会喷涌而出。夏桀已经坐在了火山口上，但他还在做着像太阳那样永不熄灭的美梦。

伊尹开始为自己的负气出走、逃离成汤而后悔了。

但有史书认为，伊尹回到斟鄩，是身衔成汤之命，扮演间谍的角色。所以《孙子兵法·用间》说："昔殷之兴也，伊尹在夏。"

为了消除夏桀的疑虑，成汤与伊尹甚至演起双簧戏。《吕氏春秋·慎大览》中记载，成汤亲自射伤伊尹，用苦肉计以取信夏桀。清华简《赤鹄之集汤之屋》中也说，成汤施巫术让伊尹患病。二者其实是大同小异。

可是在司马迁的笔下，却看不出伊尹奔夏是在充当间谍，为成汤刺探军情。

《史记·殷本纪》中载："伊尹去汤适夏。既丑有夏，复归于亳。"既丑有夏，就是憎恶夏朝，说明伊尹离开汤逃到斟鄩之后，亲眼看到桀的种种恶行，以及夏朝的分崩离析，心生悔意，又想回到成汤身边。

对伊尹的心猿意马，《孟子·公孙丑上》评论道："何事非君，何使非民；治亦进，乱亦进，伊尹也。"意思是说，为谁服务还不都是一样？无论成汤，还是夏桀，伊尹照样辅佐不误。

孟子为伊尹推卸责任，掩饰了伊尹摇摆不定的处世原则，把儒家学派念念在兹的圣君、暴君都抛到脑后去了。这说明，伊尹本质上是一个首鼠两端、见风使舵的乱世枭雄。成汤对伊尹的背叛极为愤慨，所以清华简《赤鹄之集汤之屋》中说，成汤诅咒伊尹，让他患疾，也在情理之中。

伊尹第二次投奔成汤

夏桀迟早会灭亡，伊尹是早晚要回到成汤身边的。但是这样跑了又回来，岂不让成汤君臣讥诮伊尹？伊尹必须要有自己的分量。

在奔夏三年中，伊尹以伊氏之长的身份，逐步将伊洛河流域的伊氏、辛氏以及其他不满夏桀统治的部落、方国整合成一个小联盟，其圈内成员应该还包括被桀冷落的元妃妹喜。

伊尹已成为夏商之间第三股重要势力，就像后世楚汉争霸时决定项羽、刘邦成败的韩信。此时天下如天平，天平的两端托盘是夏桀和成汤，那么伊尹就是天平上的砝码。伊尹助桀则桀胜，伊尹助汤则汤胜，天下大势就掌控在伊尹手中。带着这种自信与底气，伊尹回到了汤丘。这就是《战国策·燕策二》中所说的伊尹"再逃桀而之汤"。

伊尹将他在夏王朝三年期间的所见所闻，如实向成汤汇报。成汤对伊尹的归来且喜且疑，他根据自己收集来的情报进行分析，夏桀的状况果然与伊尹所说的分毫不差。

于是成汤信了伊尹，对他说："你告诉我的夏朝情况，正像诗歌唱的那样。"诗歌，就是指夏朝百姓流传的"上天弗恤，夏命其卒"。

成汤决定捐弃前嫌，重新接纳伊尹。但《吕氏春秋·慎大览》中的记载很奇怪，说"汤与伊尹盟，以示必灭夏"。

成汤为什么要跟伊尹结盟？有看到君臣结盟的吗？到底结的是什么盟？

此时的成汤与伊尹不再是单纯的君臣关系，因为他看到了伊尹的分量。汤丘困局仍未完全打破，没有伊尹，灭不了夏桀，所以成汤必须跟伊尹结盟。结盟至少在名义上是平等的关系，而不是史传文献中记载的"圣君明臣"那种黄金搭档。

成汤与伊尹盟誓的详情未知，或许是姻亲之盟，或许包括灭夏之后形成执政联盟，共同治理天下的承诺。毫无疑问，伊尹对成汤开出的结盟条件非常满意。伊尹再次回到夏朝，联络伊洛河流域的伊氏、辛氏与妹喜。

伊尹与妹喜，一个为了既得利益，一个为了爱恨情仇，两人相互勾结，共同的敌人只有一个。这就是《古本竹书纪年》中说的"末喜氏以与伊尹交，遂以间夏"。《孙子兵法·用间》所说的"昔殷之兴也，伊尹在夏"指的就是这个。

夏桀内外忧患，腹背受敌，夏王朝注定在劫难逃。

两日斗蚀

"两日斗蚀"的天文奇观

妹喜再次见到伊尹时,向他透露了夏桀的一个重要隐情:夏桀梦见两日相斗,天上有两个太阳,西方一个,东方一个。两个太阳斗在一起,西方的太阳把东方的太阳打败了。

但根据其他文献的记载,两日相斗是当时发生的奇异天象,并不是夏桀做的梦。《路史·后纪》中称之为两日斗射,《孝经纬》则称之为两日照和二日并出。二日并出的情景,如《博物志·异闻》和《徐偃王志》中记载,说夏桀末年,费昌在黄河边看到有两个太阳,东边的太阳冉冉升起,西边的太阳昏昏将灭,声若惊雷。

费昌是费氏部落(今河南偃师一带)的首领,伯益次子若木的后裔,当时是夏桀的大臣。费昌问河伯冯夷:"哪个太阳是商?哪个太阳是夏?"冯夷回答:"西边是夏,东边是商。"于是费昌带着全族老少投奔成汤。

"两日斗射"或"二日并出""两日照"到底是什么现象?有人认为,当时夏都斟郡天空出现过东西方各有一个太阳的奇异天象,这是大气光学所产生的反射现象,而在古人看来则是吉凶之兆。

但是《帝王世纪》中称为"两日斗蚀",说得很明了,两日相斗就是一次日食现象。

根据《中国历史日食典》,夏商之际即公元前1600年至公元前1550年之间,河南偃师二里头地区可见的大食分日食有四次:公元前1584

年7月31日的日全食，当地最大食分0.970，食甚13时21分；公元前1577年3月18日的日全食，当地最大食分0.931，食甚15时45分；公元前1570年10月24日的日环食，最大食分0.940，食甚10时59分；公元前1551年4月29日的日全食，最大食分0.968，食甚13时42分。

夏桀末年除了日食，还有五星错行，伊、洛河水枯竭，天上出现彗星，斟鄩城中夜有鬼哭等灾异现象。这些都是夏朝灭亡的预兆。

美国汉学家班大为认为，"五星错行"指的是公元前1576年12月26日发生的五星聚合事件[1]。所以"两日斗蚀"有可能就是距离"五星错行"较近的一次日全食，发生在公元前1577年3月18日。夏、商年代的分界点，也应该在这次日全食前后。

0.9以上的大食分，相当于整个太阳的圆面被月球遮住，天地一片昏暗，势必给世人造成恐慌。日食是比较罕见的天文现象，上古时期天文学落后，日食被视为不祥之兆，会引发世人的极度恐慌，所以很早就设置专职人员，记录下日食。

《墨子·非攻下》中说，禹征三苗时，"日妖宵出"。这可能是一次"天再昏"现象，黄昏日落之际的大食分日食，据推算发生于公元前2072年4月29日。《左传·昭公十七年》引《夏书》中"辰不集于房"，是夏王仲康时期的一次日食，发生于公元前1970年11月5日。

时值夏商改朝易代之际，日食被赋予一种特殊意义，是天命转移的象征性事件，所以古人在史书上留下了"两日斗蚀"的记载。

日食发生时，肉眼观测会造成短暂性失明，或者产生东、西两个太阳在天空相斗的幻觉。由于月亮自西向东绕地球运转，日食初亏时，阴影总是从太阳圆面的西侧边缘开始，仿佛西边的太阳逐渐侵蚀东边的太阳，复圆时阴影结束于太阳圆面的东侧，东边的太阳似乎已经被西边的太阳吞吃掉。《吕氏春秋·慎大览》中说"西方日胜，东方日不胜"，就

---

[1] 班大为：《中国上古史实揭秘》，上海古籍出版社2008年版。

是指这个意思。

夏在商的西边,这预示着如果成汤从东面进攻夏桀,将被夏桀打败。

伊尹为成汤解心结

夏桀和成汤想必都目睹了日食的全过程,夏桀自号太阳王,西方日胜,东方日不胜,所以这次日食大大助涨了夏桀的气焰。而成汤和他的族人却因此信心大挫,从而动摇了成汤的伐夏大业。

伊尹决定赶回去,激励成汤将革命进行到底,并推动成汤与伊洛河的尹氏、辛氏等部落联手,东西夹击,尽早灭掉夏桀。这应该是伊尹最后一次"逃桀而之汤"。

清华简《尹至》的第一句话是,"惟尹自夏徂亳,逯(lù)至在汤"。逯,是夜间的时间称呼。这是说伊尹行程匆忙,披星戴月,从夏走到亳。这里的亳,是指郑亳,也就是郑州商城。当时汤丘的所在地,已经出现一座有夯土墙的小城雏形,大约3万平方米,可能拥有外郭及内城,名称就叫亳。亳,上高台土丘,下是宅。高台土丘是祭祀天地神灵的社,甲骨卜辞中有亳土,也就是亳社,是殷商王朝最早的国社。其后虽然多次迁都,但是亳社并未消失。郑州商城出土的一些刻有亳字的陶片,证明了这个地方自古以来就被称为亳,甚至可能是卜辞中"亳"唯一的所在地。

伊尹从斟鄩到郑亳,连夜赶路,一共走了十天。两地相距约110千米,平均每天二三十里,符合实际情况。如果亳指南亳,也就是河南商丘,与斟鄩相距300千米,每天要走六十里,在当时的交通条件下,难度极大。

伊尹如此匆匆回到郑亳,让成汤大吃一惊,说了句:"格!汝其有吉志。"——快过来!你连夜来奔,一定有紧急情况要向我汇报。

伊尹答说:"我花了十天的时间,才从夏来这里。我在夏时,看到桀的官员离心离德，桀心志完全沦丧，只宠爱琬、琰二美女，不体恤百姓。百姓们聚集成堆，窃窃私语，都在咒骂桀：'让我跟你同归于尽吧！'桀恣意妄为，行为凶暴，不守典常，败亡之日，屈指可数了。"

成汤最大的心结是"两日斗蚀"，担心他这个东边的"新太阳"，无法战胜西边的"太阳王"。

伊尹告诉他："夏朝是有这么一个说法。东西两日相斗，西方是夏，东方是商。西方日胜，东方日不胜。因而百姓惊恐万分，都说大祸临头了，整天盼望成汤能发兵救他们于水火之中。可东方日不胜，现在连成汤也救不了咱们了，该怎么办呢？"

这是伊尹从民心向背的角度，去解析两日相斗背后的含义，目的在于消除成汤的疑虑，鼓舞商族大众的斗志。

日食月食、彗星流星顶多算一种灾异现象。民心向背，才是战争胜负的决定性因素。谁拥有最大的民心，谁就站在胜利的一端。得民心者，得天下。这是伊尹"和民"思想中最重要的内容。

成汤也很关心民心的向背，他再次问伊尹："你告诉我的这些夏朝情况，真的像诗歌中说的那样吗？"

伊尹向成汤保证："确实如此！"

成汤备战

经过长达一两年的对峙之后，夏商形势发生了逆转。成汤不遗余力地推行"和民政策"，凝聚民心，赢得民心。这让他慢慢摆脱了"汤丘困局"，掌握了战场上的主动权。《说苑·权谋》中记载，成汤准备倾其全力，与夏桀决战。

伊尹建议，先不要进贡，观察一下桀的反应。这说明在汤丘对峙期间，成汤曾经采用缓兵之计，以进贡为条件，换取双方的短暂和平，来化解困局。

夏桀大怒，发动九夷之师讨伐成汤。九夷，包括山东海岱地区的东夷部落以及江淮之间的淮夷部落，他们有的是夏人的亲族，比如济水流域的有仍氏、淮河流域的涂山氏。在夏朝即将灭亡的前夕，桀还能够号令东夷中的一些部落，这应归功于夏王杼以来坚持不懈地推行东方战略。

伊尹说："不行，时机尚未成熟！"于是成汤恢复了向夏桀进贡。

翌年，成汤故伎重演，又不进贡。桀大怒，再次下令九夷之师讨伐成汤。但是经过伊尹的离间之后，东夷诸族早已疏远夏桀，纷纷加入成汤的阵营，没有一个九夷部落响应夏桀的号召。

讨伐时机成熟了！成汤调动军队，准备直捣斟鄩。成汤大得人和，偏偏天时不助商族，中原地区发生大旱灾。夏商之际的旱灾延续时间，《吕氏春秋·顺民》说是五年，《帝王世纪》说是七年，而且在"汤克夏而正天下"之后。但是《吕氏春秋·慎大览》中有句话，"商涸旱，汤犹发师，以信伊尹之盟"，可见旱灾开始于夏桀统治的末年，商汤克夏胜利取得天下之后又持续了好多年。

由于连年干旱，伊洛河水都干涸了，郑州、开封一带的农田缺少灌溉，龟裂成块状，庄稼枯萎，商族民众颗粒无收，人心惶惶。

但是成汤不为所动，继续集结军队，并下令出征。因为夏桀的处境比成汤更加艰难，除了天灾，还有人祸。斟鄩城中民心思变，乱象环生。伊洛河流域的伊氏等部落，蠢蠢欲动，与成汤遥相呼应。

成汤相信自己的实力，也相信伊尹的能耐。这就是《吕氏春秋·慎大览》中记载的："商涸旱，汤犹发师，以信伊尹之盟。"

清华简《尹至》中说"汤盟誓，及尹，兹乃柔大禜"，这是说成汤与伊尹重申之前的盟誓，举行祈禳（ráng）之礼，求神降福，消除旱灾，以安定民心。

大禜，上古时期遇到水旱、疫疠灾害时，要扎茅草为祭坛，祭祀山川之神。

成汤出兵伐夏,恰逢旱灾,属于逆天时之举,因而有必要举行"大禜",以稳军心,和民心。

王者之师,得民之和,吊民伐罪,所以能无敌于天下。

经过战前动员之后,成汤的大军同仇敌忾,士气高涨,向西挺进洛阳盆地,兵锋直指斟𬩽,由此拉开了历史上第一次王朝战争的大幕。

自西东击"太阳王"

郕之战

成汤自郑州商城西进洛阳盆地,郕(chéng)是必经之地。郕,又称成,就是成皋,在郑亳以西40千米,斟郭以东50千米。郕恰好坐落在夏商之际中原地区两大都邑的中间位置,北、西两面都是黄河,东、南两面都是深涧,是河洛地区东西往来唯一的通道。所以夏商周时期,郕是著名的兵家必争之地。西周初年的小臣单觯(zhì)铭文"王后返,克商,在成师",记录的是周成王平定武庚之乱后在郕(成皋)举行阅兵仪式。周穆王曾经在郕附近圈养老虎,因而此地又有虎牢关之名。

大师姑城陷落之后,郕是捍卫夏都斟郭的最后一道屏障。夏桀命推哆、大牺率重兵驻守于此,想把成汤挡在洛阳盆地之外。

进攻郕的成汤大军包括战车七十乘,死士六千人,这是商军中的精锐,史书上称之为"篡卒"或"必死之士"。

商族之所以能够从河北洈河流域长驱南下,势力范围兼及今豫东、鲁西大片地区,威震黄河中下游地区,收服东夷,倚仗的就是手中的王牌——战车。殷商从先公相土开始驾驭牛马,制造车乘,驱驰千里。到了成汤时期,战车是军队中首屈一指的军事装备。

根据安阳殷墟车马坑出土情况来看,当时的车兵编制大致为:每辆战车上有3名甲士,其中车后2名,舆侧1名。每乘合计75人。成汤拥有战车七十乘,合计兵力5250人,加上配属的人员,共约6000人,在当时已经算是一支庞大的军队。郕之战,商军"鸟陈雁行",成汤排兵布阵，采用步车协同战术，开创了一个全新的战争模式。这是上古时期军事史上的重大革命。

郏之战爆发于戊子日，这是中国历史上有确切时间记载的最早战役。夏朝末年干支已被用于纪时，所以这个戊子日的真实性很高。

在交战中，投奔过来的费氏部落首领费昌担任商军的开路先锋。成汤乘坐名叫大赞的豪华战车，身先士卒，在费昌的引领下，向夏朝守军发动突然袭击。守兵措手不及，溃不成军，夏朝贵族推哆、大牺被俘。

成汤大获全胜，夏朝洛阳盆地的东边门户尽失。郏西边百里就是夏都斟鄩。

迂回进攻——成汤的一盘大棋

奇怪的是，夺取了郏，成汤并没有乘胜向西一路进攻，直取斟鄩。在《吕氏春秋·慎大览》中有一句令人费解的话，郏之战后，成汤"令师从东方出于国西以进"。出土的清华简《尹至》也称，成汤"自西捷西邑，戡其有夏"，与《吕氏春秋》相吻合，都是说成汤率商军从东方出发，进攻斟鄩的方向却是自西而东。

西邑，或西邑夏，是当时殷商民族对夏都斟鄩的称呼。邑，夏商周时期对国都的统称，卜辞中殷人将安阳殷都称为天邑商或大邑商，《尚书·武成》将丰镐称为"大邑周"。斟鄩位于郑亳的西边，所以被称为西邑。西邑或西邑夏，不但见于传世文献，如《尚书·太甲》中的"惟尹躬先见于西邑夏"，而且也见于出土的清华简《尹至》和《尹诰》。甲骨卜辞中的西邑，应当就是指夏都斟鄩，这是夏朝存在的有力证据之一。

斟鄩在西边，郑亳在东边，成汤自西向东进攻斟鄩就难以理解了。

于是有人认为，夏人起源于东方的古河济地区（今河南濮阳一带），夏位于商的东面，成汤自郑亳向东进攻夏桀，所以清华简《尹至》中说"自西捷西邑，戡其有夏"。而成汤灭夏的关键性战役——鸣条之战发生地就在今河南开封陈留。

按照这种观点，开封陈留在郑州商城（郑亳）以东80千米，而二里头遗址（夏都斟鄩）与郑州商城相距90千米。成汤从郑亳出发，攻打夏都斟鄩，然后又从斟鄩追击逃窜的夏桀，一直追到郑亳以东的鸣条。如此来回折腾，还真是不按常理的时空错乱。

那么成汤"师从东方出于国西以进"，自西向东进攻夏桀，到底是怎么回事？

斟鄩（二里头遗址）与郑亳（郑州商城）之间的地貌以丘陵、坡地、平原为主。二里头遗址位于洛阳盆地东隅的伊洛河冲积平原上，地势平坦，海拔115—135米。从郑州商城至二里头遗址，要经过今荥阳、巩义两地。荥阳市位于郑州以西15千米，北临黄河，地势自西向东逐渐倾斜，如簸箕状，属于半丘陵半平原地貌。境内河川较多，有汜河、枯河、索河、寺河等。

荥阳西北16千米处的虢，为郑洛之间的锁喉要隘，易守难攻。虢与斟鄩之间，多低山丘陵，对商军的步卒不是问题，对战车可能就是一大障碍了。所以攻陷虢之后，成汤当即下令商军掉转方向，在虢附近的汜水渡过黄河，袭取黄河北岸的温国（今河南温县）。

温国，与昆吾、苏、顾、董一样，都是己姓，是夏王朝忠实的附属国。

成汤灭温国，意在控制太行山脉南端以南的"南阳走廊"。"南阳走廊"是洛阳盆地通往豫西山地、晋南盆地的交通要道，一旦落入成汤之手，就切断了夏桀逃往今山西南部的路线。

今山西南部是夏人的娘家，自大禹开始，夏就对这一地区呕心沥血，不遗余力地开拓经营。山西南部地区的临汾盆地与运城盆地，分布着二里头文化东下冯类型，属于二里头文化向晋南地区扩展的重要文化遗存。这里发现大量精美的酒器，表明夏王曾经委派贵族成员镇守于此。

山西南部运城盆地有丰富的各种自然资源，河东池盐又称解盐，是伊洛流域居民赖以生存的必需品，中条山脉的铜矿被用来铸造代表王权与礼制的青铜器，所以今山西南部对夏王朝而言非常重要。

山西南部与"南阳走廊"之间由一条轵关陉道相连接。轵关陉道自洛阳盆地北渡黄河，翻太行山而至山西南部，在战国时期，位于边陲之地的秦国向东出兵，主要就是走轵关陉道。

轵关陉道与中条洰（dòu）津道、虞坂巅軨（líng）道，是古代晋南地区与洛阳盆地之间的三条主道之一。这三条主道除了用于日常来往之外，还是山西南部盐、铜等资源的运输通道，犹如三条大动脉[1]，对于晋南、豫西地区的文明演进、社会发展、交流融合起到至关重要的推动作用。

温国以西30千米的禹寺遗址，扼轵关陉道入口，发现有夏朝时期的两座城堡，当是夏王朝扼守轵关陉道、维护山西南部与洛阳盆地交通的关键据点。成汤北渡黄河，灭温国，夺取禹寺，进而控制"南阳走廊"，割断桀的大动脉，让夏王朝失血而亡。

成汤率大军横扫"南阳走廊"，西行至今孟津渡口对岸。孟津是黄河中游主要的渡口之一。成汤在孟津处渡过黄河，来了个战略大迂回，绕至斟鄩城的西面。此处距离斟鄩城不足30千米，只有两三天的行军路程。

成汤之所以这么做原因有二：一是与夏桀易位，成汤在西边，夏桀在东边，这个不可一世的太阳王反而成了东方的太阳，以印证"两日相斗，西方日胜，东方日不胜"的预兆，成汤才是天命所归；二是孟津以南的伊洛河流域，有一个伊尹小联盟，包括伊氏、辛氏及其他不满夏桀的部落，他们向北挺进，与成汤会师，再加上东边的郦、大师姑城，对斟鄩形成四面包围之势，夏桀插翅难飞。

---

[1] 相关描述参见高江涛：《洛阳盆地与晋南早期交通道路之"虞坂巅軨道"》，《中原文物》2019年第2期；高江涛：《洛阳盆地与晋南早期交通道路之"轵关陉道"》，《中原文物》2019年第3期；高江涛：《洛阳盆地与晋南早期交通道路之"中条洰津道"》，《中原文物》2019年第1期。

这就是《吕氏春秋·慎大览》中的"令师从东方出于国西以进"，清华简《尹至》中的"自西捷西邑，戡其有夏"。成汤与伊尹联手下了一盘大棋，一盘绝对是微本万利，足以颠覆夏朝国本的好棋局。

攻占夏都斟鄩

当夏桀还在斟鄩城中左拥右抱琬、琰二妃，醉生梦死，极尽奢华之时，成汤已经给他撒下一张巨大的死亡之网。这一回，成汤再也没有网开三面。对夏桀仁慈，就是对天下百姓残忍。成汤下令收紧大网，商军对夏都斟鄩发动突然进攻。

《墨子·非攻》将斟鄩城的沦陷归因于天命在成汤，说天帝暗中让火神祝融在斟鄩城的西北隅放一把大火。其实是在暗示斟鄩的西北面发生战斗，商军应当是从这儿攻进去的。

夏桀慌乱之中弃城遁逃，成汤追之于大沙。大沙，又作大水或大涉，指的就是洛河。

由于经南阳走廊、轘关陉道进入今山西南部的退路被成汤切断了，夏桀只好率众向西一路狂奔，逃至洛河边，狼狈不堪。成汤联合伊洛河流域的伊氏等部落，痛打落水狗，大败夏朝军队。清华简《尹至》中说："夏播民，入于水，曰战。帝曰：一勿遗。"成汤下令："一个不留，全部杀死。"逃散的夏民在洛河边遭到商军的疯狂屠杀。

战争本来就是屠戮生命，即便是圣贤如成汤，也有其冷酷无情的一面。

夏桀侥幸脱身，率残众自今渑池渡过黄河，抄小径翻越中条山，逃往安邑。安邑在今山西夏县，位于运城盆地的东缘。夏桀在此设立流亡小朝廷，召集山西南部的夏朝势力，准备继续抵抗。安邑是夏桀的最后落脚点，所以《尚书孔传》中说"桀都安邑"。

夏桀流亡安邑之后，商军一路向西，席卷今豫西、晋南，沿途消灭了臣服于夏桀的部落。洛河中游宜阳、洛宁之间的有洛氏，隗姓，是豫西地区较大的部落。夏王槐时,有洛氏之君用曾经与河伯冯夷爆发过激烈的冲突。夏王太康终年"畋于有洛之表",说明夏王朝与有洛氏关系非同一般。有洛氏之君仿效夏桀,大兴土木,"宫室无常,池囿广大",也被成汤一举灭掉,扫除了杀进今晋南地区的后顾之忧。

鸣条之战

灭了有洛氏之后，成汤马不停蹄，与伊尹穿过殽山，途经位于今陕晋豫三地交界点、号称"东西之冲"的灵宝，而后在陕西潼关附近的古渡口渡过黄河，进入山西南部的运城盆地。

要进入运城盆地，首先必须翻爬中条山西端的历山。历山也称为雷首山，又作鬲山。有时作亭山、章山，都是鬲山的误写。传说有虞氏之君舜未发迹之前，曾经耕作于此地。《尚书序·汤誓》中说成汤"升自陑（ér）"，陑是较为险峻的山丘高阜，说明潼关至历山之间地势逐级抬高，上博楚简《容成氏》中则说"升自有娀之墟"。

在历山，成汤遇到了当地部落的顽强阻击。《山海经·大荒西经》中说："有人无首，操戈盾立，名曰夏耕之尸。故成汤伐夏桀于章山，克之，斩耕厥前。耕既立，无首，走厥咎，乃降于巫山。"章山就是历山，夏耕应是历山一带从事农耕的夏人部落首领。经过一场异常惨烈的战斗，这个部落遭到成汤的屠杀，尸横遍野，断首断足随处可见。

《山海经》中的夏耕战死后头颅被砍下来。夏耕之尸无头，为了复仇，他以两乳为眼，以肚脐为口，左手举盾，右手操戈，冲到成汤的面前。后来夏耕之尸变成了邪神刑天。当地流行一种巫术舞蹈，模仿夏耕之尸行走，用来祭祀战殁的部落首领，以祈求农业丰收。

历山之役后，成汤翻越中条山，进入物产丰饶的运城盆地，河东池盐资源、中条山铜矿资源，全部落入成汤之手。成汤不但控制了今山西南部的资源，切断了夏桀的财路来源，而且从西面威胁到桀的最后落脚

《山海经》中的刑天

点——安邑。藏身于安邑的夏桀日益陷入困境。他不甘坐以待毙,于是召集人马,西向运城盆地,试图夺回河东盐池。

夕阳落山之前也有灿烂的余晖,这是"太阳王"夏桀的最后一搏。

获悉夏桀出战,成汤也率商军大举北上,与夏桀相遇于安邑西方的鸣条之野。

自中条山到鸣条之野,有一条狭窄的下降通道。这条狭窄的通道就是上博楚简《容成氏》中的"鸣条之遂"。成汤穿过了"鸣条之遂",抵达鸣条之野上的鸣条岗。

商汤革命的最后一役——鸣条之战,发生地在鸣条岗。

鸣条岗,位于今山西夏县境内涑水河畔的小晁村,是峨嵋岭上横亘着的一脊黄土岗丘，东起夏县，西接临猗，海拔不高。鸣条得名于风吹树枝条发声。这儿古柏森森，枝条繁茂，是一块绝佳的风水宝地，传说有虞氏之君舜以及周人始祖后稷的陵庙都在这儿。《汉征士卫公讳皓之墓碑》称："（鸣条岗）东南数十步临安邑道，北数十步临运城道，皆自走茅津入洛阳之大道也。背稷山，带涑水，面中条山，如列屏障。中开广原，为虞夏帝都所在。帝舜陵庙在其左，后稷庙在其右。禹都畿内风景此地最佳。"

鸣条岗东北约5千米处就是著名的夏县东下冯遗址。该遗址位于涑水支流青龙河南、北岸的台地上，东傍中条山。青龙河北岸与鸣条岗间地势开阔，是东下冯遗址的边缘地区，青龙河南岸是一片西南低、东北高的缓坡，是东下冯遗址的中心区。遗址总面积超过25万平方米，年代为公元前1900年至公元前1500年，是夏商之际典型的文化遗存。

东下冯遗址可分六期，一至四期属于二里头文化，五、六期属于二里岗文化。在东下冯遗址三、四期时，作为狩猎工具与远程进攻兵器的骨镞，最为鼎盛。骨镞不但数量庞大，而且种类繁多，有三棱形骨镞、圆锥形骨镞以及圆柱形骨镞等。另一种武器是石镞，它在东下冯三期之际数量陡增，达到最大值，随后又骤然衰退，突变性明显。而三、四期正是成汤革命的年代，此时骨镞与石镞数量的猛增，意味着当时战争频仍，很明显与鸣条之战有关。

三期时的东下冯遗址最为繁荣。聚落周围出现了回字形双重壕沟，外围长668米，内围长542米，围拢成1.8万平方米的居住区。区内密布窑洞式房子、储藏室、水井、陶窑之类的居址遗迹。双重壕沟具备防御功能，这是夏桀流落至安邑后，为抵御商军修筑的防御设施。

五期时的东下冯古城遗址，已经进入早商文化的二里岗时期。东下冯古城大体为东南角内凹的长方形，含城墙和城壕两部分，规模宏大，东西宽约370米，南北长约440米。墙体用土羼（chàn）杂料砂姜石碎块逐层夯筑，每层厚度在10厘米左右，夯层整齐平直，夯窝排列密集，部分墙体的底基还采用了分筑的形式。在城址内西南角，有四五十座圆形建筑基址。圆形基址直径大约8～9米，高出地面0.3～0.5米，经检测土壤中的盐分浓度非常高，说明这些圆形基址是当时的储盐仓库。

东下冯遗址以南不远处就是解池。据推算，东下冯遗址所有盐仓的储盐总量约12万吨，或许是夏商时期河东池盐的开发总部。池盐生产之后，由东下冯遗址通过中条浢津道，运输到中原地区。

中条浢津道自运城盆地翻过中条山，进入了基本上呈现出南北走向的沟谷，再向南不远处就可以到达中条山南麓脚下的黄河古渡口——浢津渡。浢津渡又名郚津或窦津渡，在此渡过黄河，则进入豫西地区。

中条浢津道至少在庙底沟文化时期（约公元前3900年至公元前3600年）就已经存在，并逐步发展与繁荣起来，这应得益于它的盐道功能。夏朝时期，河东池盐正是经这条古道运往斟鄩，供应给洛阳盆地的居民。

从年代上看，东下冯古城建于早商早期。这是因为从斟鄩逃亡到这里的夏桀，仓促之间尚未来得及筑城，成汤就率领商军杀来了。灭了夏桀之后，成汤在此筑城，用于震慑该地区的夏人部落，役使他们继续开采池盐。成汤灭桀之后，随着殷商王朝在今晋南地区统治的巩固，以及夏人威胁的逐步消除，东下冯古城也逐步失去军用功能，最终荒废了。

史书上说，鸣条在安邑之西，东下冯遗址或许就是夏桀的最后落脚点——安邑。东下冯古城以西的鸣条岗，是夏桀保卫安邑的最后一道屏障。

鸣条之战，不但是上古时期一场激烈的资源争夺战，而且攸关近五百年夏王朝的生死存亡。郁郁葱葱、风景如画的鸣条岗，将成为中国历史上第一次王朝更迭的见证者。

根据史书记载，鸣条之战发生在乙卯日，夏也是在这一天灭亡，所以世人视乙卯日为极不吉利的日子。春秋战国时期，诸侯们认为乙卯是忌日，诸事不宜，行军打仗都要避开这一天。乙卯日与邲之战的戊子日相距二十八天。成汤大军从郕附近的氾水北渡黄河，经由温、孟津、戳郭，再穿过豫西地区，翻越中条山，北上鸣条，行程八九百里，前后耗时二十八天，平均日行三十里，基本上是可信的。

由于远道而来，连续行军作战近一个月，商军也伤亡惨重，疲惫不堪，士气低落。在决战之前，成汤进行誓师，训诫商军，这就是著名的《汤誓》。

在《汤誓》中，成汤首先宣扬奉天命伐夏，声称"有夏多罪，天命殛之""予畏上帝，不敢不征"。

禹南征三苗时也是"天命殛之"，启征有扈氏和武王伐纣都是"恭行天之罚"。"天命殛之""恭行天之罚"，就是奉行天意讨有罪。以神的名义，无疑是发动战争最好的理由。

接着，在天命的名义下，成汤宣告夏桀的罪行，申明伐夏的决心。《汤誓》中，成汤有两个冠冕堂皇的伐夏理由。第一，夏王桀"率遏众力，率割夏邑"，意思是说夏桀劳民伤财，残害百姓；第二，成汤引用夏朝民众对桀的怒言，"时日曷丧，予及汝偕亡"，宣示伐桀战争的正义性。

最后，针对商军萎靡不振，甚至厌战的情绪，成汤严正军纪条令："予其大赉（lài）汝！尔无不信，朕不食言。尔不从誓言，予则孥（nú）戮汝，罔有攸赦！"——我将重赏你们，你们不要怠慢，我言出必行。但是你们不服从我的命令，我就将你们降为奴隶，或者杀了你们，决不宽恕！

《汤誓》铿锵有力，只闻其声，如见成汤其人。战争是危险的行为，不但关乎每一个士卒的生命安全，而且关乎一个国家或一个民族的生死存亡。所以成汤赏罚分明，恩威并施，行事雷厉风行。

在成汤的激励与驱使之下，商军士众奋力向前。桀的军队不堪一击，《帝王世纪》记载"桀未战而败绩"，说明并未发生激烈的战斗，双方一接触，夏桀就大败。

银雀山汉简《孙子》佚文《黄帝伐赤帝》中称："汤之伐桀也，至于□□，战于薄田，右阴，顺术，倍冲，大灭有之。"所缺两字可能就是"鸣条"。薄田，意思是贫瘠的土地，当指盐碱化严重、不适宜农耕的鸣条之野。这是说成汤大军迂回绕到夏桀军队的侧背后，大肆冲杀，将夏桀的军队全部歼灭。

鸣条岗上的树枝条，在风中呜呜鸣叫。夏人就像被恶狼惊吓的羊群，四处逃散。夏桀这个妄自尊大的"太阳王"，终于意识到自己日薄西山了。他见势不妙，与琬、琰二美女趁乱逃亡。至于弃妃妹喜氏，有史书说跟桀一起流亡，也有史书说被成汤所杀。

历史上第一次王朝战争的关键性战役——鸣条之战，就这么干脆利落地降下了帷幕。

桀奔南巢与夏亡

南巢在哪里

夏桀在鸣条岗未战先溃，落荒而逃。他与诸妃妾同舟浮海，奔于南巢之山而死。

南巢在哪里？千百年来聚讼不已。

韦昭注《国语·鲁语》时说："南巢，扬州地，巢伯之国，今庐江居巢县是也。"也就是今安徽巢湖市。夏禹娶妻于涂山氏（今安徽蚌埠市），涂山氏是有夏氏先妣的娘家，所以有人认为，桀惨败于鸣条之后，逃到巢湖，就是为了寻求外戚的庇护。巢湖与鸣条相距900千米，快到长江了，在交通落后的夏商之际，似无可能。即使如某些史家观点所说，鸣条在陈留平丘，距离南巢也有400千米。巢湖在涂山以南150千米处，夏桀应该投奔涂山氏，而逃到更遥远的巢湖去，就于理不通了。

另一种看法是，桀逃往南巢之前，都要经过巢门或焦门。《淮南子·主术训》中说，成汤在焦门生擒了夏桀。焦门，就是巢门，是通往南巢的门户或要道。焦或巢，应是远古神农氏后裔的封地，今河南三门峡市陕州区。陕州除了神农之后的焦，还有姬姓诸侯焦国。《汉书·地理志》称："弘农陕县有焦城，故焦国也。"焦国故城在今河南三门峡市渑池县城关镇西十里铺。姬姓焦国封地，当为神农后裔的故地。因而巢门或焦门，在今河南三门峡。

山西境内地形复杂，多山地、高原、丘陵，上古时期存在一系列断陷盆地和断陷湖群。《水经注》就记载了汾阪、文湖、邬泽、祁薮

（sǒu）、王泽、董泽、盐池、硝池、晋兴泽、张泽、洞过泽等泽薮。其中最著名的是昭余祁薮，方圆数百里，烟波浩渺，是山西最大的湖荡，在运城盆地也有鸭子池、盐池、硝池。还传说今山西东南地区古代是一个一望无际的大湖。从文献记载可推断，鸣条、历山、焦门或巢门都在今晋南地区，从山西古地理看，桀与妹喜等"同舟浮海，奔于南巢之山而死"也是可能的。[1]所以南巢就在山西南部地区。

夏桀是跑到数千里之外的安徽巢湖，还是死于山西南部？

都不是。

夏桀所奔的南巢，应该是指河南嵩山以南的颍川、南阳地区。

颍川、南阳地区，自仰韶时期以来就是华夏族的聚居地。后来长江中游江汉平原的苗蛮族北上中原，颍川、南阳沦陷。[2]

夏朝开国前夕，大禹南征三苗，收复了沦陷数百年的嵩山以南地区。[3]禹征三苗，相当于河南龙山文化时期，当时环嵩山地区分布着王湾三期文化，包括山北的王湾类型、山南的煤山类型。它们是夏文化的重要来源。

颍川、南阳光复之后，夏人蜂拥而入，世代居住于此，所以《史记·货殖列传》中说："颍川、南阳，夏人之居也。"《汉书·地理志》里也说："颍川、南阳，本夏禹之国。"颍川、南阳，今河南许昌与南阳之间。在南阳一带发现了两百多处二里头文化遗址，出土了数量众多的夏文化风格器物。其中最南端的是邓州穰东遗址，应是二里头文化的南界。

史传文献中，颍川、南阳地区因为位于中原以南，所以也称为南

---

[1] 罗琨：《楚竹书本与商汤伐桀再探讨》，《甲骨文与殷商史》新一辑，线装书局2008年版。

[2] 约公元前2700年，南阳盆地的考古文化发生剧变，持续了近两千年的下王岗文化消亡，取而代之的是屈家岭文化。屈家岭文化被认为是南方三苗族的文化遗存。

[3] 在禹州、郑州、洛阳、登封、临汝、荥阳、巩义、新安、孟县等豫中环嵩山地区，发现了为数众多的屈家岭文化风格的器物。

巢。南巢这一地名最早见于《逸周书·殷祝》。

《殷祝》对夏桀逃往南巢的经过有详尽的记载："汤将放桀于中野，士民闻汤在野，皆委货扶老携幼奔，国中虚。……桀与其属五百人南徙千里，止于不齐，民往奔汤于中野。……桀与其属五百人徙于鲁，鲁士民复奔汤。……桀与其属五百人去居南巢。"

根据《逸周书·殷祝》，夏桀奔南巢的路线大致是，中野（中原）—不齐—鲁—南巢。

夏桀及其属五百人南逃千里，到不齐。不齐，今地不明，但说"南徙千里"，肯定不在山西南部，应该在豫南一带。

而后，夏桀跟五百下属又逃至鲁。

鲁在哪里？

《汉书·地理志上》："南阳郡：鲁阳，有鲁山。古鲁县。"鲁，今河南省鲁山县，为南北交通要冲，是伊洛河流域通往南阳的必经之地。

鲁有没有可能指的是山东的鲁国呢？《墨子·公输》中说，"墨子闻之，起于鲁，行十日十夜而至于郢（鄢郢）"。鲁山与鄢郢（今湖北省宜城市）相距280千米，墨子走十天十夜，正好可以到达。这里的鲁，就是夏桀所逃之鲁，今河南省鲁山县。如果鲁指的是鲁国，鲁都曲阜与鄢郢相距700多千米，以当时落后的交通条件，十日之内绝无抵达之理。

夏王孔甲之时，精通扰龙之术的刘累曾经避居于鲁，他的族人被封为御龙氏。夏桀到了鲁，能够得到御龙氏的庇护。但是成汤的军队循迹而来，夏桀只好跟五百下属继续逃居于南巢。这里的南巢，指的就是颍川、南阳，即史书中的"夏人之居"或"夏禹之国"。从史传文献上的记载来看，这完全行得通。南阳与鲁山之间有伏牛山、外方山，海拔千米以上，所以《帝王世纪》中说桀"与妹喜及诸嬖妾同舟浮海，奔于南巢之山而死"，"南巢之山"也有可能是指伏牛山、外方山。上博楚简《容成氏》中说："桀乃逃之南巢氏，汤又从而攻之。遂逃去，之苍梧之野。"传说舜南巡，也是死于苍梧之野。苍梧之野泛指极为遥远的南方之野，不一定在湖北、湖南之地。夏桀最后与诸嬖妾老死在颍川、南阳一带的荒山野郊。

夏桀所奔颍川、南阳之地的南巢，也可以从其他文献找到佐证。

根据《史记·殷本纪》和上博楚简《容成氏》的记载，夏桀逃往南巢之前，成汤还有一次三朡（zōng）之战，缴获了夏桀的大量珠宝。

三朡，又作三鬷。汉代的孔传《古文尚书》认为，三朡就是山东定陶。但正如刘起釪所说的那样，定陶在商汤的领土之内，夏桀败走，绝不可能荒唐到自投敌人罗网之内。[1] 三朡应是《左传》中的鬷夷，豢龙氏故地。今天河南嵩山以南的临颍、汝州地区，都是豢龙氏的活动地区。这一带以平原为主，河川密布，多沼泽、湖泊，适宜鳄鱼生存。临颍、汝州之间，是夏桀向南逃往颍川、南阳的必经之地。

成汤的军队追击夏桀的流亡队伍时，在三朡缴获了夏桀随身携带的大量玉器。夏桀只顾逃命，国宝尽弃，最后绝望地死于颍川、南阳的南巢之地，或者更南方的苍梧之野。

夏桀在临死之前，深恨自己当初没有在夏台杀了成汤，反而放虎归山，终于招致灾难性后果，国破身亡。他悔不当初，然而一切为时已晚。

夏朝的覆灭

夏桀是怎么逃出成汤的手掌心的？

夏桀惨败于鸣条之役后，经运城盆地与洛阳盆地的主通道之一——虞坂巅軨道，逃离今山西南部。

虞坂巅軨道在今天山西运城平陆县域，以及河东池盐区与夏县的交界地带，通道两侧密集地、呈条带状分布着从庙底沟时期至二里头时期的遗址，超过17处之多。可见，虞坂巅軨道早在庙底沟文化时期就已开通并投入使用，成为远古时期晋南地区与洛阳盆地之间的三条主道之一。

---

[1] 刘起釪：《古史续辨》，中国社会科学出版社1991年版，第452页。

虞坂巅軨道的南端在河南三门峡，也就是古焦国所在地，史书上称之为焦门或者巢门。夏桀试图经焦门逃回今豫西地区，甚至洛阳盆地，但是手下人员仅有诸嬖妾等五百余人。夏桀在斟鄩已是过街老鼠，夏人诅咒说："时日曷丧，予及汝偕亡！"恨不得食其肉、寝其皮，与之同归于尽。因而夏桀决定逃到嵩山以南的颍川、南阳地区，也就是南巢之地，准备依靠南阳盆地的夏人东山再起。

夏桀之所以能够从虞坂巅軨道逃出来，没有被成汤俘虏，可以从鸣条之战后成汤的归来路线探知一二。《尚书》和《史记》都记载，成汤伐夏回到郑亳，至于大坰（jiōng），辅臣仲虺作诰。大坰，也作泰卷或者泰卷陶。成汤令仲虺在这里发布诰辞，意在安抚、宣慰中原诸部落。根据《帝王世纪》的记载，汤灭夏之后，让人把夏朝九鼎迁至亳。成汤走到大坰时，认为自己以臣伐君，道义上说不过去，所以渐渐心生惭愧之意。可见，大坰（或泰卷陶）应该在郑亳（郑州商城）的附近。

坰就是卷，今河南原阳县旧原武西北，汉代曾经在此设卷县。大坰在郑亳以北的黄河北岸，说明成汤从鸣条之役后凯旋，走的是轵关陉道，经"南阳走廊"的禹寺遗址、温国、大坰，再回到郑亳。而桀是经虞坂巅軨道逃往南巢的，跟成汤路线不同，所以侥幸脱身，躲过了阶下囚的劫运。

夏桀流亡的路线应该是这样的，自鸣条岗经由虞坂巅軨道，逃至焦门（今河南三门峡），继而南下伊洛河流域，途经不齐（今地不详）、三朡（今河南临颍、汝州之间）、鲁（今河南鲁山），最后死于南巢（古之颍川、南阳，今河南许昌与南阳之间）。

夏桀亡走南巢，标志着夏王朝的终结，成汤革命的胜利，一个鼎盛的青铜王朝——殷商王朝横空出世。

"夏播民"及其后裔

夏朝灭亡之后，夏人四处逃亡，分散各地，清华简《尹至》中称之为"夏播民"。根据文献记载,"夏播民"及其后裔有三支。其一是匈奴。司马迁说一部分"夏播民"向北逃至河套地区,甚至蒙古高原,繁衍成后来的匈奴。匈奴族的先祖淳维,就是夏后氏的苗裔。乐彦《括地谱》中也说,夏桀无道,惨败于鸣条之役,流亡至南巢,三年后死去。夏桀的儿子獯粥娶桀的众妾为妻,避居大漠,他们的后裔以游牧为业,逐水草而居,就是匈奴。其二是杞国。成汤灭夏之后,封大禹的苗裔。殷商时期,大禹苗裔或封或绝。周武王灭纣之后,四处寻找大禹之后,得东楼公,封之于杞,以延续夏禹的烟火。其三是越国。《史记·越王勾践世家》中记载,越王勾践是夏王少康的庶子,封于会稽,以奉守夏禹之祀。

匈奴、杞国、越国,真的都是夏禹的后裔吗?

单凭文献记载难以确定。

今天的分子人类学家对包括二里头遗址夏朝人群在内的48个东亚古今人群,进行了分子考古学研究,比较各个人群之间的基因遗传差异。

研究结果一致表明,二里头夏朝人群与中国北方人群,包括黄河中下游地区河南、山东、山西的汉族,西北地区陕西、青海的汉族及少数民族,东北地区辽宁、内蒙古的汉族及少数民族,及日本本州、韩国人群遗传关系非常近;与中国南方人群和日本阿伊努人遗传关系较远,意味着在分子人类学上,不支持史传文献中"越王勾践,其先禹之苗裔"、越国为夏人后裔的说法;与偃师商城古人群、蒙古高原匈奴时期古人群遗传关系介于中国北方人群与中国南方人群之间。这说明虽然在年代上和地理位置上,二里头遗址与偃师商城都非常接近,但两者之间的遗传关系并非最近。可见两个遗址的居民是华夏氏族内不同的族群,一个是有夏氏,另一个是殷商民族。

为了寻找大禹根正苗红的后裔,分子人类学家又对与二里头夏朝人群遗传关系密切的中国北方人群(包括华北、西北和东北)及日本、韩国、蒙古三国的共计22个群体,进行基因遗传研究。

研究的结论有四个：第一，二里头夏朝人群与华北地区的汉族人群有较近遗传关系，杞确实是夏人后裔；第二，与内蒙古中、东部的蒙古族人群、辽宁人群有较近母系遗传关系，乐彦《括地谱》说的"獯粥妻桀之众妾"有可能为真，但尚待进一步验证；第三，与西北地区人群的遗传关系近，表明二里头文化及夏朝人同西北地区有着不可分割的联系，史传文献中"大禹出于西羌"的记载反映了这种联系；第四，与日本本州、韩国人群有较近母系遗传关系，说明有一部分夏朝遗民东渡到达日本（至少抵达日本中部）、韩国等地。[1]

夏朝的历史有多长，司马迁并没有给出明确的答案，但是记录下详尽的夏王世系。其后的东晋史学家徐广在注《史记集解》时指出，从禹至桀十七君，十四世。出土于西晋太康年间的战国竹简《竹书纪年》中说，夏朝有王与无王（指后羿、寒浞之乱），一共四百七十一年。这些是后人认知夏朝纪年的最早史料来源。

有关夏朝的确切历史，尚有待更多的考古材料来揭示，尤其是自证性的文字材料。

---

[1] 刘皓芳：《河南二里头遗址夏代人群的分子考古学研究》，中国科学院研究生院，2011年。

第6章

商初风云

成汤作夏社：变与不变

成汤不敢废夏社

夏桀败亡之后，成汤取而代之，被中原地区诸方国、部落尊奉为"天下共主"。新王朝的开国庆典在郑亳（郑州商城）举行，《逸周书·殷祝》中说有三千诸侯齐聚郑亳，拥戴成汤登上王位。成汤把玉玺放在王位的左侧，而后无比谦逊地退下，想把王位让给其他的诸侯。

能安天下的，除了成汤还有谁？三千诸侯没有一个敢对王位动念头。

成汤君临天下已是众望所归，于是成汤与三千诸侯相约："阴胜阳，即谓之变，而天弗施。雌胜雄，即谓之乱，而人弗行。"[1]——阴胜阳，这叫变，一变就受到上天的抛弃；雌胜雄，这叫乱，一乱就受到百姓的抛弃。

顺天命尽人意，这是成汤的治国理念。

新王朝建立之后，绝大多数夏朝遗民视成汤为"救世主"，将自己

---

[1] 《逸周书·殷祝》。

从夏桀的桎梏之中解放出来。但是如何处置夏朝遗民，成汤却很纠结，甚至准备将夏社迁到其他的地方去。

社是什么？

社，起源于原始社会时期的土地崇拜，在中原地区的华夏族开始流行。上古时期，人们将祭祀、供奉的物品撒在地面上，或埋入地里。而后垒起土丘，作为祭祀土地神的固定场所，久而久之，土丘或固定场所就成为土地神的象征或载体，这就是"社"。

社通常与稷合称社稷，社稷供奉的主神有两种说法。《左传》中说社祭祀的是句龙，稷祭祀的是两个人神（柱、弃）。句龙，是共工氏之子，又称后土。柱是烈山氏之子，弃是周人的始祖。《孝经》中说社为土神，稷为谷神。无论哪种说法，社祭祀的都是土神，稷祭祀的都是农神。

社稷之神，是一个王朝、一个国家的保护神。成汤灭夏之后，忧心夏王朝死灰复燃，所以要将历代夏王祭祀的"社"迁走，在精神领域上将夏朝遗民的"国家意识""宗族意识"连根拔除，使之心甘情愿成为殷商王朝的子民。

成汤迁夏社的根本动机，就是要实行祭祀改制，废除夏朝旧体制中的社稷之神，彻底完成革命的任务。

但是夏朝供奉的社神是句龙或者后土，是共工氏的后裔，也与殷商民族有渊源关系。所以成汤终究还是没有废除夏社，原因是找不到比句龙更适合的社神。也有人认为，夏社是历代夏王敬神敬祖的宗庙、祭坛，是国家的象征，神圣不可侵犯。成汤之所以不敢废去夏社，是因为夏后氏之先祖大禹对华夏族的贡献功高盖世，后世无人能及，只好保存夏社，以安抚夏朝遗民，收拢天下人心。

蜕变与延续

夏朝遗民对成汤此举感恩戴德，视之为慈父圣君。《吕氏春秋·慎大览》中说:"汤立为天子,夏民大说,如得慈亲,朝不易位,农不去畴,商不变肆,亲郼如夏。"郼(yī),就是指殷商。后人也以衣、郼来称呼殷商。

这说明,成汤革命之后,虽然改朝易代了,但是夏民依然安居乐业,过着舒坦的日子,甚至比活在桀的统治之下还要美好。

史传文献上的记载,也在考古上得到了印证。

二里头遗址三、四期之间,是夏商易代的分界。二里头四期(约公元前1565年至公元前1530年),已与早商文化相接轨,甚至进入商代纪年范围。

二里头四期是三期的蜕变与延续。蜕变主要表现在陶器组合及风格上的变化,这反映了社会生活方式发生了改变。

从最常见的炊煮器来看,二里头三期以前的炊器以口沿饰花绳纹的圆腹罐为代表,但在二里头四期这样的炊器不见踪影了。二里头文化早期的器物大都是砂质罐形鼎,在二里头文化四期逐渐被淘汰,与此同时泥质盆形鼎的数量猛增。具备早商二里岗文化风格的圈底、卷沿、袋足等器物,也逐渐取代了二里头文化前三期的平底器物。陶器纹饰中,新出现夔(kuí)龙纹,以及典型商文化中细而直的绳纹。

人们吃饭常用的食器中,二里头二、三期盛行的三足盘在四期也消失了。取而代之的是形态不一、数量不断增加的簋。簋在代表早商文化的二里岗文化遗址中,数量巨大,形态稳定,制作考究,成为早商文化中最具特色的器物。可见,曾经是皇皇夏都的二里头遗址,从四期开始,逐渐过渡到商文化。

从二里头遗址1号宫殿旁的灰坑中,挖出来的除了典型的夏文化器物,还包含了早商文化和岳石文化因素的陶器。岳石文化的器物主要是夹砂褐陶的鬲、罐和半月形双孔石刀等。可见,夏朝灭亡之后,二里头遗址1号宫殿被摧毁,随着商族及其盟友东夷的蜂拥而入,二里头遗址也被"文化侵占"了。

贵族们使用的酒器中，最能代表二里头文化的盉、斝等数量锐减。酒器通常也具备礼器性质，是贵族身份的象征。酒器数量的减少，说明夏朝旧贵族的衰微，他们四处逃散，从斟鄩城中消失。

兵器中，对二里头遗址出土的器物进行统计，结果显示在二里头三、四期时，石镞、骨镞、蚌镞等远程射击类兵器的数量剧增，象征军事指挥权的玉钺也增多，并新冒出数量众多的近战砍杀类兵器，诸如戈（包括石、玉、铜戈）、石矛、铜战斧等。这说明在二里头三、四期之际，族群间矛盾激化，社会动荡，战争频仍，所以需要打造各色各类的兵器。

除了器物方面，二里头在整个城市的布局及大型建筑物上，也发生了变化。

形成于二里头二期的四条纵横交错的"井"字形大道，到了二里头四期还在使用。但是城中最宏伟的1号宫殿、4号基址东庑逐渐废弃。1号宫殿毁掉之后，上面堆积着二里头四期的灰坑、陶窑和小型墓葬。陶窑出现在1号宫殿废墟靠近西侧的内廊处，打破宫殿的夯土台基，保存较好，陶窑烧火坑内发现了30多个四期陶片。可见，曾经作为夏朝统治者的宫殿——"夏后氏世室"，在二里头三、四期之际遭到毁弃，只剩下残垣断壁，沦为寻常百姓的生活区，甚至墓葬区。

另外，从二里头四期晚段开始，宫城内开始进驻平民的墓葬，贵族与平民，还有奴隶，各个阶层的墓葬鱼龙混杂，这意味着王朝已经崩溃，井然有序的统治不复存在了。曾经高高在上的贵族，不得不与他们鄙夷的平民甚至奴隶为伍了。

这些都是改朝换代带来的影响，是成汤革命在考古学上的反映。最迟在二里头四期偏晚阶段，整个遗址面貌发生根本性变化，考古学家称之为外来陶器因素。这些外来陶器的器形、风格，与其来源地（主要是东方的商族、东夷族）保持高度一致，明显是外来移民迁徙至二里头遗址时，长期居住留下的。这无疑与成汤与东夷结盟，伐桀灭夏的事件息息相关。

二里头四期除了蜕变，也有延续。

宫城城墙、2号基址、2号基址的主殿台，还有1号宫殿群中的7号基址、8号基址，都没有被摧毁，一直使用到二里头四期晚段以后，此时夏朝已经灭亡。围垣设施、铸铜作坊、绿松石制造作坊和祭祀场所等，也在二里头四期正常使用。

2号基址所属建筑被认为是夏朝的社稷或者宗庙，却完好无损地保存下来，印证了《史记》中记载的成汤"欲迁其社，不可，作夏社"。

最令人意外的是，在二里头四期，宫殿区的范围甚至有所扩大。至少新建了三处大型夯土建筑，在2号宫殿以北新建6号宫殿以及一段围墙。新建的6号宫殿，面积达2500平方米，是一处复合式的大型庭院建筑物，由北殿、西庑和东、南围墙及庭院组成。在6号宫殿以西又新建了11号宫殿。宫城与围垣作坊区之间的大道东侧，也新建了10号宫殿，属于长方形的中型建筑物。

由此可见，《吕氏春秋·慎大览》中有关夏民"朝不易位，农不去畴，商不变肆，亲郼如夏"的记载，基本属实。

这归功于灭夏之后，成汤实行开明包容的统治政策。成汤大行仁政，以安天下，让饱经战乱之苦的百姓获得喘息的机会，重新过上了无忧无虑的日子。

虽然时代变了，但是只要人心不变，一切就美好如旧。

然而，夏人毕竟是异族。非我族类，其心必异。为了监视夏朝遗民，防止他们作乱，成汤在斟鄩以东建造了一座城池，这就是偃师商城。

偃师二里头遗址与偃师商城遗址相距约7千米，偃师商城遗址与郑州商城遗址相距83千米，同为夏商之际郑洛区的三大古城遗址，犹如三颗璀璨的明珠，交相辉映。

这三大古城遗址，都是什么性质的城市？

最初，人们对二里头遗址怀有争议，有的说是夏朝的都城斟鄩，有的说是成汤的都城西亳。说二里头遗址是西亳的，认定依据是大型建筑基址，但并未强调夏商文化之间的差异性。随着二里头遗址的进一步发掘，人们已经渐渐接受它就是夏都斟郭。1983年，偃师商城新发现之后，主张二里头遗址是西亳的改弦易辙，转而认定偃师商城才是汤都西亳。

郑州商城和偃师商城由此成了人们争论的焦点，对这两座早商城市的地位及性质产生分歧，演绎了一出热络的"早商双城记"。

郑亳、西亳双城记

早商双城定位之争

郑州商城与偃师商城是商汤时期营建的两座大城市，对它们的定位有三种说法。

第一种说法，偃师商城是汤都西亳，郑州商城是商王中丁所迁的隞（áo）都。第二种说法，郑州商城是成汤最早的都城，也就是亳都；偃师商城则是太甲的桐宫，或者偃师商城是成汤之别都、商朝初期的军事重镇。第三种说法，早商时期存在"两京制"，偃师商城、郑州商城都是商朝初期的都城，只不过使用时间不同而已。

三种说法都是真知灼见，不分伯仲。

郑州商城位于河南郑州旧城区一带，有三重城垣，从内到外依次是宫城、内城和外城。

宫城位于内城的东北部，略呈长方形，东西长约800米，南北宽约500米，总面积达37万平方米。宫城内发现数十处大型夯土基址，都位于高台之上。

内城城垣除北城墙东段略呈东南向西北倾斜外，其余城墙基本上是东西或南北走向。其中东墙长1700米，西墙长1870米，南墙长1700米，北墙长1690米，总周长约6960米，面积约300万平方米。郑州商城的内城城门和街道布局称为"六门三街式"，即东西城墙各开两个门，南北城墙各开一个门，两个城门之间都有一条主街。内城中基本上没有发现下层平民的生活遗迹，说明是贵族阶层的居住区。

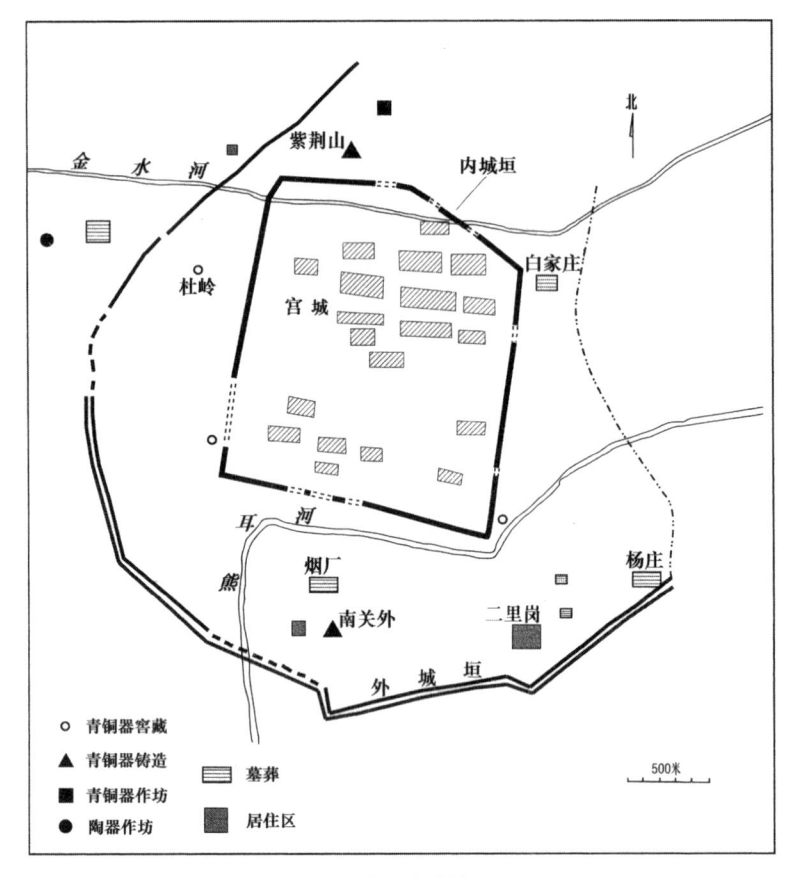

郑州商城遗址

在内城东北部有一个社祭遗迹，背靠北城墙、南临宗庙区，位于一片平坦的高地上，这个社祭遗迹有可能就是文献记载的周代亳社的前身。范宁注《穀梁传·哀公四年》云："亳即殷也。殷都于亳，故因谓之亳社。"亳社是祭祀殷商民族先祖的场所。内城西城墙和南城墙外侧约600至1100米处，就郑州商城的外郭城，可分为东、中、西三段，呈半圆形围绕在内城南面。

偃师商城坐落在洛河北岸稍稍隆起的一个高丘上，略呈长方形，由宫城、小城和大城组成。街道布局上，小城是"四门十字街式"，大城

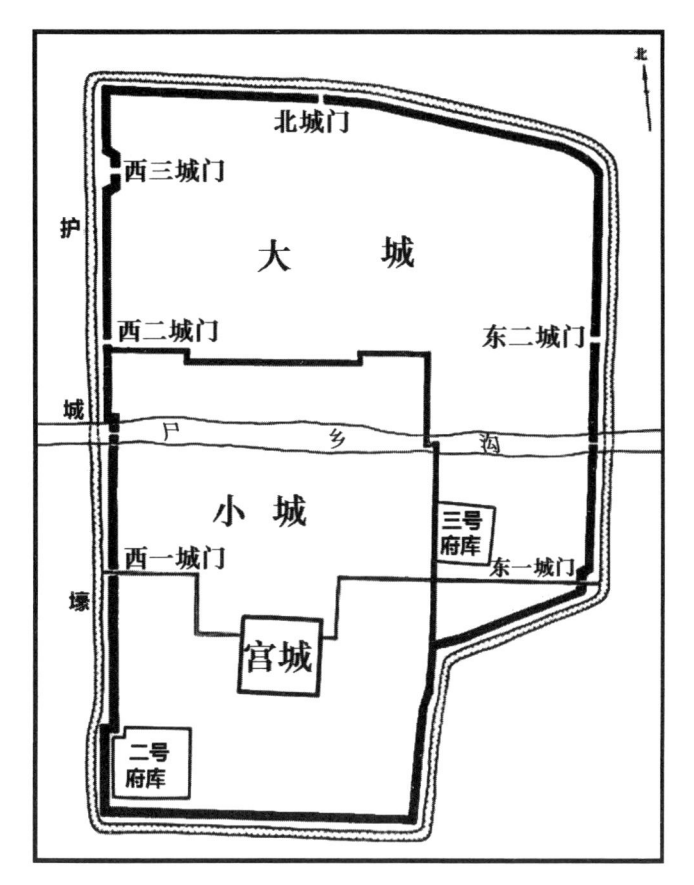

偃师商城遗址

是"六门三街式"。

偃师商城的大城外形像一把菜刀,南部较窄,形似刀柄。大城的东城墙长约1640米,西城墙长约1710米,北城墙长约1240米,南城墙长约740米,面积约190万平方米。大城城墙外侧12米处,有一条护城河,宽20米,深6米。

大城内的西南部是小城,略呈长方形,南北长约1100米,东西宽约740米,面积约81万平方米,占据大城面积四成多。小城套在大城中。小城的西墙与南墙被包夹在大城城墙之中,小城北墙的中段和西墙的中段向内凹进,小城东墙的中段向外凸出,呈现出凹凸曲折状。

小城内还有一座宫城,略呈方形,其中北墙长200米,东墙长180米,南墙长190米,西墙长185米,墙高3米,面积约4.5万平方米。偃师商城宫殿区已发现十座建筑基址,集中于宫城南半部。宫殿群北面是专门的祭祀区,祭祀区以北是王宫的池渠遗址。小城的西南隅则是被称为"府库"的建筑群,整个"府库"包含96座房子。

偃师商城的年代通常分为三期七段,与二里头文化、二里岗文化的年代关系如下表。

偃师商城年代对照表

估算年代	偃师商城	二里岗文化
约公元前1600—公元前1580	一期早段	早于二里岗下层一期(二里头四期晚段、洛达庙期)
约公元前1580—公元前1560	一期晚段	二里岗下层一期
约公元前1560—公元前1530	二期早段	南关外中层
约公元前1530—公元前1500	二期晚段	二里岗下层二期
约公元前1500—公元前1490	三期早段	介于二里岗下层二期与二里岗上层一期之间
约公元前1490—公元前1475	三期中段	二里岗上层一期
约公元前1475—公元前1460	三期晚段	二里岗上层二期(白家庄期或小双桥期)

谁比谁更早

偃师商城与郑州商城,哪一个建造的时间更早?

考古挖掘显示,偃师商城的城墙夯土内发现有光面的鬲足根,它的形状与二里头四期的鬲足根相仿,说明偃师商城的城墙修筑时,二里头四期文化就已经存在,所以偃师商城修建的年代应不早于二里头四期,而城墙夯土内也没有发现比二里头四期更晚的遗物。根据这个来判断,偃师商城城墙的始建年代不迟于二里头四期晚段，早于二里岗下层一期，但绝对修建于公元前1600年之后，大约在公元前1580年前后。

郑州商城的外郭城始建于二里岗下层早段，内城始建于二里岗下层之前的洛达庙期晚段（二里头文化四期）或者南关外期，绝对年代大致在公元前1630年至公元前1610年之间，所以应该比偃师商城更早，早十数年左右[1]。

这里以偃师商城年代的分期为基准，对两座早商城市的修建与发展过程进行比较。

一期早段（约公元前1600年至公元前1580年），偃师商城始建期，相当于夏朝灭亡前夕，成汤开始营建偃师商城的宫城，最先建成并投入使用的是1、4、7、9、10号宫室。同时在这些宫室以北修建祭祀场和池苑，其中池苑包括水池和水渠，祭祀场面积约3100平方米，四周有夯土围墙，出入门道设在南围墙内。

这个时期偃师商城的宫城布局如下，祭祀场以南自北向南分布着10、9、7号宫室，构成一个三进院落式的建筑群。10号宫室位于最北端，或是一期时期的寝宫。

紧邻9号宫室东缘的是1号宫室，由于开西门，所以被认为是9号宫室的附属建筑物。1号宫室东边，则是4号宫室。

此时，郑州商城内城中最早的宫室和城墙，已经在南关外期就建立起来了，在这之前是一个相当规模的村落，可能就是《尸子》与清华简中的汤丘。成汤利用汤丘村落，修筑一个方形小城，建筑程序与郑州大师姑二里头城的筑法相似。

成汤之所以要在这里修筑城邑，是因为有众多的商族定居于此，包

---

[1] 关于郑州商城和偃师商城孰早孰晚，学术界存在着两种相反的意见。从两座城址已发表的二里岗下层期的材料来看，郑州商城有一定数量属于二里岗下层偏早阶段的遗存，而偃师商城基本属于二里岗下层偏晚阶段，因此后者的始建年代可能比前者稍晚。参见王迅：《从商文化的分布看商都与商城》，《中原文物》1991年第1期。

括来自今豫北、冀南地区的下七垣文化先民，还有部分岳石文化先民。成汤有足够的理由筑建一座城市，以作为灭夏之后的政治中心。

一期晚段（约公元前1580年至公元前1560年），郑州商城出现外郭城，但内城宫室建筑还不是很多，面积不过3万平方米。此时偃师商城的小城城垣也开始修筑。

二期早段（约公元前1560年至公元前1530年），是偃师商城大规模的扩改建期。在小城城垣的基础上扩建了大城城垣，削去小城城垣两侧的部分夯土。新建的大城城垣包在小城城垣的两侧，使之直接叠压在小城城垣之上，出现了环城和顺城道路。从年代上看，偃师大城应该建造于商王太甲或太庚期间。

随着大城城垣的修筑，宫城面貌也焕然一新。除了1、4、7号宫室继续使用之外，9号宫室向西扩展，改建为更加宽敞的2号宫室，宫城西城垣一部分也随之相应西移。2号宫室东西长60米，南北宽13米，规模较大，南北两侧都留有连接殿堂与庭院的上下台阶，与改建之前的9号宫室，或同属于明堂之类的建筑物。明堂是古代君主举行朝会、发布诏令的殿堂。

在疑似明堂的2号宫室北面，紧贴着祭祀场南侧新建了8号宫室。8号宫室没有廊庑，是一个相对开放的单体长排型建筑物，可能是二期和三期两个时期的寝宫。在4号宫室之南新建了6号宫室，6号宫室将原宫城南城墙改用为南庑基址。至此，一个完整的偃师商城轮廓展现在世人面前。

这个时期，偃师商城的宫城布局如下：靠西一侧自北而南是8、2、7号三个宫室，也构成一个三进院落的建筑群；靠东一侧自北而南是4、6号两个宫室，6号宫室被认为是庖厨建筑。居中的是1号宫室，可能也是庖厨建筑。

二期晚段（约公元前1530年至公元前1500年），是偃师商城再次改建期，偃师商城一期时的水池四壁本来是泥质的，在此时改用石头修砌。1号宫室已被废弃，宫城的南、西城墙被突破，又新建了一段宫城西城墙。

这个时期是郑州商城的繁荣阶段，也是宫室遗迹最丰富的时期。内城和外城已经修筑完毕，并投入使用。城内东北部的宫殿区夯土台基增多，出现多座大型夯土建筑基址。

其中一座基址东西长65米，南北宽13.6米，属于《周礼·考工记》中记载的殷商"四阿重屋"。所谓的"四阿重屋"，就是指四坡顶、两重檐——在四坡屋盖的檐下，再设一周保护夯土台基的防雨披檐。

此时郑州商城的手工业也兴旺起来，位于内城南墙约700米处的南关外铸铜作坊、内城北城墙中部外侧约300米的紫荆山北制骨作坊，以及位于西城墙北段外侧700米处的铭功路制陶作坊，都开始使用，同时还出现了铜器墓。内城和内外城之间遍布各类遗存，表明这个阶段郑州商城的居民数量急剧增加。

众多的祭祀遗址被发现，完全符合郑州商城作为早商时期王都的地位。其中位于郑州商城东北隅的一处祭石遗迹，颇为引人注目。该遗迹共发掘出排列有序埋在地下的6块石头，围绕着6块埋石的北侧、东侧和南侧，则有排列有序的2个烧土坑、8个殉狗坑，殉狗百余只。殉狗坑内还埋有3具人骨架，证明这些死者都是奴隶。这种用6块石头做成的"祭坛"，就是文献记载中的"社祀"。《水经注·榖水》引《礼》曰："天子建国，左庙右社，以石为主。"说的就是这种石头祭坛。《淮南子·齐俗训》中记载，殷商王朝的"社"是用石头堆砌而成的，高诱说，石头就是社主。这些记载与郑州商城内发现的石头祭坛互为印证。

用冰冷生硬的石头作为祭祀的社主，这是非常罕见的。郑州商城的祭石遗址以六块埋石为"社主"，不是一般的祭祀遗址，而是"亳社"的所在地。祭石遗址的8个殉狗坑，显然是围绕着中间最大的埋石而挖筑的。埋犬是殷商民族常见的祭祀方式，如有条卜辞中记载："辛巳卜，贞：埋三犬、燎五犬、五豕、卯四牛？一月。"[1]

从这8个殉狗坑中狗骨架的姿态看，有些狗腿似被捆绑着，并有挣扎的样子，可见这些狗是被活着埋祭于此的。殉狗坑的近侧发现有14座单人墓葬，有的随葬陶豆柄和陶爵，甚至玉柄形饰。所以墓主人不是奴隶，可能是《周礼·秋官》记载中的"犬人"。

"犬人"掌管犬牲事务，祭祀时负责供应体格健全、毛色纯正的犬牲，用来伏祭和埋祭。另外，在殉狗坑中还出土了一件扭成一个圆团的夔纹形薄金片装饰品，呈金色黄壳，净重18.5克，是郑州商代二里岗遗址中仅有的一件金器。当时商朝统治阶层祭祀社神仪式之隆重，由此可见一斑。

三期早段（约公元前1500年至公元前1490年），是偃师商城三度改建期。6号宫室改建为5号宫室，7号宫室改建为3号宫室，并新建了一座西庑。改建后的3号宫室占地面积约7600平方米，其中庭院面积有5200平方米。但这个时期偃师商城开始呈现出衰败之势。

三期中段（约公元前1490年至公元前1475年），是偃师商城加速衰败期。衰败表现在，祭祀区没有发现比这个时期更晚的祭祀遗迹，池苑区的水池已经干枯，堆满了包含有大量宫殿建筑的墙体残块。府库成了废墟，小城城垣可能在此时被毁平。使用了百余年的4号宫室，被认为是宗庙，但在这时候也被废弃了。

偃师商城衰败的原因是殷商统治者的离去，这可能跟商王中丁迁隞相关。中丁迁隞，是商朝中期的开端，所以偃师商城的废弃，标志着早商文化结束、中商文化开始。

此废彼兴，偃师商城衰败下去了，郑州商城却进入鼎盛时期。

郑州商城早期的宫室仍在使用，在城内东北部又新建、改建了多处大型宫室，使得宫殿区的面积进一步扩大。此外，宫殿区内还建有大型

---

[1] 《甲骨文合集》16197。

石砌蓄水池、石砌供水管道、木结构框架的水井等，形成完备的供水系统。原有的铸铜、制陶和制骨等手工作坊继续使用，还在北城垣外新建了一座铸铜作坊。同时，在内城发现多个铜器墓，内城西垣北段外也发现了铜器窖藏坑，说明这个时期青铜冶铸业非常发达。

三期晚段（约公元前1475年至公元前1460年），是偃师商城完全沉寂期。商城彻底沦为普通的聚落，仅存零星的灰坑。

与此同时，郑州商城也进入了衰落期。内城的宫殿区还有夯土建筑遗存，内城西垣南段外侧发现了铜器窖藏坑，内城外也有铜器墓。说明在这个时期，郑州商城仍有商王室和贵族在此活动，但也开始趋于衰落。南关外和北城垣外的两处铸铜作坊，至迟在此期偏晚废弃。

从两座早商城市的进程发展来看，它们大体同时兴建，同时废弃。但是偃师商城的出现略晚，废弃略早，都在十年左右。

都城和陪都

郑州商城是成汤的亳都，也就是郑亳。这在文献上有记载，考古资料也支持。郑亳是伐桀灭夏的统帅部，所以要比偃师商城更早出现。

《左传·襄公十一年》中记载："秋七月己未，同盟于亳城北。"杜预注："亳城，郑地。"说明亳在郑国境内。出土文物印证了杜预的说法。在郑州商城的白家庄附近曾经四次发现陶文：第一次在1956年，发现带字陶器11件，其中刻有"亳"字的9件；第二次在1981年，发现带字陶器20余件，大部分为"亳"单字；第三次在1986年，发现带字陶器16件，能释辨出"亳"字的10件。总之，发现的陶文"亳"字占总数八成以上，实证了郑州商城就是成汤的亳都，即郑亳。

偃师商城是西亳，可能是成汤的陪都、离宫。

认为偃师商城是西亳的，主要依据是史传文献的记载，如《汉书·地理志》中记载："尸乡，殷汤所都也。"春秋时期偃师叫尸乡，但班固并未将尸乡称为亳。最早将亳与偃师联系起来的是东汉的郑玄，他在注解《尚书·书序》时说了一句话："亳，今河南偃师，县有汤亭。"到了西晋时期，《帝王世纪》一书正式将偃师称为西亳。后来的唐代《括地志》沿袭这些说法，指出亳都故城在洛州偃师县西十四里，本为帝喾之墟，商汤之都城，并说偃师县以东六里有汤冢，在桐宫附近。所以有人认为，偃师商城就是后来伊尹放太甲的桐宫。

偃师商城也有可能是商初的军事重镇。

从偃师商城的小城建筑特征来看，小城的城墙基础处理草率，城墙建造相对简单，城墙走向非直线，呈凹凸曲折状，体现设计者的军事防御意图。应是受到了筑城条件的限制，譬如时间紧迫，人力、物力相对短缺，或客观条件不允许从容筑城等。所以偃师商城可能是成汤在灭夏之后，为了镇抚夏朝遗民，巩固统治而修建的。

对这两座早商城市的基本情况进行比较，可以发现：在规模上，郑州商城远远大于偃师商城。郑州商城在建城之初就有了3平方千米的内城和规模更大的外城，而偃师商城小城仅0.81平方千米，大城约2平方千米。在青铜冶铸上，郑州商城发现了为数众多的有青铜礼器的墓葬、窖藏坑，以及铸铜手工作坊，而偃师商城仅有个别墓葬随葬少量的青铜礼器。在建造特征上，偃师商城几乎平地起筑，城垣宽厚，有意设计出多处拐折，而且城门狭小，城内建有"府库"，都显现出浓厚的战备意图，这与郑州商城的全面繁盛形成鲜明的对比。

因而，可以这么说，郑州商城在城市规模上比偃师商城大得多，更适合作为一个泱泱王朝的都城，应当是成汤的主都郑亳，是殷商王朝的政治经济中心、宗教文化中心。

偃师商城规模较小，不适宜当作都城，但是具备更强烈的军事色彩，承担监视、镇抚夏朝遗民的重责，兼具仓储转运功能，所以可视为成汤的陪都西亳，也就是后来伊尹放太甲的桐宫。

成汤的治世新政

新王朝的危机与应对

3600年前,郑亳(郑州商城)的明堂上,成汤和他最亲密的战友,更准确地说是"盟友"——伊尹,以及仲虺、咎单、女鸠等辅臣们,坐在一起,共同描绘着新王朝的未来蓝图。而成汤的某个悍将,率领一支军队,坐守西边80千米处的西亳(偃师商城),密切注视着夏朝遗民的一举一动。

然而,这个刚刚破壳而出的新王朝,正面临一场空前的大危机。

夏商替代之际,七年大旱,庄稼颗粒无收,百姓困苦不堪。更由于连年征战,民生凋敝,百废待兴。尽管夏桀的统治已被推翻,但是夏朝末年的乱象一直持续到成汤初年,整个中原地区都陷入混乱与失序之中。

上博楚简《容成氏》中是如此描述夏商易代之际的社会情况的:"于是乎天下之兵大起,于是乎亡宗戮族残群焉服。当是时,强弱不辞让,众寡不听讼,天地四时之事不修。"由于夏桀威严扫地,从中原共主的神坛上跌落下来,导致诸侯纷争,天下大乱。成汤兴九州之师,征战四方,烽火连天。中原社会极其动荡,各部落相互戕杀,已到了灭族绝祀乃止的残忍地步。诸侯以强劫弱,以众暴寡,天地之道尽失。

然而《容成氏》中说,中原地区的这种失序与混乱,成汤应负有责任,甚至是乱象的始作俑者。

成汤为推翻夏桀的统治,假托夏桀之名收取重税,聚敛百姓之财,目的是让夏桀成为万民公敌,点燃百姓的怒火,烧到夏桀的身上去。于是就连"喑、聋、跛、眇、癭（yǐng）、偻"等老弱病残者，也豁出命来，揭竿而起，反抗夏桀的暴政。

新王朝在战争的废墟之上建立起来了，如何收拾残局，让成汤日夜寝食难安。于是成汤向元勋伊尹求教治世良策，以重振民生，拯救百姓于水深火热之中。清华简《尹诰》中记载，成汤与伊尹在灭夏之后，共商治天下之策。

《尹诰》的第一句话是："惟尹既及汤，咸有一德。"意思是说，成汤与伊尹恪守双方既定的盟约，齐心协力，终于革命成功。伊尹认为，夏桀败亡的教训是自绝其民，导致众叛亲离。君若不爱民，民何必爱君？所以没有谁愿意为桀保卫斟鄩，结果夏王朝被成汤迅速消灭。新王朝要想长治久安，必须吸取夏桀的前车之鉴。

伊尹告诫成汤："应当与民同心，为民而行，如此才能让天下归心。"

成汤问伊尹："我怎么做到天下归心？"

伊尹建议："将夏桀搜刮而来的民膏民脂，赏赐给部众，然后善言劝导。"

于是成汤把功臣们都召到亳，大行赐赏。《容成氏》中说，在论功封爵时，成汤"乃立伊尹以为佐"。这里的佐并非后世所指的国相，也不是卜辞中的尹或宰。

根据《吕氏春秋·慎大览》和清华简《尹至》的记载，在伐桀灭夏之时，成汤为了争取伊尹势力的支持，与伊尹结盟，并立下盟誓。双方盟誓的内容不详，但应当包含了灭夏之后两人联合执政。所以成汤立伊尹为佐，让他做自己的副手，共治天下。

为此，成汤授予伊尹超乎寻常的军政大权，让他便宜行事，以兑现双方在盟誓中的约定，形成了类似于古希腊、古罗马的贵族寡头联合执政。所以佐相当于一个国家的副元首，政治地位高于国相。

伊尹恩威并施，率领一支军队，芟平各地暴乱，同时也给百姓一定的实惠。百姓这才稍稍安心，于是成汤"得众而王天下"，理直气壮地成了中原共主。

成汤与伊尹的惠民措施主要是赈灾安民。成汤以大巫师的身份在桑山之林举行祷雨仪式，祈求天神降雨。桑是商族的社树，桑山之林就是桑林之社。桑山之林在哪里？历史上有好多个地方，河南郑州上街区的桑园村、河南商丘的南亳、安徽亳州的汤陵、河南巩义市的墨云山等，都有可能。

祈祷时，要献祭贡品。贞人占卜之后说："应当用活人来祭神。"成汤不愿意滥杀无辜，他向天神谢罪："余一人有罪，无及万夫！万夫有罪，在余一人！无以一人之不敏，使上帝鬼神伤民之命！"[1] 然后"剪其发、磨其手"，意思就是剪下自己的头发和指甲，以代替自己，献祭于神。

身体发肤，受之父母，不敢毁伤，孝之始也！头发是精血的载体、生命的象征，是最好的肉身替代品。成汤自剪头发和指甲，等于把自己的生命献给神灵，所以获得了百姓的拥护。《吕氏春秋》中记载，成汤祷告之后，"民乃甚悦，雨乃大至"。

伊尹则采取了具体的赈灾行动，切实有效地帮助难民走出困境。

《氾胜之书》中云："汤有旱灾，伊尹作为区田，教民粪种、负水、浇稼。"伊尹教会百姓用粪便做肥料，浇灌土地，让庄稼丰收，大力发展农耕，从根本上解决救灾问题。

而后伊尹发展商业，流通货物，以赈灾民。《皇王大纪》中记载："伊尹言于王，发庄山之金铸币，通有无于四方，以赈救之，民是以不困。"

庄山，即严道之铜山，今四川雅安市荥经县东北的铜山，以盛产铜著称。然而此山远离中原超过1200千米，路途遥远，地形复杂，在当时尚无采矿铸币的条件。而且殷商早期流通的货币是贝壳，无论甲骨卜辞还是考古发掘都没有看到殷早期使用铜币的痕迹。"发庄山之金铸币"只是后人假托之说，可信度不足。

---

[1] 《吕氏春秋·顺民》。

但是伊尹拥有军政、经济大权,地位之尊崇,远非一个国相所能及。

成汤与伊尹联手实施了一系列安邦定国的举措之后,中原地区一派太平祥和。殷商王朝的政权初步获得巩固,于是伊尹奉命作《大濩（hù）》之乐,以歌颂成汤的功德。《春秋元命苞》中记载:"汤之时,民大乐其救于患害,故乐名《大濩》。"濩,就是护（護）,救也。成汤伐桀护民,赈灾救民,所以受到百姓的拥戴。大濩,就是大护,按今天的说法就是护国庇民的大菩萨。以成汤之彪炳千古的历史功勋,可谓实至名归。

成汤的新政

中原地区稳定之后,成汤致力于新王朝的政权建设。

首先是设官职。

任命仲虺、伊尹为左、右二相。在卜辞中,殷商时期的官员制度有内外服之分,左右相应属于内服官。内服官按照职权,又分为外廷政务官和内廷事务官。仲虺、伊尹为左、右二相,是外廷政务官的最高阶官员,又称阿、保、尹。尹之下有卜、祝、史,负责占卜与祭祀,垄断宗教大权。再之下是作册,负责记录与保管王室档案。还有亚服,属于武官阶层。内廷事务官包括商王的家臣宰、服侍商王的小臣。伊尹就曾经担任过小臣。

外服官就是方国首领的侯、伯,或者为殷商王朝服役的男、戍守边疆的卫。

成汤对内外服官实行不同的管理制度,包括初巡守和定献令。初巡守就是在商族的活动区域中,成汤通过定期的巡守制度,来加强统治。夏商之时,天子六年一巡守。天子巡守,观民俗,察民情,奖优罚劣。成汤在巡守时,曾经诛杀不法的官员蠋（zhú）沐、尹谐。

对方国、部落首领的侯、伯、男等外服官,成汤通过献令制度维系殷商王朝与他们之间的特殊关系。

《逸周书·王会》中记载，成汤与伊尹讨论方国、部落的进贡问题时，确立了"易得而不贵"——容易到手又极为普通的原则，并向各方国、部落首领下达"四方献令"。符娄、仇州、伊虑、沤深、九夷、十蛮、越、瓯等东夷部落，以鱼皮刀鞘、乌贼鱼酱、鲨皮盾牌、利剑为贡物；瓯骆、邓国、桂国、损子、产里、百濮、九菌等南蛮部落，以珍珠、玳瑁、象牙、犀牛角、翠鸟羽毛、菌地鹤、矮脚狗为贡物；昆仑、犬戎、鬼方、枳巳、闟耳、贯胸、刺额、离身、漆齿等西戎部落，以朱砂、白旄牛尾、毛毡、江历、龙角、神龟为贡物；崆峒、大夏、莎车、姑他、旦略、貂（mò）胡、代狄、匈奴、楼烦、月氏、孅（xiān）犁、其龙、东胡等北狄部落或西域方国，以骆驼、白玉、野马、騊駼、駃騠、良弓为贡物。这只是一个虚构的世界，并非都是真实存在的。但是根据甲骨卜辞的记录，殷商时期的方国贡品确实都是"易得而不贵"之物。

其次，成汤制定礼仪典章。

《史记·殷本纪》中记载："汤乃改正朔，易服色，上白，朝会以昼。"上古时期，新王朝取代旧王朝之后，都要实行历法、服色改革，主要是改变岁首月份、器物所崇尚的颜色，以示胜过旧王朝，自己才是"奉天承运"的天之骄子。

上古时期，人们将十二月与十二地支相配，以冬至所在的农历十一月配子，称为子月。以此类推，农历十二月为丑月，农历正月为寅月。

夏历建寅，也就是寅月（今农历正月）为岁首。成汤即位之后，改革历法，以丑月（今农历十二月）为岁首，称之为建丑。周历建子，即以子月（今农历十一月）为岁首。《春秋》一书中使用的鲁历也是建子。

夏朝崇尚黑色，所以夏人在昏黑的夜晚发表，打仗时乘坐黑色战马，祭祀时也摆上黑色的供品。成汤建立商朝后，崇尚白色，改服色为白，这不但在文献中有所记载，而且也得到龟甲、祭器、白陶、田猎、种族等辅助性材料的证实，可见殷商时期的奴隶主阶层确实存在"尚白"的时尚和观念。

成汤实行强有力的安民、变革措施,不但稳定了社会秩序,巩固了新政权的统治,而且为创造更加灿烂的青铜文明奠定了坚实的基础。成汤既是殷商王朝的开创者,也是殷商文明的主要奠基人。因而后世对成汤评价极高。《易传·象传下·革》中称:"汤武革命,顺乎天而应乎人!"汤武革命,是指成汤伐桀与武王伐纣。说成汤革命,上顺天命,下应民心,也就是顺应历史潮流,推动了文明的进步与发展。这是对成汤的最高赞赏。

西汉的《韩诗内传》中记载,汤为天子十三年,年百岁而崩。西晋的皇甫谧解释说,成汤在位十七年,为天子十三年。在位十七年是指商族首领主癸死后,成汤继位,经过了十七年的奋斗,终于推翻了夏王朝。建立殷商王朝之后,又当了十三年的国君或者天子——"中原共主"。成汤前后在位共三十年,所以死去之时,年岁较大,可能在五六十岁,百岁而崩应为虚夸之词。

成汤的王陵,数千年来有多种说法。《汉书·刘向传》中说:"殷汤无葬处。"这不是说成汤没有下葬,而是史书上没有记载,不知道葬于何处。根据《皇览》《汳水注》的记载,汤的陵墓在济阴亳县北,今河南商丘一带。《括地志》中又有一说,偃师县东边六里有成汤的陵墓,在桐宫附近。桐宫被认为是偃师商城,据此成汤可能葬于偃师商城不远处。

成汤死后庙号为高祖乙,受到殷商子孙的无比尊崇与敬仰。成汤的配偶妣丙,也就是有莘氏之女纴妏,被尊为殷商王朝的"国母",只有她与成汤一起进入周祭祀谱。卜辞中称之为"大乙奭妣丙"[1],有时也单称"高妣丙"。

---

[1] 《甲骨文合集》36198。

伊尹放太甲

继承人之疑

成汤与妣丙共有三子，长子太丁，被立为太子，可惜先成汤而去，太丁之妻妣戊生子太甲，名字叫至，太甲是成汤的嫡长孙。次子外丙，卜辞中作卜丙，名字叫胜。三子中壬，名字叫雍。

但在甲骨卜辞的周祭祀谱中，只见太丁、外丙，未见中壬。卜辞中有个南壬，应该就是成汤的第三子中壬。这是因为中壬曾经居于亳（郑州商城），郑州商城在安阳殷墟以南，所以中壬也被称为南壬。

成汤死后，由谁来继承王位，在传世文献中有两个说法。

一是《世本》中说，成汤之后因为太子太丁早逝，嫡长孙太甲尚年幼，所以太丁的弟弟外丙登上了王位。外丙在位三年，死后由外丙的弟弟中壬继位。中壬在位四年，又死去。此时太丁之子太甲已长大成人，于是伊尹把他扶上王位。这种说法被《史记》《孟子》等采用。

二是《尚书》中有句话"成汤既没，太甲元年"，说明成汤死后，嫡长孙太甲继承了王位，并未提到外丙和中壬。

《尚书》的说法得到了甲骨卜辞的印证。

有一版卜辞中说："甲戌翌上甲，乙亥翌匚乙，丙子翌匚丙，（丁丑翌）匚丁，壬午翌示壬，癸未翌示癸。（乙酉翌大乙，丁亥）翌大丁，甲午翌（大甲，丙申翌卜丙，庚子）翌大庚。"[1]这版卜辞记载的是每旬

---

[1] 《甲骨文合集》35406。

十天，以天干甲乙丙丁为顺序，按即位世次，依序翌祭上甲至太甲之间的十一个商王。

殷商时期的周祭祀谱严格遵循先即位先受祭的原则，在这版周祭祀谱中，太甲受祭的顺序排在叔父外丙之前，外丙的祭序在太甲、太庚之间，可见外丙是在太甲之后、太庚之前登上王位。但是在卜辞中，并未看到对中壬的任何祭祀，说明中壬没有当过商王。

两种说法涉及商朝的继统问题，按照《世本》《史记》之说，商朝存在父死子继、兄终弟及两种继统制度，并无主辅之分；按照《尚书》、甲骨卜辞之说，商朝已经确立了父死子继的继统制，并且有嫡庶之别。兄终弟及只是一种特殊情况下的变例。

甲骨卜辞属于殷商民族的自证性文字材料，可信度更高。《史记·殷本纪》中记载："自中丁以来，废适而更立诸弟子，弟子或争相代立，比九世乱，于是诸侯莫朝。"足见中丁之前都是父死子继，不存在成汤让外丙或中壬继位的问题。成汤直接把王位传给嫡长孙太甲。

这类似于明朝初期，朱元璋的太子朱标早死，朱元璋就把帝位直接给朱标的儿子朱允炆，而不是给朱标的弟弟朱棣，由此引爆了靖难之役。

历史就是这样巧合，太甲继承了王位之后，也发生了一次动荡不安的政变——伊尹放太甲。

什么是伊尹放太甲

伊尹放太甲的史事，也有两个版本。

第一个版本，以《孟子》《史记》为代表，说成汤死后，伊尹继续为相，辅佐继位的太甲。但是太甲安于享乐，违背了成汤的教诲，废除成汤制定的刑典，暴虐乱德。忧国忧民的伊尹屡谏不听，为了殷商社稷，只好将太甲拘押在桐宫，自己摄政当国，朝见诸侯，打理政事。

桐宫是商初的离宫，附近有成汤的陵墓。伊尹把太甲拘押于此，目的是让他每天面对先王，自我反省。太甲被幽闭在桐宫之中，日日面壁思过，三年之后幡然醒悟，悔过自责。于是伊尹把太甲接回亳都，让他继续为王，自己回到原来的官位上。

太甲听了伊尹的训导之后，弃恶从善，修养德行，诸侯归附，百姓安宁。伊尹著写《太甲训》三篇，以表彰太甲的美德。

《孟子》《史记》对伊尹放太甲的记载，对后世影响最大，成为主流说法。

第二个版本，西晋太康年间出土的《古本竹书纪年》作了颠覆性的记载，说中壬死后，伊尹把太甲拘押在桐宫，自立为王。七年之后，太甲逃出桐宫，杀死伊尹，任命他的儿子伊陟、伊奋为相，并归还伊尹的田宅，平分给伊陟、伊奋二人。

《古本竹书纪年》的说法得到了另一部出土文献《汲冢琐语》的印证。《汲冢琐语》中也说，中壬崩，伊尹放太甲，自立四年。

《古本竹书纪年》称太甲七年杀伊尹，《汲冢琐语》中说伊尹自立四年，其实两者并没有矛盾。根据《史记·殷本纪》的记载，太甲既立三年，被伊尹流放。由于伊尹篡位是非法的，不可能拥有独立的纪年，所以《古本竹书纪年》中称太甲七年杀伊尹。据此太甲被流放了四年，与《汲冢琐语》中的伊尹自立四年相符。

伊尹与成汤联盟的真相

伊尹到底是一个呕心为国的辅政大臣，还是一个篡位夺权的逆臣贼子？

从这次政变可以看出，伊尹的地位与权势非常之崇高，可以废立、惩罚、流放商王，甚至取而代之，摄政当国，自立为王。商王太甲的政治生命，包括被放逐与迎立，完全操控在伊尹手中。

伊尹已经超越了专制王权，成为当时殷商王朝的实际掌权者。伊尹如此尊高的权位，来自他与成汤之间的一种原始契约，而不是单纯的君臣从属关系。

由于在灭夏之前，成汤担忧凭借自己的力量无法推翻夏桀的统治，急需伊尹的辅佐。伊尹是伊洛河流域的伊族之长，他在第一次逃汤而之桀的时候，将伊洛河流域的一些部落诸如伊氏、辛氏，还有不满夏桀统治的夏朝贵族、弃妃妹喜氏，凝聚成一个以伊尹为首的反桀小集团。

为了争取伊尹的帮助，完成伐夏大业，成汤不得不与他订立盟约，达成某种协议。这就是《吕氏春秋·慎大览》中的"汤与伊尹盟，以示必灭夏"，清华简《尹至》中的"汤盟质及尹"，清华简《尹诰》中的"尹既及汤，咸有一德"。这种盟约具备了原始的民主精神或契约关系，盟约内容虽然不清楚，但是一定包含了联手灭夏之后的利益分配问题，诸如战后实行联合执政，或者划分了各自的管辖范围等。

殷商王朝建立之后，成汤与伊尹形成一种原始的执政联盟，共同治理天下。所以在殷商前期，存在着一国二主的两头制度，这是远古部落联盟的残留。因为商朝的建立时间距离原始社会还不是很遥远，父权制尚未完全确立，所以仍然保存着原始社会甚至母系氏族时代的某些特征。比如成汤举行过类似部落联盟会议的景亳会盟，妇女的地位较高，拥有宗教祭祀权等。

但在后世学者的想象中，这样的联合执政或者两头制度，是不可理喻的，所以一个被尊为明君圣主，另一个只好屈身扮演贤臣良辅的角色。

成汤与伊尹的执政联盟，最可能的形式是实行利益分配。成汤将原属夏朝的王畿之地——嵩山以西的洛阳盆地，划分为伊尹的领地，让他镇抚夏民。而位于夏朝旧都斟鄩以东7千米的偃师商城，则成了伊尹的权力中心。日本学者松丸道雄提出一个假说，偃师小城是伊尹奉成汤之命兴建，被用来震慑与监视夏民，之后成了伊尹家族的居城。成汤死后，伊尹的权力不断扩大，甚至凌驾于商王太甲之上，所以他肆无忌惮地扩建偃师大城。[1]

---

[1] 松丸道雄：《关于二里头遗址及偃师商城与伊尹的关系》，载《二里头遗址与二里头文化研究》，科学出版社2006年版，第525页。

偃师商城兴建之初，可能名叫汤或者汤亭。成汤灭夏之后，将偃师商城作为自己的离宫别居，称为汤宫。大致在东周时期，汤宫音转为桐宫。所以《帝王世纪》中说："桐宫，盖殷之墓地，有离宫可居。"

伊尹为一世之巨枭，成汤伐桀之际，伊尹首鼠两端，"五就汤五就桀者"，在汤与桀之间反反复复，来回奔波，总是在选择对自己最有利的人。

作为一个富有谋略又具野心的枭雄，伊尹不可能没有君临天下的梦想。成汤死后，共同执政的两头制度崩溃。伊尹权力无限扩大，而年幼的太甲继承王位，无疑为伊尹篡位夺权创造了条件。

伊尹就把太甲拘押在自己的权力中心桐宫（或偃师商城），自立为王，这种情况也不是没有可能。所以《古本竹书纪年》中的记载应是最接近真实的历史。

但是后世学者尤其是儒家学派，无法理解殷商初期的执政联盟或两头制度。他们视成汤为圣君，伊尹为贤臣。经过层层累积加工之后，伊尹的贤臣地位深入人心，所以人们接受不了伊尹放太甲篡位自立的说法，反而将伊尹捧为上古贤臣之楷模。如朱熹在《四书集注》中盛赞说："伊尹之志，公天下以为心，而无一毫之私者也。"

太甲为了维护殷商王室的利益，暗中逃出桐宫之后，杀掉篡位的伊尹，夺回王权。然而伊氏家族势力庞大，太甲为了稳定局面，不得不委曲求全，让伊陟、伊奋继承伊尹的田宅财产，以慰抚伊氏家族，达到巩固自身统治地位的目的。

伊尹在成汤革命中扮演着关键性的角色，灭夏之后又与成汤联合执政，形成两头制度，他的地位、权势几乎与成汤并驾齐驱。成汤死后，伊尹实际上垄断了殷商王朝的政治、经济、宗教祭祀大权，可以任意废立商王，在商族中威望极其崇高，丝毫不亚于成汤。所以《吕氏春秋·慎大览》中说，"祖伊尹世世享商"，殷商后人在祭祀成汤时，伊尹都是陪祭的对象，一直到殷商灭亡。

伊尹死后，葬在偃师县西北4千米处，就是偃师商城附近。

伊尹篡位，却又为何受到殷商后人的崇敬，甚至死后与成汤一样享受相同的祭礼规格，并且附祭于殷商先公上甲微？

近代学者丁山在《商周史料考证》中如此解释："伊尹虽因篡位被杀，但他是商代的开国元勋，功亦不可泯没。所以终商之世，总是特祀伊尹，几乎比于先王。"

可见殷商民族是个胸怀宽广又仁义的民族，并未因为伊尹流放太甲而视其为十恶不赦的乱贼逆臣。伊尹是呕心沥血辅佐成汤建立殷商王朝的元勋，殷商后人世代感怀，对他的祭法有岁、至、侑、御等多种，祭牲有牛羊、羌人等，少者为一，多者五十。甚至升华为自然神，成为商王祭祀、祈丰求年、求风求雨的对象。

商王太甲翦除权臣伊尹，捍卫了殷商王朝，诸侯归顺，百姓安宁，被后人尊为"太宗"。《尚书·君奭》载："在太甲时则有若保衡。"保衡可能是帮助太甲扳倒伊尹的谋臣，在太甲复位后被委以重任，辅佐太甲治理国家。

太甲在位十二年，这当中应包括伊尹自立为王的四年。太甲死后，史传文献对殷商王系的记载又出现混乱。

伊陟相太戊

太戊一朝的权臣伊陟

《史记·殷本纪》中,自汤至祖乙共七代,有十三位商王,但卜辞里所见的只有十一位。

《史记》与卜辞的差异主要有四处,其一是成汤之后外丙、中壬、太甲依序继位为王,卜辞中只有太甲、外丙;其二是太甲之后沃丁、太庚相继为王,卜辞中未见沃丁;其三是太庚之后三个儿子的即位顺序,依次为小甲、雍己、太戊,卜辞中则为小甲、太戊、雍己;其四是祖乙为河亶甲之子,但在卜辞中祖乙为中丁之子,河亶甲成了旁系先王。

如下面两表所示:

《史记》中商代前期世系表

汤(1)	太丁	太甲(4)	沃丁(5)			
			太庚(6)	小甲(7)		
				雍己(8)		
				太戊(9)	中丁(10)	
					外壬(11)	
					河亶甲(12)	祖乙(13)
	外丙(2)					
	中壬(3)					

卜辞中商代前期世系表

汤（1）	太丁	太甲（2）	太庚（4）	小甲（5）		
				太戊（6）	中丁（8）	祖乙（11）
					外壬（9）	
					河亶甲（10）	
				雍己（7）		
	外丙（3）					

可见《史记》与甲骨卜辞的最大分歧在于太甲与祖乙之间。

根据周祭祀谱，太甲与妣辛生子太庚。但是太甲死后不是传位于儿子太庚，而是由叔父外丙继位。外丙的王位来路不明，或许是篡位君主，所以死于内乱，在位仅三年。太甲之子太庚夺回王位。

太庚在《古本竹书纪年》中被称为小庚，名字叫辨，他仍然定都于郑亳。太庚在位五年，与妣壬生有三子，分别为小甲、太戊、雍己。

太庚之后，三个儿子轮流坐在王位上。首先是哥哥小甲，名字叫高，小甲高在位十七年，弟弟太戊继位，小甲成了旁系先王。所以在卜辞中，小甲受到周祭，但他的配偶就没有这个资格。

太戊的名字叫密，他是殷商前期很有作为的中兴之君。

太戊即位的第一年，册命伊陟、臣扈为卿士。卿士是外廷政务官的统称，不一定都担任尹或者作册。

伊陟为一代权臣伊尹的儿子。伊尹死后，伊陟和伊奋世袭了伊尹的爵位，所以太戊立伊陟为相。伊陟是太戊一朝叱咤风云的政坛大佬。伊氏家族仍然盘踞在偃师商城，明里暗里操纵着殷商的朝政。

太戊决心摆脱伊氏家族的束缚，为此他倚重以巫咸为代表的一股新宗教势力。

巫咸是著名的大巫师，负责宗教祭祀。甲骨卜辞有"咸戊"，有时简称为"咸"，有可能就是巫咸。《世本》中云："巫咸作筮。"筮与卜不一样。龟为卜，蓍（shī）为筮。可见巫师有两类，一类是龟卜，另一类是蓍筮。龟卜就是通过焚烧龟甲来预测未来吉凶，而蓍筮是通过四十九根蓍草产生的爻象来断吉凶。

当时流行龟卜，巫咸是一名非主流巫师，但是渐渐成了太戊身边的红人。太戊命令巫咸前去祭祀山川鬼神。在神权超越王权的殷商时期，祭祀成为国家政治生活中的头等大事。伊陟本身就是大巫师，但是太戊让巫咸而不是伊陟负责祭祀，意味着伊氏家族受到了太戊的刻意冷落。

湖北江陵出土的王家台秦简《归藏》中说："昔者殷王贞卜其邦，尚毋有咎，而攴占。巫咸占之曰：'不吉。'□其席，投之壑。□在北，为牝……"攴占就是枚占，用木条为工具进行占卜。意思是说太戊让人去占卜国家的命运，神灵暗示很不顺。太戊又让巫咸去占卜，结果还是很不吉利。巫咸一气之下，就把占卜的器物统统扔进山沟沟里去了。

这暗示着太戊的执政受到某种势力的干预，极有可能指的是以伊陟为核心的伊氏家族试图左右朝政，想把商王太戊架空。因而太戊与伊陟之间的权力斗争是不可避免的。

伊陟主政期间发生了一次灾异事件，导致了另一势力巫咸的崛起，伊氏家族自此式微下去。这就是《史记·殷本纪》中记载的"桑穀共生于朝"。

桑是指桑树，穀是野生的桑科植物——楮树，木质偏软，不能成材。

"桑穀共生于朝"事件大致经过是这样的。商王太戊任命伊陟为国相，让他负责朝政。亳都明堂下出现了两株不祥的植物，桑树与楮树。它们由于木质偏软，被视为妖物。妖怪之物生于朝堂，这是上天在警告太戊，殷道要衰落了。

有一天傍晚，桑树与楮树突然凑在一起，呈拱手状，于是满朝皆惊。

孔安国说："二木合生，七日大拱，不恭之罚。"这是上天在责罚太戊不敬神鬼。

太戊大为恐惧，他去问国相伊陟。伊陟却责怪太戊执政不德，招来天怨，并让太戊赶紧去修身养德。太戊就听从了伊陟的话，日夜修行，积善养德。没多久，桑树、楮树都枯死了，殷商中衰的警报也就解除了。

按照司马迁的记载，"帝之政其有阙"是出现桑榖不祥之征的原因，也就是商王太戊施政不力，存在失误，应当负起责任。

司马贞《史记索隐》中说，"帝修德而妖祥遂去"，太戊能够及时改正错误，修身立德，应该是"祥桑枯死"的直接原因。但是《史记》中的记载颇耐人寻味，"伊陟赞言于巫咸，巫咸治王家有成，作《咸乂》，作《太戊》。"意思是说伊陟把这事告诉了巫咸，巫咸治国有方，让太戊顺利摆脱了困境。于是伊陟写下《咸乂》和《太戊》，用来记载巫咸的理政功绩，歌颂商王太戊的从谏修德。可见对"祥桑枯死"起关键作用的，并非太戊的修身立德，而是巫咸的治国有方。

更加令人费解的是，伊陟官居国相，是百官之首，司马迁为什么不说伊陟"治王家有成"，却把功劳记在巫咸的头上？其中可能有隐情。

"祥桑枯死"之后，太戊在祭祀宗庙时，"赞伊陟于庙，言弗臣"。赞，告也，并非称赞的意思。太戊将伊陟的事告知殷商的先公先王，同时表示将不再把伊陟当作臣子看待。伊陟谦退，作《原命》。《原命》早已失去，原是当时的一个大臣，这是伊陟命令原拿出夏禹、商汤的治世之道来辅佐太戊。

"言弗臣"，言外之意就是说太戊允许伊陟以后不用再称臣了。"弗臣"二字，不禁让人想起了东汉末年董卓、曹操等那些权臣"入朝不拜、赞拜不名、剑履上殿"的傲慢神情。

要知道，这是太戊在极为庄严肃穆的宗庙中说这话的，君无戏言，不是随便开个玩笑而已。难道这是太戊准备禅让大位给伊陟吗？

当然不会。

太戊即位之时，殷商王朝已经衰微下去，王尸君位，号令不行，诸侯不朝。这恐怕才是天降异端，"桑榖共生于朝"的真正原因。伊陟却把责任全推到太戊身上，说"妖不胜德，帝之政其有阙"，并要太戊修德。虽不见其人，却闻其声。伊陟那种飞扬跋扈的神态一如其父伊尹，令太戊不敢逼视。

汉宣帝祭祀高庙时，权臣霍光乘马陪伴，汉宣帝心内忌惮霍光，有芒刺在背之感。商王太戊在祭祀宗庙时，伊陟陪行，站立一旁。太戊恐怕也有汉宣帝那种芒刺在背的极度不安，所以脱口说出"弗臣"这样有悖常理的字眼。

有人认为"桑穀共生于朝"事件是一场政治危机，伊陟欲效仿其父伊尹放逐太甲之故事，以妖祥为借口逼迫太戊，意图夺取政权。太戊取得了巫咸的支持，到宗庙去揭露伊陟，以退为进，逼迫伊陟摆明"弗臣"的态度，终于化解了这场政治危机，巩固了王位。[1]

霍光死后，汉宣帝反噬，诛杀霍氏一族。伊陟的结局虽不得而知，但是《史记·封禅书》中有一句值得玩味的话，"太戊修德，桑穀死。伊陟赞巫咸，巫咸之兴自此始"。伊氏家族自成汤时代就开始垄断朝政，历经五代商王，几乎半个世纪，"桑穀共生于朝"事件之后就此退出历史舞台，不见于史书记载，甲骨卜辞中也无踪影。取而代之的是以巫咸为代表的宗教新势力，这就是司马迁说的"巫咸之兴自此始"。

巫咸精通巫术，擅长占卜星象。《史记·天官书》中说，"昔之传天数者：高辛之前，重、黎；于唐、虞，羲、和；有夏，昆吾；殷商，巫咸"。巫咸通过占卜，为现实政治服务。商王太戊对巫咸颇为倚重，让他参与政事，取代旧势力伊氏一族是必然的。

"甲骨四堂"中的罗振玉、王国维，以及陈梦家等，都认为甲骨卜辞中多次出现的咸戊就是巫咸。殷商后人对巫咸进行规格甚高的燎祭或者侑祭，牛为牺牲，为太牢之礼，绝非寻常臣子所能享受的隆遇。与殷商王朝的开国功勋伊尹一样，巫咸也升华为陪伴天帝的神灵。如甲骨卜

---

[1] 刘宝才：《巫咸事迹小考》，《西北大学学报》1982年第4期。

辞中有"咸宾于帝"，屈原《离骚》中也有"巫咸将夕降兮"。

殷商王朝由此再度兴盛，诸侯又来归服。太戊也因此被尊称为中宗。

太戊的历史功绩

由于巫咸的辅佐，商王太戊重新确立了中原共主的地位，殷商复兴。

清华简《说命下》中提到了太戊的历史功绩："昔在大戊，克渐五祀，天章之用九德，弗易百姓。惟时大戊谦曰：'余不克辟万民。余罔坠天休，式惟三德赐我，吾乃敷之于百姓。余惟弗雍天之嘏命。'"

意思是说，太戊励精图治了五年，国家安定，彰显出九德，不轻忽百姓。九德，在《逸周书·常训》中是指忠、信、敬、刚、柔、和、固、贞、顺九种美德。即便太戊拥有九德，但是依旧很谦卑，他说："我没资格做万民的君主！我没有失去上天的嘉奖，即使上天仅将三德赐予我，我也会将其施行于百姓。我决不会辜负上天所寄予的大命！"

一个王朝的兴衰成败，取决于君主是否开明。太戊擅长帝王之术，他谦逊、隐忍、睿智、稳重，引领殷商走向复兴。

太戊因此深得人心，外服属邦纷纷来朝。《帝王世纪》中说，三年之间来朝觐的有七十六个方国。商王朝与周边各族的联系更加密切。郭璞注《山海经·海外西经》时说，太戊曾经让王孟去采药，顺便拜会了西王母。西王母是西羌的母系氏族首领，在今天甘肃与青海一带。《今本竹书纪年》中也记载，太戊二十六年，西戎来朝，太戊命王孟出使西戎。可见太戊时期殷商王朝与大西北的羌戎部落往来密切。

《尚书》中记载，太戊在位七十五年。太戊是在哥哥小甲之后登上王位的，小甲在位十七至五十七年，所以太戊七十五年似乎是过长了，可能是在位二十五年的误写，也可能是太戊寿七十五而终。

按照卜辞的说法，太戊之后，弟弟雍己继位。雍己名字叫伷（zhòu），卜辞中作邕己。雍己是个昏庸之主，他尸禄保位，朝政散漫，纲纪不立，号令不行。商朝再次衰落下去，诸侯又不来朝见。

雍己在位十二年，死后太戊的儿子中丁庄即位。

从太甲至祖乙，商王的继统顺序十分混乱。太甲死后，叔父外丙继位，不知道是否又是一个叔叔杀侄儿的"靖难之役"。外丙死后，太甲的儿子太庚夺回王位。太庚之后，三个儿子小甲、太戊、雍己轮番执政。但是雍己死后，王位继承者不是他的儿子，也不是长兄小甲之子，而是没有资格继承王位的太戊之子中丁。这不同寻常的继统次序背后，隐约可以看到一片片争夺王位的刀光剑影，也许还能够嗅出一股股浓烈的血腥味。

中丁登上王位的第一年，就将都城从亳都迁往隞去，这是殷商王朝建立之后第一次迁都。从汤至雍己约一百五十年左右，一直以亳（郑州商城）为都，殷商王室的势力在此已经根深蒂固。

中丁却突然间迁都于隞，其中必定有不为人知的缘由。

中丁迁隞的意义十分重大，标志着早商时期的结束，以及中商时期的开始。

殷商王朝的六百年历史，有两个相对稳定的阶段，即成汤建国至中丁迁隞的早商时期，盘庚迁殷至商纣灭亡的晚商时期。《史记·殷本纪》中称："自中丁以来，废适而更立诸弟子，弟子或争相代立，比九世乱，于是诸侯莫朝。"在早商和晚商之间，是"比九世乱"动荡不安的中商时期。

在考古学上，通常将郑州商城、偃师商城始建和使用时期的商文化称之为早商文化，包括南关外期、二里岗下层一期、郑州商城一至三期、偃师商城一期早段至三期中段。二里岗上层一期或偃师商城的废弃、中丁迁隞，是中商文化开始的标志性事件。郑州商城四期、偃师商城三期晚段已经进入中商文化时期了。

第7章

中商之乱

中丁迁隞征蓝夷

中丁迁都的动机

中商时代始于中丁迁隞，终于盘庚迁殷之前，相当于考古学上的二里岗上层一期与洹（huán）北花园庄早期之间。隞在今河南郑州荥阳北的敖山。

在郑州商城遗址西北15千米处，有一个小双桥遗址，就是中丁所迁的隞。小双桥遗址东北为古荥泽，北面8千米是邙山和黄河，地理位置与史传文献的记载大致相吻合。

小双桥遗址平面呈纵向长方形，面积约144万平方米。遗址东北为宫殿区和宗庙祭祀区，发现有城墙基槽、高台夯土基址、祭坑、壕沟及青铜冶铸遗迹。

高台夯土基址东西长50米，南北宽40米，台顶高度超过12米，台基顶部有厚达0.8米的红烧土堆积。倒塌的墙体形成烧土中的夯土块和木骨泥墙的墙皮，但未见建筑材料的痕迹。

这是因为夏商早期宫殿的屋顶上覆盖的都是柴草。虽说没有后世的红墙碧瓦，看起来有点寒碜，却也是一个王朝尊严的象征。

小双桥遗址内发现的祭祀坑有两种，分别是人祭坑和牲祭坑。其中一个人祭坑埋有4人，保存较好的两具人骨均为14岁至20岁之间的女性，另有两个丛葬坑，坑中所埋将近60人。牲祭坑出土的主要是牛、狗、鸡、猪、鹤等动物遗骨，以及陶瓷残片、骨器、铜器、孔雀石块等。埋于夯土基址之下的人祭坑，应该是奠基坑，而在夯土基址旁侧的丛葬坑，则是庙祭先祖的人牲。

祭祀坑最重大的发现就是陶缸残片上居然有朱书文字，主要出现在缸类器物的口沿外表、内壁和内腹。年代约为公元前1435年至公元前1412年，相当于二里岗上层二期（白家庄期）。白家庄期就是中丁迁隞时期的文化遗存。朱书文字大致有三类，象形文字或徽记、数目字、其他类，结构与甲骨文或金文相似。属于典型的书写文字，也就是以朱砂做颜料、用毛笔书写在陶器表面上。小双桥遗址的朱书文字，与甲骨文、金文属于同一体系的古代文字，但年代明显早于二者，是早期文字发展的一个重要阶段。

中丁为什么要把都城从郑亳迁到西北的隞去？

传统的说法是因为亳经常闹水患，不得不迁到较为安全的地方。但是隞与郑亳相距不到20千米，更加靠近黄河，小双桥遗址附近都是和缓的冲积平原，更容易受到水患的侵害。因而从躲避水害的角度来看，似乎过于勉强。

中丁迁都的动机，只有一个，那就是为了躲避小甲和雍己两大家族势力的威胁，不得不另起炉灶。

司马迁在《史记·殷本纪》中留下了一句令后人十分惋惜的话："《中丁》书阙不具。"这是说，司马迁知道有一本专门记载中丁的史书，但早已遗失，再也看不到了。这本《中丁》的缺失，造成了司马迁对祖乙、河亶甲、中丁三者之间关系的认知混乱。司马迁说，祖乙是河亶甲的儿子，但是根据卜辞中的记载，祖乙实际上是中丁的儿子。

中丁征伐蓝夷始末

但是，中丁时期的史事也并非一片空白。《古本竹书纪年》中记载："中丁即位，征于蓝夷。"《古本竹书纪年》在司马迁之后四百多年发现，所以当时他看不到。

征伐蓝夷，是中丁迁都之后最重大的事件。

蓝夷，是东夷族的一个部落，也就是春秋时代的滥夷，在今山东滕州东南。

东夷曾经是成汤的盟友，在伐桀灭夏战争中发挥了重要的作用。但是只有永恒的利益，没有永恒的盟友。夏朝灭亡之后，殷商与东夷失去共同的敌人，商夷结盟的基础不复存在。为了争夺地盘与利益，商夷联盟反目为仇，不可避免地走向瓦解。

太甲之后，商王废立无度，或父传子，或兄及弟，纷争不止，导致殷商王朝出现内乱，商王威严扫地，"中原共主"地位摇摇欲坠，于是诸侯起来造反了。蓝夷见有机可乘，开始觊觎中原，此后或服或叛，持续了三个多世纪。

中丁为了巩固自身统治，重拾号召力，所以迁都于隞之后，就出兵征伐叛逆的蓝夷，以儆效尤，震慑其他的东方部落。

中丁征蓝夷，在考古文化上也得到了佐证。郑州小双桥遗址发现了数量较多的方孔石器，总数近40件。这些方孔石器与山东海岱地区的岳石文化或东夷文化极其类似，呈梯形，中间厚，边缘薄，中央偏上有一长方形孔，方孔双面皆对应钻琢而成。

在岳石文化区，方孔石器是典型的石制农具，用来翻田耕作或切割，仅在泰沂山系一带出现。在邻近的周边地区，甚至在豫东鲁西菏泽、杞县等地的岳石文化区，都难觅其踪影。然而，却在相隔千里之遥的郑州小双桥遗址中大量现身，这绝对不是一个正常的文化交流现象。我们猜测应该与战争有关，是商王中丁征蓝夷时带回来的战利品。

除了方孔石器，小双桥遗址还发现了一些具备岳石文化内涵的陶器，诸如陶罐、陶盆。在年代更早的郑州商城也发现了一些类似的岳石文化陶器。对这两地的岳石文化器物进行化学成分分析，结果显示，两地所出的陶器虽然在化学成分上基本相同，但是仍然存在一些细微差别，呈现出不同的时代特征。

具体来讲，郑州商城的岳石风格器物直接源自其母体岳石文化，而小双城遗址所出的陶器仅仅在形制特征上与岳石文化偏晚的器物相类似。差异的原因应该是这样的：郑州商城的岳石文化器物可能是东夷族迁徙过来时制作的，因为那时候正处在商、夷两族的蜜月期，有不少东夷族迁居中原，与华夏族生活在一起；而小双桥遗址出现岳石文化器物，是商王中丁征讨蓝夷之后，东夷俘虏向当地居民传播制陶技艺的结果。

在郑州商城相当于二里岗上层二期或白家庄期的一条壕沟中，埋藏着百余个头骨，经判断属于青壮年。这些头骨有可能就是中丁时期的东夷俘虏。

中丁东征蓝夷的影响

中丁东征蓝夷，是殷商王朝建立之后的第一次开疆拓土，促使商族势力不断进入东夷族的核心区域——山东海岱地区。在海岱地区发现的最早商文化遗存是济南大辛庄遗址，年代可追溯至二里岗上层一期。在二里岗上层二期，大辛庄遗址达到全盛阶段，开始成为东方地区的商文化中心。而这时候，正是史传文献中所记载的中丁征蓝夷时期。

大辛庄遗址坐落在泰沂山北缘，位于今山东济南市东郊，地理位置十分重要，是中原地区通往海岱地区的陆路和水路咽喉要道。中丁颇具战略眼光，只要占据了大辛庄，北上可进取今冀北、燕山一带的戎狄，南下可打击蓝夷，沟通江淮地区的淮夷。

大辛庄遗址最早的遗存中，有一个大型窖穴，直径超过5米，深3

大辛庄遗址甲骨卜辞

米，穴底铺设木板，中间有柱洞，说明上有顶棚，上下有台阶。在废弃物中发现有金箔、原始青瓷、卜骨等遗物，说明这个窖穴极有可能是东征商军的储物之所。

自中丁征蓝夷之后，商族持续涌入岳石文化区，对当地文化产生重大影响。大辛庄遗址陆续挖掘出钺、戈等青铜兵器，说明这里是殷商王朝经营东方地区的军事重镇。

中丁在位九年，他迁都于隞，征伐蓝夷，大大开拓了殷商王朝的版图，所以受到殷商后人的崇敬。在卜辞中，中丁被称作中丁宗。因为殷商先公中有"五丁"，即报丁、大丁、中丁、祖丁、武丁，中丁排第三，所以有时中丁也被尊称为三祖丁。

中丁有配偶妣己、妣癸。妣癸生子滕，又名胜，他就是后来的商王祖乙。但是中丁死后，弟弟外壬、河亶甲先后夺取了王位。祖乙胜这个太子成了"失落的一代"。

外壬，中丁的弟弟，名字叫发。壬是日干名，也就是出生日期的天干是壬。日干名之前冠以外字的商王只有两个，即外丙、外壬，在卜辞中分别写作卜丙、卜壬。这说明在卜辞中，卜与外是通用的。外是会意字，从夕从卜。《说文解字》云："外，远也。卜尚平旦，今夕卜，于事外矣。"殷商时期，占卜时间通常在早晨，如果遇到特殊情况，比如远方的边疆有事，必须在晚上追加一次额外的占卜。这就是外的本意。

诡异的是，外丙、外壬的日干名也是他们生母的日干名。外丙之生母，是成汤的配偶妣丙；外壬的生母，是太戊的配偶妣壬。这并非巧合。

按照父死子继的继承传统，太甲死后本应由他的儿子太庚继位，中丁死后也本应传位给儿子祖乙，但是没有继统资格的外丙、外壬却夺取了王位，这跟他们的生母相关。因为母子诞生于相同的日干，这种概率很小，被视为上天的恩典，千百年修来的缘分，因而会受到生母特别的宠爱。所以外丙、外壬能够登上王位，应该说他们的生母也有一份功劳。

有可能是太甲、中丁的儿子都年幼，恰好这时候遇到紧急情况，比如太甲之时伊氏家族干预了王政，中丁死时东夷入犯，战火纷飞。在殷商王朝生死存亡的关键时刻，强势的王妃乾纲独断，选择了自己最满意的王位继承者。由于是例外继统，必须在夜间追加占卜，所以他们即位之后就被称作外丙（卜丙）、外壬（卜壬）。

外壬即位的第一年，邳（pī）人、侁（shēn）人发动叛乱。邳人是成汤左相仲虺的后裔。仲虺的封地在薛，今山东滕州南。蓝夷也是在山东滕州以南一带，所以邳人、侁人发动叛乱有可能跟蓝夷有关。三个部落联起手来，一起入犯，试图推翻殷商王朝。

殷商与蓝夷的战争一直持续到外壬的后继者河亶甲继位，绝非小打小闹的边境冲突。侁人又写作姺人，很可能就是今河南开封陈留一带的有莘氏。侁人的反叛似乎与伊氏家族的失势有关，因为伊尹曾经是有莘氏的媵臣。

侁人距离亳（郑州商城）或隞（小双桥遗址）不过七八十千米，一旦发动武装叛乱，不到十天就可以杀到亳或隞，所以对殷商王朝威胁极大。

外壬在位十年，跟哥哥中丁都居于隞。但他无力弹压邳人、侁人、蓝夷的叛乱，死后就把这个烂摊子留给了弟弟河亶甲。

九王之乱，王都频迁

河亶甲的都城

外壬与外丙一样，他们的王位都是在夜晚追加占卜，经过神明或祖灵特批获取的，是合法的君主。河亶甲的王位有可能是利用非法手段抢夺而来的，所以他即位之后马上把都城从隞迁居到相，以躲避中丁、外壬两大王族的责难，而不仅仅像明代李贽所说的那样归咎于"河决之害"。

河亶甲的名字叫整，《吕氏春秋·音初》中称之为殷整甲，在卜辞中写作戋甲。上古时期，戋、整、亶读音相近，因为迁居的相也叫西河，所以称为河亶甲。

河亶甲迁到西河之后，河患不断，开始后悔了，怀念在隞的日子。于是河亶甲命乐师以隞、亳一带的音调创作了西音（隞、亳在西河之西）。

河亶甲所迁的相或者西河，顾名思义是指黄河以西之地。但是夏商时期黄河多次改道，因而西河的地理位置难以确定，有河南安阳、河南内黄两种说法。

宋朝中后期，在河南安阳洹河一带挖掘出了大量的殷商器物，当时金石学家所编著的考古图籍《宣和博古图》《考古图》中多次出现了"出洹水之滨，亶甲墓旁"之类的标注，如"亶甲瓿，河南王氏藏，得于邺亶甲城。足迹罍（léi），庐江李氏藏，得于邺。闻此器在洹水之滨亶甲墓旁得之"[1]。可见宋代学者认为河亶甲的王城就在邺郡洹水之滨。

---

[1] 〔宋〕吕大临：《考古图》。

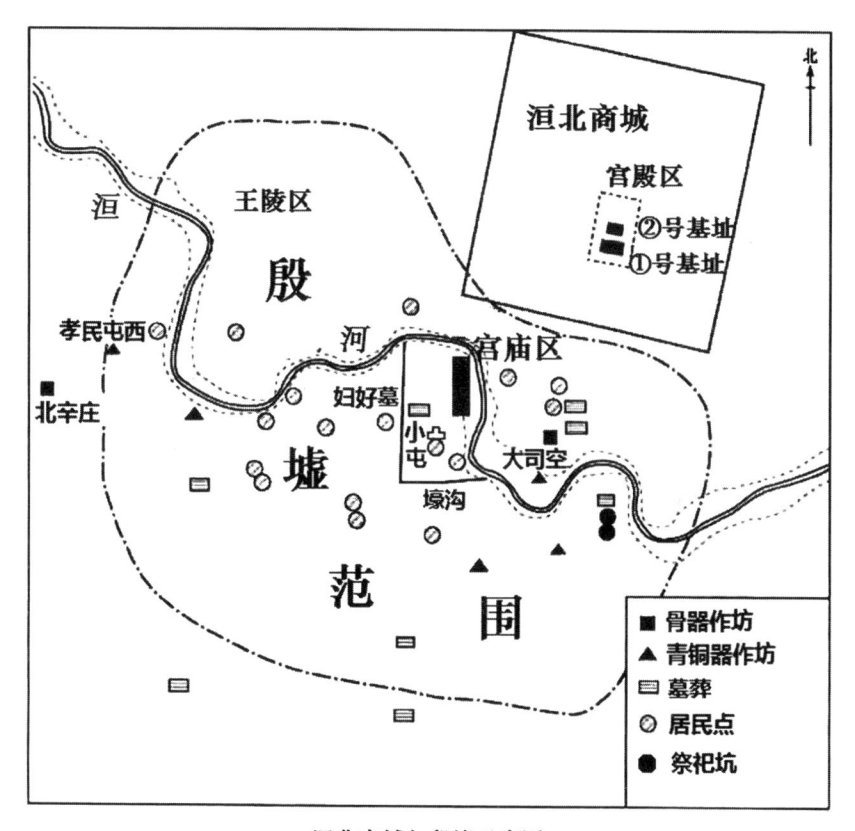

洹北商城与殷墟示意图

　　1999年发现的洹北商城，是一座中商时期气势恢宏的都城遗址，有可能就是河亶甲所居的相或者西河。

　　洹北商城位于河南安阳西北郊的洹河北岸约3千米处，与著名的小屯殷墟遗址东北外缘相接而略有重叠。洹北商城南与小屯殷墟遗址的宫庙区、后冈大墓隔河相望，西与小屯殷墟遗址的王陵区接壤，西南端则紧邻殷墟大、小司空遗址。在地域上，二者相当接近。

　　洹北商城平面略呈方形，东西宽2150米、南北长2200米，占地面积约4.7平方千米，还不到郑州商城的五分之一。

　　内城南北中轴线偏南是宫殿区，南北长800米，东西宽600米，面积约48万平方米。宫殿区发现1号、2号两个大型建筑基址，都是"回字形"的四合院式建筑物基址。其中1号基址位于宫殿区南部，东西长173米，南北宽85~91米，面积1.6万平方米，是目前发现最大的殷商建筑基址。1号基址外有围墙，主殿在北面，东西长90米，南北宽14.4米，开有10间正室，一字形排开。每间正室面积基本相等，面阔约8米，进深5米，均南面开门。主殿两侧是"双面廊"的耳庑。南有庭院，南墙上建有高大的门塾，长38.5米，宽11米，开有两个门道。1号基址以北25米处是2号基址，规模也很大，东西长92米，南北宽61~69米，面积5992平方米。两个基址应为宫室或宗庙。

城内西北部、东北部为平民或一般贵族的生活区，发现墓葬、灰坑、道路等遗迹，出土了较为丰富的陶、石和骨器。

城内中北部则是手工作坊区，出土了数量众多的与铸铜、制骨相关的遗物，诸如陶范、陶模、鼓风嘴炼渣和坩埚熔炉残片等。

外城有大型的环城壕沟，沟宽7~11米，深4~5米，沟内可能蓄满水，具备了一定的军事防御功能。

这座中商时期的大城究竟是不是河亶甲的相都遗址呢？如今还在争论之中。测年结果显示，洹北商城在公元前1435年至公元前1250年之间。盘庚迁殷约在公元前1300年，从中丁（或河亶甲）到盘庚，一共五代，每代大致二三十年。洹北商城始建于盘庚迁殷之前一百多年，恰好可以容纳五代。唐代的《通典》、宋人都认为河亶甲居于安阳。这样，年代测定与史传文献，都支持洹北商城就是河亶甲所居的相。

然而，考古学发现上却产生了另一种结果。

要证明洹北商城就是河亶甲的相，必须找到可能属于河亶甲时期的宫室、宗庙遗迹，也就是夯土建筑基址。因为宗庙、宫室是构成一个王朝都城的主导性元素。

在洹北商城遗址中，目前发现了1号、2号两大夯土建筑基址，其中二号基址年代比一号基址略早，它们的最早年代比较靠近二里岗上层一期、二期（二里岗上层二期又称白家庄期）。但是一号、二号基址与白家庄期之间还存在相当一段的时间缺环，所以在考古学年代上，洹北商城与河亶甲所处的中商前期尚不能吻合。也就是说，目前尚未发现可以追溯到河亶甲时期的遗存。

此外，一号、二号两个基址与洹北商城的城墙，在武丁早期（公元前1250年）被毁弃，毁弃之后就再也没有重新兴建起来。所以有人认为，洹北商城应该就是"盘庚之殷"，是盘庚、小辛、小乙三个商王的都城。到了武丁时期，洹北商城遭到毁弃。武丁在洹水南岸的小屯村又筑建了一座新的宫殿——"武丁之殷"，就是著名的小屯殷墟。

洹北商城毁弃的原因是宫殿区曾经发生了一场严重的火灾。[1]

大火灾的证据是，在相当于公元前13世纪中期（商王小乙末或武丁初）的一号基址地层中，发掘出三层烧土块。其中底层为黑灰土，应为一号基址在使用过程中形成的堆积。中层的烧土块很大，直接叠压在底层上，最厚者达70厘米，大块烧土包括完整的土坯、带束苇痕的烧土、抹有白灰的墙面残块，应为倒塌之后的墙体和房顶。顶层的烧土呈颗粒状，直径3~4厘米，应为地面建筑物倒塌之后烧土块的风化层。在发掘过程还搜集到一些内侧呈弧面的烧土块，这种烧土可能是打夯时裹住内柱，房屋被烧毁后遗留下来的局部残块。[2]

在一号建筑基址南墙走廊上的门塾基址随处可见红烧土块，火灾迹象异常明显，其中二号门的道门、门槛因被烈火焚烧，现仅存埋门槛的沟槽。二号建筑基址内外也同样发现有倒塌的红烧土堆积。这时候洹北

---

[1] 关于洹北商城遭遇火灾的论述参考：（a）中国社会科学院考古研究所安阳工作队：《河南安阳市洹北商城宫殿区1号基址发掘简报》，《考古》2003年第5期。（b）葛林：《商代都城宫殿建筑基址研究》，河南大学2014年学位论文，第54页。（c）胡洪琼：《洹北商城与中商文化》，《殷都学刊》2009年。（d）张国硕：《试析洹北商城之城郭布局——兼谈大城城垣的建造》，《考古与文物》2015年第4期。

[2] 唐际根、荆志淳、何毓灵：《洹北商城宫殿区一、二号夯土基址建筑复原研究》，《考古》2010年第1期。

商城还没有城墙，突发的毁灭性烈焰吞没了草木结构的宗庙、宫殿，一切瞬间化为灰烬。熊熊燃烧之后，洹北商城的整个宫殿区一片狼藉，变成废墟。宗庙被毁，奉行神权至上的统治阶层以为这是上天或祖灵在惩罚他们，不敢在废墟之上重新建造宫庙。所以一号基址中各类墙体及房顶在倒塌之后再也没有被扰动过，其惨状一直保留到今天。

当然，考古发掘有一定的局限性，不排除日后会发现属于河亶甲时期的遗迹。洹北商城可分为早晚两期，有个观点认为，早期有可能是"河亶甲之相"，晚期有可能是"盘庚之殷"。不过现在断言为时太早，一切仍是未知与假设之中。

九世之乱的终结

河亶甲在位时间仅九年。在短暂的九年期间，他不得不致力于收拾两位兄长留下的残局。

河亶甲先后发动两次东征，连续讨伐蓝夷和班方。班方，有可能就是夏朝的卞（有卞氏），在今山东泗水县一带，与蓝夷处于同一区域内。

《今本竹书纪年》中记载，河亶甲三年，贵族彭伯攻陷邳。四年，征蓝夷。五年，侁人入侵班方。河亶甲命令彭伯、韦伯讨伐班方，侁人不敌，只好臣服。河亶甲在位期间，不但芟平了蓝夷、邳、侁之乱，而且趁机征服了班方等其他东夷部落，商王朝总算暂时渡过了危机，可见河亶甲并不是一个碌碌无为的君主。

殷商王朝经过数次的夺位之乱，内耗严重，河亶甲对外战争的胜利并没有扭转江河日下的颓势，反而让国力大损，殷商王朝出现了开国以来的第三度衰微。

河亶甲去世之后，被冷落的中丁"废太子"胜（或滕）夺回了本该属于自己的王位，他就是卜辞中的"中宗祖乙"。只要不是心安理得获取王位的人，上台后都得迁都，这似乎已成了中商时期一条铁打的继统规则。祖乙之时，再次迁都。但是迁到了哪里，文献上的记载非常混乱。

《史记·殷本纪》记载，祖乙迁于邢。

《尚书序》中称，"祖乙圮于耿"。圮就是被河水冲垮。"祖乙圮于耿"，短短五个字，解释起来却很费劲。有两种解读。第一种解读，河亶甲的都城相遭遇洪水，祖乙即位之后只好迁都到耿；第二种解读，祖乙迁都到耿之后，都城被河水冲毁。祖乙号召国人，修补都城。

《今本竹书纪年》对祖乙迁都，有不同的记载。祖乙元年，自相迁耿。二年，又自耿迁庇。

《古本竹书纪年》又是一种说法，祖乙居庇。

可见，耿、邢、庇都是祖乙的都城。

祖乙究竟迁都几次？其实只有一次，也就是从相迁徙到耿去。邢、庇都是耿的不同称呼，耿、邢同音，庇是殷商时期耿或邢的不同地名。有人认为，秦汉时隶书中"邢"字误写作"比"，之后又在古籍中写作"庇"，以讹传讹，流传至今，所以《古本竹书纪年》中的"居庇"就是"居邢"。

耿，在今河北邢台。邢台地区位于华北平原的西部边缘，处在太行山脉和华北平原的交界带，地理条件比较优越，该地区的葛家庄、曹演庄、东先贤村、贾村、南大郭镇、尹郭村等地，均发现有丰富的中商文化遗存。

祖乙是中商时期的贤君，太戊时期已经将伊氏势力连根拔除，巫咸受到重用，成为一世名臣。巫咸的儿子巫贤则成为祖乙一朝的顶梁柱。巫贤是宗教新势力的代表人物，说明祖乙上台可能获得他们的支持。君臣和谐，所以殷商王朝再次兴旺起来，祖乙也因而被誉为"中兴之主"——中宗。

祖乙在位期间，国力昌盛，东夷叛乱稍稍平定，殷商王朝对外战略的重点开始从东方转移到西方去。陕西西安老牛坡遗址就是这个时期殷商王朝在西部的重要据点，祖乙以此为基地，在渭河流域进行扩张，利用结盟或册命的方式，笼络该地区的周人、羌戎等部落。祖乙十五年，册命邠（bīn）侯高圉。邠，亦作豳，今陕西彬县、旬邑一带。邠侯高圉就是周人的先祖。

祖乙在位十九年，卜辞中称之为下乙、中宗祖乙或高祖乙，配偶有妣己、妣庚。妣己生儿子旦，旦继承了王位，他就是祖辛。

祖辛依其父之居，定都于庇。祖辛配偶妣甲，生儿子新。祖辛在位十四年，死后继统再次混乱，弟弟逾夺得王位，他就是沃甲。

沃甲，《世本》中作开甲，卜辞中则称为羌甲。配偶妣庚，生儿子更。沃甲在位五年，死后，祖辛的儿子新夺取王位，他就是祖丁。

祖丁在卜辞中又称小丁、四祖丁、后祖丁。有配偶妣庚、妣己，生四个儿子，分别为和、旬、颂、敛。祖丁在位九年，死后可能发生过一次夺位大战，沃甲之子更夺得王位，他就是南庚。

南庚为了躲避祖丁四个儿子的干扰，将都城从邢南迁至奄（今山东曲阜奄里）。南庚在位六年，死后祖丁长子和夺得了王位，他就是阳甲。中商时期的九世之乱到此结束。

所谓的九世，是指九个商王，即中丁、外壬、河亶甲、祖乙、祖辛、沃甲、祖丁、南庚、阳甲。九世之乱大约持续了近百年，由于各个利益集团钩心斗角，王位废立无度，纷争不断，政局极其动荡。九个商王的统治时间可能就像《今本竹书纪年》中记载的那样，或五六年，或十数年，大都不长，如走马灯似的变换。

近百年间有四次迁都，中丁迁隞，河亶甲迁相，祖乙迁耿，南庚迁奄。频繁迁都，让百姓不知所依，殷商王朝在中商时期逐渐呈现出衰落之势。临近各族尤其是西部的周人趁机崛起，开启了上古历史一个崭新的篇章。

遗失的周人先公

周人起源的三种说法

周文化是华夏民族跨入文明时代之后绽放出来的一朵奇葩，周人所拥有的思想观念、文化传统，构筑了中华民族的思维、观念与精神意识的主体。

周人的始祖弃，因播种百谷，发展农耕，被帝尧聘为农师。弃极力推行农耕，普惠天下，解决了中原百姓的温饱问题，功不可没，于是帝舜册封弃于邰，称为后稷。

后稷，是上古尧舜禹时期的一个官职，具体掌管农耕业务。弃的子孙世袭后稷之职，兢兢业业，埋首干实事，为百姓所称道，所以司马迁赞颂说"皆有令德"。

司马迁对弃之后周人先公世系的记载，是不靠谱的。《史记·周本纪》中说，后稷死后，儿子不窋（zhú）继位。从不窋到武王姬发，一共十五代。但是这期间经历了夏朝四百七十年、商朝五六百年，合计超过一千年，每一代竟有六七十年，严重违背了平均二三十年繁衍一代的生育常识。所以，周人先公差不多二十代在司马迁笔下"失踪"了。这是因为司马迁之时，许多有关周朝历史的典籍已经散失了。

后稷与不窋之间的周人先公，至少还有台玺、叔均两个。《山海经·海内经》中说："后稷是播百谷。稷之孙曰叔均，是始作牛耕。大比赤阴，是始为国。"《路史·后纪》中也记载后稷娶姞（jí）人为妻，生漦（chí）茧。漦茧生叔均。漦茧就是台玺。

周人起源于哪里？文献上记载比较混乱，考古学上也是扑朔迷离。通常把武王伐殷建立西周之前周人的考古学文化，称为先周文化，或者早周文化。先周文化研究的就是周人起源的问题。

现在对周人起源，有三种说法，分别是关中土著说、山西南部说、陕晋北部的戎狄说。

关中土著说，依据是司马迁的记载。《史记·周本纪》中称，周人始祖后稷，名字叫弃。他的生母是有邰氏之女，名字叫姜原。有邰氏，今陕西咸阳市武功县邰城。所以周人发轫于陕西关中平原地区。有人认为，陕西武功郑家坡遗址就是先周文化遗存。他们还将当地更早的客省庄二期文化视为先周文化的祖型，也就是先周文化起源于客省庄二期文化。

山西南部说，最早是近代学者钱穆提出来的，受到邹衡、陈梦家、吕思勉等众多名家的支持。这种说法的依据有四个：第一个，山西南部地区遗留了不少与周人先公相关的地名和传说；第二个，周人自诩是夏人的后裔，而山西西南部又有夏墟之称；第三个，《诗经·大雅·绵》在追述周人先公时说"民之初生，自土沮漆"，"土"就是卜辞中的土方，今晋西南石楼一带；第四个，山西中部太原盆地的光社文化与陕西关中地区的先周文化有渊源关系。邹衡进一步认为，先周部落包括三个群体，即姬周族群、姜炎族群和其他族群，而姬周族群生活在山西汾河流域一带，光社文化就是姬周文化的源头。

陕晋北部的戎狄说，如著名学者徐中舒认为，周人的真正祖先应当从不窋开始。《史记·周本纪》中记载"不窋以失其官而奔戎狄之间"，到了公亶父时"乃贬戎狄之俗"。不窋到公亶父之间，周人长期生活在野草繁茂、野猪时常出没的陕晋黄土高原地区，过着粗耕农业、游猎捕捞的半农半牧生活，他们的生活习性与戎狄部落非常相似。

《山海经·大荒西经》中有个北狄之国。黄帝的孙子叫始均，始均是北狄的祖先。这里的始均，始是姓氏，均是名字，说明当时北狄尚处在母系氏族时代。根据《魏书·帝王纪一》的记载，始均又名田祖，是黄帝的后裔，在尧帝之时为官，把旱神女魃赶到弱水（今甘肃西北和内蒙古西部的黑河）之北，中原百姓得以生存。帝舜之时，命始均为田祖，也就是农耕的始祖。《山海经·大荒北经》中也称，叔均就是田祖。始均、叔均都号称田祖，可见二者应为一人，也就是周人的先公。

周人、北狄都是始均的后裔，活跃于今陕晋北部一带，所以周人起源于戎狄部落。《左传》《国语》等早期文献也记载了周人与戎狄同姓。如《左传·成公十三年》中的"白狄及君（晋景公）同州"，《国语·晋语》中的"同姓不婚，恶不殖也""狐氏，重耳外家，与晋俱唐叔后，别在犬戎者"等，春秋战国时期人们已认同周人与西北的犬戎、白狄本为一族。

文化遗存与周人起源

近年在陕晋北部地区陆续发现了李家崖文化、石峁文化，前者也称为"鬼方文化"，后者可能是北狄先民的遗存，都与先周文化有一定的渊源。

由此可见，周人起源于陕晋北部一带，与戎狄同族，均为姬姓，同属于黄帝的后裔。

有关周人起源的三种说法中，以关中土著说最为薄弱，存在明显的缺陷。

目前陕西关中地区发现年代最早的先周文化遗存，是处于古豳之地的长武碾子坡遗址，早期相当于殷墟二期，大致是武丁后期至祖庚、祖甲之时，或者周人先祖公亶父迁岐之前。也有人认为，武功郑家坡遗址是最早的先周文化遗存，早期属于二里岗上层时期，大致在商王中丁时期。但是武功郑家坡遗址早期与中晚期文化层之间存在时间缺环，因而年代尚存疑。

不管怎样，周人部落在关中地区的活跃年代都不会早于中商时期。因而周人应起源于陕晋北部或山西中南部，后来才逐步迁徙至陕西关中地区，其间迁徙的过程可能历时数百年之久。这在文献与考古上都可以找到不少佐证。

周人起源于山西南部说的最有力证据是，山西南部地区存在许多与周人先公有关的地名、传说或者遗迹。如《国语·鲁语上》中云"稷勤百谷而山死",在山西南部就有不少"稷"的地名,最早见于文献的是《左传·宣公十五年》中的"晋侯治兵于稷"。西晋杜预说:"稷,晋地。河东闻喜县西有稷山。"《水经注·汾水》中记载,汾水流经稷山北,山上有稷祠,山下有稷亭。《隋图经》中也记载:"稷山在绛郡,后稷播百谷于此山。"绛郡,今山西稷山县。

稷山县境内流传着大量有关后稷的传说与习俗,几乎村村都有稷王庙和稷王娘娘庙。县南有稷王山,因传说后稷弃经常跟随其母姜原来此,教百姓播种耕作而得名。闻喜县西北稷山下有姜原的陵墓,墓旁有冰池,相传是姜原遗弃后稷之处。民间流行姜原生下稷王之后,把他抛弃于野外的传说。此外,每年农历三月初一,还要举行姜娘娘庙会,香火甚旺。但是将地名与传说、习俗,作为周人起源于晋西南的证据,并非十分严谨,可信度不高。

从考古学上来看,周人起源于陕晋北部的黄土高原可能性很大。在这一地区,相当于夏商之际,分布着众多的青铜文化,内涵特征与中原地区的华夏文化明显不同,通常被认为属于北方戎狄文化。

具体来讲有三个类型:内蒙古中南部河套地区的朱开沟文化,陕东北及晋西黄河两岸的李家崖文化,以及山西中部太原盆地的光社文化。其中朱开沟文化与李家崖文化年代前后相衔接,承袭关系明显,有时也并称为朱开沟–李家崖文化。

这三种文化与陕西关中地区的先周文化之间存在不少相似和相同之处。比如李家崖文化中的三足瓮,也见于陕西扶风壹家堡、武功岸底等早周文化遗址。李家崖文化的花边鬲,制作技法与关中先周文化的花边鬲极其相似,都是将花边直接按在鬲的口沿上。两者器物的花纹也有相同之处。

李家崖文化的青铜器也对陕西关中地区的先周文化产生了影响。其中较为明显的有,陕西淳化县黑豆嘴出土的多孔铜刀、绥德县后任家沟出土的乳丁纹銎（qióng）内刀，与山西石楼县南沟村出土的乳丁纹直内刀，风格极其相似；陕西淳化县黑豆嘴出土的四件金耳环，与300千米之外陕西清涧县解家沟出土的六件金耳环完全相同。这些金耳环，跟山西石楼县桃花坞、永和县下金角、太谷县白燕等李家崖文化遗址出土的金耳环，样式几乎相同，可见陕晋之间的李家崖文化对关中地区先周文化影响之深。

山西中部太原盆地的光社文化与陕西关中地区先周文化之间也有渊源关系。先周文化最典型的器物——联裆鬲，母型就在光社文化中。

鬲是史前中国最典型的器物之一，属于原始先民的炊煮器。鬲主要分布于东自太行山，西至六盘山，南起秦岭，北抵阴山的广阔区域之内。山东海岱地区就没有鬲，但是鼎与鬶特别多。鬲与鼎的区别在于鼎的足是实体的，而鬲的足是空荡荡的袋足。鬲的袋足也可以灌满水，受热煮食，适合炊煮谷类食物。

鬲按袋足的特征，可分为分裆鬲和联裆鬲。

分裆鬲　　　　　　　　联裆鬲

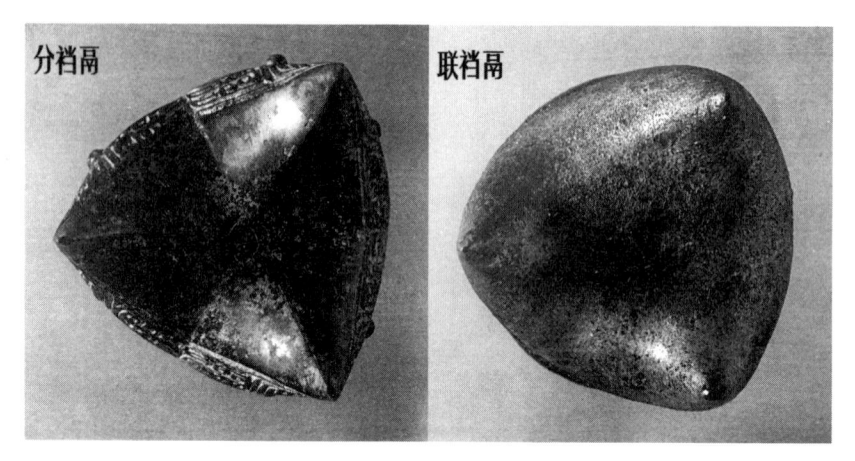

分裆鬲与联裆鬲的裆部比较

分裆鬲，事先做好三个相同的圜底罐或袋足，然后用泥巴将三个罐口拼粘在一起，最后烧制而成。分裆鬲中有一个特殊的品种，称为高领乳状袋足分裆鬲，简称为高领袋足鬲，特征是拥有三个乳头状、高而肥硕的袋足，领部比常见的陶鬲更高、更直，并饰有网状交错绳纹，分裆较低，无足根。

联裆鬲的三个圜底罐或袋足的裆部相连，呈弧裆形；而分裆鬲、高领袋足鬲的三个裆是分开的，形成一个裆格。

在陕西关中地区，通常认为，联裆鬲是姬周氏族使用最普遍的一种鬲，高领袋足鬲是姜炎氏族最常见的鬲，分裆鬲则归属于殷商族，但也不能太绝对化。

山西光社文化中期出现的联裆鬲，颜色均呈褐色，细绳纹，鬲足有锥形和平足两种，这些特征恰好与陕西关中先周文化的联裆鬲相同。而且两种联裆鬲的圆肩平底陶罐也有一些相似，它们相距五六百千米，绝非巧合，一定存在某种内在逻辑联系。由于光社文化联裆鬲的年代比关中先周文化第一期还要早，这只有一种可能，那就是关中先周文化的联裆鬲是从光社文化传过去的，而不是相反。

高领袋足鬲

鬲按提手形态，也可分为单把鬲（只有一个提手）、鋬手鬲（两侧装有提手）、无把鬲（两侧没有提手）。单把鬲，是陕西关中地区客省庄文化、中条山和崤山之间三里桥文化最具特征的标志性器物，也是山西汾河与牧马河流域、内蒙古岱海地区重要的器物。

山西陶寺遗址中晚期最常见的肥足鬲、双鋬鬲均属于石峁遗址的典型器物。由此可见，陶寺文化自中期以来明显受到北方石峁文化的影响。

有人认为，石峁遗址属于老虎山文化，建立者是黄帝族的后裔北狄，但这不等于陶寺晚期毁灭性的暴力革命就是北狄部落的杰作。因为石峁文化中的肥足鬲、双鋬鬲，来自晋中太原盆地西缘的汾阳杏花村文化。

从上可看出，晋中太原盆地乃至于陕晋北部的广大地区，是周人与戎狄部落最早的活动范围，他们都是黄帝族的后裔。

在距今五六千年的庙底沟时期（约公元前3900年至公元前3600年），黄帝族由今陕、晋、豫交界的黄河金三角向北扩张，占领了整个黄土高原，最远进抵今内蒙古河套、河北张家口地区，扫荡了进据该地区的蚩尤族。随着黄帝族的扩张，其后裔散布于陕晋北部的黄土高原地带，其中就有周人先民及戎狄部落，他们过着半农半牧的生活。

大约在陶寺文化早中期之交（约公元前2200年），周人沿着汾水河谷南下，进入临汾盆地。弃担任周人首领之时，告别了半农半牧生活，开始转向农耕生活，因地制宜，种植庄稼，百姓纷纷效仿，所以尧舜任命弃为后稷，掌理农耕之事。弃的后代世袭了后稷的职务，晋南地区广为流传的后稷传说及相关地名，当与此有关。

《魏书·帝王纪一》中载"始均入仕尧世"，《山海经·海内经》又说叔均"是始为国"。可见叔均是尧帝时期的周人首领。叔均"是始为国"，有两种可能：其一是叔均接受尧帝的册封，其二是叔均率领周人建立了政权。但是在山西南部地区尚未发现先周文化遗址，所以周人在山西南部建立政权的考古学证据不足。

山西南部本是夏人的旧居地，有"夏墟"之名。周人日后常常以"有夏"自诩，这是自我粉饰，意在跟中原百姓所鄙夷的戎狄划清界限。

有意思的是，武王灭商之后，为了掩饰他以下诛上的罪行，蔑称殷商为"戎殷"或"戎商"。但周武王好像不长记性，忘了自己也是从戎狄部落脱胎过来的。

其后，周人继续臣服于夏王朝的权威，他们的首领也得以继续世袭后稷一职。《国语·周语上》有句话："昔我先王世后稷，以服事虞夏。""世后稷"意思就是周人首领世代承袭后稷之职务，后稷并非专指弃一个人。弃的儿子台玺、孙子始均都是后稷。

到了周人首领不窋的末年，"夏后氏政衰，去稷不务，不窋以失其官而奔戎狄之间"。持续了四五个世纪之后，戴在周人先公头上的那顶"后稷"大冠帽，终于被摘下来了。

三国时期的韦昭说"夏后氏政衰"，这指的是夏初太康失国。《史记·匈奴列传》中载，公刘"其后三百有余岁，戎狄攻大王亶父，亶父亡走岐下……其后百有余岁，周西伯昌伐畎夷氏"。公刘与西伯姬昌相距四百多年，殷商一朝五六百年，可见公刘生活于殷商早期年代。不窋为公刘的祖父，绝对不会生活在夏初。因而"夏后氏政衰"应该指的是夏王孔甲时期，孔甲好方鬼神，荒淫乱政，导致夏后氏德衰，诸侯纷纷起来造反。

孔甲完全凭借自己的好恶，随意赏封或褫夺诸侯的爵位。比如颛顼高阳氏后裔豕韦氏没落了，孔甲取消豕韦氏的官爵，转给颇得孔甲欢心的刘累一族。不久，刘累一族又被册命为御龙氏。

如此看来，不窋的官爵（后稷）也是被喜怒无常的孔甲褫夺的，不窋因而是周人的末代后稷。孔甲为什么取消了不窋的后稷官爵？史书上没有记载，只知道不窋废职之后，不再负责农耕事务，成了失业游民。加上夏王孔甲失德，朝政大乱，于是不窋带领周人远走高飞，"以失其官而奔戎狄之间"。日子没法过了，只好跟他的戎狄同胞为伍，一起过着狩猎游牧的生活。

从不窋开始，周人先公世系才被司马迁完整地记录下来。

然而，弃到不窋之间失落的差不多二十代世系，恐怕永远也无法寻找回来了。

从土方到漆水

不窋迁庆阳

不窋奔戎狄之间,居住地在今甘肃庆阳一带。不窋的儿子鞠(《世本》中又作鞠陶)、孙子公刘都定居于此,所以在庆阳地区流传着不少有关公刘的掌故。

传说庆阳县城东山巅有不窋的陵墓。庆阳县东十里地多花木,世传为"不窋遗园"。庆阳西南三里的西姬峪,相传是公刘子民之居。在庆阳县北三十里有沃田数亩,当地人称之为天子掌,但无人敢去垦殖,因为这是"公刘庄"。庆阳县温泉村尚有公刘庙,当地人俗称其为老公庙。在庆阳地区发现的周文化遗址也很多,有的遗址如宁县早胜镇遇村遗址周文化层比较厚,说明居住时间相当长,因此不窋居于甘肃庆阳一带,当确凿无疑。

不过从考古发掘来看,周人的活跃区域仅限于甘肃东部的天水、平凉、庆阳、宁县、泾川等数县,在甘肃中西部则找不到周人活动的痕迹。

甘肃庆阳与晋中地区相距四五百千米,其间是光秃秃的黄土高原,包括晋西北部的吕梁,以及黄河两岸的陕西北部的榆林、延安,北边是荒芜的毛乌素沙地,南与肥沃的关中平原相邻,东接山西的临汾盆地、运城盆地,西毗陇东高原。黄河自鄂尔多斯高原奔腾南流,像一把利刃在黄土高原东侧切割出一大块,也将山西、陕西两省隔离开来。黄土高原东北端则是险峻的晋陕大峡谷,地形复杂,岇梁相间,沟壑纵横,交通极为不便。

在虞夏时期,晋陕黄土高原生存着使用双鋬耳陶器(包括鬲、甗、斝、盉、瓮、罐等)为主的北方戎狄部落。各地区也存在明显的文化差异性：内蒙古中南、陕北朱开沟文化除了鬶手鬲，还有花边鬲、单把鬲、盆形大袋足鬲，晋北地区的游邀遗址出现了高足尖鬲，晋中地区的光社文化鬶手鬲的双鋬开始蜕化并向高领鬲发展，等等。

夏王孔甲之时，不窋奔戎狄之间，周人也长期浸润、濡染北方戎狄的生活习性，因而先周文化难以避免地带有晋陕高原地区的戎狄文化因素。

三四千年前，不窋带领族人，是怎么横穿五百千米之宽的茫茫荒原，来到庆阳的？

上古时期，晋陕之间有许多高原悬湖，这些悬湖越过吕梁山的分水岭，注入山西的太原盆地、临汾盆地，在晋陕峡谷中段地带形成一条条低洼通道，两地居民通过这些地段的黄河渡口相互往来。晋陕峡谷中段的黄河渡口，主要有地处陕西清涧、山西中阳与石楼三县之间的坪上渡口，以及吕梁市柳林县的军渡渡口、孟门渡口。

除了晋陕峡谷中段通道，从山西渡过黄河进入陕北高原，还有一条大通道，就是吕梁山脉以南的晋陕新月形盆地。

晋陕新月形盆地是一条狭长的凹陷带，西起陕西关中平原，向东联结晋西南的运城盆地，而后拐向东北的汾河谷地，直至晋中太原盆地，形成一道蛾眉弯月似的弧形，绵延了七八百千米。

晋陕新月形盆地附近的黄河渡口主要是山西河津西北的龙门渡口，据说是大禹治水时开辟的，还有一个山西永济西边的蒲津渡口。

晋中一带是周人的发源地，不窋奔戎狄，周人也因而融入了大西北的戎狄部落。所以周人的迁徙路线，可能是取道晋陕峡谷中段的黄河渡口，来到甘肃庆阳的。

《诗经·大雅·绵》在追述周人先公时写道："绵绵瓜瓞，民之初生，自土沮漆。"土，就是卜辞中的土方。商王武丁曾经多次征伐土方。在史传文献中，土方之名只在三处出现，都跟大禹治水有关：《诗经·商颂·长发》中的"洪水茫茫，禹敷下土方"，《楚辞·天问》中的"禹之力献功，降省下土方"，《尚书·舜典》中的"帝釐下土方"。

但是卜辞中的"土方",与史传文献中的"土方"不能混为一谈。前者是指殷商的敌对方国,后者与"下"搭配成固定的短语。"下土方"往往省略为"下土",有时候也作"下地",在早期文献中多次出现,如《诗经·邶风·日月》中的"日居月诸,照临下土"、《国语·楚语下》中的"重实上天,黎实下地"。下土或下地,是与上天相对而言的,意思就是降临于人世间。

《诗经·大雅·绵》中的土方为什么指的是地名?

"自土沮漆",漆即指漆水河,古称姬水、杜水、武亭水、中亭水,渭河的支流。有人认为沮也是河流的名称,是指今陕西彬县、岐山一带的沮水。至于沮水具体位置在哪里,却茫然无考,只能含糊其词并称为沮漆水。

但"自土沮漆"这句话类同于《尚书·商命》中的"自河徂亳"。沮通徂,是去的意思。"自土沮漆"意即从土到漆。这个"土"应该就是卜辞中的土方,在安阳殷墟之西而偏北,大致在今天山西吕梁山西麓的石楼县一带。[1]

西汉初年在石楼置土军侯国,后来改为土军县。山西石楼一带的坪上渡口、军渡渡口、孟门渡口,都是上古时期晋陕之间主要的黄河渡口。晋陕北部一带是戎狄部落的活跃区域,在石楼的黄河对岸西北方向的陕西榆林,有著名的石峁城址,就是北狄部落的城邑。从这可推断,不窋奔戎狄,很可能是在山西石楼附近渡过黄河的,而后进入陕北黄土高原。

高圉战犬戎

不窋迁至甘肃庆阳之后,周人在此定居了四五十年。到了不窋的孙子公刘时,周人再次迁徙,从漆县的漆水南渡泾水,定居于邠,即今陕西彬州市、旬邑一带。

公刘是一位很有作为的周人先祖,他虽然与戎狄部落混杂一起,但

---

[1] 邹衡:《夏商周考古学论文集》,文物出版社1980年版,第280页。

是重操祖宗旧业，又从事农业耕种。在甲骨文中，"周"的字形像播谷田中，因而周人的得名，应始自于公刘时代。

在公刘的领导下，周人告别与戎狄部落一样的狩猎–粗耕农业时代，回到了周人始祖弃之时的精耕农业水平，并建造屋舍，过上了定居的生活。公刘经常率周人南下渭水，砍伐林木，在邠兴建房屋。农业成了周人的立世之本，周人由此逐步迈上文明社会的康庄大道，开始兴旺发达起来。

根据《史记·匈奴列传》的记载，公刘的年代在周文王姬昌之前四百多年，大概与夏桀、商成汤同时。

到了公刘的儿子庆节时期，周人定都于邠或豳，建立了政权，一方大国初现雏形。

庆节之后，子皇仆继位。皇仆相当于商初太甲、外丙之时，死后儿子差弗继位。

差弗，也作弗差，或者羌弗，相当于商王太庚之时，死后儿子毁隃继位。

毁隃，也作毁榆，或者伪榆，相当于商王小甲、太戊、雍己之时，死后儿子公非继位。

公非，字辟方，可能跟商王中丁、外壬、河亶甲同时，死后儿子高圉继位。

高圉，字侯侔（móu），他也是一位很有作为的周人先王。

《史记集解》中说："高圉能率稷者也，周人报之。"夏商时期，出现类似记载的只有两个人，分别是夏朝的帝杼、殷商先公上甲微。杼是夏王少康之子，在芟平寒氏之乱中，武功卓著，即位之后又进行军事改革，征伐东夷，重新确立了夏王朝的中原共主地位。上甲微是王亥之子，王亥死于有易氏，上甲微发愤图强，修德治军，而后发兵一举诛灭有易氏，报了杀父血仇。杼、上甲微都是中兴之主，创造了辉煌的战绩，分别成了夏人、殷商族众心目中的英雄人物。族众对此二人异常尊崇，每逢祭祖时必举行隆礼祭祀。

高圉的英雄事迹在史书上虽未记载，但是从"周人报之"这四个字，也可以看出他的辉煌一生。

高圉在世之时的历史功绩，主要是领导周人与犬戎的战争。犬戎，又称畎夷、猃狁（xiǎn yǔn）。犬戎，祖先传说是两只白犬。晋郭璞在《山海经图赞》中称："犬戎之先，出自白狗，厥育有二，自相配偶。"自远古帝喾时期犬戎就是中原百姓的死敌，屡屡进犯，无数人惨遭祸害。

中原王朝进入今陕西境内是从夏朝初年开始的。夏启之时西征有扈氏，有扈氏就在今陕西西安市鄠邑区西南甘峪和甘亭一带，可见当时夏王朝的势力已经深入关中地区。在陕西华县发现有南沙二里头文化遗址，说明自岐山以东的渭水流域已经纳入了夏文化圈。

随着二里头文化的进入，渭水土著姜炎部落的客省庄文化也逐渐消失了，有可能北移至内蒙古河套一带。但是姜炎部落并未全部迁徙到河套地区，一部分仍然在关中地区繁衍下去，也有一部分北迁至渭河上游

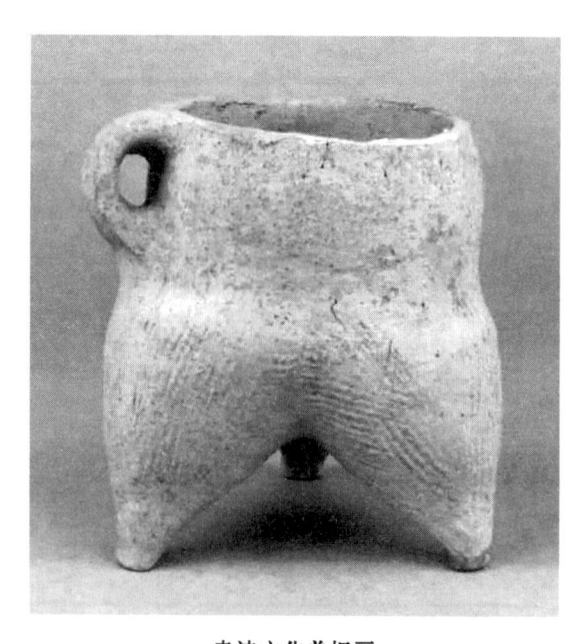

寺洼文化单把鬲

的陕甘一带，产生了寺洼文化。

寺洼文化的典型器物是单把鬲，在其邻近地区，比寺洼文化年代更早，而且使用单把鬲的只有客省庄文化与齐家文化，所以寺洼文化有可能是客省庄文化在齐家文化的影响下发展而来的。

齐家文化是西羌部落的文化遗存，距今六千年前后，炎帝姜戎集团的一些支族向今甘肃、青海一带迁徙，他们形成了后来的西羌。如此一来，西羌也可以算是姜炎部落的远房亲戚了。

夏商易代之际，中原战争频仍，一片混乱，犬戎也趁乱混进关中邠、岐之间。邠，就是周人的都城。岐，在今陕西宝鸡岐山一带，后来周人先王公亶父迁都于此。殷商王朝建立之后，成汤曾经派兵讨伐犬戎，但是似乎战绩不佳。从那以后，犬戎一直是今陕西关中地区的麻烦制造者。

周人先王高圉为了扫除犬戎的威胁，必定发动了多次战争，将占据邠、岐之间的犬戎一一扫除，这对周人发展的意义十分重大。到了高圉的曾孙公亶父之时，周自邠南迁于岐山。这说明高圉的讨伐行动颇有成效，邠、岐之间畅通无阻，已经看不到犬戎的影子了，所以公亶父能够顺利南迁。周人无比崇敬高圉的武功，因而在史书上留下了"高圉能率稷者也，周人报之"的记载。

在高圉时代，周人已经是一个实力颇为强劲的部落。而这时候的殷商王朝深陷九世之乱的泥潭沼泽，国力一蹶不振，在关中地区根本无力与周人抗衡。为了稳定西疆，拉拢周人，商王只好接受周人崛起的事实，册封周人领袖为邠侯。这就是《今本竹书纪年》中记载的"（祖乙）十五年，命邠侯高圉""（盘庚）十九年，命邠侯亚圉"。

周人处于偏远的西土，能够获得中原王朝的认可，无疑将大大提升自身的地位。周人也由此进入了一个大飞跃、大发展的黄金年代。

第8章

安阳殷都

盘庚迁殷

盘庚的猛药

高圉和他的儿子亚圉担任周人的领袖之时,周人如初升的太阳冉冉上升,日渐成为西土的霸主。这个时候,殷商的阳甲也从他的叔父南庚手中接过王位。

阳甲是中商时期九世之乱的最后一个商王,但是殷商王朝并未从乱世的低谷中爬出来,衰落的惯性与动力仍然在起作用。阳甲在位期间又滑入成汤开国以来的第四度衰微。周边异族纷纷入侵,与殷商王朝爆发了多次战争。商王阳甲曾经发动一次西征,军队进抵丹山(今山西晋城市东南,一说安徽砀山)一带。

阳甲在卜辞中是合文之形,有人释读为象甲、羊甲、虎甲、兔甲,总之与野兽有关,说明他是一位喜好狩猎野兽的商王。

阳甲在位四年,死后,弟弟旬继位,他就是商王盘庚。盘庚得名于他曾经居于盘地,今山东乐陵西南,在商都奄城以北五百里处。

盘庚潜龙在渊之时,可能是一名军事将领,奉命驻守于盘,负责震慑东夷族。清华简《楚居》中说"盘庚之子，处于方山"，这是商王武丁时期，派遣身为王室子弟的盘庚后裔南征楚地，驻扎在方山（即柄山，今河南宜阳、洛宁、卢氏三县境内），与盘庚家族是一个军事世家有关。

成汤之后不久，商夷联盟就破裂了。进入中商时期，殷商王朝与东夷部落多次发生战争，如中丁伐蓝夷、外壬之时邳人和侁人叛乱、河亶甲再征蓝夷和班方。盘庚身衔王命，担负着拱卫奄都北境的重任，虽然驻军在外，但是始终心系国之大者。

阳甲死后，盘庚取得了王位。

殷商王朝经历近百年的九世之乱，整个国家从头到脚都散发出一种腐烂的气息，已经处在灭亡的边缘了。当时殷商王朝所处的危境，盘庚在迁殷时用了几句话来概括：贵族阶层"有乱政同位，具乃贝玉"[1]——骄奢淫逸，只知道聚敛钱财；"不和吉言于百姓""恶于民"[2]——贵族与平民之间关系紧张，阶级矛盾尖锐；"今我民用荡析离居，罔有定极"[3]——再加上水患灾害频频发生，百姓妻离子散，居无定所，四处漂泊，濒临"尽刘"（灭绝）了。

深具忧患意识和富有战略眼光的盘庚，决心改变这一切。要拯救病入膏肓的殷商王朝，必须下一剂猛药——迁都。

商都奄城位于山东海岱地区，附近多丘陵山地，不利于发展农耕生产，而且靠近东夷聚居地，经常遭到外敌的袭扰。稳定才是发展的根本。但是之前的几个都城均在黄河附近，水患不断，所以必须一劳永逸地解除洪涝灾害问题。

盘庚的锐利目光落在西边五百里之外的河南安阳地区，也就是殷，又名北蒙。

殷位于太行山脉与华北平原的缓冲地带，东部是漳卫河冲积扇平

---

[1] 《尚书·盘庚中》。

[2] 《尚书·盘庚上》。

[3] 《尚书·盘庚下》。

原，西部是豫北山地，北面有漳水、滏（fǔ）水，南面为淇水、荡水、姜水，殷又在源于太行山脉、向东奔流的洹水岸边，形成一个相对的封闭圈。当时的气候温暖湿润，植物资源和动物资源非常丰富，且周围尽是沃壤，河川密布，灌溉方便，水上航运也很畅通，是非常理想的国都选址。

更重要的是，殷在冀南豫北地区，这里是商族的祖居地，统治基础牢固。将都城迁到殷去，整个王朝的战略重心也西移，为日后向西、西北开拓奠下基础。

从政治、经济、国防、文化上看，殷是迁都的不二之选。

盘庚在迁殷后自言："天其永我命于兹新邑，绍复先王之大业，厎（zhǐ）绥四方！"[1]可见迁殷的根本目的在于重振成汤时的威风，以安天下，让殷商王朝再次伟大起来。

盘庚无愧于一代杰出的战略家，不但高瞻远瞩，而且雄心勃勃，他已经决定了迁殷之后二百多年的商朝命运。

更难能可贵的是，盘庚意志坚定，心如磐石，永不妥协。

盘庚迁殷的命令一下，遭到大小奴隶主贵族的极力反对。殷与奄城相距七百余里，中间还要渡过黄河，沿途辗转不下千里。贵族们懒惰成性，只知道"肩好货""总于货宝"，目光短浅，贪得无厌，忙于搜刮民脂民膏，却"不昏作劳、不服田亩"，从不努力劳作，五谷不分。

《尚书·盘庚中》说"有众咸造，勿亵在王庭"，贵族们聚集在王庭闹事，拒绝执行迁都的命令。因为他们是既得利益者，担心迁殷之后会失去一切，而且无法承受千里流徙之苦。这种情形类似后来的北魏孝文帝迁都，以任城王拓跋澄为首的王室勋贵不愿意到洛阳去，所以竭力阻挠，甚至唆使太子元恂一起反对。为了迁都洛阳，孝文帝毫不犹豫地废掉了太子。

盘庚就有这种刮骨疗毒的决心与魄力。

---

[1] 《尚书·盘庚上》。

盘庚警告贵族们:"明听朕言,无荒失朕命!"——认真听清楚我的话,不要忽视我的命令。"今予命汝,一无起秽以自臭,恐人倚乃身,迁乃心。"——现在我命令你们,专心致志,不要听信浮言,免得受人牵累。最后严正告诫那些反对者:"不易!""乃有不吉不迪,颠越不恭,暂遇奸宄(guǐ),我乃劓(yì)殄灭之,无遗育,无俾易种于兹新邑。"——我主意已定,绝不动摇!如果有谁为非作歹,违法乱纪,奸诈邪恶,我一定杀了他、灭了他,决不留一个劣种在新都生根发芽。

除了动用严刑酷法相威胁之外,盘庚还以商族崇拜的上帝和祖宗神灵来恫吓不愿迁都的贵族,说迁殷的决定已通过占卜,是来自上帝之命,要他复兴高祖成汤的事业。他笃信天命,所以不惜兴师动众,千里迁都,以拯救万民。倘若你们这些贵族违背天命,高祖成汤会把厄运降临在你们头上的。

盘庚雷厉风行,绝不容许拖沓推诿。殷商贵族和臣民不得不扶老携幼,踏上了七百余里的西迁之途,涉大河,过高山,越原野,最后来到陌生的殷地。

但是迁到殷之后,那些贵族们无法适应新都城的生活,满腹牢骚,甚至煽动百姓作乱。盘庚把有怨言的贵族、臣民召到殷都王庭,进行训话:"格汝众,予告汝训汝,猷黜乃心,无傲从康!"[1]——你们都过来,我劝诫你们,开导你们,去掉你们的私心,不要倨傲放肆,只知追求安逸。盘庚对他们的训导,主要是以德来教化。

殷商时期的德,笼罩在浓郁的神鬼氛围之下,德就是要虔诚地崇敬上帝,恪守成汤的遗训,克服私心私利,维护君臣团结,做到上下一心,以确保商王的权威。

《史记·殷本纪》中记载了盘庚训斥贵族臣民的告谕:"昔高后成汤与尔之先祖俱定天下,法则可修。舍而弗勉,何以成德!"——高祖成

---

[1] 《尚书·盘庚上》。

汤曾经与你们的祖辈并肩奋斗，夺得天下，我们子孙后代应当恪守他们流传下来的法度与准则。如果把祖训都丢了，我们如何成就大业？

殷商王朝重获生机

盘庚迁殷，迁走的不仅仅是都城，还有人心，也就是贵族们的懒惰懈怠之心。

迁殷之事，费尽千辛万苦，总算尘埃落定了，但殷在哪里呢？

越来越多的人认为，洹北商城并非河亶甲所迁的相，而是盘庚所迁的殷。因为在洹北商城遗址中，属于宫殿、宗庙性质的大型夯土基址，都是晚期出现的，而且在年代上可与洹水以南的小屯殷墟完好地相接，并无任何缺环，所以洹北商城应该是武丁之前盘庚、小辛、小乙三个商王的都城。

有文献称，盘庚迁殷之后的商朝才被称为殷朝，如《帝王世纪》中说，盘庚徙都殷之后，才将商改名为殷。《尚书·蔡传》也说，商人称殷是从盘庚开始的。但是实际上商族自始至终都自称为商，从不自称殷。在甲骨卜辞中，也没有殷这个字，商族用"大邑商"或者"天邑商"来称呼安阳殷都。

这种情形类似于春秋战国时期的楚人，中原各族有时称楚人为荆楚，但是楚人自己从不自称为荆或荆楚。所以不存在盘庚迁殷之前的商朝称作商，迁殷之后改商为殷的问题。

殷，在上古时期的读音与衣、郼、夷等相同。因而周人有时也称商为衣或夷。如《礼记·中庸》中的"壹戎衣而有天下"，可见衣就是殷。有些早期文献中甚至出现了"衣""殷"并用的例子，如《尚书·康诰》中有句话，"绍闻衣德言，往敷求于殷先哲王"。这可能是当时根据不同方言读音而写成的异形同音字。

卜辞中的"衣"，指的就是传世文献中的"殷"。在陕西周原出土的甲骨卜辞中，有一片编号为H11∶3的卜骨上刻着："衣王田，至于帛。"

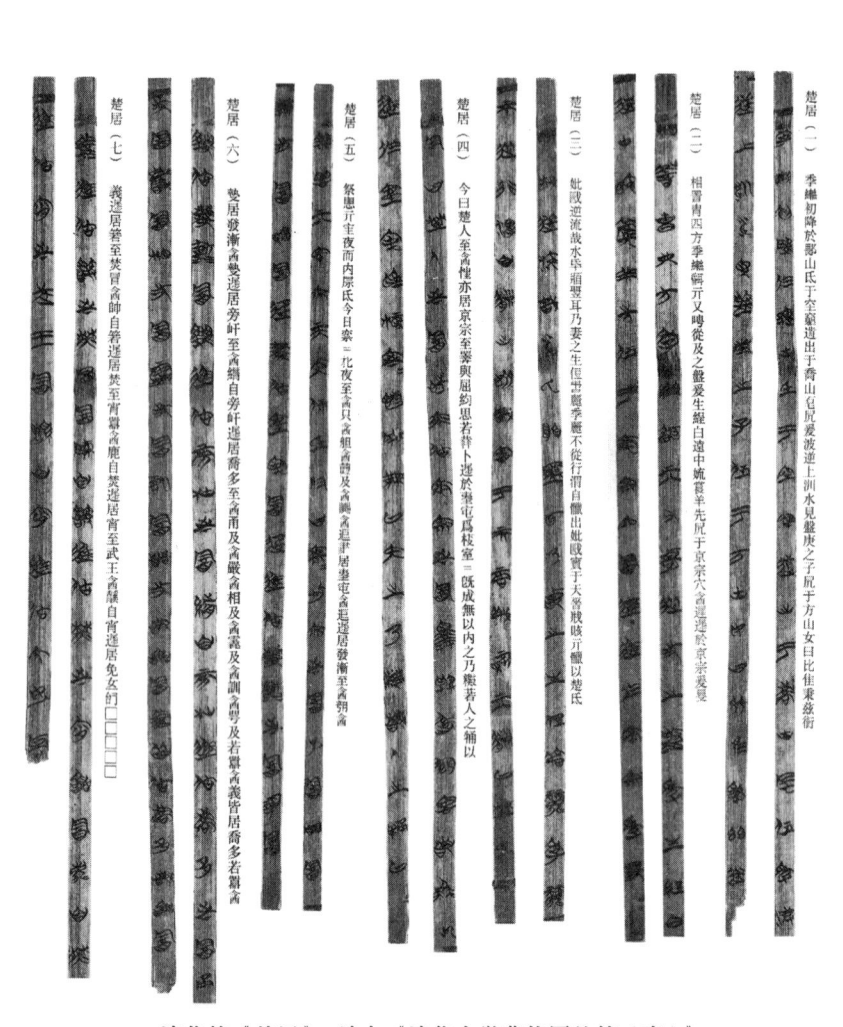

清华简《楚居》，选自《清华大学藏战国竹简（壹）》

这里的衣王指的就是殷王。可见殷的得名，来自衣。而衣是商朝时期安阳地区的一个地名。

安阳殷墟大司空村出土的武丁时期的一片卜辞（编号为HS314:3），上刻着"辛贞：在衣？"这个"衣"指的是安阳地区的一个小地方。"殷"的由来，最初可能是安阳殷墟的一个小地名"衣"，在周朝时期音转化为"殷""鄢"等字。而"殷"最大名鼎鼎，就广为流传了。

盘庚迁殷，是六百年殷商王朝一件划时代的大事，对后世影响极为深远。《古本竹书纪年》中记载："自盘庚迁殷，至纣之灭二百七十三年，更不徙都。"这是对盘庚迁殷的最大肯定。迁居于殷之后，盘庚追思殷商先公的事迹，不断汲取前进的动力。他实施新政，清廉爱民，得到百姓拥护，又被诸侯尊奉为天下共主，因此化解了一场大危机，让病快快的殷商王朝重获生机。

自盘庚时代开始，殷商王朝确立了以西方、西北为主的对外战略。继商王祖乙册命周人先公高圉之后，盘庚再次册命高圉的儿子亚圉为邠侯。经过两次册封，确立了商、周之间的宗藩关系。周人与殷商王朝的联系日益热络，周人先公的目光与视野也越来越开阔，他们不再甘心安身立命于偏凉的今陕西关中地区，开始望向既遥远又辽阔的东方大地。

盘庚如此伟大的君主，在他死后却成为殷商民族的旁系先祖。他的王位由弟弟小辛、小乙来继承，自己的儿子被贬到遥远的南方去，继续为殷商王朝开疆拓土。

然而，失之东隅，收之桑榆。盘庚的孙女妣隹（zhuī）与长江中游的楚人先祖芈（mǐ）季连联姻，从此被楚人尊为先妣，享受一千多年的人间烟火。这事记载在清华简《楚居》中。

在早商二期，大约公元前1500年，殷商王朝随着国内政权的逐步稳固，开始大规模对外扩张，向南直抵长江中游江汉平原，占领了夏王朝设在该地区的据点，并兴建城垣、宫室。这就是著名的黄陂盘龙城。

武丁时期，盘庚之子奉命南征楚地，驻扎在今湖北均水一带。殷商势力在汉水流域达到鼎盛。楚人部落寻求与殷商缔结政治婚盟，以增强自身在江汉地区的影响力。当时楚人部落首领芈季连居于隈山（今河南禹州、新郑、新密三地交界处的具茨山），听说盘庚的孙女佳要出嫁，于是前去求亲。求亲之地，可能在盘，也可能在盘庚儿子的驻地。

芈季连终于抱得佳人归，与佳生有二子侄伯、远仲。佳这个异族老祖母也因而被楚人尊称为妣佳。佳即鸟，妣佳的意思就是来自一个崇鸟部落的女人。河南新蔡葛陵出土的战国楚简中记载，楚国的先妣叫川追，川追指的就是妣佳。

盘庚在位二十八年，在武丁时期的卜辞中称作父庚。商王有四庚，即太庚、南庚、盘庚、祖庚，因盘庚排在第三，所以有时也被称为三祖庚。

盘庚死后，弟弟颂继位，他就是小辛。但是小辛治国无方，殷商又重现衰微的征兆。殷商民众对小辛大失所望，无比怀念盘庚时代的祥和安宁。直至周武王伐纣灭商之时，为了安抚被征服的商族，武王问他们想要什么。殷商王朝的遗老遗少对盘庚的贤良仁德记忆犹新，都回答说："欲复盘庚之政。"此时已是盘庚迁殷之后两百多年了。

小辛在位三年。死后，弟弟敛继位，他就是小乙。卜辞中，小乙又称父乙、祖乙、小祖乙、后祖乙、亚祖乙。小乙的配偶妣庚生儿子昭。

小乙在位二十一年，死后世子昭继承王位，他就是殷商后期最著名的君主——武丁。

梦得傅说：从奴隶到宰辅

三年不发一言的武丁

商王小乙对年轻的世子昭一直寄予厚望。小乙让世子昭居住在河，向名臣甘盘学习治国之术。河，即河内，今河南郑州一带，这儿四通八达，为中原地区的交通要冲，是殷商早期都城郑亳所在地。

小乙为了培育未来的接班人，在世子昭身上倾注了大量的心血。据《尚书·无逸》载，武丁"旧劳于外，爰暨小人"。这是指商王小乙让世子昭远离安阳殷都的繁华宫城，把他送到数百里之外的河、亳去，除了学于当时的大贤人甘盘，还跟下层劳动群众混处杂居，让他亲身体验民间疾苦。后来武丁能够成为一代贤君，与早年在河、亳地区的历练和学习不无关系。

小乙死后，世子昭顺利登上王位，他就是商王武丁。

武丁元年，武丁对自己的老师甘盘委以重任，册命他为卿士。卜辞中，甘盘又作亚盘，官居亚旅、师氏，或与西周时期的太师相当，属于高级军事要员。尹、作册、亚服等外廷政务官，统称为卿士。

武丁时期的卜辞中屡见有关"师般"的占卜，或许也与甘盘有关。如："贞，呼师般伐舌。"[1]师般是小乙末年、武丁初期的人物。武丁时期有条卜辞云："贞，今般死。"[2]这可能是记载甘盘死亡的事。

---

[1] 《殷墟书契前编》6.58.4。

[2] 《殷墟甲骨辑佚》525。

然而，武丁即位之后并没有立即展示出一代贤君的风范，行为颇为反常，辜负了小乙生前的殷切期待，以及甘盘的苦心教诲。

《吕氏春秋》中记载，武丁"即位，谅暗。三年不言。卿大夫恐惧，患之"。谅暗，就是谅阴，居住在守丧的房子里。武丁为小乙守丧三年，不理国事，把朝政都推给甘盘等重臣。三年之中，武丁整日面色阴沉，没说过一句话，举朝百官惶惶不安，世人也陷入恐慌之中。

武丁行如此反常之举，究竟是什么原因？

《史记·殷本纪》中说，武丁很希望大展宏图，振兴殷商王朝，但苦于缺乏安邦定国的能臣，因此一筹莫展。所以居"凶庐"之中，托名为先王小乙守丧三年，实则静观天下，以察民情。《吕氏春秋·审应览·重言》中说，武丁担忧自己治理天下的能力有限，唯恐出言不善，干脆就不说话了。可见，武丁谅阴三年，不发一言，是在暗中寻访治国能臣，以实现自己的伟大理想。

但是根据卜辞，武丁三年不发一言，实际上是另有隐情，可能患上了瘖哑的咽喉疾。这是因为卜辞中出现武丁"疾言"的记载。疾言者，发音嘶嗄，属于咽喉之病。所以，武丁三年不言，并不是为小乙守丧三年，而是因他咽喉患疾，声音嘶哑，以至于无法打理朝政。

梦得名臣傅说

正当举朝上下为武丁的不寻常而忧心忡忡之际，传奇的人物——傅说登上了历史舞台。

傅说的出现，与武丁一个奇怪的梦有关。武丁思贤心切，夜梦得圣人，名字叫说。武丁让画工描绘下梦中的贤臣形象，然后到全国各地去查访，命百官"营求之野"，最后在傅险找到了与武丁梦中一模一样的圣人。

傅险，也作傅岩，在今山西平陆县东二十里。当时说的身份是一个卑贱的胥靡——身负刑罪之人。说是一个刑徒，所以他披穿褐衣，戴着锁链，干着依岩筑城的苦活。说被带去见武丁，武丁大喜："正是此人!"当即任命他为相或者太宰。说辅佐武丁,天下大治,殷商王朝一派繁荣,国力强盛,史称"武丁中兴"。因为说是在傅险找到的,即以傅为姓,所以后世称之为傅说。

殷商时期,梦被视为神鬼传播信息的一条渠道。武丁因梦得傅说,与成汤因梦得伊尹一样,背后都隐藏着某种难以启口的原因,所以只好托梦之名。合理的解释是,武丁还是个世子,居于河、亳之时,就听说过傅说的贤德。但傅说是个低贱的刑徒,一夜之间跃升为宰辅,恐难以服众。所以武丁假托做梦,利用商族的迷信心理,甩出"天命神授"的幌子,就是为日后重用傅说铺平道路。

战国楚简清华简《说命上》详尽记载了武丁梦得傅说的经过,可与《史记》《墨子》等相佐证。清华简《说命上》中的一些语句,与《墨子·尚贤》中的一些语句雷同。在清华简《说命上》还有傅说伐佚仲一事,更是史传文献所无,弥足珍贵。

佚仲是今山西南部中条山以南佚国的君主。说本是佚仲的庸奴,被遣送到傅岩从事繁重的筑城劳动。武丁闻得说之贤,让人行贿傅岩的地方官,作为说的赎买金。得到傅说之后,武丁大喜,赏赐弓箭,命令他负责攻伐佚国。

清华简《说命上》中说:"佚仲是生子,生二戊豕。"佚仲有两个儿子,像戊豕那样。戊豕就是公猪,形容二子生性顽劣、桀骜不驯如野猪,或者说他们一生下来就长得像公猪一样,丑陋不堪。

佚仲甚为不悦,准备将两个儿子流放或者杀了。但是负责占卜的预言家告诉佚仲:"勿杀是吉。"佚仲竟然不听预言家的劝告,杀掉一个儿子,结果引发国内一场大动乱。于是傅说趁火打劫,率一支商军前去攻打佚仲。

简文中记载了傅说攻打佚国的经过:"说于围伐佚仲,一豕乃还保以噬。乃践,邑人皆从。一豕随仲之自行,是为赤敦之戎。"[1]这里的围

---

[1] 《清华大学藏战国竹简(叁)》,第122页。

就是韦，豫北一带的豕韦氏，今河南滑县东南。傅说从今安阳南下，至今滑县。山西与河南之间是崎岖不平、难以逾越的巍巍太行山，所以商军攻伐佚国最好的进军路线，就是沿着黄河北岸的谷地一路向西，直捣佚国。佚仲的另一个儿子翻城逃跑，被傅说俘虏了。傅说将其释放，因而对傅说感恩戴德，带上邑人向商军投诚。佚国被灭之后，佚仲的另一子及其邑人跟随傅说至某地，继续繁衍下去，成了赤狄之戎。

傅说讨伐佚国的胜利，为日后武丁扫荡中条山以北的基方、亘方、土方等方国开辟了道路，也为傅说赢得了巨大的声誉。傅说受到重用，亦在情理之中。出身于奴隶的傅说终于被武丁任命为宰辅，负责管理文武百官，佐助武丁处理政事。

傅说的功绩

傅说的执政理念包括慎言、慎兵、慎行、慎德。如《尚书·说命》所说的："惟口起羞，惟甲胄起戎，惟衣裳在笥（sì），惟干戈省厥躬。"意思是说，不可轻易发布号令，不可轻易发动战争，不可轻易赏赐功臣，不可轻易动用干戈禁暴。可见傅说基本上属于保守型的政治人物。

在执政的具体措施上，傅说沿袭了成汤时代的法规制度，没有大改变，但也作了一些小调整。如出土的上博楚简《竞建内之》中称："高宗（即武丁）命傅说量之以祭，'既祭焉，命行先王之法，废古虑，行古作，废作者死，弗行者死'。"虑，指田赋与助田。作，是指《容成氏》中的"汤乃漙为征籍，以征关市"。夏桀末年，成汤故意向百姓征收重税，以嫁祸于夏桀。傅说承袭了成汤时期保留下来的关市征税制度，宣告凡是违背的或抗拒不从的，一律处死，但是废除了成汤之时一些过于粗暴的做法。

傅说是武丁一朝的头号重臣，被武丁视为不可或缺的顶梁柱，甚至是自己生命中的一部分。《国语·楚语上》中记载，武丁如此形容傅说的重要性："若金，用女作砺；若津水，用女作舟；若天旱，用女作霖雨，启乃心，沃朕心。"——如果我是铁器，你就是磨刀石；如果我要渡河，你就是一只船；如果遇到旱灾，你就是那甘霖，流出你的心坎，浇灌我的心田。

武丁得到傅说的辅佐之后，殷商王朝一派繁荣，出现了盛世。

傅说因功勋卓著，死后化身为神灵，升华为天上的星宿——傅说星（即天蝎座G）。屈原《远游》中说："奇傅说之托星辰兮。"《晋书·天文志》中说："傅说一星，在尾后，傅说主章祝，巫官也。"指的都是傅说星。

然而，被殷商民族如此敬仰的一代贤臣，在甲骨卜辞中却难觅踪影。不过，出土文献上博楚简和清华简中对傅说的记载，可以跟史传文献相契合，这至少说明傅说并非完全虚构的历史人物。

傅说不见于卜辞，可能跟他的卑微出身有关。

战国中期的郭店楚墓竹简《穷达以时》中有句话："邵繇衣枲（xǐ）盖，冒经蒙巾，释板筑而佐天子，遇武丁也。"这里的邵繇显然就是指傅说。邵繇之名，均不见其他的文献记载。有人将邵繇释读为咎繇，咎繇就是尧舜禹时代的大贤臣皋陶。

传说皋陶因佐助大禹治水有功，被封于英、六（今安徽六安附近）。皋陶部落属于东夷集团，虞夏之际大举西进，占据了黄河南岸的大片地区，日后也参与了夏王朝的建立。皋陶的后裔除了部分散落在淮河流域，也有部分居住在山西南部地区。傅说有可能是上古圣人皋陶的后裔，他的最初身份并非低贱的胥靡或者庸奴，应该属于没落的贵族子弟，所以能够得到武丁的青睐。

傅说极有可能就是甲骨卜辞中的雀。

雀是武丁一朝地位显赫的重臣，他参与征伐的方国有二十多个，其中有一个就是失国。失国之君失侯，就是清华简《说命上》中的佚仲。

另外，在上博楚简《竞建内之》中，傅说的"说"原字是左鸟右戈。卜辞中雀的原字是左雀右戈，在《广雅》中也写作截。从音韵学角度来看,《诗经韵字表》中的月部下列出了曷、末、辖、黠、月、薛、屑七个字头,其中薛字头下有说,屑字头下赫然也列出截。南宋刘渊《平水韵》第九屑部中,悦、说、截同时在列。这证明了上古商周时期说和截读音上相同,都在月部,能够通假。

　　但傅说究竟是不是一个真实存在的历史人物?是否就是卜辞中的雀?在武丁一朝发挥了哪些作用?这一切尚有待日后更多的发现与研究来揭示。

高宗肜日与孝己之死

"高宗肜日"的真相

就在武丁得傅说之佐、殷商王朝逐步迈向繁荣昌盛之际，商朝发生了一件不大不小的事，给踌躇满志的武丁蒙上了一层难以挥去的阴影，这就是史载的"高宗肜日"。

高宗，是武丁的庙号。肜，是指肜祭，汉代以来的学者根据西周文献，说肜祭是祭祀之后第二天又举行的一次祭祀，在商朝称肜，在西周称绎。但在卜辞中，肜祭是五种祀礼之一，为鼓乐之祀。"高宗肜日"是殷商时期的一种祭仪，用西周礼制来解释，显然是行不通的。

殷商时期的肜祭之礼，通常有三个祀礼，即前日祀、当日祀或正祭、明日祀。当日祀，卜辞中称作肜日，是肜礼的正祭，在与先王天干日名相同的干日举行的祭礼，比如成汤的天干日名是大乙，祭成汤用乙日，同样祭武丁用丁日。简而言之，甲日祭甲名先王，乙日祭乙名先王，这就是当日祀或正祭。前日祀又称肜夕，在肜日的前一日祭，如祭甲名先王用癸日，祭乙日先王用甲日，通常在刚进入夜晚之时进行。卜辞中肜祭的明日祀，在正祭之后第二天举行，称为肜龠（yuè）。龠，是一种像竹管那样的乐器，是簧管乐器笙的雏形。祭祀之时载歌载舞，大奏器乐。

商周的肜祭，是一个特殊的祭尸礼，也就是选择一个大活人作为神尸，作为祖先魂灵的载体，然后祭祀。由谁扮演神尸，要经过占卜选定，在卜辞中称为立尸。扮作神尸的身份标准在西周时期很严格：第一是同姓贵族的嫡子；第二是男性先祖的神尸要选男性，女性先祖的神尸要选女性，而且必须是异姓的女性；第三是扮作神尸的要有贵族身份，在西周通常是男性幼童，代表孙辈。殷商时期的选尸标准可能比西周时期更加宽松，但大致差不多，武丁的太子孝己就常常在肜祭时扮作神尸。

立尸之后，要让巫师将神尸请入祭祀之所，卜辞中称为延尸。延尸的地点也需要占卜，通常在宗庙。西周时期，在正祭后的第二天，也就是肜祭之后，还要宾尸，也就是摆设酒食，酬谢扮作神尸的大活人。这就是成语尸位素餐的本意。

"高宗肜日"见于《尚书》和《史记》，两者除了一些语句略有差异，内容基本相同。

对文献中"高宗肜日"一事，有两种解读，一是武丁对成汤的肜祭，二是"高宗肜日"与卜辞中"某王肜日"相吻合，如"丙申卜，贞王宾大丁肜日"，所以应是商王祖庚在宗庙里为父亲武丁举行的一次肜祭。

但是《尚书》和《史记》中的"高宗肜日"是对殷商时期历史事件的转述，并非殷商王室档案的原文抄录，不可以简单地套用卜辞，解释为祖庚对武丁的肜祭，只能是武丁对成汤的肜祭。

武丁祭祀成汤的肜日，有一只野鸟飞入宗庙之内，立在鼎耳上，鸣叫不停，这是"小人将居公位，败宗庙之祀"的不祥之兆。

殷商民族是玄鸟的传人，是崇鸟的族群，他们深信鸟鸣是不祥之征，预示着将有灾祸发生，如有卜辞中说："丁巳卜，贞：鸟鸣□忧。"[1]这种迷信的思想深植于殷商民族的内心世界，直至千余年后的春秋时期，仍有余绪。《左传》中记载，公元前541年，有一只鸟在亳社鸣叫，声音如"嘻嘻"。没几天之后，宋国就发生了大火灾。宋人是殷人的后裔，他们视鸟鸣为灾异事件，基于根深蒂固的崇鸟迷信心理，将火灾与

---

[1] 《甲骨文合集》17367。

鸟鸣相联系起来。

突如其来的野鸟登鼎耳而鸣叫，令武丁既担忧又恐惧。贤臣祖己安慰他："不要担忧，先把朝政理好！"这个祖己就是太子孝己，他进一步开导武丁说："上天监视下民，以道义作标准。上天赐给下民的寿命有长有短，这绝非上天使下民夭寿，而是下民的自作自受。下民如有人不遵循道德，不承认罪过，上天就会责令他纠正自己的德行。他这时候才想起来'该咋办'。"

于是祖己向武丁建言，尽力为百姓办实事，不做什么违逆天意的事，还要继续按规制祭祀，也不信奉那些早该抛弃的法则。武丁听从祖己的劝谏，修行德政，为民谋利，受到百姓的拥护，殷商得以复兴。这就是"高宗肜日"事件。

"高宗肜日"虽促成了武丁中兴，却也暗示着武丁在统治的初期，施政中存在着某些重大失误，以致引来上天的警告，甚至引发灾难。

令人不解的是，当时武丁已得到梦中大圣人傅说的辅佐，不应出现重大失误。"高宗肜日"或许另有隐情，野鸟登鼎耳而鸣叫似乎与胥靡出身的傅说相关。

武丁命傅说为公，担任太宰之职，管理文武官吏，把持朝政，位高权重。傅说实行的举措不外乎行仁政、亲民、修德，其中包括废掉了成汤以来关市征税之中的粗暴做法。那些做法给百姓带来困苦，却让殷商大小贵族攫取了巨额财富，一旦废除必将触犯他们的利益。傅说由此成了殷商贵族们的公敌。

在武丁肜祭之时，鼎中肉类等祭品的香味引来饥饿野鸟的啄食，也是有可能的。祖己等王室贵族借机发难，将野鸟登鼎耳而鸣叫的不祥之征引向傅说。《尚书大传·殷传》记载，祖己说："野鸟不应当爬到鼎耳上，现在爬到鼎耳上，就是想出风头，被重用。"《汉书·五行志》将野鸟居鼎解释为小人将居公位，败宗庙之祀。因而祖己以野鸟来讽喻傅说，说傅说爬到公卿的高位，将败坏祖宗社稷。祖己意在扳倒这个看不顺眼的胥靡，以维护王室贵族的利益，或许这就是"高宗肜日"的真实情形。

在史传文献中，有关傅说的记载寥寥无几，神龙见首不见尾，不知他结局如何，执政多长时间。在甲骨卜辞中，也难见傅说的蛛丝马迹。傅说仿佛是一个风中的人物，无影无踪。再联系到武丁谅阴三年，洹北商城因遭遇大火灾而被抛弃，以及之后的太子孝己（即"高宗肜日"中的祖己）被流放而死，说明武丁在位初年，殷商社会内部出现矛盾，并发生激烈冲突，经历了一个极为混乱的动荡阶段。

洹北商城遭遇毁灭性的大火灾，大致在武丁即位最初的三五年之内，可能在武丁谅阴结束之前。火灾迹象残留在宫殿区已发现的数十座建筑基址中，几乎每一座建筑基址都刻下了大火的烙印。基址周围堆积着大量倒塌的墙体和屋顶残体，尤其是1号和2号两座大型建筑基址，它们的门道和主殿地面，都被大火烧烤成砖红色。在倒塌的烧土堆中，还夹杂着已炭化的建筑木料。如此毁灭性的火灾，有可能是一时的不慎起火，也有可能是有预谋的纵火案。由于当时缺乏必要的消防设施，扑救不及，火势迅速蔓延全城。这场大浩劫在史传文献中没有留下任何记载，但是对继位不久、雄心勃勃的武丁来说，无疑是一次沉重的打击。

武丁谅阴三年，以及流放太子孝己，虽不敢断言与洹北商城大火灾有必然的内在联系，但是从武丁这些极为反常的举措中，隐约可以看出"灾难综合征"的影子。

孝己流死背后

太子孝己，就是祖己。在祖庚、祖甲时期的卜辞中写作"兄己"，康丁卜辞中作"小王父己"，帝乙、帝辛卜辞中作"且己"。甲骨文大师董作宾认为，孝己就是卜辞中的"子渔"，此为一说。

孝己被流放，缘于武丁后妻的谗言。

孝己是个大孝子，侍奉武丁的时候一夜五起，担心武丁的被子太厚或者太薄，枕头太高或者太低。他主张行仁政，敬天亲民，是一位很有前途的王位继承者。然而命运不济，由于孝己生母早死，武丁的后妻看不惯孝己，向武丁进谗言。"寿夭多因诽谤生"，武丁一时乱性，就把孝己流放在外，孝己最后死于荒山野岭。

孝己的生母和武丁后妻分别是谁？

武丁后宫众多，地位最尊崇的是三位法定的配偶，分别是妣辛（妇好）、妣戊［妇妌（jìng）］、妣癸［妇嬕（shì）］。有趣的是，这三位配偶谁是孝己的生母，学界主张各不相同。[1]

武丁的儿子除了祖己，还有祖庚、祖甲，他们在武丁死后都登上了王位。祖庚或为妣戊（妇妌）之子，祖甲或为妣辛（妇好）之子，那么祖己的生母应为妣癸（妇嬕）。孝己是在武丁中期去世的，《今本竹书纪年》中记载，武丁二十五年，王子孝己卒于野。孝己死去的时间，大致如此，那么孝己的生母可能更早去世。所以，凡是在武丁晚期依旧健在的王妇，大概率都不是孝己的生母。

武丁三个法定配偶中，妇好及妇妌生活的年代基本相当，有武丁晚期的卜辞为证："癸未卜，贞：妇妌有子。二月。贞：妇妌母其有子。贞：妇好不延有疾。"[2]在这条卜辞中，妇妌与妇好出现在同一版卜甲上，武丁贞问的内容是妇好的病情，以及妇妌是否能够怀上孩子。可见，妇好与妇妌都是尚活于世的生人，妇好比妇妌年长。在这次贞问后不久，妇好就逝去了，妇妌成了武丁的最后一位配偶。如此一来，祖己的生母只能是妣癸。妣癸大约在武丁中期之前就故去，所以在武丁中晚期的卜辞中没留下有关妣癸的任何信息。

---

[1] 近代学者丁山认为是妣戊（妇妌），见《商周史料考证》；曹定云认为是妣辛（妇好），见《"妇好"、"孝己"关系考证》，《中原文物》，1993年第3期；左勇认为是妣癸，见《从一例〈村中南〉卜辞看孝己的生母》，《博物院》，2019年第6期。

[2] 《甲骨文合集》13931。

《史记集解》中说，祖甲有兄祖庚，祖甲有贤才，武丁想立他为太子。但是祖甲认为武丁废长立少为不义，就躲避到民间去。可见，武丁一直准备将第三子祖甲立为王储，这与祖甲的生母妇好受到武丁的宠幸有关。子以母贵，妣癸尚在世之时，祖己被立为世子。不久，妣癸故去，武丁宠幸妇好，又准备改立祖甲。

但是向武丁进谗言的不一定就是妇好，更可能是妇妌。因为妇妌的地位比妇好高，妇妌与武丁同葬一个墓地，而妇好被葬在王陵区之外的洹河对岸。妇妌墓葬的规格和随葬品都比妇好高出一个等级，所以妇妌才是武丁权倾一时的第一夫人。妇妌希望己出的祖庚登上王位。

为什么祖甲没有在武丁死后继位？一是祖庚为长兄，嫡长子继承王位或废长立少不义的观念深入人心，阻碍了武丁的废立；二是祖甲因妇好的逝去而失势，在妇妌的强力干预下，祖庚名正言顺地成了储君。至于文献所载祖甲以废长立少不义，逃亡民间，应该是指祖甲在跟祖庚的权力斗争中落在下风，被迫出走，流落民间。

武丁谅阴三年、梦得圣人傅说、"高宗肜日"、孝己流死，以及洹北商城大火灾，这一连串看似没有任何内在关联性的零碎信息，实则隐露出贱民与贵族之间，新旧贵族之间，王室贵族之间，多重矛盾交织在一起，成为武丁即位初期的主旋律。这个乱无章法的主旋律愈演愈乱，以洹北商城的一场大火而终止。这也是中商阶段一个特殊的转型期，经过一次次阵痛之后，商朝终于迎来了鼎盛一时的"武丁中兴"。

武丁的新殷都

殷墟建筑及其发掘

武丁中兴的起点是营建洹水以南的"武丁之殷"。

"武丁之殷",就是今天的安阳小屯殷墟。在洹北商城最晚阶段,或者失火之前,也可能在武丁即位之前,小屯就是拥有一定人口的聚落,属于"盘庚之殷"的一个外围居民点。武丁在这个聚落的基础上营建了一座新都城,后续的商王经过两百多年的扩充,使其成为一座气势恢宏的王者之都。

殷墟是商代后期都城遗址。在今河南安阳小屯村及其周围。商代从盘庚到帝辛(纣),在此建都达二百多年,是中国历史上可以肯定确切位置的最早的都城。1899年在此发现占卜用的甲骨刻辞。从1928年考古发掘至今,先后发现宫殿、作坊、陵墓等遗迹及大量生产工具、生活用具、礼乐器和甲骨等遗物。如今的小屯殷墟遗址东西、南北跨度各约6千米,总面积超过36平方千米,是先周时期规模最庞大的都城遗址。

对殷墟文化的分期已形成一个较为成熟的体系。殷墟一期,属于武丁前期,约公元前1350年至公元前1250年。殷墟二期,武丁后期,祖庚、祖甲时期,约公元前1250年至公元前1200年。殷墟三期,含廪辛、康丁、武乙、文丁时期,约公元前1200年至公元前1100年。殷墟四期,含帝乙、帝辛时期,约公元前1100年至公元前1046年。

安阳殷墟的城市格局是这样的。

宫庙区在洹水以南的小屯村、花园庄一带,王陵区在洹水以北的武官村以及侯家庄村北约800米处的高地上，手工业作坊区成片分布在宫殿区或王陵区周围。

城市内的交通道路有宽、中、窄三种，已经发现三横两纵的主干道，宽度均超过10米，甚至20米，都是用鹅卵石、小砾石、残陶片、碎骨头铺就。其中南北纵向的主干道直通向小屯宫殿区。在洹水以南，还开凿了一条西北至东南流向的水渠，在水渠的东端以及宫殿区的南边挖有支流，为城市南部的手工业者和普通居民供给水源。

宫庙区是安阳殷墟的核心区，也是整个殷商王朝的脏腑之地，魂魄精神的寄所。宫庙区总面积约70万平方米，地势较高，东、北两面有洹水绕过，西、南两面则有壕沟与外围区隔开来，形成一个相对封闭的空间，以确保宫庙区的安全。

宫庙区已发掘的56座单体夯土建筑基址，呈狭长带状南北纵向分布，考古学家们将其划分成甲、乙、丙、丁四个组块。

甲组基址位于宫庙区的最北端，包括十五座基址。主体建筑是甲四、甲六、甲十一、甲十二、甲十三等五座基址。这五座基址之间相对独立，较为分散。但是可以分为南、北两个单元。北单元以甲四、甲六两座基址为核心，其他包括甲一、甲二、甲三、甲五、甲七、甲八、甲九、甲十基址，以及围绕在上述基址附近的诸小型基址。南单元以甲十一、甲十二、甲十三基址为核心，其他包括甲十四、甲十五以及最新发现位于该群基址南端的正方形、长方形基址。根据考古发掘的遗迹遗物，结合卜辞、金文等出土文献，以及史传文献中有关先秦宫室建筑的记载，可以认为甲组基址属于寝宫性质，是商王及其后宫的燕寝之所。其中甲四、甲十一、甲十二、甲十三等基址可能是"寝殿"所在和飨宴之处。

乙组基址位于甲组基址的南面，共发现二十一座夯土基址，又可分为六个小单元，由北而南依次纵列。乙一基址为乙（一）单元，呈正方形，用纯净黄土夯筑而成，旁侧有虎、猪等牲品。乙二、乙三、乙四、

殷墟宫庙区平面图

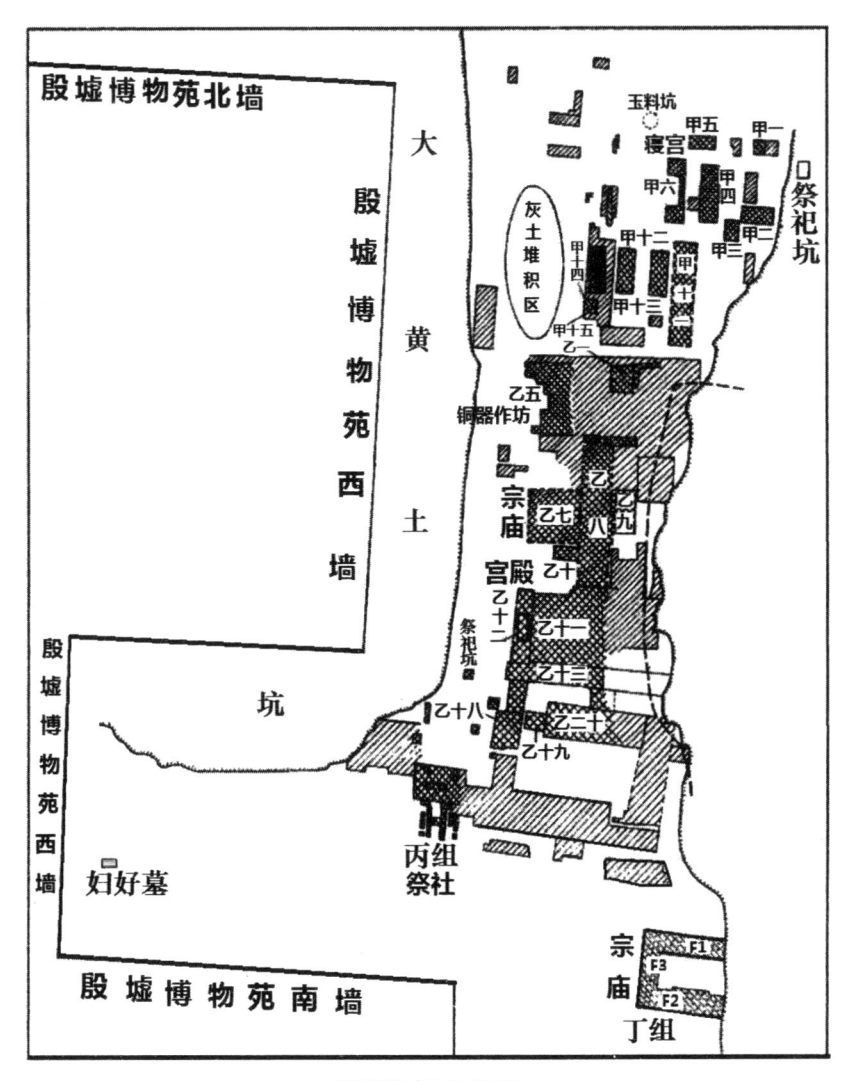

乙五、乙六基址为乙（二）单元，主体是乙五基址，所属建筑为坐北朝南的四合院式建筑，乙二基址或为乙五基址的一部分。乙三、乙四基址分别是乙五基址南门外的附属体。乙六位于乙五西侧，性质不明。乙八、乙九、乙十基址为乙（三）单元，主体乙八基址是南北向的长条建

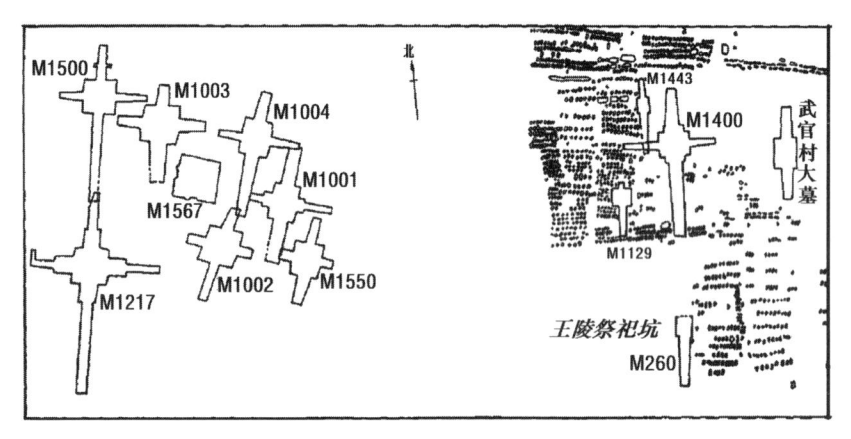

安阳殷墟王陵区

筑基址。乙七基址为乙（四）单元。乙十一、乙十二、乙十三、乙十四、乙十五、乙十七和乙二十一等七座基址为乙（五）单元，属于以乙十一基址处为主殿、乙十三基址处为南庑、乙十二基址处为西厢的一组四合院。乙十六、乙十八、乙十九、乙二十等四座基址为乙（六）单元，其中乙二十基址处是北殿，乙十九基址处是耳庑，乙十八基址处是西廪。乙组基址大部分属于朝堂或宫殿性质，是商朝统治者上朝理政的办公之所，但也有部分是神主所在的宗庙。其中乙一基址居于最北之中，应该是一座宗庙建筑物，而乙五基址附近发现铸铜作坊遗迹，所以有可能是一处铸铜场所。乙七基址处是宗庙，则已成为共识。

丙组基址位于乙组基址的西南面，由十七座建筑基址组成，四周还有一些祭祀坑，牲品包括人（奴隶或战俘）、羊、猪、牛等。布局上，以丙一为核心，在其南面，基址呈东、西对称状分布。其中丙二、丙十一大致位于中轴线上，东侧包括丙四、丙八、丙十二、丙十三、丙十五、丙十七，西侧包括丙三、丙七、丙九、丙十、丙十四、丙十六；在其北面，丙五、丙六基址分列左右。丙组基址应当属于社坛性质，是商王求雨、祈年丰收的祭社。

丁组基址位于乙二十基址东南约80米处，属于大型的凹字形建筑群，包括F1、F2、F3三座单体建筑物。从所处位置和建筑规模来看，丁组基址应是乙组基址向南的延伸与扩大，性质属于宗庙，商王在此祭祀殷商民族的先祖先公。

王陵区位于洹水北岸的武官村与侯家庄一带，东西长约450米，南北宽约250米，可分为东、西两区，东区以祭祀坑为主，西区以大墓为主。王陵区共发掘13座大墓，包括1座空大墓，此外还有两千余座陪葬墓或陪葬坑。

东区有5座大墓，均南北坐向，墓形呈"亚"字形、"中"字形或"甲"字形，应为王陵，包括四墓道的M1400，可能是祖甲之陵，两墓道的有三座，M1129、M1443、WGKM1。WGKM1也被称为武官村大墓，可能葬的是武丁配偶妣癸，或者太子孝己（孝己在卜辞中也称为"小王"，纳入周祭祀谱，说明死后享受王的待遇，但不是真正的王）；单墓道的M260，著名的司母戊鼎就在这里出土，所以M260有可能是武丁配偶妣戊（妇妌）之陵。

司母戊鼎又称司母戊大方鼎，被认为是商王祖庚为祭祀生母妣戊而铸造的，发掘于1939年3月19日，正值抗日战争硝烟弥漫之时。大方鼎通高133厘米，器口长110厘米，宽78厘米，重达832.84千克，为世界青铜器之巨无霸。鼎身四周方形素面，镌刻着形象可怖的饕餮纹饰，其方正刚直的外廓，让人视而顿生庄严肃穆之感，既神圣又令人敬畏，震颤心灵，是这个铿锵青铜王朝的标志物之一，也是殷商王朝坚如磐石、屹立五六百年之久的象征。

西区有8座大墓，密集排列。西区最西边的是M1500（武乙之陵）和M1217（文丁之陵）。M1217是殷墟王陵中规模最大的一座，墓室长、宽都超过18米，深度超过15米；四条墓道中，尤以南条最长，超过60米，北条墓道的长度也有41米多。西区最东边的是M1001（武丁之陵）和M1550（祖庚之陵），居中的M1567只有墓室而无墓道，被认为是末代商王辛受（纣王）的陵墓。牧野之战时，纣王披挂金玉珠宝自焚，殷

司母戊鼎及其腹部内壁铸铭

中国国家博物馆已将"司母戊鼎"更名为"后母戊鼎"。其缘由是甲骨文字体较自由,可以正书也可以反书,"司"和"后"实际上是同一个字。而"后"本意更接近"商王之后",表明了墓主的身份。

商王朝旋即灭亡,所以未能入葬。M1567外围环绕着M1002(康丁之陵)、M1003(帝乙之陵)、M1004(廪辛之陵)三座大墓。

  令人惋惜的是,殷墟王陵在20世纪30年代发掘之时,早已全部被盗。根据早期盗坑遗留的殷商晚期及西周陶片可知,约在商末周初,殷墟王陵就沦为盗贼的寻宝之地。但也有学者认为,最早的盗坑年代上限在西周早期晚段,可能在西周中期才被盗窃。在被认为是武丁王陵的M1001大盗坑中,发现了"开元通宝"的铜钱,还有淡绿色或白色陶瓷残片,以及铁钉、铁块等,说明直至两汉、隋唐,殷商王陵都是"摸金校尉"们垂青的目标。

  宫庙区和王陵区分居洹水南北,相距两三千米,是殷商最高统治阶层生前和身后的栖息之所。从揭示出来的考古面貌来看,三千多年前,这儿是一个繁华的大城市,总面积逾36平方千米。据估算,殷墟总人口常年保持在4.5万人至14万人之间,以7万人可能性最大。这在当时同期的文明遗址中是无与伦比的。

殷墟文化与甲骨文

殷墟商城是经历了两百多年的营建及不断扩充，才有了如此庞大规模的。安阳殷都的大规模营建，开始于商王武丁。武丁之前，或相当于洹北商城的最晚期（约小辛、小乙时代），洹水以南的小屯村一带就是殷商贵族的族居地。

这个时期的遗存包括著名的"小屯三墓"（YM232、YM333、YM388），出土的铜器组合皆以两套觚、爵、斝为核心，并搭配数量不等的鼎、罍、瓿、盘等器物；宫庙区甲四基址东5.7米处的87H1灰坑，出土的陶器年代较早，属于殷墟一期偏早阶段，也就是在武丁之前。小屯村之外，尚有三家庄、苗圃北地、白家坟西地等处的墓葬或房屋遗址，年代也很早。安阳殷墟宫庙区曾经分布着中商时期的大量遗存，所以有理由相信，宫庙区的甲组基址实际上是洹北商城时期的一个外围居民点。

洹北商城与小屯殷墟商城虽然地域相接，年代也先后承接，但两者无论从年代、布局特点，还是文化内涵来看，都是两座不同的城市，并非"一城两区"。

殷墟一期早段的主要发现集中于小屯村一带，或许当时这儿就称为"衣"，后来转变为"殷"。到了一期晚段（武丁即位初年），居民点不断地向西南延伸，殷墟的面积急剧扩大，殷墟文化也逐渐兴旺起来。

此兴彼废，洹北商城迅速衰落下来。这是因为洹北商城在最晚阶段突遭毁灭性的火灾，武丁被迫撤出已经有数十年历史的都城，迁往洹水南岸的小屯村一带。洹北商城内的原有居民也紧急疏散开来，整座城市空空如也，洹北商城因此彻底荒废了。

武丁吸取了洹北商城大火灾的教训，将小屯殷墟的宫庙区紧贴着洹水筑建。在殷墟发掘过程中，也确实鲜有大火灾的迹象。这意味着当时对城市消防重视程度很高，洹北商城的惨象让世人痛心疾首，谁都不想看到灾难重演。

武丁南迁小屯村之后，对建设新都城作了预先的规划。首先营建的是宫殿区的甲组基址，其中甲十一基址最早，甲四、甲六、甲十二、甲十三等基址年代相近。

宫殿区正南面130米处的丁组基址，修建年代也不晚于武丁早期。丁组基址属于宗庙，一直沿用至殷商灭亡。丁组基址中的F1房基出土残豆盘一件，豆形似高脚盘，是盛放食物的器皿。F1房基南面门前埋有数个祭祀坑，坑内主要是被砍掉头颅的人骨架，以及被砸碎的陶器残片。F2房基发现两件圜底罐，均已上腹残缺。其中一件圜底罐内埋有一件铜封口盉（盛酒器）。铜盉鋬（提手）下赫然镌刻着"武父乙"三个字。"武父乙"明显指的是武丁之父——商王小乙。武丁时期的卜辞中，盘庚、小辛、小乙合称为"三父"。由此可见，丁组基址应是武丁南迁后，为祭祀"三父"而修建的宗庙。

在整个殷墟遗址，武丁之前的文字刻符非常罕见，真正是凤毛麟角，但也不是没有。小屯南地H155灰坑中挖掘出一片刻有卜辞的甲骨，编号为《屯南》2777；小屯北地YM331墓葬中也发现了刻辞卜骨，上有"□未卜，安□（御）不歺"几个字，它们的年代相当于盘庚、小辛、小乙时代；宫庙区甲四东的87H1灰坑中，出土一件陶盆，刻有陶文，还有一件将军盔中也发现朱书文字，一共六个字，年代属于殷墟一期偏早阶段，即盘庚、小辛、小乙时代，字形与武丁时期的甲骨文相同。

可见武丁之前，甲骨卜辞还不是很发达。到了武丁在位期间，大量刻有卜辞的甲骨涌现出来，遍及殷墟遗址各个角落。武丁时期的甲骨文已经是一种字体稳定、文例规范的成熟文字，意味着殷商文化在这一时期臻于极盛。迄今为止共发掘出15万片武丁之后的刻辞甲骨，字符总数由寥寥数个激增至4500个，现已辨识出2800个，堪称中华文化的"寒武纪大爆炸"！所以有理由相信，甲骨文的成熟与繁荣，产生于武丁盛世。

甲骨文，是商王武丁留给华夏民族最宝贵的文化遗产和精神财富。

第9章

武丁中兴

贞人与甲骨卜辞

贞人群体的兴盛

武丁时期的甲骨文高度繁荣与发达的背景，是贞人群体的兴盛。

殷商时期见于卜辞的官吏有外廷政务官和内廷事务官。外廷政务官包括尹（最高决策官）、卿士（中级行政官）、作册（西周称作册内史）、巫、卜、士、史等，内廷事务官包括犬（专责狩猎）、小臣、卫、射、亚等。除此之外，在商王身边，还有一个特殊的群体——贞人。

贞人主要负责占卜，预测吉凶，与鬼神对话。

占卜时，一般取用光滑的龟甲或者牛肩胛骨。如果用的是龟甲，一个完整的占卜过程包括五道程序。第一是取龟，龟人择取乌龟，而后攻龟，即杀龟卸甲。第二是烧龟，菙（chuí）氏（古官名。掌灼龟之木，用于占卜）准备灼龟甲的燃料，贞人"扬火以作龟"[1]，用炭火烧灼龟甲的背面，倘若龟甲有钻凿之处，就将炭火置于钻凿处，倘若有凿无钻，

---

[1] 《周礼·卜师》。

就用炭火烧灼凿处（通常在左或右）向中缝的一侧。钻凿处较其他部位薄弱，受热时会率先爆裂，裂纹纵向者为兆干，称之为"墨"，与兆干相交者为兆枝，称之为"坼"。第三是命龟，在灼龟甲之时，贞人祷告所占卜之事。第四是释龟，贞人根据龟甲正面的裂象断定吉凶。至于吉凶判断的标准，不得而知。然后贞人将占卜的内容契刻在龟甲上，这就是人们常说的甲骨文，有时候也叫契文。契刻的工具通常是青铜小刀或者锥。第五是验龟，占卜结束后，贞人并不马上扔掉甲骨卜辞，而是把所占卜之事置之脑后，过了几天后还要将事态结果，补刻在相关的卜辞之后，通常称为验辞。

在武丁时期，有时候会对卜辞作特殊的处理，字大的要涂抹以朱砂，俗称涂朱，字小的要抹黑，俗称涂墨。武丁之后，这一情况就不复存在了。占卜过程全部完成之后，贞人会将那些卜甲或者卜骨集中置入一个挖好的窖穴，作为王室档案保存起来，有时候也会把一些甲骨当作废弃物，随手扔进垃圾堆中。

在整个占卜过程中，主持者或断定吉凶的贞人是关键性的角色。贞人专职负责占卜（卜卦问事）、释兆（根据龟甲兽骨的兆痕解读吉凶），他们属于殷商王朝的精英分子，谙习天文历法，熟练掌握甲骨文，并凭借这一特长，垄断殷商王朝的宗教祭祀活动。

根据近代学者董作宾的考证，甲骨卜辞中的贞人超过120人，其中武丁时期有73位，祖庚及祖甲时期有22位，廪辛及康丁时期有18位，武乙时期有1位，帝乙及帝辛时期有6位。自廪辛、康丁以后，由于大多数卜辞不署贞人之名，卜辞上的贞人数量锐减，武乙时期几乎绝迹。这一现象反映了贞人群体在武丁时期最为活跃，他们拥有很高的政治地位。高级贞人参与商王的政治决策，甚至控制中枢权力。数量最为庞大的则是低级贞人，他们遍及整个社会层面，他们的言行会对民众的舆情产生重大影响。所以，贞人绝对是殷商后期不容忽视的一支政治、宗教力量。

贞人是伴随着原始的宗教祭祀、占卜迷信活动而产生的，脱胎于原始巫师。在相当于契、昭明之际的涧沟文化遗址中，发现了龟甲，此应属于占卜祭祀时用来沟通鬼神的器具。它们的主人就是最初的贞人。到上甲微时期，随着政权的稳固、官制的完善，一个负责占卜祭祀的专业集团——贞人也随之出现。

殷商前期，贞人群体的领袖就是大巫师，充当天帝、先祖以及各种自然神灵的代言人及其旨意的执行者，并借此垄断了殷商社会的政治、经济、宗教、文化等事务，位高权重，甚至可以废立商王。如《尚书·君奭》中记载："昔成汤既受命，时则有若伊尹，格于皇天；在太甲，时则有若保衡；在太戊，时则有若伊陟、臣扈，格于上帝，巫咸乂王家；在祖乙，时则有若巫贤；在武丁，时则有若甘盘。"这里的伊尹、保衡、伊陟、巫咸、巫贤等应该都是大巫师。

经过数百年的发展之后，贞人势力在殷商社会根深蒂固，各个支派之间围绕商王，展开你死我活的残酷斗争。商王如同孱弱的傀儡，无能为力，为了巩固王权，不得不依靠一个贞人集团，去反对另一个贞人集团。武丁初期的谅阴三年、"高宗肜日"、孝己流死、洹北商城大火灾等这些不同寻常的事件背后，或许都可以看到晃动的贞人身影。

卜辞中的贞人记录

对武丁时期及之后的15万片甲骨卜辞的研究，已然成为一门显学，被称为甲骨学。

通常按照卜辞的性质，甲骨卜辞分为王卜辞和非王卜辞，王卜辞就是商王作为主体的卜辞，非王卜辞也称为子卜辞，就是其他贵族作为主体的卜辞。按照小屯村的出土地点，又可分为村北系列、村中南系列。按照贞人名字，又可分为若干组，并以最具代表性的贞人来命名。其中师组卜辞为村北、村中南系列的共同起源，宾组、子组、非王无名组、出组、何组、黄组为村北系列，历组、王无名组、无名黄间类为村中南系列。大致情况如下表：

卜辞中的贞人分组[1]

组	出土地点	包含贞人	年代
师组	小屯村北居多	扶、师、勺、叶等	武丁早期至武丁中期
宾组	小屯村北	㱿（hù）、宾、争、内、者、韦、永等	武丁中期至武丁晚期
子组	小屯村北	子、余、我、巡、䄂（cì）等五人	武丁中期
非王无名组	小屯村北	未见贞人	武丁中期
午组	小屯村北	午等	武丁中期或略偏晚
历组	小屯村中南	历	武丁中晚期至祖甲早期
出组	小屯村北	兄、出、大、逐、喜、旅、洋等	祖庚、祖甲
何组	小屯村北	何、彭、宁、狄、口等	祖庚、祖甲至武乙前期
王无名组	小屯村中南	未见贞人	廪辛、康丁
黄组	小屯村北	黄	文丁至帝辛、帝乙

武丁早期，主要的贞人是扶、师。扶属于老字辈的人物，他成为武丁的左膀右臂之时，师才刚刚莅职。而另一贞人勺年纪尚幼，可能是个入门级的占卜者，资历较浅，因而无法在武丁早期的卜辞中留下自己的名字。

著名的㱿、宾、争"三人小组"，则是崛起于武丁中晚期，显赫一时的风云人物，有时候三位贞人会在同一版卜辞中出现。

在宾组卜辞中，约有47名贞人，其中有同版现象的贞人27名，他

---

[1] 无名黄间类，是由无名组向黄组过渡的一个类别。此表参考李学勤、彭裕商：《殷墟甲骨分期研究》，上海古籍出版社1996年版。

们或属于同一机构,说明在商王身边确实存在一个贞人集团。 殷、宾、争应该是武丁朝这个贞人集团的核心人物。除这三人外,其他成员尚有亘、永、内、韦、古、泳、品等二三十位。他们贞卜问事的内容无所不包,如求风雨祈丰年,问卜武丁的梦、疾病,主持祭祀山川社神、殷商的先公先王先妣,追随武丁外出狩猎,并记录下每一次狩猎的收获等。

殷、宾、争等贞人都是武丁的私人秘书,与武丁朝夕相伴,鞍前马后服侍着他。有时也充当政治顾问,甚至进入王朝的最高决策圈,相当于武丁的智囊团。像伊尹那样"布图陈策,以明法君法臣",参与谋划诸如攻伐方国、部落之类的军政大事。

殷、宾、争主持或参与殷商王朝的各种宗教、祭祀、征伐、农桑等活动,是武丁不可或缺的辅政臣僚。武丁中兴的功劳簿上,也应该给殷、宾、争三位贞人记下浓重的一大笔。

殷是所有卜辞中出镜率最高的贞人。争、宾则是精通天文历法的高级知识分子,绝非不学无术、招摇撞骗之人。中国古代最早的月食记录——宾组卜辞中的五次月食,均出自贞人争、宾操刀贞问的卜辞。

宾组卜辞五次月食包括:

"旬壬申夕月有食。"

"癸未卜,争贞:翌甲申易日?之夕月有食。甲阴,不雨。"

"癸未卜,争贞:旬亡祸?三日乙酉夕月有食。闻。八月。"

"己丑卜,宾贞:翌乙未酒黍登于祖乙?王占曰:有咎,不其雨?六日甲午夕月有食。"[1]

"己未夕向庚申月有食。"[2]

经过精密计算,可以推测出这五次月食记录发生的确切日期,癸未夕月食发生于公元前1201年7月12日,甲午夕月食发生于公元前1198

---

[1] 见《甲骨文合集》11482—11484。

[2] 见《甲骨文合集》40204。

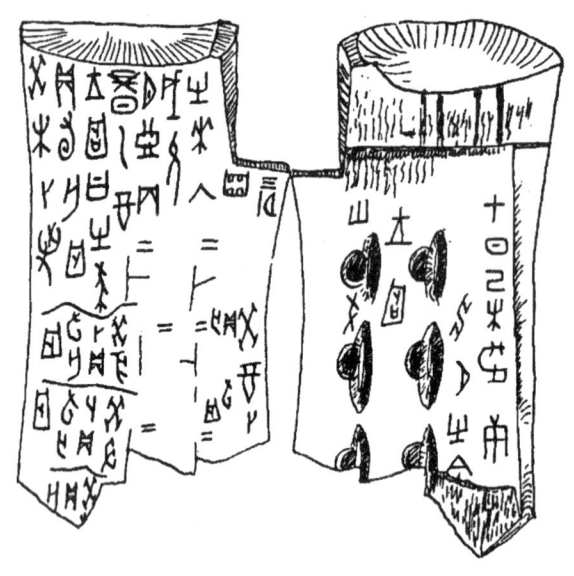

记载武丁月食的卜辞

左边为甲骨卜辞正面,右边为甲骨卜辞背面。背面文字为:王占七日己未夕向庚申月有食。(《甲骨文合集》40610)

年11月4日,己未夕、庚申月食发生于公元前1192年12月27日,壬申夕月食发生于公元前1189年10月25日,乙酉夕月食发生于公元前1181年11月25日。在这个年代框架下,确定武丁结束于公元前1192年。而壬申夕、乙酉夕这两次月食发生在武丁的儿子祖庚一朝。再根据《尚书·无逸》所载的"高宗享国五十九年",由此确定了武丁大致的在位时间,约公元前1250年至约公元前1192年。[1]

夏商周三代模糊不清的年代框架有了初步的划分依据,这应当感谢三千多年前的殷、宾、争三位贞人。

---

[1] 参见《夏商周断代工程1996—2000年阶段成果报告》第57页。

殼、宾、争三人地位不相上下，名望相仿，共处一个机构，难以避免严重的瑜亮心结。

宾组卜辞中，殼、争同版的有115片，殼、宾同版的有76片，宾、争同版的有68片。可见三者之间，殼与争走得较近，而宾与殼、争二人的关系并不妙。殼、争在贞卜时，宾看不下去了，只是碍于武丁的面子，才不敢走开，但在心理上早已疏远了。从卜辞所反映的信息可看出，殼、争结为同党，一起排挤宾的迹象非常明显。他们视宾为眼中钉，甚至公开诅咒这个对手早该被武丁罢免了。

譬如殼贞卜了两条卜辞："殼贞：我其已宾，乍帝降若？殼贞：我勿已宾，乍帝降不若？"[1]第一条卜辞是说，如果武丁将宾罢免了，上帝就会降下福报。第二条卜辞是说，如果武丁不罢免宾，那么上帝就会降下灾祸。这是贞人殼盼望着宾失宠，甚至倒台。

再看另一条争的卜辞："甲戌卜，争贞：我勿将自兹邑殼，宾已，则若。"[2]可见贞人殼也有自己的领地，而且以邑为姓。这条卜辞是说，在一次贞卜中，争与殼私下勾结，两人一口咬定，只要罢免了宾，就万事大吉了，天将降祥瑞。

这次占卜之后，殼一直密切关注宾的动向，期待能以神灵的名义，把他扳倒。殼占卜的一条卜辞上说："辛卯卜，殼贞：我勿已宾，不若。"[3]这是殼在卜问，宾是否已经被武丁免职了。

然而，武丁令殼、争二人大为失望。武丁很英明，洞悉了殼、争的心机，或者驭众有术，搞权力平衡，因而并未听信殼、争两位贞人的一面之词，将贞人宾夺职。直至武丁末年，宾的身份仍然是贞人，没有丝毫的改变。

在一版武丁最晚期的卜骨正面，殼、争、宾三人小组再次同版，而

---

[1] 《甲骨文合集》6498。

[2] 郭沫若：《殷契粹编》1117版。

[3] 《甲骨文合集》15196。

卜骨背面却出现了另一个贞人大。贞人大见于出组卜辞，主要活跃于祖庚、祖甲时代。他在武丁时期的卜辞中露面，仅此一次。正所谓不是冤家不聚头，㱿、争、宾三人相爱相杀了十几二十年，在武丁的最后时刻，仍然还要凑在一起。

此情此景，㱿、争、宾三人想必心里都不会好受吧。

在宾组卜辞27位具有同版关系的贞人中，有16位与争没有同版，或者很少同版，但他们与㱿、宾拥有较多的同版关系，说明㱿、宾曾经与这16位贞人结成另一个贞人集团。这个贞人集团的年代应早于㱿、争、宾共存的贞人集团。后来争的加入，形成新的贞人集团。贞人之间为了争宠而钩心斗角，成为武丁盛世一道独特的风景线。

到了祖庚、祖甲时期，一朝天子一朝臣，㱿、争、宾也年老力衰，渐渐退出了历史舞台，最后被出组的兄、出、大等新生代贞人所取代。鼎盛于武丁时代的贞人势力也随之江河日下了。

王的女人：尚武崇军

武丁的统治时间长达五十九年，缔造了殷商王朝最富强、最繁荣的黄金年代。然而司马迁对武丁的记载只有两百三十个字，史事也仅仅"谅阴三年""梦得傅说""高宗肜日"等寥寥二三件。这对将殷商文明推向巅峰的伟大君主而言，实在太委屈了。多亏了殷、争、宾等贞人怀着崇天敬祖的虔诚之心，一丝不苟地对当时的占卜祈祷作了忠实的文字记录，才能让今人得以窥探武丁生前的某些历史细节，包括后世君王讳莫如深的宫闱生活。

武丁身边，除了贞人集团，还有一个很重要的群体——后宫嫔妃。

武丁在位时间长，精力旺盛，欲望强烈。据学者胡厚宣考证，武丁的后宫王妇多达六十四位，儿子粗略估计也有四五十位。王妃中有的留在宫中，生儿育女，有的获得封地，有的负责祭祀，有的率领军队攻伐敌对的方国。出外的王妃无疑是武丁最信任的使臣，她们每年都要好几次往返于封地与殷都之间，向武丁述职，进献贡品，犹如牛马一般，被武丁任意驱使。

武丁时期，王妇扮演着三种角色。首先是商王的配偶，王妇为商王生儿育女，繁衍后代，同时身后享受隆重的祭礼。其次是政治生活中的助手，殷商民族从原始氏族脱胎的时间较短，不过四五百年而已，所以母系氏族社会的色彩并未完全消亡。王妇主持祭祀活动，甚至统兵作

刻有妇好名字的卜辞
（左数第二列二、三字为"妇好"）

战，从事外交活动，凡是男权的领域，王妇都可以涉足。第三是方国首领角色，王妇拥有自己的封地和奴隶，独立经营自己的田产，经济上的富庶直接决定了她们有较高的社会地位，同时也承担其他方国首领那样进贡纳赋、召集军队跟随商王出征的义务。

武丁早年的王妃，见于师组卜辞中最重要的是妇鼠，她至少为武丁生育过两个孩子。除此之外，尚有妇白、妇兀、妇姪、妇斋（zhǐ）等王妃。

武丁三位法定的配偶，都出现在宾组卜辞中，她们是妣辛（妇好）、妣戊（妇妌）、妣癸（妇嬕）。

妣癸（妇嬕）在武丁中期之前就故去了，她的儿子很可能就是孝己

（祖己）。妣辛（妇好）、妣戊（妇妌）同为武丁的妃子，妣辛略为年长。她们的分工不同，妣辛侧重于外政，诸如出巡狩猎、征伐方国，但有时也负责主持王室祭祀活动；妣戊侧重于内务，诸如管理占卜用的龟甲及王室档案，也有自己的领地，负责劝课农桑等。

在武丁的庞大后宫中，妇好无疑是最耀眼的一位王妃，卜辞中有关妇好的占卜超过两百五十条。妇好是她的生称，死后庙号为辛，祖庚、祖甲称呼她为母辛。在帝辛、帝乙时代的卜辞中，则称作妣辛。好为姓，意即来自好姓部落的女子，也是子姓，可能与殷商王室同族，因而妇好生前备受武丁的宠幸。

妇好有时也兼掌占卜机构，是殻、争、宾等贞人集团的顶头上司，所以与殻、争、宾三位贞人相处得十分融洽。如卜辞有云："妇好示五。宾。"[1]这是贞人宾在妇好检视卜辞档案时，给她看了五片龟甲。宾似乎受宠若惊，特意记录下此事。

在宾组卜辞中，更多的是记录了武丁对妇好的种种关怀与宠爱，从身患小疾至怀孕生子，再至染病而去，无不充满了一个君王对妃子的脉脉温情。这让冷冰冰、黑黢黢的龟甲瞬间有了鲜活的生命，散发出人性的温馨。如卜辞有云："贞：勿于妣甲御妇好龋。"[2]这是说，妇好有龋齿，吃东西老犯疼。武丁让人占卜了一下，是不是殷商先妣甲对这个王妃不满意。妣甲，可能是示癸的配偶，也可能是祖辛的配偶。武丁还特意为妇好举行了一次禳除灾祸的御祭。

又有一次，妇好肚子突然疼痛。武丁赶紧让贞人殻占卜一下，什么时候可以好转。卜辞上说："丙辰卜，殻贞：妇好疫（yòu）延龙。"[3]根据《尔雅·释诂》的说法，龙，和也，意思是说妇好的病情得到了缓和。

当然，妇好是武丁的嫡妻，武丁最关心的是王室子嗣昌盛，希望

---

[1]　《甲骨文合集》938。

[2]　《甲骨文合集》13663。

[3]　《甲骨文合集》13712。

妇好能为自己生下一男半女。不料同房了许久，妇好的肚子一点动静都没有，武丁很着急，让贞人宾卜了一卦："丁酉卜，宾贞：妇好有受生？"[1]贞人宾占卜的结果很吉利，妇好已经怀上了。贞人𣪊不想让好事都被死对头占去了，也来凑一脚，占卜说武丁之父小乙会保佑妇好的。

武丁为此兴奋不已，但是很快他又对妇好及肚子里的"龙种"忧心忡忡，有条卜辞上说："丙申卜，𣪊贞：妇好身弗以妇死？"[2]这是武丁担心妇好和胎儿出了意外，让贞人𣪊占卜了一下。

终于熬到了分娩之日，武丁的神经又紧绷起来，命令贞人𣪊占卜妇好的预产期及婴儿性别。很显然，武丁迫切希望妇好产下男婴，以继承王位。卜辞中有关妇好生育之事多达三十余条，而且绝大多数由贞人𣪊负责占卜。

卜辞中，占卜妇好分娩的月份有五次，时间分别是一、二、四、五、十月，这不可能是同一次生育的贞问，至少应有三次生育。其中有一次产下一女，可惜女婴死于难产。

或许是这次悲伤的意外给妇好的身心健康带来了损害。妇好精神恍惚，经常做噩梦。武丁非常忧心，为她多次贞问。占卜的结果是武丁之父小乙的魂灵作祟，降灾祸于妇好。妇好长期征战，积劳成疾，终于故去。有暗示妇好死去的卜辞："贞：妇好不其死？"[3]

妇好一生中最传奇的事就是挂甲出征，攻伐敌国，堪称历史上最早的巾帼战将。妇好征战的方国有五个，分别是土方、下危、巴方、尸方（东夷）和龙方，堪称实至名归的一代女战神。妇好死后，武丁对她生前的英勇善战怀念不已，以至于在一次讨伐吾（gōng）方的战争中，武丁让贞人𣪊占卜，祈求妇好的英魂保佑商军顺利击败敌人。

妇好死后，葬于殷墟宫庙区的西南侧，即小屯村北略偏西约一百米处的五号墓（编号为76AXTM5）。在妇好陵墓之上，是一座规模与墓葬

---

[1] 《甲骨文合集》13925 正。

[2] 《甲骨文合集》10136。

[3] 《甲骨文合集》17063。

相近，而且恰恰坐落在墓口之上的房基（编号为76AXTF1）。房基呈长方形，转角近圆形，门道朝东，建于妇好入葬后不久。

这座房基与一条卜辞中的"母辛宗"有着直接的关系。这条卜辞是："甲申卜，即贞：其侑于兄壬于母辛宗。"[1]即祖甲时期的贞人，所以"母辛宗"应该是祖甲为祭祀生母妣辛（妇好）而筑建的宗庙，也就是五号墓（妇好墓）之上的房屋。

妇好墓葬南北长5.6米，东西宽4米，深7.5米，虽不算很大，但在发掘的时候位于积水之下，用水泵抽了两天的水，才清理完竣，因而得以侥幸逃过盗贼的劫掠，墓室保存完好。由于长期在水面下，年代久远，因而发掘时尸骸已荡然无存。但是出土的随葬品极其丰富，多达1928件，包括青铜器468件，玉器755件，还有数量众多的石、骨、象牙、陶器、货贝等。妇好墓是殷商大、中型墓葬中保存最完整的一座，其意义十分重大。

妇好墓俨然是殷商青铜器的一个小型博览会，各种青铜器皿应有尽有，琳琅满目，总重量超过1624千克，是整个青铜王朝的缩影。单个墓葬就有数量如此之多的青铜器物，殷商时期青铜铸造业之发达由此可见一斑。

其中青铜礼器210件，铿锵华丽，造型奇特，向世人全方位地展现出一个鼎盛青铜王朝的皇皇气象。这些青铜礼器大都安放在棺椁的北、东、西三面。

北面由东往西，代表性青铜礼器依次有：

司母辛大方鼎，出土时完整，通高0.8米，口长0.64米，宽0.48米。鼎身铸饰饕餮纹、夔纹，内壁中部有铭文"司母辛"三个字。鼎重128千克，相当于司母戊大方鼎的14.6%。鼎下还压着一大石磬。

妇好三联甗（yǎn）架，放置规整，一套四件，属于罕见的殷商

---

[1] 《甲骨文合集》23520。

妇好三联甗架

巨型炊具。它由长方形器身、三件大甗组成，器高0.68米，总重量为138.2千克，比司母辛大方鼎还要重。其下有铜瓿十余件。

妇好大型连体甗，出土时下体残。侈口方唇，口下铸饰饕餮纹六组，内壁有"好"字铭文。器身通高0.78米，重39千克。

妇好大铜盂，残破较甚，侈口方唇，口下两侧有对称的牛头半圆形耳，饰有饕餮纹、夔纹，器高0.44米，重33千克。

亚弜（jiàng）大圆鼎，器高0.72米，重50.5千克。大口方唇，深腹圜底，三足较短，略呈锥形，鼎身铸饰饕餮纹。口沿上刻有铭文"亚弜"二字，亚为官职之名，殷商的武官，弜为武丁时期的方国。本器应该是"亚弜"之君在妇好生前进献给武丁的贡品。

东面自北往南，代表性青铜礼器依次有：

母癸大方尊（两件），南北并列，口部均呈方形，口下饰蕉叶纹，颈部饰夔纹，肩部四面各有一头两身的怪兽，兽首突起，身尾似龙。器物通高0.55米，重32千克。

妇好方罍（léi），肩部有双耳，下腹一侧有牛首状小耳。罍东侧放圈足觥一件。

妇好鸮尊（两件），南北并列，鸮头昂起，圆眼宽喙，双翅收拢，

妇好方罍　　　　　　　　妇好方尊

两足粗壮有力，作站立状。器高0.46米，重16千克。

妇好扁圆壶，饰有饕餮纹、夔纹，器高0.5米，重18千克。

方壶两件，亦南北并列。壶口呈长方形，口下四面饰有蝉纹，肩部四角各有一怪鸟，腹部四角饰大饕餮纹，器高0.65米，重35千克。方壶西侧有石鸱鸺一件。

西面自北往南，依次为：

司母辛大方鼎，当与北面的大方鼎成对，二者规格相同，但此大方鼎出土时口部残缺，重117.5千克。

妇好方尊，造型优美，肩部四面各有一突起的兽头，兽头两侧饰以夔纹，肩部四角各有一立体怪鸟，腹四面饰有饕餮纹，底里中部有"妇好"两字。器物通高0.43米，重25千克。

妇好方罍两件，东西并列，外形、纹饰相同，饰有蕉叶纹、夔纹，器高0.68米，重18千克。

妇好偶方彝，有盖，口部长方形，口下长边两面各有一突起的兽头，兽头两侧饰以鸟纹，一侧为方形槽有六鸟，另一侧为尖形槽有四

妇好方斝　　　　　　　　　妇好铜爵

鸟。鸟呈站立状，钩喙圆眼，短翅长尾。器物通高0.6米，通长0.88米，重71千克。妇好偶方彝造型奇特新颖，上端形似一座殿堂的屋顶，七个方形槽排列规整，颇像屋椽，可能是当时商王宫殿的仿造器形。

大圆尊两件，南北并列，侈口圆肩束颈，饰有蕉叶纹、夔纹，器高0.47米，重23千克。

圆斝三件，由北往南并列，均侈口，伞形顶立柱，饰有饕餮纹、蕉叶纹，器高0.66米，重20千克。

在棺椁顶的上层，还摆放着铸刻"子束泉"铭文的三件青铜斝或者青铜尊。束泉是殷商人名，子束泉三个字说明他出自子族，也可能是武丁之子。

此外还有134件武器，包括钺、戈、镞三种。其中两件妇好大型钺，略呈斧形，弧形刃，钺身饰有虎扑人头纹，两虎张开血盆大口，对准一圆脸尖颌人头，作欲吞噬状。钺身饰有"妇好"二字，钺长0.4米，重9千克。

妇好偶方彝

另有两件玉援铜内戈，制作精美，玉援薄而脆，显然不是战场上的搏斗兵器，应为指挥之类的军权象征器物。玉援呈灰黄色，长条三角形，饰有饕餮纹，镶绿松石。铜内前段近方形，饰饕餮纹，后段呈鸟形，鸟身亦镶绿松石。器长0.57米，玉援长0.45米，铜内长0.12米。

大铜钺及玉援铜内戈，都是军权的象征，说明妇好生前拥有非常高的军权，这与卜辞中所载妇好多次率军出征完全相符。

遥想当年，妇好披甲乘马，手持铜钺、玉戈，威风凛凛，指挥千万商军奋勇向前，杀喊声震天。其英姿飒爽与坚毅果敢，足以令每一位男儿血脉偾张。

妇好不愧为武丁的粉红统帅，她一生纵横于沙场，征服数个方国，为殷商王朝开疆辟土，是"武丁中兴"的主要奠基人之一。

惜乎妇好早逝，殁亡之时可能四十有余。其后武丁专宠妇妌（即妣戊）。

妇妌来自井方，井地在殷商王朝的西北面，大致今山西河津市一带。井方距离羌人较近，应当是屏障羌人的一个方国，与殷商王朝关系和睦，屡次进贡。武丁为了稳定西疆，经常与方国、部落缔结政治婚姻。妇妌可能就是衔和平使命而来,嫁于武丁的井方女子。

与妇好一样,妇妌也不是一个孱弱的女人。她来自与羌人为邻的地区,常态化的部落冲突,让妇妌由一个娇弱的边境少女,不断成长为骁勇善战的女英豪。喜好边功的武丁可能就是看上了这一点,所以对妇妌宠幸有加,甚至超过了妇好。妇妌也曾经肩负统军攻占的使命,卜辞上记载她征讨过龙方、舌方。然而,妇妌的主要角色是内命妇,她有自己的领地,以及数量众多的奴隶。以王妃之崇高地位,劝课农桑,发展经济,成为妇妌的最主要职责。

殷墟王陵区的墓葬M260相传是司母戊大方鼎的出土处,因此很有可能就是妇妌的陵墓。M260为甲字形大墓,口大底小,墓口长9.6米,宽8.1米。墓底长6.35米,宽5米,深8.1米,规格相当于妇好墓的两倍大。出土的司母戊大方鼎重量甚至是司母辛大方鼎的七倍。妇妌的陵墓因被盗劫,出土文物稀少,所以知名度与轰动性都不如妇好墓。但凭"青铜器巨无霸"司母戊大方鼎之威名,可证妇妌生前之宠与身后之荣,非妇好所能比。

武丁时期的王妇,策马扬鞭于沙场之上,崇尚健硕和力量之美,像妇好墓出土的两件大型铜钺,各重9千克,就是妇好生前上阵杀敌时奋力挥舞的武器。后世普通士兵使用的武器也只有两斤多,妇好的膂力之大可见一斑。

王妇如此,普通女性在社会生活中也拥有很高的地位,绝非今人可以想象的。西周之后,由于经济上失去独立,妇女的地位一落千丈,成了温柔娇丽、任人宰割的弱女子。

有文字记载的中华历史长河之中,女性地位之高,对国家贡献之大,以殷商武丁朝的后宫为著。她们与贞人群体、文武官僚一道,共同缔造了鼎盛一时的武丁王朝。

武丁的征伐

武丁伐"方"

武丁的两位王妃——妇好和妇妌，披甲上阵，执钺挥戈，率军冲锋陷阵，这在古代历史上是绝无仅有的。这足见武丁之际的殷商民族，尚武好战，连女人也成为无畏的斗士，充满血性。

甲骨卜辞所见，终武丁之世，烽火连年不休，征讨攻伐如家常便饭。可以说，所谓的武丁盛世就是在沙场上拼杀出来的。成汤曾经以英勇善战而自豪，所以自号武王，后人因而称商汤为武王、武汤、武唐。武丁堪称殷商民族最骁勇的领袖之一，有其祖剽悍之风。他的谥号为武，跟成汤被尊为武汤一样，都是殷商后人对他们生前武功卓著的称颂。《尚书》中说，"惟高宗报上甲微"。上甲微灭有易氏为父报仇，是殷商民族心目中的大英豪。"惟高宗报上甲微"短短七个字，就是对武丁一生中显赫战功的肯定与赞赏。

武丁一朝的早期战争，出现在师组卜辞中的，主要是征伐部落"方"。方，有可能指的是方夷。方夷是西北地区的戎狄部落，时叛时服。夏王少康中兴之后，方夷首领亲自前来朝见少康。

武丁初期政局不稳，国力不强，以巩固自身统治为主，征伐是次要之事，所以征伐不多。在贞人扶的卜辞中屡见"方征商""方至""方其征""御方于商"的记载，可见殷商西疆遭到方夷部落的不断侵犯。武丁不堪其扰，派遣贵族虎率兵出征，卜辞上有"征方""追方"，应是商军获胜的记录。

到了武丁中期，经过励精图治之后，殷商国力大增，屡屡对外用兵，开疆拓土。商朝军队在频繁的战争中，积累了丰富的战斗经验，名将纷呈，涌出了如望乘、沚馘（fá）、妇好、雀等累获战功的统帅。

武丁中后期的对外作战可以分为两个阶段。第一阶段，扫荡晋陕新月形盆地的敌对小部落，以打通西进渭河流域的大道，所以最激烈的战事出现在今山西和陕西境内。第二阶段，征伐实力强大的土方、舌方等畜牧部落。清华简《说命上》中的傅说伐佚仲，可以视为武丁向西拓土的前哨战。吞并了佚国之后，殷商在今山西南部地区有了立足点，开始向中条山一带的亘方、基方发起进攻。

亘方，地望有多说，陈梦家认为在今山西垣曲以西一带。这里有筑建于二里岗时期的垣曲商城，是成汤灭夏之后在山西南部的军事据点。如此一来，亘方可能就是居于垣曲商城的亘族，与殷商王朝关系非常密切。日本学者岛邦男则认为亘方在山西、陕西交界处。

在武丁早期的师组卜辞中，亘方与殷商属地雀交恶。武丁中期的子组卜辞中，亘方与殷商王朝关系不明。稍晚于子组的午组卜辞中，亘方仍然是殷商王朝的敌对方国。在武丁中晚期的宾组卜辞中，亘方洗劫的殷商之地有鼓、我等，都是武丁经常巡狩的地区。

参与打击亘方的商军将领有雀、犬、戈、戉（yuè）等。雀，是出自殷商王室的重臣，与武丁有血缘关系。他曾经主持祭祀殷商先公，但并不祭祀殷商先王，所以有可能是武丁之兄，或武丁之侄。也有人认为雀就是文献记载中的名臣傅说，曾经率军灭了中条山以南的佚国。

武丁册命雀为征亘主帅，望族的贵族望洋为先锋。芟平亘方之乱后，雀率商军继续向西，进攻基方族的缶部落。

基方，可能在今山西永济，也可能在今陕西韩城，与鬼方地域相近，两个部落都是媿（guǐ）姓。基方以南就是傅说攻伐的佚国。缶部落为基方的一大宗族，卜辞中通常称之为"基方缶"或"缶"等。基方缶本来是殷商王朝的忠实属藩，但是后来起了叛心，于是招来武丁的痛击。

根据贞人殷的卜辞，某年二月，雀率大军进至蜀地（今山西临猗县）时，遭到基方缶的顽强阻击。在与基方缶的交锋中，雀胜负相当。战事胶着，僵持不下，长达两三个月，不久山西境内的另一个部落"不"又叛乱。武丁很着急，决定投入"我史""多臣"之类的禁卫军锐卒，由子商统领，大举西进。子商不辱使命，鏖战四个月之后击灭基方缶，并将缶的领地和蜀地纳入殷商王朝的版图。帝乙、帝辛时期的卜辞中出现的冀（jì）侯，应当是基方缶灭亡之后，镇守该地的殷商贵族。

征服亘方、基方之后，武丁的大军挺进距离较远的敌对方国。这些方国包括今晋陕之间或山西中部地区的龙方、巴方、鬼方、舌方、土方等，都属于羌戎部落。

武丁遵循先弱后强、集中兵力、各个击破的作战策略，首先征伐力量相对弱小的龙方。龙方是羌人的一支，大致在吕梁山以东的今山西中部。进攻龙方的商军主将是舌（chā），妇好和妇妌两位王妃都曾经参与战事。卜辞没有提到战争结局，但是出现了"贞：乎龙""贞：龙其有祸"之类的记载，可见龙方已被征服，武丁对龙方颇为关心，或者对龙方采取了怀柔政策。

平定龙方之后，商军挥师讨伐鬼方。鬼方见于文献记载，如《周易·既济》中说："高宗伐鬼方，三年克之。"高宗就是武丁，可见武丁时期确实有对鬼用兵。周文王之父季历曾经攻打西落鬼戎，西落鬼戎就是鬼方。《后汉书·西羌传》中记载："武丁征西戎、鬼方，三年乃克。"可见鬼方是西羌部落的一支。

春秋时期的梁伯戈铭文中有"抑鬼方、抑攻方"。小盂鼎出土于陕西岐山，梁伯戈出土于陕西韩城，由此推断鬼方应当是陕西洛河下游至黄龙山之间的畜牧民族。有人认为，陕西清涧李家崖古城就是鬼方的遗存。

《今本竹书纪年》中记载，武丁三十二年伐鬼方，次于荆。荆，应该是卜辞中的井方，武丁的王妃妇姘就来自井方。井方在今山西河津市，河津市的黄河对岸正是鬼方部落。

文献中所说的武丁伐鬼方三年乃克，反映的是战事相当艰苦，并非打了三年。宾组卜辞中有个"小臣鬼"，可能就是鬼方的首领，说明鬼方被征服之后，与殷商王朝关系不错。

武丁通过征伐亘方、基方、龙方、鬼方，控制了今晋陕新月形盆地的大部分地区。通往陕西渭河流域的门户豁然洞开，关中地区的周人部落成了武丁的下一个目标。

武丁"薄周"

武丁对周人采取蜻蜓点水式的敲打之策，这就是卜辞中的"薄周"。

如有卜辞中说："癸未卜，争贞：令犬以多子族薄周，协王事。"[1]这个"薄"，在卜辞与金文中是左羊右戈的字形，可以释读为薄或者搏，意思同《诗经》中的"薄伐猃狁，至于太原"。古人注释说，"薄伐则亦但问其罪，使之自服，而亦不假于兵力也"。[2]所以"薄周"并非出兵剿灭周人，而是以武力为后盾，不战而屈人之兵。

"薄周"目的就是"协王事"，逼迫周人屈服，让周人效劳于殷商，并允许周人打着殷商的旗号，讨伐背叛商王的部落。这是延续历代商王的传统做法，以册命的方式收拢周人首领，像后来的商纣王也赐西伯姬昌弓矢斧钺，使专征伐。

当时周人仍定都于邠，向殷商臣服。武丁时期，周人的首领是亚圉或者他的儿子公叔祖类。公叔祖类又称组绀诸盩（chōu），字叔类，号

---

[1] 《甲骨文合集》6814。

[2] 〔明〕季本：《诗说解颐正释》卷十五。

太公。

组绀诸盩这个名字很奇怪,通常认为,盩是螯(lì)的异写,意思是绿色。螯,与类读音相近。绀,青赤色,与绿色相似。组绀诸盩,就是青赤之君,属于戎狄部落的名字,所以读起来拗口,看起来别扭。《礼记》中记载,夏人尚黑,商人尚白,周人尚赤。周人尚赤的传统,可能就起源于公叔祖类。

公叔祖类之时,周人生产力仍然很落后,过的是半农半牧生活,住的是黄土高原上简陋的窑洞。由于部落实力薄弱,屡屡受到犬戎侵犯,只好臣服于殷商王朝。打着商王的旗号,壮大自己,先求生存,后图发展,无疑是这个时候周人最佳的立世策略。

武丁对周人恩威并用,采用胡萝卜加大棒的策略,让大臣犬率多子族"薄周"。尽管"薄周"的经过未详,但是从卜辞记载来看,周人在大兵压境的威胁之下,不得不屈从武丁的王令。卜辞有云:"甲午卜,宾贞:令周乞牛多……"[1]令周,就是命令周人做某事。可见周人已完全臣服于殷商王朝,首领也被册命为邠侯。

武丁"薄周"也反映在考古学上。

陕西境内早期的商文化主要在西安、铜川市耀州区一线以东。盘庚以后,商文化逐渐西进,抵临扶风、岐山一带,也就是周人的活动范围。武丁之际(殷墟一、二期),商文化在关中地区达到顶峰。关中地区的先周文化遗存——武功郑家坡遗址,与商文化在东起西安附近,西至扶风、武功之间的区域内犬牙交错,双方长期共存了一百多年。但是武丁之后(殷墟二期以后),随着先周文化的崛起,商文化犹如午后退潮,不断地衰落下去。到了帝乙、帝辛之际(殷墟四期),先周文化突然间繁荣起来,向西融合了郑家坡文化,向东则将商文化完全挤出关中地区。这就是武丁薄周的考古学背景。

---

[1] 《甲骨文合集》4884。

周人地处偏远，倘若劳师动众，千里远征，即使战胜了，也会让国力大损。"薄周"之策，既避免了一场流血冲突，也达到了降服周人，使其为殷商所用的目的。不战而胜，让周人成为维护殷商西陲的一支重要力量，无疑是武丁经营关中地区的最佳策略。

随着周人的臣服，武丁对外作战的第一阶段也宣告结束，进入了更为艰苦、更加惨烈的第二阶段，征伐目标是实力强大的土方、舌方等畜牧部落。

土方，在殷商西北，今晋西南石楼县附近。舌方，所处地域有多种说法，如陕北至河套一带、山西南部中条山地区、山西北部等。梁伯戈铭文中的攻方就是卜辞中的舌方，与鬼方相邻，这两个方国同属于以畜牧为主业的西羌部落。所以舌方在晋西南汾河下游与陕东黄龙山一带，可能比较符合史实。

舌方以北是土方，两个方国经常结盟，联手进犯殷商。如有条卜辞上说："癸巳卜，㱿贞：旬亡祸。王占曰：'有祟，其有来艰。'迄至五日丁酉，允有来艰自西。沚㦰告曰：'土方征于我东鄙，𢦔二邑。舌方亦侵我西鄙田。'"[1]征舌方的统帅沚㦰也是征土方的统帅，这是因为两个方国地域相近。

征舌方和征土方两大战役，将武丁盛世推向了高潮。

---

[1] 《甲骨文合集》6057。

天命之将：盛世利刃

沚馘、妇好的闪耀时刻

武丁征土方与征舌方是同步进行的，只不过用兵重点不同，有主次之分。比如，武丁集中兵力伐舌方的时候，仅以少数兵力来牵制土方；武丁重兵围剿土方时，又以小股兵力去牵制舌方。同时开辟几个战场，武丁难免陷入兵力不足、捉襟见肘的尴尬局面，这使得战争断断续续，持续了好几年。

征土方时武丁动员的兵力在卜辞中有"三千""五千"的记载，比征舌方时动员的兵力更多，而且妇好也参与了土方之役。武丁几乎是倾举国之力，说明土方比舌方更加强大。

奉命出征的统帅沚馘，是沚方部落的首领。沚方在今山西平遥一带的沁水地区，北面是龙方，西边是土方，西南则是鬼方、舌方。沚方曾经与殷商为敌，后来受到武丁的讨伐，从此臣服于商，成为殷商西疆的重要屏藩。沚馘长期生活在戎狄之间，谙熟敌情，而且对殷商王朝忠心耿耿，多次到安阳殷都觐见武丁，进贡纳赋，由此颇受武丁的宠信。但凡沚馘患疾，不论伤风感冒，还是腹痛牙疼，武丁都极为关切。

君信臣忠，沚馘无疑是征土方统帅的不二人选。战前，武丁登坛拜将，举行了册命沚馘为征土方统帅的隆礼，这就是卜辞中的"贞：沚馘称册，王比伐土方受佑"[1]。

记录征土方经过的卜辞发现较少，只知道除了沚㦰、妇好外，戉的军队也参加了战斗。

有条卜辞记载："贞：今载，王探伐土方，受有佑。"[2]这是说，武丁对土方发动"探伐"——闪电袭击。商军深入敌境，将其击溃。

另一条卜辞记载："甲寅卜，贞：戉其获征土方。一月。"[3]这是说，戉的军队俘获了土方部落的大量民众。可见武丁征土方，取得了重大的胜利。

土方遭到武丁的痛击之后，实力大损，暂时臣服于殷商。但是到了武乙、文丁之时，又出现"伐土方""擒土方"的卜辞，说明土方并没有被武丁彻底征服。因为土方是陕北黄土高原一带的游牧部落，善于游击作战，很难将其征服。

攻伐土方之后，武丁对今山西中部的巴方展开军事行动。巴方在奚与沚之间，今山西静乐与汾阳一带。这里地形复杂，适合打伏击战，所以在征巴之战中，武丁谋定而后动，策划了一个完美的伏击战术。

根据卜辞记载，征巴之战，开始于某年五月辛卯日。武丁将商军分为三支，统帅沚㦰为前军（卜辞中称为启巴），王妃妇好为后军，武丁为中军。三支部队精密部署，协同作战。

四十天之后的辛未日，可能是六七月间，战斗打响。

巴方凭险拒战，商军强攻不利。于是武丁给巴方下了一个套，前军沚㦰负责诱敌，后军妇好配合沚㦰，埋伏在西边，武丁待敌于东边。交战之时，沚㦰先把敌人引诱出巢穴，武丁的王师锐卒见机自东向西，发起猛攻，将巴方赶进西面的妇好伏击圈。

妇好挥舞着大铜钺，麾下伏兵突然间杀出来，巴方猝不及防，全部

---

[1] 《甲骨文合集》6087 正。

[2] 《甲骨文合集》6454。

[3] 《甲骨文合集》6452。

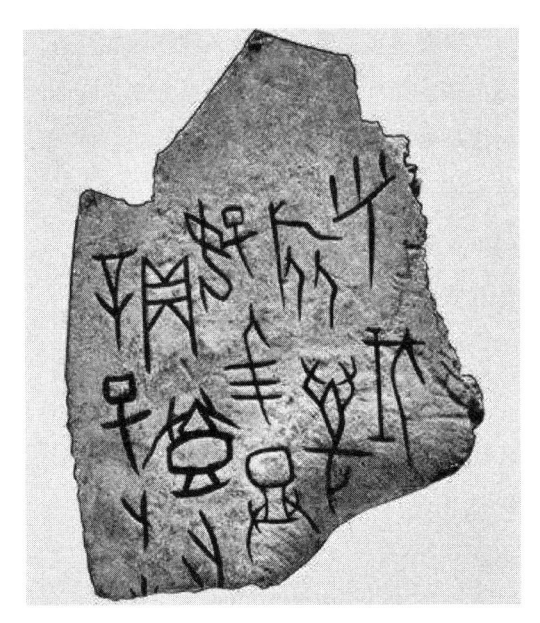

写有"登妇好三千,登旅万"的甲骨卜辞

被歼灭。

征巴之战,五月部署,七月决战,九月扫荡残敌,前后持续了四个月。卜辞中出现"巴方其败"的记载,可见是以商军的大胜而告终。

在这次教科书式的经典伏击战中,"红粉统帅"妇好率军担负了埋伏兜底的重责,为最后的胜局起了关键性的作用。

在另外一组征伐巴方的卜辞中,出现了妇好生育一女的记载,可见当时妇好正值年富力壮。有卜辞载,"登妇好三千,登旅万,乎伐囗"[1],说明武丁对妇好委以重任。成汤伐夏,也只有死士六七千人,但此时的妇好已经是统兵一万三千人的大元帅了。

此外,妇好还跟侯告一道,参与了征伐下危的战事。下危可能在今山西境内。

---

[1] 《库方二氏所藏甲骨卜辞》310。

下危之役，武丁摆出了殷商王朝最强劲的征战组合，名将望乘、巾帼英雄妇好搭配出征。此战经过虽不详，但毫无疑问商军获得大胜。妇好擒获了下危部落的首领，下危举族成为武丁的子民。到了祖庚、祖甲时期，下危已变为商王的田猎之地。

下危之役后不久，妇好这位杰出的女性染病故去。在其后征伐舌方的沙场上，已看不到妇好矫捷健硕的倩影了。

舌方为武丁一朝之大敌，宾组卜辞中频频出现"舌方征""舌方出""舌方来"，说明殷商受到舌方的屡屡进犯。舌方甚至肆无忌惮地掳掠殷商子民和牲畜，如卜辞中有"舌方亦征，以我牛五十"[1]的记载，这是说舌方包围殷商边民，并掠走五十头牛。

还有一条卜辞："癸亥卜，㲋贞：旬亡祸。五月。王占曰：'有祟，其有来艰？'迄至七日己巳，允有来艰自西。徵、友、角告曰：'舌方出，侵我于翦田七十、人五。'"[2]这是说在某年五月，边关告急，舌方掳走了殷商七十田和五个人。

讨伐舌方，保家卫国，势在必行。武丁谋划已久，为此他多次向殷商先王祈求佑护。武丁祭告的先王包括王亥、上甲微、报乙、示壬、成汤、太甲、太丁、祖乙等，对象之广，次数之多，都远远超过了对付其他方国的侵犯。可见，在武丁晚期，舌方已被视为殷商西北边境的最大祸害。

然而，舌方不但凶悍，而且狡猾，来无影去无踪，令商军束手无策。武丁也不敢轻率发动进攻，为了能够做到一战定乾坤，武丁多次派遣密探，搜集情报。密探的侦察方式多种多样，诸如"见舌方"——逼近侦察，"望舌方"——瞭望侦察，"目舌方"——潜入侦察，等等。获取大量的情报信息之后，武丁已是知彼知己，对舌方的生活习性和出没

---

[1] 《甲骨文合集》6072正。

[2] 《甲骨文合集》6057。

规律了如指掌。

《孙子兵法》有云:"夫未战而庙算胜者,得算多也;未战而庙算不胜者,得算少也。"

孙子的名言说的正如武丁征伐舌方时的情形。庙算,指的就是先在宗庙中占卜吉凶,祈求神灵护佑,然后在朝堂上君臣共同谋划迎敌之策。在出兵之前,武丁前往宗庙——很可能就在安阳殷墟宫殿区正南面的丁组基址,反复向祖宗神灵卜问,要不要出征舌方,怎么出征。

武丁一朝的大贞人殷、争、宾"三人小组",全都参与了征伐舌方的占卜、祭祀活动。武丁先让贞人宾、贞人争各自占卜了一次。六天之后,武丁又让贞人争、贞人殷共同占卜一次。可见武丁对征伐舌方态度之慎重,谋虑之深远。

发动进攻舌方的大规模军事行动,应是在妇好死后的武丁晚期。战前,武丁进行了总动员。卜辞中屡见"登人三千伐舌方",这是武丁多次征召军队的记载,估计伐舌的总兵力超过万人,属于一场大规模的战役。

武丁还祭告妇好,祈求妇好英魂的佑护。祷祝之时,绝世女战神飞翔的英姿在武丁心中挥之不去。这才是殷商王朝强大的样子!

曾经多次与妇好并肩作战的悍将沚馘,被武丁任命为征伐舌方的主帅。除了沚馘,参战的高级将领还有羽、甫、我、戊等贵族子弟,以及方国侯伯。

武丁志在必得,所以御驾亲征,摆出"天子守国门,君王死社稷"的气概,激励商军将士同仇敌忾,舍身报国,这就是卜辞中的"王其执舌方"。

这是一场必须胜利的战争,才不会让妇好的在天之灵因悲伤而哭泣。

武丁亲临前线,商军斗志昂扬,有如妇好的魂灵附体,征伐舌方取得了辉煌的战绩。虽然卜辞资料有限,征舌过程不得而知,但是其中出现了诸如"获征舌""执舌方""擒舌方"之类的记载,说明商军斩获甚众。经过武丁的打击之后,舌方一蹶不振,只得俯首称臣。到了武丁的儿子祖庚继位之后,舌方永远从卜辞上消失了。

望乘、弜助武丁伐荆楚

南方的荆楚,是武丁开疆拓土的另一个重要战场。

武丁伐荆楚,在史传文献中有记载。

《诗经·商颂·殷武》中云:"挞彼殷武,奋伐荆楚。罙(shēn)入其阻,裒(póu)荆之旅。有截其所,汤孙之绪。"这里的殷武,指的就是商王武丁。

武丁在南线征伐的主要对象包括归方(今四川、湖北交界处秭归一带)、曾方(今湖北随州一带)、虎方(今湖北安陆一带)、霁(yú)方(地望不详)等荆楚部落,这些都出现在卜辞中,可以跟《诗经》互为佐证。

祝融氏的一支芈姓部落,南下之后与远古时期的三苗孑遗结合,形成荆楚部落,他们生活在长江中游江汉平原。

自史前时期开始,江汉平原与洛阳盆地经由三条通道密切往来。东道,洛阳盆地出成皋虎牢关,穿越豫东平原南下,经河南信阳以南的大别山主要隘口"义阳三关",进入江汉平原;中道,洛阳盆地出方城隘口,进入南阳盆地,再经由随枣走廊进入江汉平原;西道,洛阳盆地经由西南的洛水河谷,进入陕西商洛地区,而后再沿着汉水、丹水顺流而下,抵达江汉平原。

湖北黄陂盘龙城遗址是夏、商两个王朝在江汉平原的政治、文化中心,也是长江中下游铜矿资源的转运枢纽。

盘龙城遗址位于大别山余脉与江汉平原之间的过渡地带上，东、南、北三面环水，只有西面与陆地相连，扼居南北交通与长江中游水陆交通之要冲。

盘龙城遗址内东北部已发现三座大型的建筑基址，形成一个近方形的宫殿区，东西宽260米，南北长290米。

盘龙城遗址年代可分为七期。一期相当于二里头文化二期或三期偏早，孔甲、帝皋之际，这里就受到夏文化的影响。盘龙城遗址的宫殿区建筑于四、五期，相当于二里岗上层一期偏晚阶段，约公元前1400年。也就是说在盘庚迁殷之前的中商时期，这里成了殷商王朝经营江汉平原的最重要据点。

盘庚死后，弟弟小辛即位，殷商王朝又出现衰微的兆头。原来臣服的南方荆楚各部落纷纷叛乱，屡次北犯。武丁在位期间，为了维护天下共主的尊严，不得不派兵南征。这就是《诗经》中的殷武伐荆楚。

根据东汉郑玄《诗经》笺注，武丁"冒入其险阻，谓逾方城之隘，克其军率而俘虏其士众"。方城之隘，就是南阳盆地东北一带以方城隘口为核心的方城道。司马迁称为夏路，相传是大禹开辟的。可见，武丁伐荆楚，走的是中道。商军自方城之隘南下，经随枣走廊，进攻叛逆的荆楚诸部落。

武丁伐荆楚的关键性战役是征伐虎方。虎方在黄陂盘龙城西北一百五十里处，征伐虎方可能就是为了收复沦陷的盘龙城。

虎方之役，商军的主将是来自望族的另一位大将——望乘。卜辞云："丁未贞：王其令望乘妇，其告于祖乙一牛。"[1]这是说武丁令望乘之妇祭祀祖乙，可见望乘与殷商王室存在联姻关系。

望乘伐虎方，取得了胜利。卜辞中载，十一月伐虎方，十二月"立史于南"。显然在伐虎之后，殷商王朝不但重新控制了江汉平原，而且

---

[1]《甲骨文合集》32896。

还派驻官员"史",对该地区进行管辖。

卜辞中的"史",除了负责记录典册,还手持旌节,奉商王之命,出使发生争端的地区,属于外廷政务官,具备了政务和军事两种职能。虎方东南不远处的黄陂盘龙城,应该就是武丁的"立史"之处,所以卜辞上说"立史于南"[1]。而这个"史"有可能就是清华简《楚居》中的殷商王室贵族"盘庚之子",楚人先祖芈季连曾经与其女妣隹联姻。

伐罢方的主将是弜,此君与武丁王妃妇好关系密切。妇好陵墓出土的亚弜大圆鼎,应该就是弜所进献的。弜伐罢方的战事进展得很不顺利,因为出现了贞问是否丧众的卜辞。弜征罢方的结果不详,但卜辞中有"贞罢……执",说明有所斩获。

从卜辞中"立史于南"的记载来看,征伐其他荆楚部落也应该取得了胜利,所以派驻"史",恢复了对江汉平原的有效管理。

武丁一朝,四面出击,不断地开疆拓土,将殷商王朝带进最为繁荣、最为鼎盛的时代。此时殷商舆图之广,东起海岱,与东夷混处;西抵关中,周人臣服;南至江淮,与楚越接壤;北到内蒙古河套和冀东,连接戎狄。后世对武丁极为称颂,《晏子春秋·内谏》中赞说,武丁,"天下之盛君也"。武丁因而被商族尊为高宗,谥号武。

---

[1] 《甲骨文合集》5504、5512正。

第10章

殷周恩怨

迁岐与姬姜融合

殷商王朝的十字路口

武丁王朝的繁荣昌盛,是建立在无数奴隶白森森的尸骸之上的。

据统计,安阳殷墟的人殉、人牲总数超过5000人。但是卜辞上至少有14197个人殉,其中武丁一朝有9532个,所占比例将近七成。

这是因为武丁时期,国力与王权鼎盛,是野蛮的神权达到巅峰的时代,宗教祭祀最为活跃。武丁祭祀先公先王,发动战争之前,都要杀人为牲,这就是卜辞中的"告祭"和"献俘"。而且武丁中晚期战事最为频繁,商族征战人员伤亡惨重,战后为了慰藉阵亡的士卒,也要杀俘,以示复仇。

所以武丁中兴,是血腥的盛世。

武丁在位五十九年,死后儿子曜继位,他就是祖庚。祖庚在位七年,死后弟弟祖甲继位。祖甲统治期间,荒淫乱政,殷商再次衰落下来。

盛极必衰,物极必反。自祖甲之后,直到纣王灭亡,殷商的国力再也没有回到武丁时期的巅峰状态。

武丁盛世，成了这个青铜王朝的最后绝唱。

祖甲并非绝对的昏庸之君，他也试图推行一些改革，以拯救逐渐走下坡路的王朝。历法上祖甲有所创新，在年末置闰月，称十三月。同时推行宗教新政，将以往复杂的祭祀礼仪，简化为翌、祭、裸、协、肜五种祀礼。在边疆政策上，祖甲沿袭了其父武丁的措施，如继续奉行温和的怀柔政策，册命周人首领公叔祖类为邠侯，出兵打击召方，等等。

祖甲在位三十三年，关于他死后的继任者，《史记》中的记载再次出现问题，说祖甲崩，儿子廪辛立。廪辛，又作冯辛，或者凭辛，名字叫先，卜辞中称祖辛、兄辛。廪辛不见于周祭祀谱，可见他并未登上王位。

司马迁的记载与当时的一起双胞胎争议案有关。

祖甲的配偶妣戊生下了一对双胞胎，名字分别叫作嚣、良。在上古时期，对孪生兄弟怎么称呼极度混乱。先秦之际，孪生兄弟有以后生者为长兄的现象，因为古时有医术认为，先着床的会后生出来。妣戊在卯时生下嚣，在巳时又生下良。康丁的名字叫嚣，良与先音相近，良应该是廪辛的名字。

如果按出生顺序，嚣先良后，嚣是兄，良为弟。殷商时期，孪生兄弟谁先谁后的混乱可能就已经存在，所以祖甲死后，这对孪生兄弟爆发了阋（xì）墙之乱。

廪辛抢得了王位。但《今本竹书纪年》中说廪辛在位四年，就被嚣赶下台。嚣夺得王位，他就是康丁，也称为庚丁。

康丁宣布廪辛的王位是非法的，将廪辛从家族祭祀名单上除名。这种情况类似殷商先公冥的两个儿子，王恒、王亥兄弟。王恒虽说曾经当过商族首领，却是被有易氏扶上王位的，商族后人不予承认，因而未被列入卜辞中的周祭祀谱。

康丁在位六年。配偶妣辛，生儿子瞿。康丁死后，瞿继位，他就是武乙。

武乙之时，殷商王朝的命运走到了十字路口。

武丁时期的过度扩张，虽然打造了一个史无前例的繁荣盛世，但是严重透支了国家物力财力，连年征战，府库亏空。再加上极其残酷的神权政治，人牲需求暴增，大肆屠戮奴隶，劳动力损失严重，一派繁荣的背后却是大衰退的隐忧。所以祖庚、祖甲时代，殷商难以避免再度衰落的趋势。祖甲为了重振王朝，也实施了一些新政，但是回天乏术，无法也无力挽回江河日下的统治了。

武乙即位之后，《史记》说他无道，《后汉书》说他暴虐。总之，武乙统治腐败，殷商王朝加速滑入覆灭的深渊。

与此同时，渭河流域的周人，不甘心屈服于殷商的统治，开始酝酿反击。

武丁对周人恩威并施，实行蜻蜓点水式的"薄周"政策，威逼周人臣服，任其驱使，进贡品，献美女，甚至充当殷商对外战争的炮灰。周人稍有反抗，则重兵压境。

即便如此，商王对周人还是心怀戒惧。有条卜辞说："……周方弗其有祸……，周方弗亡祸……，周方亡祸。"[1]这是商王希望天降大祸于周人，殷商对周人的厌恶和担忧可见一斑。

祖甲册命周人首领公叔祖类为邠侯，此时殷商仍然很强大，或许因为公叔祖类杀伐果断不足，所以不得不奉行委曲求全的事大主义，尊崇商王为宗主，继续受其奴役。

公亶父迁岐

公叔祖类死后，儿子公亶父继位。公亶父颇具雄才大略，他不再选择默默忍受，决心壮大周人，反守为攻，摆脱殷商王朝的束缚。

公亶父反击殷商王朝的第一个措施就是迁都，从邠南迁到今陕西宝鸡扶风、岐山一带的周原，史称公亶父迁岐。

---

[1] 《甲骨文合集》8472。

公亶父迁岐的原因，据《史记》和《后汉书》的记载，是为了躲避犬戎的侵扰。但是《诗经·闵宫》有句话说："后稷之孙，实维大王。居岐之阳，实始翦商。"这里的大王，就是指公亶父。他被周人尊崇为太王。史书中有个"古公亶父"，古是修饰语，意思是说昔日有这么一个叫亶父的先王。

"实始翦商"四个字，道出了公亶父迁岐的本意。

因为公亶父的曾祖父高圉曾经大败犬戎，已经将犬戎驱离邠、岐一带。经过几代人的发展之后，周人势力今非昔比。如果仅仅只是为了躲避犬戎而迁岐，实无此必要。

所以公亶父迁岐的原因实则是因为武乙暴虐，屡屡欺压周人。而迁岐，周人迈出了"翦商"大战略的第一步。翦，齐也，把鸟的羽毛剪掉，使之整齐、美观。翦商就是要灭掉殷商，取而代之，统治天下。

公亶父迁岐路线大致呈"J"形，自邠启程，渡泾水，向西南行。而后翻越今乾县梁山，沿着漆水南下，再向西拐，溯渭水西行至今陕西扶风北、岐山东北的京当镇、法门镇、黄堆村一带，整个行程约一百千米。岐下地区水源充足，土地肥沃，森林茂密，各种自然资源极为丰富，是生活、定居的绝佳之处。

公亶父迁岐之后，在此营建新都城，这在《诗经·大雅·绵》中有详尽的记载。

周人居邠之时，屋舍简陋不堪，如《诗经》中所说的"陶复陶穴，未有家室"那样，以窑洞式和半地穴式为主。即使周人首领聚众议事的厅堂，也只是竹木支架撑起的简单草棚而已。

公亶父或许没有去过安阳殷都，不知道宫殿为何物。但是从殷商回来的周人贡使一定会告诉他，邠地寒碜的窑洞草棚与殷都豪华的宫殿宗庙，相差悬殊，俨然是两个不同的世界。

公亶父决心离开荒凉的邠地，彻底告别半农半牧的戎狄生活。

清晨时分，一轮朝日初升，公亶父骑着马儿，杖策直奔向西边，沿着河水南下。周人举族扶老携弱，民众紧紧相从，浩浩荡荡地向南而去。经过约一百千米的长途跋涉之后，公亶父抵达岐下，周人也迎来了脱胎换骨的历史性一刻。

姬姜两大部落合流

岐下的土著属于姜氏部落，社会形态可能较为落后，尚处在由母系氏族社会向父系氏族社会过渡的阶段。《史记·周本纪》中说："周后稷，名弃。其母有邰氏女，曰姜原。"姜原又作姜嫄，应该是对岐下一带姜姓女性的称呼，可能当时尚处在母系氏族社会阶段。公亶父来到岐下后，迎娶姜姓之女。公亶父的子孙与周人贵族，都跟姜氏部落缔结婚盟。周人这个外来部落，从此成了岐下的主人，岐下也因之有周原之称。姬周、姜氏两大部落合流一股，奠定了周王朝的八百年基业。

姬姜融合在考古学上获得了佐证。

西周灭商之前的文化遗存，陕西关中地区主要有五个：关中东部的商文化、淳化黑豆嘴类型、武功郑家坡类型、凤县龙口类型、宝鸡斗鸡台瓦鬲墓类型。其中黑豆嘴类型与陕晋地区光社文化晚期遗存，同属于一个文化系统。龙口类型的典型器物，包括常见于寺洼文化的马鞍形口双耳罐，以及常见于四川早期蜀文化的尖底罐，两者都不是西周时期的常见器物，龙口类型也就不属于先周文化。

所以关中地区的先周文化，只有武功郑家坡类型和斗鸡台瓦鬲墓类型。郑家坡类型的典型陶器为高领袋足鬲，斗鸡台瓦鬲墓类型早期（相当于商王廪辛至乙辛之际）出土的青铜礼器，包括联裆鬲和高领袋足鬲。

高领袋足的青铜鬲就是从高领袋足的陶鬲发展过来的。大致而言，联裆鬲是姬周部落使用的器物，来自山西中部的光社文化。而高领袋足鬲是姜炎部落使用的器物，主要发现于关中西部的宝鸡地区。这与文献记载的姜姓起源于宝鸡和周原一带，是相吻合的。

斗鸡台瓦鬲墓类型出土的联裆鬲和高领袋足鬲，就是姬姜融合在考古学上的反映。

姬姜融合，世代通婚，凝聚成一个强大的民族，这个民族就是周族。姬周部落，主要为姬姓。姜炎部落，包括齐、许、申、吕四姓，传说他们是炎帝神农的后裔——四岳之后。公亶父迎娶的姜氏女子出自吕姓一族，被周人尊为太姜。《史记·周本纪》中说："豳（邠）人举国扶老携弱，尽复归古公于岐下。及他旁国闻古公仁，亦多归之。"姬姜融合之后，关中地区的其他部落也纷纷加入，缔结成一个政治、文化大联盟。姬周部落在这个大联盟中占据主导地位，宝鸡、周原地区的姜炎文化也逐渐被姬周文化"归化"了。

公亶父成了关中地区的共主，他携带着妻子太姜，在周原寻找建造宫殿的合适地点。今陕西岐山东北六十里，东到下樊、召陈二村，西到董家、凤雏村，遍布宫室遗迹，这些可能就是当时周人营建的。

在京当镇王家嘴村发现一座东西宽38米、南北长58米，总面积逾2200平方米的两进四合院建筑基址，是先周时期规模最大的建筑基址，当年公亶父的宫殿应该就在这里。

三千多年前的某一天，公亶父及太姜，来到这里，他们指指点点，经过多轮的龟甲占卜之后，开始在此兴建宫室。在公亶父的指挥之下，姬姜民众齐心合力，共同建设美好的家园。他们从左至右，挖田界、筑田沟、辟垄亩。[1]

公亶父设置了五官，包括司徒、司马、司空、司士、司寇。这意味着当时周人已经有了完备的官制，可以算进入成熟的早期国家行列了。

司空，职掌土地；司徒，职掌民事。所以公亶父将建造都邑宫庙的事交给这两个官员。古人作都，"营宫室，宗庙为先，厩库次之，居室

---

[1] 《诗经·大雅·绵》原文："迺（nǎi）左迺右，迺疆迺理，迺宣迺亩。"

为后"[1]。在司空和司徒的监督下，施工队严格按照标准，拉直绳子，筑成夹层板墙，一座规整肃穆的宗庙首先跃入公亶父的眼帘。而后修筑宫殿，外门高大壮观，正门堂皇华丽。最后筑起祭坛，祭坛上熊熊燃烧的烈焰，足以把前来窥探的犬戎吓跑。[2]至此，一座美轮美奂的崭新都邑矗立于郁郁苍苍的周原之上。

公亶父迁岐下，与姜融合，设置五官机构，建造都邑和宫殿，从此，陕西渭河流域诞生了一个全新的王国。这个王国正蓄势待发，在不久的未来，以摧枯拉朽之势，一举推翻持续了六个世纪的殷商王朝。

---

[1] 《礼记·曲礼》。
[2] 《诗经·大雅·绵》原文："其绳则直，缩版以载，作庙翼翼。……廼立皋门，皋门有伉。廼立应门，应门将将。廼立冢土，戎丑攸行。"

武乙之死

商周之间的暗战

公亶父迁岐，筑宗庙、宫殿，忙于建设新国家之时，商王武乙也不闲着。

武乙多次发动对召方的战争。召方，又作旨方，就是后来西伯姬昌所戡的黎国（或耆国），在今山西黎城县。召方位于安阳殷都西北约一百千米处，只有几天的路程，对殷商威胁极大。

武乙讨伐召方，出现在何组卜辞中。

有一次召方入犯，武乙告祭先王武丁，出兵获捷，最后献俘于宗庙，前后不过二十八天，属于速战速决的闪电战。又有一次，武乙在野外茂林中埋下伏兵，一举擒获了召方的首领。

打击召方，意在解除安阳殷都西北面的威胁。在殷都西北郊竟然出现了麻烦，这与武丁时期出兵数百里之外，远征土方、巴方、鬼方等强大的畜牧部落，形成鲜明的反差，说明武乙时期国力确实呈现出衰败之势。对外战略不断收缩，积极主动的开疆拓土已成为奢谈。

与此同时，殷商与周人之间虽然保持了名义上的君臣宗藩关系，但是实际上裂缝越来越大了。

公亶父才建设完新都城，又不得不面临一场艰苦的保卫战，这就是《诗经·大雅·绵》中的"混夷駾（tuì）矣，维其喙矣"。混夷，就是昆夷，或者畎夷、犬夷、犬戎，但可能只是犬戎中的一支。《诗经》中的这句话意思是说，混夷遭到公亶父的迎头痛击，狼狈而逃，只能够勉强喘口气。这是胜利者对失败者的嘲讽。

殷商时期，犬戎是商王的爪牙，经常受到商王的指使，袭扰周人，是周人的大敌。西周王朝就是被犬戎灭亡的。史书中说"武乙暴虐，犬戎寇边"，武乙是周人的最大敌人，犬戎只是他的帮凶。公亶父率周人英勇地击溃了来犯的混夷部落，捍卫了周原上新生的王国。

公亶父在位约三十年，死于武乙晚年。他生有三个儿子，长子太伯，次子虞仲（又名仲雍），少子季历，其中季历是太姜所生。可见公亶父居邠之时就已经生儿育女，太姜是公亶父迁岐后迎娶的姜氏吕姓女子。季历是姬周、姜氏两大部落融合的结晶。

季历娶太任，太任又作太妊，相传为挚任氏之中女。太任就是周文王姬昌的生母，姬昌尚在襁褓之中、嘤嘤啼哭之时，公亶父就逝去了。

司马迁说，公亶父看到了姬昌的"圣瑞"，所以立季历为后，目的是隔代传位，想让孙子姬昌成为周王。

姬昌的"圣瑞"是指什么？司马迁并没有说。《尚书帝命验》中有"赤雀衔丹书"，但这是姬昌为西伯之时的圣瑞。所以说公亶父看到圣瑞，因而产生隔代指定继承人的念头，其实是后人的假托之词。

公亶父之所以立季历为太子，是因为三个儿子中只有季历才是太姜生的，季历是姬、姜融合的标志性产物，只有传位给季历，才能够将姬、姜紧密地结合为一体，否则将面临崩解之危，让殷商和犬戎等外敌坐享其成。

这就是公亶父的高屋建瓴。

太伯、虞仲两兄弟为了避嫌，不得不离开周原，司马迁说他们"亡如荆蛮，文身断发，以让季历"，展现出崇高的道德风范和大局观。但实际上是太伯、虞仲在王位之争中已被淘汰出局，为了保命，被迫出走。

这两个难兄难弟去了哪里？司马迁说，太伯奔荆蛮，自号句吴，被荆蛮部落奉为吴太伯，成了吴国的开国之祖。这是司马迁记载有误。句吴并非后来太湖流域的吴国，而是今陕西宝鸡西北的吴山或者弓鱼国。

弓鱼是古代巴人向汉中地区迁徙形成的一个部落，而古代巴人原来生活在湖北西北、四川东北地区，所以史书上称为荆蛮。

虞仲奔往陕西陇县一带的虞国或者夨（zè）国，夨国也属于姜氏部落。

太伯、虞仲两兄弟的出走，具有十分积极的意义，季历的地位更加稳固，周原各部落凝结成铁板一块。周国君臣得以从容谋划翦商大计。

季历继续奉行阳奉阴违的策略，表面上尊崇武乙为宗主，暗地里积蓄力量，备战灭商大业。

季历与殷商有姻亲关系，他的妻子来自挚仲氏，任姓，所以被周人尊为太任。挚仲氏就是今河南汝南一带的挚国之君，《世本·氏姓篇》中记载，祖己（太子孝己）的七世孙成，徙国于挚，更号为挚国。太任后来生下周文王，所以周文王拥有殷商王室的血统。这就是《周易·泰卦》中的六五爻辞："帝乙归妹，以祉元吉。"帝乙指的是武乙，武乙许配给季历的不是自己的女儿，而是殷商贵族挚仲氏之女。

《诗经·大雅·大明》中提到季历与殷商挚仲氏联姻一事，说的正是"帝乙归妹"——

> 挚仲家的美女太任啊，
> 从殷商千里迢迢而来，
> 远嫁周原，进了京城，
> 做了王季的新娘子。
> 就是王季与太任，
> 一起把仁政推行。[1]

由于季历跟殷商之间的这种特殊关系，因而武乙很信任他。

---

[1] 《诗经》原文："挚仲氏任，自彼殷商，来嫁于周，曰嫔于京。乃及王季，维德之行。"

武乙三十四年，季历亲赴安阳殷都，朝觐武乙。季历的示弱服软深得武乙的欢心，武乙赐地三十里、玉十珏、马八匹。

翌年，季历打着商王武乙的旗号，征讨西落鬼戎，俘获了该部落的二十个小首领。

西落鬼戎应该就是陕西清涧一带的鬼方部落，位于岐周东北六七百里处。武丁时期，商曾经征伐鬼方，鬼方俯首称臣，所以鬼方首领在宾组卜辞中被称为"小臣鬼"。鬼方以及那些被征服的部落，都成了殷商西疆的屏障。击破了西落鬼戎，周人的势力扩展到黄河西岸地区。

武乙暴毙

就在季历大胜西落鬼戎，振旅凯旋之际，商王武乙突然离奇地暴毙。

《史记·殷本纪》中说，武乙暴亡，是因为他触怒了天神。武乙不敬神灵，残忍无道。他制作了一个木偶人，说这是天神，并让人操纵木偶人，与自己搏斗。武乙击败了"天神"，砍断它的头，以羞辱"天神"。武乙又在皮囊中盛满血，挂在高处，然后仰面朝它射箭，说这是在"射天"。结果武乙在河渭之间狩猎时，遭到报应，突然一阵暴雷，把武乙震死了。

对武乙遭雷劈死，可以有两种解读。

第一种解读，武乙打击以贞人、巫觋为代表的神权势力，结果导致神权势力的反扑。

殷商是个弥漫着神权的时代，《礼记·表记》中说："殷人尊神，率民以事神，先鬼而后礼。"可见神权凌驾于一切之上。卜辞中的占卜、贞问，以及祭祀天地鬼神，这些都是殷商统治阶层在探知神鬼的意志，以作为自己的行动指南。商族崇尚的天帝，是自然万物的最高主宰。贞人与天帝、神鬼直接对话，他们拥有对占卜、贞问之后兆象的解释权。所以即使是商王，也不得不敬重甚至对贞人唯命是从。

武丁之时，是神权最辉煌的年代，也是贞人最猖獗的时期。武丁死后，神权势力逐渐衰弱下来。廪辛、康丁以后，卜辞出现的贞人名字越来越少，武乙时期最少，贞人的名字只有寥寥数位。这是因为商王不甘心沦为贞人的傀儡，试图摆脱神权势力束缚，对贞人、巫觋采取了不断压制的措施，导致神权势力的地位急剧下降。

武乙打击贞人最为严厉，意在将王权从神权中解放出来，实现真正的君主政治。武乙首先摧毁贞人赖以存在的精神支柱，即所谓的"天"或"天神"。为此，武乙将木偶人当作天神，皮囊中盛满血当作天，然后自己羞辱"天神"，朝"天"射箭。武乙借此戳穿贞人的谎言，使民众看到念念不忘的天、天神，实际上都是荒唐可笑、不堪一击的骗局。

然而，武乙的悲剧在于，殷商时期的王权始终受到神权的压制。殷商虽已迈进文明时代，但尚处在早期国家阶段，离史前的野蛮蒙昧不是很遥远。天地和鬼神崇拜信仰，在殷商民族的思想中根深蒂固，一时动摇不了。

以贞人为代表的神权势力，经过数百年的发展，已如同秃鹫的爪子，把整个殷商社会都牢牢地揪在手中。各种等级的贞人，大大小小的巫觋，泛滥成灾，上至王室贵族，下至庶民奴隶，无不受其影响。武乙将王权从神权桎梏中解放出来的诉求，不可能获得普罗大众的共鸣，只会受到神权势力的强烈抗拒，甚至招致殷商民众的反感与痛恨。所以武乙射天，被世人斥骂为"无道"或"慢神"。武乙狩猎河渭之间时被雷震死，在殷商民众看来，那是冒犯天地鬼神应有的下场，是武乙自己作死的。

至于武乙是否遭到概率小至百万分之一的雷劈事件，不得而知。武乙在狩猎时，死于痛恨他的贞人之手，也有可能。

第二种解读，武乙西征周人，战殁于河渭之间。

虽然周王季历亲自来朝，表达了对殷商虔诚的恭顺之意。武乙也接受了季历的臣服，回报以赐地三十里、玉十珪、马八匹。但是季历来朝，与武乙赐地、赠玉、送马，都是虚与委蛇的表面文章。

一个强盛的周国，早晚将威胁到殷商王朝的生存。而已成强弩之末的殷商王朝，早晚会对周国下手。因而武乙和季历两人，都在心照不宣地提防着对方。

季历来朝之后的第二年，大举进攻西落鬼戎。虽然取得大胜，但是也暴露了季历的心机，就是要将殷商的西部门户拆得支离破碎，而后一举灭之。武乙不得不出兵讨伐，以震慑季历，这就是《史记》中的"武乙猎于河渭之间"。

有条卜辞云："丁酉卜，亚凿（chàng）以众涉渭。"[1]亚就是亚服，殷商的高级武官。这条卜辞说的就是亚凿率军西征周国，渡过渭河，有可能跟"武乙猎于河渭之间"相关。所以说武乙遇暴雷震死，实际上是他征讨周国时，遭到周人大军的袭击，殁于战事。

商周之间的潜在冲突，旋即表面化、公开化、恶化，演变成你死我活、不共戴天的王朝战争。

两种解读，哪一个符合史实？从商、周冤冤相报，仇恨越结越深的后续历史发展来看，应当是武乙讨伐周国，在河渭兵败被杀。

---

[1]　《殷契粹编》1178。

商王文丁的复仇

季历"翦商"新模式

武乙横死于河、渭之间,不管是遭暴雷震毙,还是西征周人兵败被杀,对殷商王朝都是一个沉重的打击。

武乙在位三十五年,配偶妣戊,生儿子托。武乙死后,托继位,他就是商王文丁。文丁,又作太丁,在卜辞中也称文武丁、父丁。

文丁是个非常平庸的君主。殷商国力从武丁时代的巅峰逐渐滑落下来,到了武乙、文丁父子在位期间,如同退潮般,呈现出全面衰退之势,从此一蹶不振,彻底失去了复兴的机会。神权势力经过武乙的打击之后,萎靡不堪。到了文丁时期,贞人逐渐凋零,再也没有出现过武丁之际权倾一时的𣪘、宾、争"三人组合"这样的贞人。武乙、文丁时期,宗教祭祀活动还发生了一些微妙的变化。如殷墟一、二期(武丁之时)的祭祀牲品以羊牲为主,羊因其柔顺、洁身自好成为祭祀天地神鬼的首选牲品。所以甲骨文中以六畜为字根的字形,羊居于首位。然而到了殷墟三、四期(武乙以后),却是以牛牲为主。从此以后,牛一直是中国古代祭祀中最重要的牲品。历代王朝祭祀天地、宗庙,牛牲必不可少。凡牛、羊、猪三牲品俱全者,称之为"太牢";只有羊、猪,却没有牛的牲品,称之为"少牢"。

文丁三年,洹河的水曾经一天之内出现三次绝流的现象。洹河是安阳殷都的生命之源,为此文丁下令在河边焚烧"大三牢",以燎祭神灵。[1]"大三牢"指的就是牛、羊、猪三牲品俱全的太牢。

武乙、文丁之际祭祀牲品出现的这一变化,似乎与羌戎部落有关。

羌戎是西北地区的畜牧民族,羌、姜古同,应属于姜姓,是上古时期的羊图腾部落。卜辞中,羌是唯一指称为民族(或氏族、部落)称号的文字,说明与商王朝关系极为密切。羌的字形,从人从羊,声音也从羊。可见羌戎就是牧羊人,羊是羌戎部落放牧的最重要牲畜。

武丁之时,国力强盛,四夷宾服。西北地区羌戎部落的土方、鬼方等,是武丁对外用兵的主要对象。经过征服之后,羌戎部落纷纷俯首称臣。按照成汤发布的"四方献令",羌戎部落进贡的方物,是"易得而不贵"的牲畜,其中以羊为最大宗。其他未臣服的畜牧部落也被武丁用武力征伐,在战争中商军虏获的牲畜也是以羊为主。所以武丁时期,羊成了宗教祭祀的最主要牲品。

武丁死后不久,殷商再次衰落下来,西北地区的羌戎部落相继叛乱。商王无力频繁发动战争,导致进献或缴获的羊群数量出现锐减,所以在宗教祭祀活动中,牛牲超越羊牲,成为最重要的牲品。可以这么说,殷商后期羊牲不再是首选的牲品,是殷商国力大幅衰退的一种映射。

武乙、文丁时期的对外战争,除了征伐卜辞中的召方,几无建树。商王"天下共主"的地位岌岌可危,戎狄部落叛心四起,屡屡内犯。商军无法抵挡,节节败退,丢土失地,屡见不鲜。

武乙和文丁只好依靠渭河流域的周国,册命周王,让他"协王事"——以商王的名义,为殷商平定叛乱,镇压不服的戎狄部落。

周国趁机填补了殷商的空白,不断地东征西讨,日益壮大起来。周王季历遵循公亶父的遗训,施行仁政,收拢人心。殷商西部的方国、部落竞相归附,周王季历也逐渐取代商王,成了诸侯心中的新共主。

---

[1] 《甲骨文合集》34165:"戊子贞:其燎于洹泉大三牢,宜牢。三。"

季历开启了"翦商"的新模式,从被动防御转向积极进攻。从文丁二年至十一年,周王季历兵锋不断东移,跨过黄河,连续发动四次大规模的东征。文丁二年伐燕京之戎,文丁四年伐余无之戎,文丁七年伐始呼之戎,文丁十一年伐翳徒之戎,进入殷商的传统势力范围——今山西地区。

季历征伐的这些部落都属于今山西地区的隗姓赤狄部落,其中除了伐燕京之戎失利之外,其余三次都是全线告捷。

燕京之戎(燕京是山名),在今山西汾水上游。这一带原是殷商王朝的属地,武丁之后被戎狄占领。

余无之戎,就是徐吾之戎,在今山西长治市的屯留区附近。余无之戎与卜辞中的召方地域十分接近,有可能是同一个部落。文丁四年,季历攻打余无之戎,大获全胜。

安阳殷都西北面的危险自此解除,文丁由此大悦,册命周王季历为殷商的牧师。师,是殷商的高级军政官员。牧师专职负责征讨西北地区以畜牧为主的戎狄部落,相当于殷商王朝的西部总督。

文丁七年,季历改变进攻方向,兵锋直指今山西南部地区的始呼之戎,大获全胜,由此控制了山西南部运城盆地和临汾盆地,开辟了通向安阳殷都的大道。周人取道黄河北岸的谷地,随时就可以东进,直插殷商王朝的心脏——安阳殷都。这条大道也就是日后武王伐纣的进军路线。

可以说,季历攻打始呼之戎,给殷商王朝敲响了第一声丧钟。

四年之后的文丁十一年,季历再次进攻晋东北五台山以南、滹沱河一带的翳徒之戎。滹沱河是殷商民族的龙兴之地,殷商始祖契最早的居住地——番,就是在滹沱河中游。

经过季历的一系列东征,殷商西部门户尽失,周人势力扩展到太行山脉以西,得以从西、西北两面对殷商形成钳击之势。周王季历稳扎稳打,步步为营,占据了黄河中上游大片地区,以太行山脉为界,与殷商王朝形成分庭抗礼之势。

商王文丁这才如梦初醒，一夜之间，周王季历成了殷商的大敌。

文丁杀季历

周人越来越强大，除掉季历，是文丁遏制周人的唯一办法。因为季历是殷商的牧师——西部总督，未来的征战还得以商王的名义，所以季历在大胜翳徒之戎后，亲自带着俘获的三个敌军首领，去安阳殷都觐见文丁。

文丁嘉奖季历为殷商守边之功，赏赐圭瓒、秬鬯（jù chàng，用黑黍和香草酿造的酒）、九命，并册封他为西伯。伯与霸，音义相同，地方诸侯中的强者就是伯。文丁册命季历为西伯，等于承认季历的西方霸主地位。

然而，文丁翻脸比翻书还快。季历还没有来得及回到岐下，就被文丁羁留在塞库，最后瘐毙狱中。

文丁杀季历一事，只有《古本竹书纪年》中有记载。《吕氏春秋·首时》中出现一句模棱两可的话："王季历困而死，文王苦之。"后人不理解这句话的意思，各种释读五花八门。东汉的高诱说："（季历）勤劳国事以至薨没，故文王哀思苦痛也。"——这是因为季历日夜操劳国事，积劳成疾，最后去世了，令儿子周文王哀恸不已。

《史记·龟策列传》也有一句话："杀周太子历，囚文王昌。"这句话令世人更加糊涂。因为囚禁周文王是商纣王时期的事，所以杀太子历必定在文王被囚之前。但是周文王没有一个叫历的太子。

《古本竹书纪年》在西晋时期出土之后，这件事终于水落石出了。

季历死后，儿子姬昌继位，因为他继承了季历的西伯封号，所以史书上也称姬昌为西伯。当时姬昌年纪尚幼，大致十一二岁。季历未竟的灭商大业，落在一个年仅十余岁的小孩子身上，这是姬昌无法承受之苦，所以《吕氏春秋》中说"文王苦之"。古代书写，自上而下，《史记·龟策列传》中的"太子"两个字实际上是后人对"季"字的误拆，"杀周太子历"就是"杀周季历"。

文丁杀季历，除了国恨，还有家仇。其父武乙死于河、渭之间，不管是遭雷击而死，还是伐周兵败身亡，因为河、渭之间是周人的地盘，所以武乙之死，周人脱不了干系，这是杀季历最好的理由。

文丁杀季历，一则替先王报仇，给殷商民众一个交代，为武乙打击神权势力洗白；二则为殷商剪除后患，给日益强大的周人一记重击。杀了季历，留下一个十来岁的小孩子，周人群龙无首，必将分崩离析。

这就是文丁的如意算盘。

文丁十一年的季历献捷，也有可能是殷商下的套子。文丁以赏赐封爵为名，把季历诱骗到安阳殷都去，然后将他关入牢狱，活活困死。

季历与殷商有姻亲关系，论辈分季历是文丁的姐夫。文丁杀季历，干下了违背天伦的伤天害理之事，必会遭到世人的谴责。这是一报还一报，将商、周两族推入万劫不复的仇恨深渊。

季历的尸体被送回岐周，传说葬于楚山（今陕西西安鄠邑区玉蝉乡陂头村西南）。季历下葬不久，陵墓就被流水所侵蚀，露出棺木的前额。周人不得不对他实行二次葬。二次葬是史前时期一种古老的葬俗，最早出现在七千年前的宝鸡北首岭仰韶文化遗址中。北首岭遗址距岐周不足百里，所以史书中所说的季历二次葬，是渭河流域远古葬俗的遗风。

季历死后，年幼的姬昌登上王位，周人进入文王时代。

姬昌的出生也很离奇。《国语·晋语四》中记载："昔者大任娠文王不变，少溲于豕牢，而得文王不加疾焉。"这是说太任怀上姬昌时都没有感觉，后来在猪圈如厕时才生下他。

姬昌与上古的圣君诸如尧、舜、禹、成汤一样，都有异相。传说周文王额骨凸起如日，长着鸟鼻，眉骨圆突，眉毛浓粗，身体颀长，浑身上下，全是一副帝王之相。周文王的前胸还长着四颗乳头，《淮南子·修务训》中作如此解释:"文王四乳,是谓大仁,天下所归,百姓所亲。"这是上古时期大圣君、大仁人独特的生理标志。当然,这一切都是后人神化周文王的荒谬之谈,不足为信。

第11章

商纣当国

西伯昌的崛起

岐周地震

这个诞生于污秽的"豕牢"之地,"胸有四乳"的奇异少年姬昌,即将引领周人走出岐山,迈向更遥远、更广阔的东方大地。而他的大仇家——商王文丁,在杀害季历不久后也死去了。文丁在位十一年,死后,儿子羨继位,史称帝乙。

史上对商王帝乙的评价存在分歧。司马迁说他是个昏庸无能的君主,即位之后殷商王朝加速衰落下去。在《左传》中,甚至将帝乙与西周的暴君周厉王并称为"不肖之君"——很不像话,辱没了老祖宗的统治者。然而在《尚书》和《周易》中,帝乙则被称为贤君。

帝乙在位期间,到底有哪些劣迹,史无明载。但是根据卜辞的记载,帝乙并非毫无作为。他对祖甲时期形成的周祀制度再次改革。祖甲按照翌、祭、祼、协、肜五种祀典的顺序,一个祭祀周期只需30旬,也就是300天。及至帝乙之时,五种祀典的一个祭祀周期演变成36旬或者37旬,也就是360天或370天,其平均数相当于一个太阳年(365.2422天)

的天数。每一个完整的祭祀周期为一"祀",经过帝乙改革之后,商开始称年为"祀",这是天文历法上的巨大进步。

在帝乙、帝辛时代的甲骨卜辞或青铜器铭文中,常常出现的"王几祀"就是指当时的商王在位第几年,中国由此开启了王位纪年的先河。如,帝乙二祀(公元前1100年)四月,对上甲微以降的所有殷商先王进行了一次规模盛大的合祭活动。[1]这样的合祭事件在帝乙五祀(公元前1097年)九月又举行了一次。了解这一点很重要,因为中国历史上有确切王位纪年的事件就是从帝乙时代开始的。

在帝乙卜辞中频频出现的"旬亡祸",就是指在卜问接下去的十天之内会不会发生什么祸事。这通常是在外敌犯边时的贞卜用语。由此可见,帝乙时期的边关形势十分紧急。

彼时,殷、周大致以太行山脉为界,太行山以西,尽是周人的天下;太行山以东,虽是殷商的势力范围,但国内人心不稳,四邻各族趁机闹事。在帝乙二祀,或者姬昌继承王位的第二年,姬昌高举复仇大旗,率领周人大军,开始对殷商王朝发动进攻。这是王者的复仇,虽然此时姬昌仅仅十二三岁,但是殷、周两族的宿怨以及季历困死塞库的血仇,让年少的姬昌一夜之间老成起来。此役,是周人反客为主,对殷商王朝的第一次主动出击,扭转了商、周之间的战略态势。西周中期史墙盘铭文中的"初盭和于政",就是指这次伐商。

其后数年中,帝乙的贞问卜辞里连续出现了"旬亡祸",似乎姬昌这个小毛孩已经成了帝乙挥之不去的梦魇。

帝乙六祀,十二月癸卯,贞问,旬亡祸?吉。——结果很吉利。

帝乙七祀,五月癸未,贞问,旬亡祸?吉。——结果也很吉利。

帝乙八祀,二月癸酉,贞问,旬亡祸?引吉。——虽然也很吉利,

---

[1] 《甲骨文合集》37836。卜辞原文:"癸未王卜,贞:酒肜日,……自上甲至于多毓衣。……在四月,惟王二祀。"

西周中期的史墙盘

史墙盘是西周时著名青铜器，1976年12月在陕西扶风出土，为西周恭王史官墙所作的礼器。内底铸有铭文18行284字，文章使用的四言句式，颇似《诗经》，措辞工整华美，有较高的文学价值。铭文前半部分颂扬西周文、武、成、康、昭、穆诸王的重要政绩，后半部分记述墙所属的微氏家族的家史，与文献记载可相印证，是研究西周历史的重要史料。

但是这次用语不同。引吉，就是《周易·萃卦六二》中的"引吉，无咎"。引者，拉开弓，箭未射出。"引吉，无咎"就是祸事还处在萌芽状态，但由于处理得当，比如虔诚祈求神鬼的佑护，所以没有酿成大祸。

帝乙十祀（公元前1092年），殷商的西边发生了一件大事——岐周地震。这事没有出现在甲骨卜辞上，但是史传文献多有记载，诸如"地动东西南北，不出周郊"，可见震级不小，而且岐下的宫殿、宗庙处在震中。当时正值盛夏六月，年富力壮的姬昌突然病倒了，而且病得很厉害，卧床五日，岐周到处地动山摇。公亶父修建的宫殿仿佛在风中摇曳，门窗晃动，屋瓦震落。姬昌生病与地震本来纯属巧合，周人却惊魂不定，认为"地之动也，为人主也"，这是老天对姬昌发出的警告。一时间人情汹汹，纷纷要求迁出岐周。

姬昌问:"怎么迁走?"有位官吏回答说:"发动民众,再造一座新城。"

面对即位以来最大的危机,姬昌出奇地沉着冷静。他告诉周人:"这是天帝降罪于我,不认可我这个西伯。如果兴师动众,再造一座新城,那就是罪上加罪,老天会饶了我姬昌吗?"

姬昌应对此次危机的策略是坚持"以仁安人、以义正我"的治国理政之道,用爵禄品级和兽毛皮革去结好邻近各族,用谦卑语言和重金布帛去招揽天下英才,用爵位俸禄和肥田沃地去赏赐群臣百吏。彼时的姬昌不过二十三四岁,但是他拥有一个成熟政治家的智慧与谋略。殷商动不动就挥舞大棒,姬昌反其道而行之,实施了"以仁治国"的王道理念,不但稳定了人心,而且大大凝聚了邻近诸族的向心力。

姬昌的王道理念有三个内涵:其一是修己,强调内圣,把自己的事做好;其二是重义,不仅讲究一个"仁"字,而且更加注重"义",以建立和谐的社会秩序;其三是包容,以多元、宽仁的态度去对待邻近各部落,呈现给世界的不是暴力或征服,而是"协和万邦"。

姬昌的王道理念使他确立了名副其实的西伯(西方霸主)地位。《墨子》说,姬昌亲仁百姓,让利于民,由此大得人心,"闻文王者,皆起而趋之"。投奔西伯昌,成为中原各族的最大心愿。铸作于西周中期的史墙盘铭文,对姬昌一生中的丰功伟绩进行了概括性的颂扬,赞云:"曰古文王,初鼙和于政,上帝降懿德大屏,敷(抚)有上下,迨(hé)受万邦"——

> 我说啊,古时候有个周文王,
> 初一交战,建立了政权,
> 天帝降临给文王美德,
> 让四方百姓,无不受其恩惠,
> 从此万邦协和,海内一统!

这次岐周地震，反而成就了西伯昌的真正崛起，中原格局因而大为改观，具备了划时代意义，所以史书上对此不吝笔墨，大书特书。

千余里之外的商王都对岐周大地震毫无震感。卜辞记载，周人遇到旱灾，向商王报告，商王曾经派人到岐周去燎祭，祈求神明的佑护。所以这一回周人也应当向殷商汇报地震的事。姬昌的生母太任来自挚仲氏，也算是殷商王室的瓜瓞（dié）子孙。商、周之间维系着一种极为特殊的政治婚姻关系，既为亲也为仇。至于帝乙获悉之后，有何反应不得而知，心情想必十分复杂吧。

此时，姬昌忙于处理大地震善后，致力于巩固自身的霸主地位，交好邻近各族，以壮大自己的实力，势必对帝乙服软示弱。商、周之间暂时相安无事，帝乙得以专心打理国内政事。

大伤元气的征伐

西疆得以安宁，殷都府库中有堆积如山的谷物，帝乙认为该出兵讨伐叛逆的东方诸侯——盂方伯炎了。盂方，今河南商丘睢县一带，与安阳殷都相距两百千米。商朝还有一个盂国，又作邘国，在今河南沁阳西北，地处山西、河南两地的交通要冲。邘国是殷商王朝的忠诚属国，商纣王时册命西伯昌、九侯（即鬼侯）、邘侯（即鄂侯）为三公。后来邘国被西伯昌所灭，武王伐纣之后封子邘叔于此。

盂方是殷商东部实力最为强劲的两个部落之一，另一个部落是东夷，卜辞中称其为人方。武丁时期，盂方曾经听命于殷商王朝。武乙、文丁之时，殷商衰微，盂方多次内犯，东边屡屡告急。

贞问讨伐盂方的卜辞中出现的"不肯（mò）"，是毫不犹豫的意思，表明帝乙对攻打盂方态度坚决，而且胜券在握。讨伐盂方开始于帝乙九祀（公元前1093年）十月，帝乙御驾亲征，统帅主要是多甸、多伯两员战将。翌年十月结束，仗打了整整一年，属于一场大规模的战争。

商军凯旋之际，帝乙在班师途中进行了一次大狩猎活动，以庆贺这次胜利。围猎之中,帝乙亲手射杀了一只浑身通白的犀牛(白兕)。犀牛一般是黑色的,帝乙视白犀牛为天降瑞象。在宗庙献捷之时,这只异兽被当作牲品,摆在祖灵之前,成了帝乙一生中最荣耀的事。为此,帝乙特意让人把这件事刻在白兕的头骨上。

然而,正是这一次令帝乙引为自傲的出征,让殷商王朝大伤元气,加速滑向覆灭的深渊。

帝乙在位二十六年(死于公元前1076年),他有四个儿子,正妃生三子,长曰微子启,中曰微仲行,小曰受。受,即受德。庶妃生箕子,箕子的年纪仅次于微子启。《吕氏春秋》说,微子启、微仲行、受是同母兄弟。启的母亲生下启时,身份卑微,只是一个妾。后来被立为王后,又生下受。启,是一个大贤人,所以帝乙准备立他为太子。

受暗中贿赂太史,让他在帝乙面前据法力争,说:"自古以来子以母为贵,都是立嫡不立庶。启出生时,他的母亲尚未立为后,但是受出生时,她已经是后宫之主。不立正妻的嫡子为太子,而立妾的庶子为太子,怎么可以这样?"这个太史自相矛盾的逻辑错误是显而易见的,帝乙却无言以对,只好传位给受。

帝乙死后,受继承王位。他就是末代商王帝辛,后人称之为纣王。纣,是武王灭商之后周人强加给帝辛的谥号。也有说"纣"是由帝辛的名字"受"转音而来的。《吕氏春秋·功名》高诱注云:"贼仁多累曰纣。""纣"后来成了暴君的专用谥号。《谥法》曰:"残义损善曰纣。"

帝辛即位之后,六百年的殷商王朝走入了末途。

上古暴君

史书上记载，商纣王是上古时期与夏桀齐名的暴君。与夏桀一样，商纣王也是才力过人。他满面横肉，胡须下垂，长一尺四寸。他还膂力过人，能徒手格杀猛兽，倒拉九牛，甚至单只手托起屋梁，抽换房柱。气力勇猛者多残暴，这是一个王朝末代君主的标配。

商纣王的残暴不仁有四事。

其一，营朝歌宫室。

武丁时期，国力强盛，安阳殷都成了当时最为繁华的大都邑。虽然都邑物品充盈，资源丰沛，但仍无法满足武丁的奢靡生活。武丁在安阳殷都以南49千米处黄河与淇水间的原野开阔之地修建离宫别馆，作为度假胜地。因为建立在沫水之旁，所以当时称之为沫邑或者妹邑。帝乙又将沫邑作为陪都，常年在这里居住。到了纣王之时，纣王又大兴土木，对沫邑进行扩建，并将安阳殷都的权力机构迁到那里去，使之成为殷商末期的实质性行政中心。因纣王奢靡无度，整日沉湎于声乐之中，朝夕笙歌，不绝于耳，所以沫邑又称为朝歌。

商纣王不惜民力，耗费七年营建朝歌。史传朝歌城内大宫室百座，小宫室七十三座。最显眼的是鹿台，大三里，高千丈，堆放着商纣王搜刮而来的民膏民脂，金银珠宝，玉器布帛，无所不有。商纣王及其宠妃的居所包括倾宫、琼室、瑶台，都装饰以各种精致华丽的玉器。宫中开有九市，酒肉遍地，乘车出行可饮美酒，骑马出行可吃烤肉，任商纣王大肆挥霍。另在淇水东岸建有粮仓——钜桥，米粟通过漕运，运往宫中。

商纣王是个十足的享乐主义者和物质主义者，史书上说他住的是"高台广室"，穿的是"锦衣九重"，吃的是"旄象豹胎"。

旄象豹胎是什么？西方的旄牛，南方的象，豹的胎盘。这古怪的吃法恐是夸饰之语，但足以形容纣王奢侈糜烂的程度。《吕氏春秋·本味》中罗列了上古众多舌尖上的美味，其中有句话叫"肉之美味者……旄象之约"。纣王生性奢靡，用象牙制作的筷子夹肉吃，用犀牛角或白玉制作的杯子来喝酒。而且，他还酗酒，在朝歌城外挖有酒池，酒糟成丘，池中酒可供三千人豪饮。

史书上的这些记载虽有夸张之嫌，但若以安阳殷都的布局及规模来推断，凭着当时较高的建筑技术和充沛的人力资源，营造朝歌城并不是一件十分困难的事。

其二，宠妲己淫乱。

妲己与夏桀的元妃妹喜一样，都属于被"妖魔化"的苦命女子。

妲己出自有苏氏，有苏氏为己姓之国，可能就是夏王帝槐所封的昆吾一支，封地原在今河南温县一带，后来向北迁徙至今河北沙河苏庄附近。

纣王在位第八年（公元前1068年），有苏氏叛乱，纣王发兵征讨。有苏氏力战不支，就献上妲己以取悦纣王。妲己，原作黰己。黰，黑而艳丽。可见妲己本来是有苏氏部落中一位皮肤略微黝黑，却美艳无比的己姓女子。

有苏氏属于后世的燕赵之地，燕赵出美女，战国秦汉之际，赵地美女更是闻名天下。她们善于弹奏琴瑟，踏着脚尖，舞步性感，成为各国君主竞相追逐的目标。赵地美女也频频进入宫闱，甚至出现在政治大舞台上，成为当时靓丽的风景线。诸如嬴政之母赵姬，赵悼襄王之后倡姬，南越王赵婴齐之后邯郸樛（jiū）氏女，汉文帝的慎夫人、皇后窦氏和尹姬,汉武帝的王夫人、李夫人和钩弋夫人等,不胜枚举。妲己凭着赵地佳丽的独特颜值,令好色的商纣王神魂颠倒。

西汉刘向《列女传》中如此描述,纣王"以为人皆出己之下,好酒淫乐,不离妲己"。纣王爱江山社稷但是更爱美人,整日围着妲己打转,为了她甘愿付出一切。商纣王在安阳殷都东北百余千米建沙丘台(今河北广宗西北太平台)。沙丘台以西就是妲己的老家有苏氏,沙丘台就是专门为取悦妲己而筑的,所以又称妲己台。沙丘台是商纣王的大淫窝,司马迁说"以酒为池,悬肉为林",裸身男女穿梭于酒池肉林之间,竞相追逐,尽情嬉戏。

战国时期的赵武灵王遭遇沙丘之乱、秦始皇东巡死于沙丘,两位先秦时期最富雄心的男人都在沙丘台终结了生命。他们的死虽然与"红颜祸水"无关,但是沙丘台这个充满历史记忆的地方,更让人增添几分感慨。

妲己和夏末的妹喜、西周末的褒姒,成了盛行数千年"女祸论"之源。将一个数百年王朝的灭亡归咎于孱弱的妇女,这样子的甩锅也太难看了。

"女祸论"是伴随着周礼而产生的,其本质是为父权制的确立而服务的。父权将女性牢牢压制在下,剥夺她们所有的话语权,剥夺她们的政治、经济、文化权力,直至女性成为毫无反抗力、任人宰割的温顺"小羊羔"。所以,在残酷的男权社会中,人人可以随意诋毁一个妇女。而打开这个潘多拉盒子的,正是周武王本人。

在血流漂杵的牧野决战之前,周武王面对全军战士,发出铿锵有力的誓言,条条列举了商纣王的暴行。其中第一条就是:"'牝鸡无晨,牝鸡之晨,惟家之索。'今商王受,惟妇人言是用。"[1]意思是说清晨母鸡是不啼叫的,母鸡一啼叫,这家就要败落了,纣王对妲己言听计从,殷

---

[1] 《史记·周本纪》。

商岂有不灭之理？让妲己背上殷商灭亡的黑锅，为周武王发动暴力革命打烟幕弹。

其后，周公创制周礼，以彰显西周取代殷商的正义性与合法性。再经过后世儒家的层层历史建构，"女祸论"终于结结实实地钉在父权制的历史铜柱上，成为中国传统文化中的重要表征之一。

作为"女祸论"的最早牺牲品，妹喜、妲己、褒姒是可悲的。

其三，制炮烙滥杀。

令人不寒而栗的炮烙之刑，是由大熨斗演变过来的。熨斗本来是熨烫衣料布帛的一种工具，但被商纣王用来惩罚罪人。具体做法是将一块铜板烤得通红，而后让罪犯赤手抓举。罪犯难以忍受手掌被烤焦烫烂的剧痛，随着嗞的一声，铜板冒烟而落地。商纣王大怒，将其改造成更加残酷的炮烙之刑。在燃烧的炭火之上，架起涂抹厚厚膏油的铜柱，然后令罪犯赤脚行走过去。铜柱既滑溜又烫脚，罪犯跌落炭火之中，烧得嗷嗷大叫。这一千古罕有的"酷刑艺术"，令在旁围观的妲己开怀大笑，以其取乐。

笼罩在炮烙之刑"炽热通红"的恐怖阴影之下，殷商民众人人自危。师延谙晓乐律，史书上说他"总修三皇五帝之乐，抚一弦琴，则地祇皆升，吹玉律，则天神俱降"，有惊天地动鬼神之才。师延预感殷商将亡，连夜逃亡。商纣王把他抓回来，关在地下暗牢，准备炮烙伺候。在狱中，师延为了显示自己的才华，奏起高雅的"清商流徵涤角之音"。可惜对牛弹琴，商纣王不懂音律，把他痛骂一顿："这是远古时期的乐曲，与我何干？"师延马上奏起不堪入耳的"迷魂淫魄之曲"，以迎合商纣王的重口味，由此逃过炮烙一劫。

炮烙之刑令人闻而胆寒，见而战栗，成了商纣王与妲己残暴统治的指标性刑具。在出土的上博楚简《容成氏》中，却有着与史传文献不同的记载。《容成氏》云，纣王"作为九成之台，置盂炭其下，加圜木于其上，思（使）民道之。能遂者遂，不能遂者坠而死。不从命者，从而柽梏之，于是乎作为金柽三千"。

这是说，商纣王筑起了一座高高的九成之台，上面架着一根圆木，下面放着一盆木炭（盂炭）。至于盂炭中有没有烧火，没写，应是烧了的。商纣王逼着百姓从圆木上走过，能走过圆木便罢了，走不过去的，摔死在盂炭里。如果违命不走的，就会被当作罪犯抓起来，为此商纣王专门定做了三千个铜枷。

可见炮烙之刑的本来面目是圆木，而非涂抹膏油的铜柱。

除了炮烙之刑，史书中还留下商纣王与妲己戕害无辜的种种罪行，包括：骇人地剖开孕妇之肚以辨胎儿性别，用人肉来喂老虎，厨师蒸煮熊掌不熟而被杀，等等。更有甚者，一天清晨，一位老人畏寒不敢过淇河。商纣王问旁人，这是何故？旁人回答，老人骨髓不多，所以畏寒。于是商纣王让人砍下老人的小腿骨，敲开来察看他的骨髓。当然，诸如此类夸张的描述，真实性不得而知。

其四，好田猎游玩。

商纣王还在盛暑六月征调民众，在西土大肆围猎。六月之时，万物茂盛，天地有成。古时候六月狩猎被视为"逆天道，绝地德"的无道行为，这一条也被列入商纣王暴政的罪状。

古时皇帝大多喜欢外出狩猎，这本来是无可指摘的。但是田猎过度、不修民事，会误了农桑，影响农业生产。所以《六韬》上说："人主好田猎毕弋，不避时禁则岁多大风，……禾谷不实。"

在殷商末期的甲骨卜辞及青铜器铭文中，对商纣王"好田猎毕弋"的记录屡见不鲜，可与史传文献相印证。

周原甲骨中载："衣王田，至于帛，王惟田。"这是西伯昌陪侍商纣王（衣王）到帛地（今河南扶沟县）打猎的一条记录，说明商纣王外出时大讲排场，强令地方诸侯随同前往，连姬昌如此强悍的西方霸主也不得不俯首听命。

商纣王视田猎游玩为人生的一大乐事，偶有收获，就沾沾自喜，命人刻记在猎物的兽骨上，使之流传千古万载。帝辛三祀（公元前1073年）十月辛酉日，纣王狩猎于鸡麓之地，捕获了一只白色的凶猛大老虎。六祀（公元前1070年）五月壬午日，在麦麓围猎时，他抓获了一头浑身沾满泥巴的犀牛（卜辞称为敢［zhí］兕）。纣王下令把这头脏兮兮的犀牛杀了，交给大臣宰丰等人，用来祭祀天地。

  商纣王的残忍与荒淫令人发指，但这些罪名绝大多数都是后人罗织的。顾颉刚先生在《纣恶七十事的发生次第》中详尽罗列了商纣王大大小小的70条罪状，并考证了它们的追加过程，如战国增添了20条，西汉又追加21条，东晋最后添加13条。经过上千年的添油加醋式手法，众人描绘了一个万恶不赦的独夫民贼形象。明代的神话小说《封神演义》对商纣王奢侈无度与荒淫残暴的描写，更加到了登峰造极的地步。从此，商纣王在世人心目中，成了一个灭绝人性的暴君形象。

纣王征东夷

真实历史中的商纣王如何？

古代史学界复姓司马的两大伟人，都不带成见地赞扬过纣王。司马迁在《史记·殷本纪》中用十六个字来形容他："资辨捷疾，闻见甚敏，材力过人，手格猛兽。"——思维敏捷、博闻强识、骁勇善战。司马光说他"弗祀上帝、神祇、宗庙，恃其强大，喜用兵，百战皆克"[1]——商纣王不信神鬼，只信自己的胳膊腿儿，很会用兵，所向披靡，战无不胜。

商纣王在位期间，最值得称颂的战争是多次征伐东夷，开疆拓土，将殷商王朝的势力范围扩张到今山东和淮河流域一带。

卜辞中的尸方——"尸"字作人形屈膝之状，就是人方或夷方，包括东夷和淮夷，它们是传说中太昊和少昊的后裔，任姓，以鸟为图腾。殷商民族与东夷有一定的渊源关系，成汤时期，夏桀屡次攻打东夷，殷人与东夷结盟，共同对抗夏王朝。殷商王朝建立之后，与东夷交恶，商夷联盟也随之破裂。中商之际，殷商

甲骨卜辞中的"尸"字

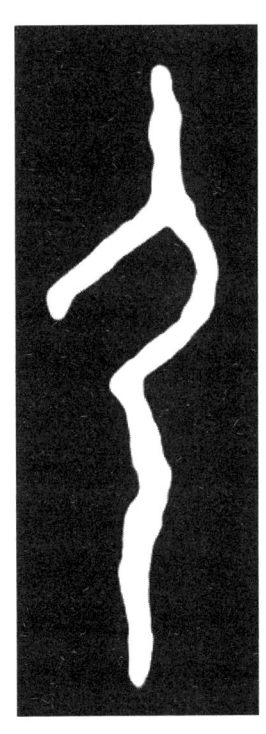

---

[1]〔北宋〕司马光：《稽古录》卷七。

衰微，东夷中的蓝夷趁乱西进，商王中丁、河亶甲不得不发兵征伐。

武丁在位期间，殷商强盛一时，频频发动对外战争，但主要精力放在西北地区的游牧民族，鲜有顾及东方地区。所以，在武丁统治早、中期，与东夷有关的卜辞仅五版。武丁中期之后，西北地区中鬼方、土方、舌方等敌对部落逐渐被征服，东夷也纳入武丁的征战日程之中。甲骨卜辞记录，某年六月，武丁曾经卜问，是否应该御驾亲征夷方。征伐夷方的将领主要是妇好、侯告，名将望乘和沚馘也涉足征夷之事。

风水轮流转。武乙时期，殷商再次衰落下来。东夷又大举扩张，不但占据了海岱、淮河流域的大部分地区，而且不断侵入中原腹地，与殷商王朝的冲突加剧。

商纣王即位之后，宠幸妲己，荒淫暴政，诸侯离心，东夷更是肆无忌惮，疯狂内犯，荼毒殷人。伐夷战争，势在必行。终于在帝辛十祀（公元前1066年），好大喜功的商纣王举全国之力，御驾亲征夷方。

帝辛十祀征夷方的导火线是"夷方率伐东国"，也就是袭扰殷商的东部边疆，践踏边民。纣王祭祀宗庙，以册命告诸侯，宣读夷方的条条罪状，誓言要予以重拳一击。帝辛九祀（公元前1067年）二月，肜祭先王祖乙之日，纣王占卜出征夷方的吉凶。结果显示，将大获全胜。[1]

纣王遂决意用兵，九月抵达黄河北岸的温（今河南温县），可能是视察黄河渡口的情况，而后回到了朝歌城。

由于是御驾亲征，随行人员必定众多，其中有当时著名的贞人黄。根据黄的随军记录，可以复原纣王征夷方的路线。纣王所征的夷方在哪里，学界有两种说法，分别是今山东境内和安徽淮河一带。考古发现表明，殷商晚期，商文化已经深入山东海岱腹地，甚至延伸至江苏黄海之滨。其中在鲁中南地区密集出现商文化遗址，这一带正是东夷集团的聚居地，是东夷族殷商化程度最高的地区。而安徽淮河流域地区的淮夷部

---

[1] 见《甲骨文合集》37852。

落在上古夏商周时期，就一直被视为化外之地。中原王朝对这一地区的控制，明显不如山东地区。自夏朝，直至西周，淮河流域都是中原王朝南下拓展的重点之一。帝辛十祀所伐的夷方，无论从历史大势，还是卜辞记载的行军日程编排结果来看，都应该在安徽淮河流域，大致是今安徽蚌埠至洪泽湖之间的一个淮夷部落——林方。

战争开始于帝辛十祀九月初一（甲午）。纣王在大邑商祭告祖先，并举行盛大的祭旗仪式。殷商时期的王畿之地，北起今河北邯郸地区的沙丘台，南至朝歌城，王畿之地的中心在安阳殷都，也称大邑商。征夷方（林方）的兵力除了纣王自带的"中央军"，另有今河南永城、安徽宿县之间一个方国——攸国的"地方军"，以及其他方国势力。攸侯喜是这次征讨的主将。

在大邑商祭旗之后，商纣王顺着太行山东麓南下，经过一个月的行程，于九月三十日（癸亥）抵达黄河北岸的顾（今河南原阳县西北）。纣王沿途边走边看，平均日行不足十里。

十月初二（乙丑），抵达乐。六天之后，到了殷商王朝的南部重镇——商（今河南商丘）。十月二十日（癸丑），纣王在亳（河南商丘以北的蒙县故城）待了一天，可能在那儿举行祭祀之类的活动。翌日，纣王途经今河南商丘、虞城之间的鸿口，继续南下。二十二日（乙卯）到达厉（今河南鹿邑附近），三十日（癸亥）到达危。危本是一个方国部落，康丁时期商发兵攻伐，杀其首领，将危并入殷商版图之中，危成了殷商东南方向的一个重要据点。纣王在危滞留了五六天，可能是等待后勤补给。

十二月初六（己巳），粮草备足，纣王下令继续向攸国前进。攸侯喜的大军正在那儿整装待发，静候纣王的到来。四天之后的十二月初十（癸酉），纣王抵临攸国，与攸侯喜合军。攸国是拱卫殷商王朝东南疆的最前线。这一次所征的林方距此不过百里，急行军一两天就可以到达。

经过十来天的行军之后，纣王与攸侯喜在十二月二十三日（丙戌）

抵达淮河北岸。纣王随即命令攸侯喜展开搜敌行动。十二月二十七日（庚寅），商军在今蚌埠以北的浍河发现林方人马，双方激战于此。由于卜辞相关的记载很少，因而具体的战斗情况不详。卜辞出现了"贞捅林方"的记录，应该是以精兵锐卒对林方搞突然袭击，一举将其打趴。月底，纣王在大获全胜之后，振师北归。

翌年，也就是帝辛十一祀（公元前1065年）正月初十（壬寅），纣王与攸侯喜回到攸国的边关小镇永（今河南永城），在此休憩了一两日。

然而，更激烈的战斗还在后头。正月十四日（丙午），令商纣王始料不及的是，夷方首领发起了一次大规模的反击，杀入攸国境内。情况十分危急，纣王迅速部署迎敌之策，"中央军"与"地方军"两面合围，歼敌如麻，斩杀了夷方首领，焚烧敌军尸体。

这次大捷之后，纣王带着敌酋头颅凯旋，征战夷方也宣告结束。二月二十八日（庚寅）回到杞（今河南杞县）。三月十四日（乙巳），商纣王在商丘举行大规模的狩猎活动，犒劳三军，以庆贺这次远征的辉煌战绩。四月初十（癸酉），商纣王在黄河岸边，告祭天地。回朝歌或安阳殷都的时间则未知。

帝辛十祀伐夷方（林方），前后历时七个月，往返行程超过两千里，是殷商晚期一次大规模的战争。此役之后，殷商王朝的势力扩展到今安徽淮河地区，这是建国五六百年以来，殷商王朝在东南方向最丰硕的一次开疆拓土，极大促进了淮河地区与中原地区之间的联系。此役意义十分重大，日后的西周王朝继承了商纣王的拓边事业，将淮河地区纳入中原王朝的统辖范围。

然而，商纣王对夷方的征讨并未停息。五年之后的帝辛十五祀（公元前1061年），征夷方烽火再起。这一次战争的信息散见于几件流落海外的青铜器以及一些零碎的甲骨卜辞上。所以详细经过不得而知，仅能勾勒出战事的大致面貌。现藏于美国旧金山亚洲艺术馆的小臣艅犀尊铭文中刻着这样一句话："唯王来征夷方，唯王十祀又五肜日。"这确切证明了殷商末期有一次征夷方的战争，而且应该发生在商夷战事频仍的纣王时期。

帝辛十五祀，也就是西伯昌在位的第三十九年，正是周人韬光养晦，静候良机，蓄势待飞之际。这给商纣王制造了一个假象——周人已经完全臣服于殷商王朝，西部地区一片安宁，纣王对此大可放心。

战争的起因不清楚，大概也是夷方伯无悔袭扰殷商东疆。战前的帝辛十四祀（公元前1062年）十月，方国贵族小子逢率一支队伍，先至堇地，以监视夷方伯无悔的一举一动，并侦察敌情。十月中旬，纣王经过占卜之后，决定再次出兵，惩罚不逊的夷方。多侯被任命为主将，作战军队包括商王的中央军，以及小子逢的地方军。十一月，纣王率军自大邑商或者朝歌南下，饮马黄河边，在此驻留七天，以做好后勤补给和渡河准备工作。十四月[1]，小子逢率地方军自今河南济源一带东进，与渡河的王师胜利会师。

翌年（公元前1061年）正月下旬，多侯率商军与夷方伯无悔展开激战。由于卜辞残缺不全，战斗地点及经过不明。推断大致在今安徽、江苏之间的北部地区，所征夷方也应属于淮夷部落。四天之后，纣王亲临齐地（今山东枣庄附近），此时战斗已经结束。二月，纣王前往夒城（今河南范县附近），赏赐小臣俞大量的钱财货币。小臣俞是纣王贴身近臣，专门负责纣王的饮食起居。四月，纣王离开夒城，前往蒿地狩猎，以庆贺胜利，并举行献祭先王文丁的隆礼。

帝辛十五祀征夷方，历时大半年，行程也在千里之上，其规模不亚于帝辛十祀之役。当时生产力极其落后，商纣王两次拓边淮河流域，费时长，消耗大，属于很烧钱的行为。

《吕氏春秋·古乐》称："商人服象，为虐于东夷。"这不是说殷商

---

[1] 商周时期天文观测水平落后，导致历法不精确。有时在岁末增加一个闰月——十三月，还是无法协调回归年与太阳年的误差的情况，只好再增加一个十四月，也就是一年闰两个月。

征夷方时，用驯象武装军队，来碾压夷方。野生象是商王最喜爱的猎物之一，也常常被圈养起来。商王猎象、养象，主要用途是祭祀、享受、赏玩，包括食用象肉，制作奢侈的日常物品。如古书中记载，商纣王生活淫靡，嗜好味道鲜美的"旄象豹胎"。纣王吃饭使用了象箸，由此招来箕子的非议。

对殷墟地区的古气候研究表明，在帝乙帝辛时期，华北地区出现过一个明显的降温事件，干冷的天气导致黄河中游地区的大象数量急剧减少。而淮河流域森林茂密，气候温润，尤其适宜象群生存。强令被征服的部落进贡大象或象牙象骨制品，以填满纣王无穷的欲壑，也是商纣王征淮夷的一个动机。

帝辛十祀、十五祀征夷方，是六百年殷商王朝发出的最后荣光。然后，商纣王穷兵黩武，虚耗国力，百姓困苦不堪，被征服的东夷、淮夷也不断起来反抗，纣王的统治危如累卵，使得荣光黯淡失色。《左传》记载："纣克东夷而陨其身。"随着西部周人的强势崛起，商纣王终于埋葬在自己挖好的坑洼中。

天命在兹

纣王自毁门户

西伯姬昌是被千古歌颂的一代圣君。他的一举一动，无不被后世统治者奉为圭臬。姬昌坐在千里之外的岐周宫殿之中，冷眼静观纣王的众叛亲离与殷商王朝的日渐分崩离析。他的成功之处就是吸取了商纣王暴政的教训，实施仁政，善待百姓，从而赢得了地方诸侯的归顺，为日后扫灭殷商奠定雄厚的基础。

纣王即位之初，臣服于殷商的有三大诸侯，分别为鬼侯、鄂侯、西伯，战国时期的齐国贵族鲁仲连称之为"三公"。鬼侯，也作九侯，今河北磁县附近。鄂侯，就是邘侯，今河南沁阳附近。九侯、邘侯所处的地理位置非常重要，九侯在安阳殷墟、纣都朝歌之北，邘侯在朝歌之西，像两只羽翼，紧紧地庇护着殷商王朝的西、北两个门户。他们是商纣王最后两位忠诚的卫士，然而主子却没有善待他们。

九侯有个女儿，长得如花似玉，被商纣王瞄上了，纳入朝歌宫中。九侯之女却不像妲己那样淫荡，曲意逢迎纣王的性癖好。纣王一气之下把九侯之女杀了，又担心九侯造反，将九侯剁成肉酱。邘侯是个直肠男，对九侯之死颇有微言，在纣王面前为九侯辩护。商纣王恼羞成怒，一并杀了邘侯，把他晒成肉干，挂在朝歌城中示众。

此时的周人必定心中窃喜不已，商纣王杀了九侯与邘侯，就是自毁门户，无异于敞开衣裳，使白花花的胸脯直接暴露在对手明晃晃的刀刃之下。周人应当趁此良机高举义旗，替天行道。西伯姬昌却不温不火，对商纣王比以往更加恭顺。周原出土的甲骨上留下了姬昌被殷商册命为方伯，亲自陪侍商纣王田猎于帛地的记录。姬昌甚至不辞辛劳，远赴朝歌，参与了纣王祭祀殷商先公先王的宗教活动，俨然是殷商王朝最忠诚的藩臣。

灭商大计

然而，这一切都是假象。西伯姬昌正紧锣密鼓，暗中布局灭商之计。《新唐书·历志》载，帝辛六祀（公元前1070年），姬昌初禴（yuè，祭祀）于毕。毕，毕原，也称为毕程原，就是咸阳原。具体位置在今陕西咸阳市区北部，渭北黄土台塬的南缘，被渭水与泾水切割成一块三角形的塬面，东西长32千米，南北宽13千米，最窄处仅1.5千米，总面积约350平方千米。在古代二十八星宿中，有一个由八颗星组成的三角形狭长星宿，其状与毕原异常相似，所以被称为毕宿。

毕原在岐山以东百余千米，这里本来有一个殷商的属国——毕程氏。在殷墟卜辞和周原卜辞上，都有毕这个地名。毕，其原形是有长柄，用来捕捉野兽野鸟的小网，说明毕程氏是一个以狩猎为生的部落。大致在季历时期，周出兵灭了毕程氏，扫清了周人东进的路障。至西伯姬昌之时，开始在毕原举行禴祭活动。禴祭，通常是在夏天，要杀掉俘虏来祭祀天地。所以，姬昌初禴于毕，这是一种武力宣示，其对象无疑就是殷商，有向纣王宣战之意。二十八星宿中的毕宿，被赋予征伐之功能，应该就源于西伯姬昌时期。

周人自帝辛六祀，开启了全民动员的战争模式。

五年之后，也就是西伯姬昌在位的第三十五年，正月望日丙子（公元前1065年3月13日）之夜，岐周地区发生了一次月食。月食是一种少见的天文现象，在古代被赋予某种特殊的政治意义，通常附会为灾异谴告的一个神秘事件。西伯姬昌率姬发、姬奭、姬旦等众子群臣，遥祭月亮。西伯姬昌借机对他们进行了修身养德教育，要他们告诫周人："人谋竞，不可以后戒，后戒宿，不悉日，不足。"[1]——如果整天把心思用在人与人的钩心斗角上，最终不得善果。要夜以继日地自强不息，日后才会有无限的可能。

西伯昌对众子群臣的这番谆谆开导，意在以大仁大德来维系一个众志成城的周人社会，做到上下一心，如此方能战胜强大的殷商王朝，这就是所谓的仁者无敌。

在发动大规模的征商战争之前，西伯姬昌必须料理好关中地区的事务，获得各部落的拥戴，把他们凝聚成无坚不摧的铁拳。当时关中地区最大的内部矛盾是虞、芮二国的地界争讼。虞国，今陕西陇县，或说就是季历长兄太伯所奔之地。芮国，今甘肃华亭一带。两小国由于地域相接，疆土交错，长期为了耕地争讼不休。两国之君相约："既然西伯姬昌是德高望重之人，我们之间的争讼让他来裁决吧。"他们来到了岐周，一路所见所闻，处处祥和。在郊外，田野间，耕田的相互让地，走路的相互避道。在都邑中，男女不同路。在宫殿上，官员们你谦我让，都不愿居高位。虞、芮两国之君大为惭愧，面面相觑："我们所争执的，正是周人所谦让的。我们都是小字辈啊！"于是，西伯姬昌为他们主持公道，他们各让出一部分耕田，和平相处。

《诗经·大雅·绵》赞云："虞芮质厥成，文王蹶厥生。"西伯的德行感动了虞、芮二君，让他们化干戈为玉帛。司马迁说，明断虞、芮争讼，西伯姬昌的威望由此大增。诸侯相继归附者有四十余国，视西伯姬昌为膺受天命之君，都尊奉他为王。

天命，受之于天，代表高高在上的天帝，在人间行使权力，呼风唤雨，号令诸侯。各路诸侯都不是智障者，单凭摆平两个小国的耕地纠纷，还不足以让他们心悦诚服地将西伯昌推向与商纣王并驾齐驱的王者之座。

---

[1] 《逸周书·小开》。

姬昌托梦膺受天命

"天命之君"的至尊称号来得如此轻巧,未免太小儿科了吧!司马迁漏掉了某些重要的历史信息,那就是西伯姬昌获取天命的方式。

出土的清华简《程寤》补回了司马迁的缺失。《逸周书》中《程寤》有标题但没有正文,原文散佚时间不清楚。史传文献中最早的相关记载出现在东汉末年的《潜夫论》中,所以司马迁当年可能没见过相关资料。《太平御览》(卷三九七)中保存了部分佚文,但仅七十余字,而且是经过后人加工过的,难以一窥原貌。清华简《程寤》被发现时,本无标题,整理者正是根据《太平御览》的引文给它命题。《程寤》重现人间,姬昌如何由殷商西陲的一个册命方伯,一跃成为万国归心的天命之君,也就了然于目了。

姬昌膺受天命,来自妻子太姒一个奇怪的梦。太姒是西伯昌的正妃,是殷商地区姒姓有莘氏的绝世美女。成汤的王后妣丙也来自有莘氏,所以《诗经·大雅·大明》说她是"大邦有子,俔天之妹"。太姒嫁入岐周时,姬昌亲自到渭水边以隆礼迎娶。太姒堪称上古时期的英雄母亲,她一共生育了十个儿子,其中老二姬发就是后来的周武王。

西伯昌迁都于丰之前,曾经在毕原上的程地暂居了一段日子。太姒的梦就在这期间做的。太姒梦见殷商王庭突然长出了茂密的荆棘,太子姬发从岐周王庭取来几株梓树,移栽到商王庭的荆棘之中,瞬间化为松、柏、棫(yù,扁核木)、柞(zuò,常绿灌木或小乔木)四种树木。

太姒从梦中惊醒过来,赶紧告诉西伯昌,让人占卜一下。

殷周时期,人们相信梦是神灵对未来的一种预示,凡做梦就要占卜。占梦已成为统治者日常生活中不可或缺的一部分。西周时期设置了占梦官,专职负责占梦之事。周人把梦分为六类,即普通寻常的正梦、令人惊悸的噩梦、因思虑过度而做的思梦、恍恍惚惚的寤梦、令人喜悦的喜梦、令人恐惧的惧梦。太姒的梦既是噩梦又是寤梦,西伯昌怕是凶兆，不敢占卜，就让姬发请来巫觋，举行禳除之礼，以驱赶恶灵。

异常隆重的祷祭仪式是在岐周宗庙里举行的，祭祀土神、谷神，祈求岁时、日月、星辰、山川等自然神的佑护，都在这里举行。

令人不解的是，在祷祭时，西伯昌对殷商的祖先神横加指责，甚至厉声谩骂。太姒自己做的噩梦，跟殷商祖先神有什么关系？

有天大的关系！

梦中殷商王庭长出了荆棘，象征着殷商王朝处处充斥着群小奸邪。姬发在殷商王庭种下岐周王庭来的梓树，却变异成松、柏、棫、柞了。这就非同小可了。梓为树中之王，松、柏、棫、柞是四种优良之木，代表着治国能臣。岐周王庭来的树木占领了殷商王庭，这样的政治喻义再清楚不过了。

经过禳祭之后，化凶为吉，噩梦反而成了吉梦。

太姒的吉梦触及了殷商革命中的核心问题——天命转移。殷商民族号称玄鸟的传人，《诗经·商颂》里不是说"天命玄鸟，降而生商，宅殷土芒芒"吗？太姒的梦预示着周人将从殷人手中接管天命。而殷商的天命来自上帝，所以西伯昌带着太子姬发，兴高采烈地跪拜在岐周宫殿的明堂之上，答谢"皇上帝"将天命从殷人手中收回去，移交给周人。这就是《诗经·大雅·江汉》中所说的"文武受命"。

有人认为清华简《程寤》中的皇上帝是皇天上帝的简称。其实不然，此处的"上帝"就是卜辞中的"上帝"或"帝"，殷商民族崇拜的最高神灵。"皇上帝"意即伟大的上帝。

这是一场神圣肃穆的"天命"移交仪式，从伟大的上帝那儿接过"天命"之后，意味着周人将获得殷人的"受邦受民之命"，简而言之就是取代殷商，成为天下共主。

太姒的梦境中，在殷商王庭种下岐周王庭树木的是太子姬发，这就预示着完成灭商大业的将是姬发，而不是西伯昌。西伯昌这辈子再也看不到岐周王旗在殷商王庭上空高高飘扬的那一刻了，恐怕这也是让西伯昌心悸，不敢占卜的原因。

欣慰的是，无论是西伯昌自己灭了商，还是太子发灭了商，周人终究是要取代殷商的。所以西伯昌说了一大堆为君之道，来谆谆告诫太子姬发。这情形，仿佛殷商已经灭国，纣王带着殷人万众臣服在姬发的脚底下。

最后，西伯昌还用几句格言来勉励姬发：

> 哎呀，我的天啊！
> 不惜时哪来的奋进，
> 不团结哪来的力量，
> 不忍辱哪来的美德，
> 不执着哪来的大道，
> 不自尊哪来的爱民！
> 即使谋略再高深，
> 也不足以保后人。
> 发啊，日后一定要奋发图强，
> 让人人追随你，
> 只争朝夕，不负韶华。[1]

太姒来自东方的有莘氏，是殷商子民，周人受天命于商出现在她的梦境中，更具有公信力，更能打动诸侯的心。假托太姒之梦，来取得天命，搞不好是西伯昌预先写好的剧本。攻灭殷商，取而代之，是公亶父以来几代人的夙愿。联系到帝辛六祀，姬昌初禴于毕，就誓言将发动武力革命，推翻殷商王朝。时隔十数载之后，周人实力今非昔比，所以宣

---

[1] 清华简《程寤》原文："呜呼，何监非时，何务非和，何襄（huái）非文，何保非道，何爱非身，何力非人。人谋强，不可以藏。后戒，后戒，人用汝谋，爱日不足。"

示"受商命",革掉殷商王朝的天命,也是在情理之中的。

"其受命之年而称王",西伯昌称周文王就是自这一刻开始的。这一年是帝辛十九祀、西伯昌四十四年(公元前1056年),改称受命元年。这是周人一次飞跃性的历史事件,"替天行道,诛伐暴君",天命将成为周人征讨商纣王最锐利的武器。

这是西边"小邦周"赤裸裸地对东方"大邑商"的正式宣战。

第12章

仁君文王

文王遇吕尚

周文王的硬实力和软实力

周文王之所以敢于公开称王,与曾经的宗主国殷商决裂,并声称要革掉殷商的天命,在于他具备了向商纣王叫板的底气,包括硬实力和软实力。

硬实力是指周文王将西部地区的方国、部落牢牢地凝聚成一个拳头,建立了一支强劲的军队——"六师"(金文中称之为"西六师")。"六师"是周文王东征西讨、创立基业的主要力量。同时,经过数代人的经营开发,由于拥有关中地区的膏腴之地,周族农耕发达,百姓富庶,经济繁盛。而商纣王一方,经过帝辛十祀(公元前1066年)、十五祀(公元前1061年)两次大规模远征东夷,劳师动众,旷日持久,军队死伤累累,国库耗空,殷商王朝气数渐尽。商周双方力量的对比,已呈东降西升之势。软实力则是周文王的仁义德行,吸引了越来越多的贤良之才,其中有不少对商纣王倍感失望的殷商故臣。

周文王有著名的"四大金刚"——太颠、闳夭、散宜生、南宫适,史书上称其为"文王四臣"。

太颠，也作泰颠，来自泰氏。闳夭来历不明，《荀子·非相》上说他长相怪异，"面无见肤"，像猴子那样满头须发，把整个脸都遮蔽了，看不到半点儿皮肤。

散宜生，来自散宜氏。传说帝尧的妃子就是散宜氏之女，可见散宜氏在当时也是一个很重要的部落。散宜生的采邑（国君封赐给卿大夫作为世禄的领地）在今陕西宝鸡市凤翔区汧河东岸，散氏后裔在西周时期见于金文的有散伯车父、散季等。

南宫适，出自南宫氏。南宫适的后裔被封到曾国（今湖北随州），曾侯舆自言："余稷之玄孙。"可见南宫氏也是姬姓，周人的一支。西周时期，南宫氏是一个非常显赫的家族。周康王、周昭王有征伐鬼方和虎方的大将南宫盂，周夷王有掌管农牧事务的南宫柳，周宣王有官居司徒的南宫乎，他们都是南宫适的后裔。

除了"文王四臣"，还有辛甲、鬻熊。

辛甲，本来是商纣王的臣僚，年过七十五，因看不惯纣王的德性，屡谏不听，一气之下投奔岐周。周文王的儿子姬奭接待了他，交谈不久，发现此君不凡，就推荐给周文王。周文王毫不犹豫地重用辛甲，"以为公卿，封长子"，采邑在今山西长治一带。

鬻熊，就是楚国的先祖，投靠周文王时，年纪很高，颇受周文王的尊敬，有"文王之师"的美名。鬻熊来到岐周后没多久就死了。鬻熊的后裔楚人以此为荣，楚国国君经常拿这个往自己脸上贴金。楚武王曾向人夸耀说："吾先鬻熊，文王之师也，蚤终。"[1]——我的老祖宗鬻熊，当过周文王的老师，只可惜很早就过世了。

当然，周文王最重要的助手是吕尚。可以说，吕尚是八百年周朝的第一功臣，没有吕尚也就没有西周。

---

[1]《史记·楚世家》。

文王遇吕尚

吕尚本为炎帝之后，原姜氏、吕姓，一名涓，字子牙，所以又称姜子牙。他有许多的称谓，除了吕尚、姜子牙，还有姜太公、师尚父、太公望、吕望、吕牙等名号。

司马迁说因为姜子牙被册封于吕地，所以又称为吕尚。吕，今山西霍州市以南一带。但是周武王灭商之后，封功臣谋士时，师尚父为首封，并未将他封在吕地，而是将申地赐予师尚父作为采邑。申地在今陕西周至县城关镇与眉县青化镇之间，这一带是隆起的高原，森林茂密，并不太适宜发展农耕。后来可能周武王认为吕尚居功至伟，如此一块弹丸之地，不足以赏其功，便在随后册封诸侯时把吕尚封在东海之边的营丘，让他在此设都，建立齐国。但那时的营丘属于东夷的蛮荒之地，尚未开发，条件比较艰苦。史书上说吕尚是东海上人，或东夷之士，可能与他册封于营丘有关。

吕尚实则西土之人，祖上是四岳的后裔，属于姜姓之戎，算是关中地区的土著，所以他的活动遗迹主要在陕西宝鸡一带。今陕西陇县、千阳、宝鸡贾村一带有个姜氏的矢国，其国君自命不凡，竟然称为矢王，意欲与周王并驾齐驱。吕尚应为矢国之人，有可能是矢国没落的贵族子弟。他早年穷苦潦倒，生活没有着落，不得不浪迹天下。

吕尚年轻时曾经入赘为上门女婿，但是一事无成，耕田的收成还不够买稻种的钱，打鱼的收获还不够买渔网的钱，大半辈子过着浑浑噩噩的日子。最后，连老婆也瞧不起他，竟然把他休了。堂堂七尺男儿，居然被一个妇人羞辱，在年过半百之时被扫地出门。如此奇耻大辱，吕尚居然也忍了下来，默默地选择离开。幸亏他浑身是劲，就在朝歌城内操刀做个屠夫，卖牛肉为生。

吕尚屠牛朝歌，经常挑到棘津去卖。棘津，一名南津，又名石济津，是今河南延津东北一个重要的古黄河渡口。公元前525年，晋国名将荀吴率大军南下扫荡河南嵩山一带的陆浑戎时，就在棘津渡过黄河。吕尚早年的这段经历，有更不堪的记载。《说苑·尊贤》说他是"朝歌之屠佐""棘津迎客之舍人"，也就是说吕尚做过朝歌城内屠夫的帮手，当过棘津渡口旅店招揽客户的小厮。

吕尚的身份如此卑微，他是怎么获得周文王的赏识，并迅速飞黄腾达，一跃成为岐周的首脑人物的呢？司马迁时代流传着三种不同的说法。其一，吕尚垂钓渭滨遇周文王；其二，吕尚离开纣王西投岐周；其三，周文王拘羑里得吕尚。

其中以垂钓遇文王说最负盛名，这种说法简直就是伊尹"负鼎抱俎"的翻版。《史记·齐太公世家》载称，吕尚年老穷困，很想投靠岐周，以展示生平绝学，做出一番大事业。但是觐见周文王无门，就垂钓于渭水之滨，假借钓鱼，寻机跟周文王会面。巧合的是，周文王正准备出外打猎，预先占了一卜，看会捕获到什么猎物。占人告诉周文王，他的收获不是龙，不是螭（chī），不是虎，也不是熊，而是一个能让文王称霸天下的辅臣。周文王兴致勃勃地去狩猎，果然在渭水北岸遇到正在垂钓的吕尚。两人交谈之后，周文王大喜，说道："我先祖太公（公亶父）曾经预言，天将降圣人于岐周，周从此强大起来。这圣人正是你啊！我太公盼望着你很久了！"所以文王给吕尚起了个名号，太公望。周文王用牛车把太公望载回岐周，拜为太师，统领三军。

太公望的垂钓之台，在渭水北岸的磻溪兹泉，泉水叮咚，东南隅有一个石屋，为太公望所居之处。钓鱼台遗迹尚可寻，在今陕西宝鸡伐鱼河上游。宝鸡地区为姜姓的发源地，磻溪钓鱼台西北不远处有姜姓的矢国，那儿是太公望的老家，所以这种说法有一定可靠性。至于吕尚弃纣王西投岐周，与垂钓渭滨遇文王其实是同一回事。

文王拘羑里而得吕尚的说法有不同的版本。一个版本认为，周文王因得罪了商纣王，被囚禁在羑里。羑里，在安阳殷都与朝歌之间。岐周众臣深为周文王的命运而担忧，散宜生、闳夭等人日夜磋商，以营救周文王。《尚书大传》中说，散宜生、闳夭、南宫适是吕尚的学生，吕尚获知文王被囚禁于羑里，感叹道："哎呀！这个西伯昌可是一个大贤君啊！"于是他们四人去见周文王，并向商纣王进献奇珍美女，想方设法把文王赎出来。文王深为感激，亲切地称呼吕尚、闳夭、南宫适、散宜生为"四友"。

还有一个版本，周文王是在朝歌城内结识吕尚的，见于屈原的《天问》和《离骚》。当时吕尚正在肉铺里杀牛，他一边用屠刀狠狠地敲击肉案，一边吆喝出洪亮的叫卖声，以招揽买家。周文王被吕尚雷鸣般的声响吸引住了，发现此君与众不同，是一颗埋在泥巴中的珍珠，于是把他请回岐周。屈原的《楚辞》收录了一些鲜为人知的真实历史，比如在浩瀚如烟海的传世文献中，殷商先王恒的事迹只见于屈原的《天问》一文。要不是殷墟甲骨卜辞的发掘，恒的事迹恐将永远湮没在历史的尘埃中，所以对屈原的记载不可轻视。《淮南子·修务训》中有句话"吕望鼓刀而入周"，也与屈原的说法不谋而合。

到底周文王是怎么遇见吕尚的？即使是两千多年前的司马迁也不知道答案，只无奈地说了一句："言吕尚所以事周虽异，然要之为文武师！"[1]——有关吕尚投靠岐周的说法五花八门，但有一个是肯定的，后来吕尚成为周文王、周武王父子的老师！

无论吕尚是"以渔钓奸周西伯"，还是"鼓刀扬声"而获得西伯昌的赏识，总之在得到吕尚后，西伯昌的霸业才真正确立起来。

吕尚的真面孔

吕尚投奔岐周之后，成了周人的顶梁柱。他官居何位，史书上却没有明确的记载。在《史记》《诗经》等早期文献中，吕尚也被尊称为师尚父。有人认为师尚父是师、尚、父三义的合称，师是官职（太师），

---

[1] 《史记·齐太公世家》。

尚是人名，父是尊称，所以吕尚应居太师之职。但在西周官制，早期的最高长官称为太保，中晚期才出现太师。太保与太师的属下是"三有司"，即司马、司徒、司空，另有主管册命、图籍、祭祀等具体事务的太史，属僚包括后稷、膳夫、农正等。那么，师尚父究竟是什么意思呢？根据西汉刘向《别录》所说，"师之，尚之，父之，故曰师尚父，亦男子之美号"，可知师尚父只是周文王、周武王父子对吕尚的敬称，尊他既为老师、长上，又为父辈，而不是指某个具体的官职。

如此举足轻重的岐周两朝柱臣，总不能头上就一顶师尚父的空荡荡的高帽子，虽然看起来光鲜艳丽，但是一点也不实用。那么，吕尚究竟在岐周担任什么职务？

吕尚卖肉时发出响亮的吆喝声、刺耳的屠刀击案声，注定了他就不是一位温文尔雅的谋臣辅相。所以汉代赵岐注《孟子》时说："吕尚有勇谋而为将，散宜生有文德而为相。"吕尚智勇双全，颇具大将风范，被周文王任命为三军统帅，而散宜生稳重谦和，才是辅相的合适人选。

《诗经》中写道"维师尚父，时维鹰扬"，可见在周人的印象中，吕尚矫健如搏击长空的雄鹰。刚猛威武，雄健有力，担任大将之职，披坚执锐，麾指三军，这才是吕尚的真正面孔。而运筹帷幄，治国驭世，就得靠散宜生。至于把吕尚说成多谋善断，精通韬略，有神鬼莫测之奇才，那是秦汉之际"张良拾履"以后的事了。

史书上说，吕尚年七十而相周，九十而封齐，更是无稽之谈。上古时期，由于生活环境和卫生条件落后，上了五十就算老者了。吕尚年过半百，还在朝歌屠牛，并能高声吆喝、挥刀拍案，也算是体壮气粗的老人了。周文王敬称吕尚为师尚父，可见吕尚应比文王年长。据此推测，吕尚投靠周文王时，大致在五六十岁。

在周文王身边，武有吕尚，文有散宜生，还有太颠、闳夭、南宫适、辛甲等栋梁之材，可谓人才济济。《国语》中称周文王即位之后，任命叔父虢仲、虢叔为卿士，八虞——伯达、伯括、仲突、仲忽、叔夜、叔夏、季随、季䯄（guā）等八位掌管山林鸟兽的官员——为政治顾问。闳夭、南宫适成了周文王的谋臣，其他谋士还有蔡公姬度、原公以及太史辛甲、尹佚二人。周文公、邵康公姬奭、毕公姬高、荣公等也受到周文王的重用。

反观商纣王，虽称大邦之君，占据各种丰沛的资源，尤其是人才方面的优势，但政治黑暗，荒淫残暴。憨厚耿直的九侯、邘侯相继被杀戮，令忠肝义胆之士无不心寒，于是竞相弃殷奔周。出土的上博楚简《容成氏》上说，有丰、镐、石、郍（nuó）、邘、鹿、耆、崇、密须氏等九个方国，因商纣王的乱政荒淫而起异心。

人心向背决定国家的命运，历史的天平正逐渐向岐周倾斜过来。

饮恨羑里

周文王伐殷商属国

周文王受天命之后的第二年（公元前1055年），以灭商为主旨的战争正式打响了。《墨子·非攻下》说："赤乌衔珪，降周之岐社，曰：'天命周文王，伐殷有国。'"赤乌，是一种瑞鸟。天降瑞鸟于岐周宗庙，嘴巴里含着一块白玉，这是上天向周文王下达圣旨，命令他讨伐殷商及其属国。

周文王奉天命讨伐的第一个对象是犬戎。犬戎，又称畎夷、犬夷，是殷商的帮凶，周人的宿敌，本来在邠、岐之间，周人先公高圉对其发动多次打击，将犬戎赶到岐周以东、骊山以西一带。文献中的犬丘[1]，就属于犬戎的故地。犬戎是周人的最直接威胁。《帝王世纪》记载，某年正月初一，犬戎的一个部落昆夷一天之内有三次打到了岐周的东大门。犬戎不扫，周人就不能安心东进。

击退犬戎之后，翌年（公元前1054年），周文王兵锋转向岐周以北的密人（居今甘肃灵台县百里镇）。密又称密须氏，姞（jí）姓，是传说中黄帝后裔的十二姓之一，与姬周同宗。密人却是殷商的附属国，密国之君龟曾经追随商王一同出征。灵台的姞伯墓中出土了铭刻"子"姓族徽的青铜器，还有殷人先王的称谓，所以密国是泾水流域殷商王朝的鹰犬爪牙，长期监视着周人的一举一动。

---

[1] 今陕西西安沣西新城东马坊遗址。

卧榻之侧，岂容他人鼾睡？《诗经·大雅·皇矣》中详尽记载了周文王进攻密人的缘由及经过。今甘肃泾川一带有两个小国，北边是共国，南边是阮国，都臣服于周，经常遭到密人的侵略。周文王屡次警告，密人仗着幕后的大老板是商王，置若罔闻，这就是《诗经》所说的"敢拒大邦"。

周文王赫然大怒，决定讨伐密人，为此召集群臣商议。第三子姬鲜（管叔）持反对意见，因为他认为密国之君很圣明，攻打密人就失去了道义。吕尚却说："先王的讨伐，始终有条底线，只惩罚那些拒不听话的、行为危险的、做事过分的诸侯。密人已经踩过了这条底线。"

于是周文王听从吕尚的话，调集军队，亲征密国。周原以北多山丘茂林，周人大军从岐周出发，先解了阮国之围，然后在一座高山处与密人相遇了。

周人大怒，说："不要在我的山丘下布阵，那是我的山丘。不要喝我的泉水，那是我的山泉。"周文王下令发起猛烈的进攻，密人溃不成军。密国百姓自发把密君捆起来，献给周文王。周文王洗劫了密国，带着战利品——密须之鼓和大车，胜利而归。

周人与密国的交战，在周原甲骨卜辞中也有记录，有片编号为H11·80的龟甲上刻"王其往密山舁（yú）"，说的就是周文王前往密国之山的事。

连续两年用兵，击退了犬戎，灭了密国，四邻诸侯震服，岐周的后院安全了。受命四年（公元前1053年），周文王亲率大军，远征今山西境内的耆国。耆国，就是黎国，也称饥国，今山西黎城县，在安阳殷都西北百余千米处，为殷商西疆重镇。只要攻占了耆国，安阳殷都就是囊中之物。周文王灭耆，明显是冲着商纣王而来的。

周文王被囚羑里

战火燃至家门口，殷商贵族开始感到恐慌。王室大臣祖伊奔告商纣王:"上天要抛弃我们了,如今的老百姓谁不希望看到大王灭亡?天命不再了,大王要怎么办呢?"

然而,商纣王也是英勇善战之辈,他并非祖伊口中的"不可谏"之君。《左传·昭公四年》说"纣为黎(耆)之蒐(sōu)",蒐就是举行军事演习。显然,纣王看到了周文王灭耆的后果,所以早已有应对之策。

《尚书大传》记载:"西伯既戡黎(耆),纣囚之羑里。"这反映了商纣王出兵迎战周人,结果大获全胜,周人溃败,周文王成了阶下之囚,被拘押在羑里。

司马迁说,羑里之囚是由于周文王为九侯、邗侯的惨死深有怨言,受到崇侯虎(崇国之君)的构陷。崇侯虎在商纣王面前进谗言:"西伯姬昌仁慈而且富有谋略,太子姬发勇猛而且果断坚决,中子姬旦谦恭而且知时知量,所以诸侯都向着岐周。岐周早晚必将取代殷商,赶紧设法剪灭这一未成形的祸端。"于是商纣王命令屈商把周文王抓来,囚禁在羑里。这一记载有点问题。周文王是西部诸侯的共主,算得上大邦之君,手下猛将如云,谋臣如雨,兵卒如林,商纣王岂能说抓人就抓人?

但周文王被囚于羑里,确实是由于崇侯虎的提醒,触碰到商纣王的心病。商纣王很会打仗,史书上说他"恃其强大,喜用兵,百战皆克"。面对周文王的咄咄逼人之势,商纣王不可能坐视不理。戡黎一战,周人受到纣王大军的反扑,周文王兵败被俘。但是为什么商纣王没有立即将周文王处死,以绝后患呢?这是因为杀不得,杀了就彻底成了不共戴天之仇。

周文王是殷商对付周人的一个王炸。商纣王把他拘禁在安阳殷都附近的羑里,作为人质,意在威逼岐周降服。周文王因戡黎之役而导致了一次不堪回首的耻辱,被周人称为"羑里之丑",世代难忘,所以周人有意识地把戡黎败仗这件令子孙蒙羞的往事讳隐起来,将其从史书上抹去。

羑里,在今河南汤阴以北九里,城北有羑水流经,向东缓缓而去。

羑里北距安阳殷都18千米，南离朝歌30千米，是一座山丘上垒石而成的小城堡，突兀险峻。城中用土填平，高出城外一丈有余，周长三百余步（约500米）。周文王被囚禁在这盈尺之地的狭小空间内，易于看守，插翅难飞，这也是对周人的蔑视与羞辱。

周文王在羑里备受折磨，隔三岔五被商纣王派人辱骂，但周文王处之泰然，脸色无改。周文王的长子伯邑考是个美男子，面如美玉，丰姿英伟，在殷商当人质，做了商纣王的马夫。商纣王为了摧毁周文王的生存意志，甚至不惜干出违背人伦的兽行：他杀了伯邑考，将其炖成肉羹，赏赐给周文王吃。事后商纣王以此来嘲讽周文王，说："圣人不吃儿子的肉汤！谁说姬昌是圣人？他连吞下自己儿子的肉都不知道。"这一惨绝人寰的恶行令周文王生不如死。他知情之后，悲愤异常，在羑里城外呕吐连连。世人对周文王深为敬佩，在呕吐之处堆起一个小土包，称之为"呕子冢"。不过这些只是战国时期的传闻而已，真实性不知。

商纣王放虎归山

周文王被俘，商纣王捏住了周人的命脉。岐周上下陷入一阵慌乱之中，为拯救周文王忙成一片。吕尚、闳夭、散宜生等众臣展开救主大行动，每个人都有具体分工。吕尚前往羑里，密切监视殷人，确保周文王的人身安全。也有人根据《孙子兵法·用间篇》中的"周之兴也，吕牙在殷"，以及《孟子·离娄上》中的"太公辟纣，居东海之滨"，推断吕尚为了救周文王出狱，跑到东夷族去，鼓动夷方发动叛乱，所以有的文献又称吕尚为"东夷之士"。散宜生负责四处搜罗奇珍怪物，进献给商纣王，用来赎买周文王。商纣王生活奢靡，朝歌城中无奇不有，所以岐周的贡品必定是世所罕见、价值不菲的人间极品。

岐周贡品的清单上，到底有哪些东西？司马迁说是有莘氏美女、骊戎文马、有熊九驷等。其他的史料说得就有点天花乱坠了。

《淮南子·道应训》列出的清单包括骓虞、鸡斯之乘、玄玉百工、大贝百朋、玄豹、黄罴、青犴（hān）、白虎文皮千合。驺虞、鸡斯、玄豹、白虎都是《山海经》中的神兽。鸡斯，就是犬戎文马，或骊戎文马，传说颈上长着赤红色的鬃毛，眼睛如黄金，闪闪发亮，脖子像鸡尾巴，所以称之为鸡斯。玄玉是《楚辞》中的墨色玉块。大贝，就是砗磲（chē qú）。青犴，是一种极其稀有的狗，为战国时期赵地三宝之一。

《太平御览》的记载也很离奇，说散宜生在宛怀、条涂之山[1]获得三名玉女，以及玄豹、黄熊。南宫适购得义渠（今甘肃庆阳西南）的骇鸡犀、犬戎氏文马。骇鸡犀是一种犀角，可去尘。这些名字稀奇古怪的珍宝，都是战国或西汉时期神话传说中的稀世之宝，当猎奇看看可也，较真起来就不靠谱了。

司马迁的记载还是比较贴近史实的。有莘氏自古多美女，成汤的王妃纴巟、周文王的正妃太姒，都来自有莘氏。商纣王好色成性，一日三餐，无女不成席。呈献给商纣王的礼品清单，怎能独少了绝色佳人这一味？

散宜生并不将贡品直接送到商纣王面前。毕竟殷商朝廷多忠臣，比如崇侯虎、比干、微子启等。商纣王智商也很高，"智足以拒谏，言足以饰非"，见多识广，悟性也不错。只要有一人出来提醒纣王，就坏了大事。所以散宜生去找费仲，费仲是殷商的大佞臣，为人贪婪，善于拍马溜须，深得商纣王的宠幸。

费仲拿到的好处也不少，他把岐周的贡品转呈给商纣王。商纣王大悦，说："这清单上的一件礼物就足以赎买姬昌，更何况有这么多！"于是商纣王不但把周文王释放了，而且还杀了一只牛，欢送他回岐周。

一只煮熟的鸭子就这样飞走了。对头脑清醒的旁人来说，商纣王放虎归山的行为实属愚蠢，简直是不可理喻的。据称，牧野之战后，商纣王被幽禁在宣室，他并没有反省自身的恶行，却对当年没有在羑里杀了

---

[1] 或即《山海经》中的皋涂之山。

周文王，反而将其释放的草率行为悔恨不已。

史书上有关周文王被囚后发生了什么的说法不一致。《左传》记载，纣王囚文王七年，诸侯都跟着一起进大牢，纣王害怕了，只好释放了周文王。《战国策》则认为，纣王把文王关进羑里监狱一百天，想置他于死地。但是《淮南子》《史记》都说文王被囚禁不足七年，也提到《左传》所言的诸侯陪着坐牢的事。更甚者，有人根据《史记》中的"文王受命七年而崩"的记载，推断出周文王被囚七年，瘐死羑里牢中。周武王之所以"父死不葬"，就急匆匆出兵讨伐纣王，是因为文王尸首没有运回岐周，无法安葬。而且武王伐纣时自称"太子发"，也是因为周文王走得太突然，来不及交班。"太子发"急于报仇雪恨，服丧未满三年就兴兵伐纣。当时"太子发"尚未即位称王，因而沿袭周文王改元后的受命纪年。直至牧野大战后，灭了殷商，"太子发"这才正式登基称王。

周文王被囚的期限到底有多久，一百天还是七年？是死于羑里，还是被释放出来了？出土的清华简《保训》中赫然出现了"惟王五十年不豫"，顿时平息了这些争论，让疑者释怀。西周早期在位五十年的只有周文王，羑里之囚后纣王放了周文王，这才是正解。

按照司马迁的记载："明年，伐犬戎。明年，伐密须。明年，败耆国。……明年，伐邘。明年，伐崇侯虎。……明年，西伯崩，太子发立，是为武王。"周文王膺受天命之后，一年攻打一个方国。直至走完生命中的最后一程，才交棒给太子姬发，断无被囚七年的道理。肯定的是，周文王的囚徒生涯不足一年，大致如《战国策》所说的一百天。

《史记》中记载，周文王囚于羑里之时，将《周易》八卦推演为六十四卦。后来，这些卦象成了《易经》中的基本内容。

在殷商晚期的陶器、青铜器、甲骨卜辞上发现有六爻（由下而上排列的六个阴阳符号）组成的数字卦，比如1950年在安阳殷墟四盘磨挖掘到一片兽骨，就刻有六爻符号。可见数字卦在殷商时期就存在。

六十四卦是否由周文王推演出来的？司马迁在叙述该事时用了一个

"盖"字，以示传疑。但是考古发现印证了周文王推演六十四卦的传说并非全都是无稽之谈。

在陕西岐山周原出土的卜骨和卜甲，发现了更多的数字排列组合刻辞，诸如"八七八七八五""六八一一一一"之类。其诡异之处在于，虽然当时的数字有一至九，但是只用上"一五七九"四个奇数，以及"六八"两个偶数，共六个数字，而不见"二三四"。这是因为"二三四"都是横杠，书写起来极易混淆。这说明每一组排列组合都不是寻常的数字，而是蕴含着特殊的意义，属于当时的占筮之卦。奇偶不平衡，"一五七九"属于阳爻，"六八"属于阴爻，呈现出阴阳之象，完全可以与《周易》中的六十四卦相对应。因而古文字学家张政烺认为，这些刻辞就是"易卦"。[1]

周原甲骨数字卦爻对应《周易》六十四卦，分别有：

周原甲骨编号	甲骨数字卦爻	转换阴阳卦爻	对应《周易》卦象
H11：7	八七八七八五	阴阳阴阳阴阳	既济卦
H11：81	七六六七六六	阳阴阴阳阴阴	艮卦
H：177	七六六六七六	阳阴阴阴阳阴	蒙卦
H11：91	六六七七五□	阴阴阳阳阳□	大壮卦或恒卦
FQ6①	□一六六六八	□阳阴阴阴阴	观卦或比卦
FQ6②	六八一一一八	阴阴阳阳阳阴	恒卦
FQ6②	八八六六六六	阴阴阴阴阴阴	坤卦
FQ6②	一八六八五五	阳阴阴阴阳阳	损卦
FQ6②	六八一一一一	阴阴阳阳阳阳	大壮卦
FQ6③	六八八一六八	阴阴阴阳阴阴	谦卦
FQ6③	九一一一六五	阳阳阳阳阴阳	同人卦

周原甲骨的年代上起周文王，下至周康王、周昭王，最早不过周文

---

[1] 张政烺：《试释周初青铜器铭文中的易卦》，《考古学报》1980年第4期。

王。周原甲骨中出现记录"易卦"的数字符号，增加了《史记》中"文王拘而演《周易》""益《易》之八卦为六十四卦"的可信性。

周文王因于羑里之时，可能对六十四卦的卦序作了一定的编排，使之形成今天的《周易》卦序，或许这就是"文王演《周易》"的真相。

周文王的征途

商纣王的处境

周文王身陷羑里大牢,整日为演《周易》而冥思苦想之际,商纣王也为东夷叛乱而寝食不安,这就是《左传·昭公四年》中所说的"纣为黎(耆)之蒐,东夷叛之"。

东夷叛乱,虽然经过帝辛十祀(公元前1066年)、十五祀(公元前1061年)的两次远征而被镇压下去,但是商纣王得不偿失。每一次征夷方,都是旷日持久、损失惨重的消耗战争,让殷商王朝元气大伤,没有数年时间的休养生息,是无法恢复过来的。因而从当时的形势发展来看,吕尚和散宜生没有必要为拯救周文王大费周章。商纣王无心也无力激化殷周矛盾,迟早会自动放人。

羑里之囚前后,商纣王的处境极为不利。

帝辛二十祀(公元前1056年),也就是周文王受命元年,纣王发动了第三次征夷方之役。这次征夷方是致命的战争,六百年的殷商王朝终于被商纣王一脚踢进历史的坟墓中。《左传》中载"纣克东夷而陨其身"和"纣之百克而卒无后",有可能指的就是第三次征夷之役。

根据贞人黄的卜辞记录进行排列,第三次征夷之役发生在帝辛二十祀五月至次年二月之间,长达八九个月,比前两次持续的时间更长。目前尚未发现第三次征夷之役中交战的记录,只知道帝辛二十祀九月癸未日,纣王在上虞。上虞通常是纣王下达伐夷方指令的地方,所以战斗应该在帝辛二十祀的秋天打响。上虞是当时一个较大的方国或城邑,位于沭（shù）河以东，在今山东莒县附近[1]，距离安阳殷都却有千里之遥。纣王驻留上虞期间，似乎预感到由于常年征战，民心涣散，政局不稳。他担忧后院起火，于是派遣一个名字叫澫（fēng）的王正（随征官员）快马加鞭，驰奔安阳殷都、朝歌，向留守众臣报平安，让他们安心在家打理朝政。

帝辛二十一祀（公元前1055年），周文王趁着纣王远征夷方，出兵伐犬戎。大致在年中，纣王从伐夷方前线，风尘仆仆赶回朝歌。帝辛二十二祀（公元前1054年）五月乙未日，纣王自朝歌附近的离馆别居——阑地，前往宗庙祭祀其父帝乙，可能与征夷方告捷有关。殷商晚期的版方鼎记载了此事。同时，周文王灭泾水流域的"纣党"密须，缴获了大鼓与大车，满载而归。

翌年，周文王继续进攻耆国。

耆国就是黎国，为安阳殷都的西北门户。一旦黎沦陷，殷都危矣。纣王率军迎战，活捉了周文王，囚之于羑里。

纣王连年兴师动众，远征夷方，导致国穷民疲，诸侯相继反叛。在如此的困境之中，商纣王尚有余力应付岐周大军，并且一战而擒周文王，可见纣王确实是指挥打仗的行家里手。《左传》中称"纣之百克"——纣王百战百胜，并非浪得虚名。

然而，纣王为了震慑、弹压叛服无常的东夷和淮夷，采取了一个极为错误的战略决策，长期在上虞驻守重兵。上虞是殷商末年新发展起来的带有军政性质的城邑或方国，在沭河以东，扼今山东与江苏南北交通要道，是商王经营东方的军事重镇。在此驻扎师旅，一旦东夷或淮夷发动叛乱，随时可以机动北上或者南下，迅速将其平定。商纣王好边功，经常御驾亲征，为了确保上虞与殷商王畿之间的畅通无阻，以及补给线的安全，沿途必须驻守军队，使得整个王朝的军事建设重心明显向东方

---

[1] 李学勤：《夏商周年代学札记》，辽宁大学出版社1999年版，第60页。

殷商晚期的版方鼎

鼎身四壁近口沿处各装饰一首双身蛇，即中国古代神话传说中的"肥遗"，左右及底边处还各装饰有一条乳丁纹带。鼎内有两处铭文，鼎内底有一鱼形族徽。

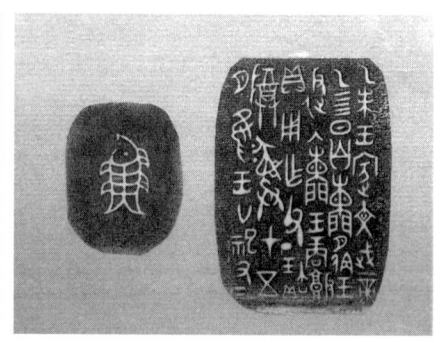

殷商晚期版方鼎铭文及鱼形族徽

铭文内容：乙未，王宾文武帝乙。肜日，自阑偁（chēng）。王返于阑，王赏版方贝，用作父丁宝尊彝。在五月，唯王廿祀又二。

倾斜。

卜辞中还出现了"二邦方""三邦方""四邦方",这是指几个方国结成联盟,共同对抗殷商王朝,迫使纣王处处分兵驻守。结果造成兵力严重不足,外强中干,包括安阳殷都和朝歌在内的王畿之地空洞化,形同不设防区,脆弱如蛋壳,一戳即破。商纣王将周文王囚禁于羑里,百日也好,七年也好,并没有取其性命,就是忌惮周人倾巢而出,直捣王畿。

让周文王活着走出羑里大牢,无异于放虎归山。然而继续拘押或者杀了他,殷商将陷入更加危险的两面受敌的困境。东有夷方,西有周人,安阳殷都和朝歌却无兵可守。内外形势决定着,只有释放周文王,才能安抚摩拳擦掌的岐周大军,让纣王专心应对东夷的威胁。至于散宜生进贡奇珍异品,则是锦上添花,使得商纣王有台阶可下,有尊严可言,有利益可得,加速恢复周文王的人身自由。

《左传》中记载,纣囚文王,诸侯敬仰文王,纷纷跟着下狱,"纣于是乎惧而归之"。诸侯从囚是夸张之词,但纣王心中恐惧却是事实。

这就不难理解,为什么纣王释放周文王之后会出现精神分裂的行为,将百般虐待过的囚徒捧为尊贵的座上宾。纣王不但杀牛慰劳,美酒佳肴伺候,而且还向文王告密,"潛汝者,长鼻决耳也"[1]——说你坏话的,正是长鼻子、裂耳朵的人。周文王说,这是崇侯虎的状貌啊!心中已将崇侯虎枪毙了一百次。

出狱之后,周文王割让洛西之地、赤壤之田给纣王,换取废除炮烙酷刑。但纣王并没有废除炮烙酷刑。后来周武王灭商后废掉了炮烙酷刑。

土地是最宝贵的财富,一寸国土一寸金。周文王让出的土地在哪里?为什么要出让土地?洛西之地,指陕西中部洛水流域之地。今陕北、陇中一带的黄土高原,因有红土地貌,所以被称为赤壤之田。洛西

---

[1] 〔梁〕萧绎:《金楼子》卷一。

之地、赤壤之田是戎狄部落的聚居地，土地荒芜，本来就不受周人控制。周文王用这两块土地来交换废除酷刑，不但可以笼络天下人心，而且能够稳住商纣王。

商纣王果然大喜，赐弓矢斧钺，授予周文王讨伐专权。周文王让出的是一张空白大支票，却在政治层面和公共舆论上获得了大丰收，真可谓是一桩无本万利的买卖。

羑里之囚，反而让周文王一眼看透了商纣王的虚实，使他灭商的信念更加坚定。回到岐周之后，周文王与吕尚加紧灭商准备，修德行善，拉拢更多诸侯支持。

史书上记载，有一次周文王让人挖池，挖到一堆腐烂的死人骨骸。官员上报周文王，周文王下令将骨骸改葬。官员说，这是一堆无主骨骸，扔了吧！周文王大骂："拥有天下的，是天下之主，拥有国家的，是一国之主。我不是这堆骨骸的主人吗？"于是命令官员用衣棺厚葬那些无主尸骸。如此的收买人心之术堪称高明，而且卓有成效。周文王的积德行善，让世人感动万分："对死人都那么优厚，对我们这些大活人更不必说了！"对周文王的赞颂之声纷至沓来，投奔者络绎不绝。

诸侯陆续归附，史称三分天下，周有其二，这是指九州（据《尚书·禹贡》的说法）中归附周文王的有荆、梁、雍、豫、徐、扬六州，依附殷商的只有青、兖、冀三州。周文王已成为凌驾于商纣王之上的天下共主。

周文王灭崇侯虎

人心向背呈现出一边倒的态势，周文王加快了灭商的步伐，具体的军事行动由精通兵家权谋的吕尚来负责。周文王受命六年（公元前1051年），也就是帝辛二十五祀，姬昌发动生前最重要的一次战役——伐崇侯虎。

崇侯虎是羑里之囚的罪魁祸首，周文王兴兵讨伐也在情理之中。崇侯虎的崇国在哪里？传统观点认为，史书上说周文王"既伐于崇，作邑于丰"，可见是在伐崇之后建设丰京的，崇、丰应相毗邻，或者在同一地域内。丰，今陕西西安沣河西岸。崇，就是夏朝的有扈氏，在丰、镐之间。[1]

但是根据上博楚简《容成氏》中的记载，丰与崇是两个完全不同的方国，无法混为一谈。崇国应该是上古时期有崇氏的后裔，疆域范围包括今天河南环嵩山地区的崇县、禹州、登封等地，是殷商晚期最大的一个方国。崇国在黄河以南，北距朝歌五六百里，是周人东伐殷商的必经之途。灭了崇国，就扫清了征商道路上的最后障碍。

崇侯虎颇具雄韬武略，不但勇力过人，能举起五百石的重物，而且目光高远，向纣王建言剪除周文王的就是他。崇侯虎不除，就是一只凶恶的拦路虎。灭纣必先灭崇，伐崇对灭商大业的重要性不言而喻，所以《荀子》将文王伐崇之役，与尧伐欢兜、舜伐三苗、禹伐共工、汤伐夏桀、武王伐纣并称为上古六大战争之一。

《六韬》记载："文王闻杀崇侯虎，归至丰。"说明周文王灭了丰、镐两个小国，是在伐崇之前。周文王灭丰、镐，如探囊取物，运用了攻心战术，"三鼓而进之，三鼓而退之"，下令军中听到三次鼓声迅速出击，再次听到三次鼓声迅速撤退。这样的阵势吓坏了丰、镐两国的百姓，于是不战而降。并吞丰、镐之后，周建立了前进的根据地，伐崇就无后顾之忧。

战前，周文王发布讨崇檄文，列数崇侯虎的罪状，包括"蔑侮父兄，不敬长老，听狱不中，分财不均，百姓力尽，不得衣食"等，以彰显战争的正义性。当然，这只是周文王的攻心之术与借口。欲加之罪，何患无辞？

周在东征崇国的行军途中还有一个小插曲。周文王走到凤凰之墟，

---

[1] 有人据此认为是陕西省西安市灞桥区燎原村北、西的老牛坡遗址。

与吕尚等众臣议事时,脚上系袜子的长带条突然松落了。周文王看了看身边随从,就自个儿弯下腰把袜子绑紧。吕尚颇为不解:"这小事是下人做的,你可是一国之君啊!"周文王的回答很有意思:"我听说亡国之君所在之处,都将人当下人使唤。我虽然是一国之君,但跟大家一样,都是先王之臣。怎么可以让别人为我系袜子呢?"这个桥段无非是赞扬周文王事必躬亲的美德,为伐崇之役大造舆论宣传。

崇国所处的环嵩山地区,地理位置相当重要,深居中原腹地,是早期国家起源的核心地带。崇国拥有上千年的悠久历史,实力比周文王之前征讨的耆国、邘国强百倍。崇侯虎也是文武双全的一时之杰,所以伐崇之役艰苦而且惨烈,周人也付出了高昂的代价。

《吕氏春秋·君守》中说,"夏鲧作城"。夏鲧就是传说中的有崇氏之君,善于建造城郭。崇侯虎继承了老祖宗的筑城技术,依靠险要的地形,把崇城(今河南嵩县北)打造成一座固若金汤的坚城要塞。

周文王伐崇,是一场旷日持久的攻坚战。

攻城之前,周文王又运用屡试不爽的攻心战术,打出"亲民"的旗号,严肃军纪,下令说:"禁止杀人,禁止破坏房屋,禁止填水井,禁止砍伐树木,禁止抢掠牲畜,违者杀无赦!"崇国百姓闻言,纷纷出城投奔周文王。[1]

但是崇侯虎凭借着高大厚实的城墙,死战不降。周人投入了当时最先进的攻城器械,包括钩梯、临车、冲车。临车的顶端有瞭望楼,居高临下,既可观察敌情,又可俯攻敌人。冲车是用来从旁侧撞城墙的重型器械。

《诗经·大雅·皇矣》中如实描述了伐崇之役中惊心动魄的攻城场面:

---

[1] 见《说苑·指武》。

文王既受天命，召集盟国磋商，团结同姓之邦。
士兵攀援钩梯，推出临车冲车，齐心协力攻崇。
临车空中摇晃，冲车雷鸣轰动，崇城高入云天。
俘虏排成长龙，割取左耳报功。
祭祀天神祈胜，招降安抚民众，四方不敢侵犯。
临车冲车如林，何惧崇城高耸？
攻伐杀戮不断，顽敌斩杀一空，四方唯命听从。[1]

崇侯虎面对强敌，毫无惧色，顽强抵抗。周人伤亡惨重，战事陷入长达一个月的胶着状态。周文王只好下令退兵休战，与吕尚商讨之后，再次攻城。这一回，周人在崇城下堆起土山，与城墙一般高。士兵们蜂拥而上，攻入崇城。崇人见势不妙，摇晃白旗投降。[2] 周文王杀掉崇侯虎，以报羑里之仇。

战后，崇国由一个与岐周平起平坐的大国，沦为周人的附庸，这就是《左传·襄公三十一年》中所说的"文王伐崇，再驾而降为臣"。

但是周人也是付出了巨大牺牲，才啃下这块硬骨头。伐崇之后数年，周人因实力严重受损，为了保证日后伐纣决战的胜利，不得不偃旗息鼓，养精蓄锐，史书上再也没有留下周文王攻打其他方国的记载。

---

[1] 《皇矣》原文：帝谓文王，詢（gòu）尔仇方，同尔弟兄。以尔钩援，与尔临冲，以伐崇墉。临冲闲闲，崇墉言言。执讯连连，攸馘（guó）安安。是类是祃（mà），是致是附，四方以无侮。临冲茀（fú）茀，崇墉仡仡。是伐是肆，是绝是忽，四方以无拂。

[2] 《左传·僖公十九年》。

徙都丰京与保训

周人的"龙兴之地"

文王伐崇那一年的六月庚申,纣王在阑地举行羽祭典礼,祭祀殷商先王。祀礼之后,纣王一时兴起,赏赐宰椃(zǎi háo,负责饮食烹饪的家臣)贝币五朋。[1]这是商纣王最后一次出现在青铜器铭文中。

文献记载或考古材料中,都没有提到崇国沦亡之后纣王的反应,他已经被周文王的割土与献媚冲昏了脑袋。

伐崇之后,周文王回到了丰,将都城从岐周迁徙至丰,这是周人第三次战略性转移。

周人的第一次战略性转移是不窋率族人西奔戎狄,从今山西迁徙至今甘肃庆阳。第二次战略性转移是公亶父迁岐下周原,姬姜融合,奠定了八百年周王朝的坚实基础。经过公亶父、季历、西伯昌三代人的不懈努力,周人在周原上筑起了宗庙宫室,设置了官僚吏属,正式建立了国家。周王朝奉行农耕立国的政策,自西向东,开展大规模的垦荒辟田运动,使周人获得脱胎换骨般的蜕变,从一个浑身沾满戎狄膻味的边陲小部落,一跃成为"三分天下,周有其二"的西部霸主。

岐周见证了周人从开国走向强盛的百年历史。

考古发掘让这个周人的"龙兴之地"初露真容。岐周遗址地跨陕西

---

[1] 宰椃角铭文:庚申,王在阑,王格,宰椃从。赐贝五朋,用作父丁尊彝。在六月,唯王廿祀翌又五。

岐山、扶风两县的北部，东西宽约3千米，南北长约5千米，面积超过15平方千米。周人最重要的建筑物——宗庙位于宝鸡市岐山县京当镇凤雏村，南北长约45米，东西宽约32米，面积约有1469平方米。岐周宗庙是一座三进式院落，第一进是门道和两侧的门塾。穿过第一进，是"中廷"。西周青铜器铭文上经常出现的"入三门，立中廷，北向"，就指这里。中廷之后是第二进，宗庙的主体建筑——殿堂前面有东、中、西三台阶，东阶称为阼阶，西阶称为宾阶。阼阶是周王的专用通道，站在阼阶上迎接宾客，或者登上阼阶，主持祭祀活动。宾阶，顾名思义，就是宾客站立的地方。殿堂之后，是庑廊和东西对称的小室。再之后的第三进，有五间并排的室。这座宗庙建筑年代为公元前1095年前后，相当于商王祖甲至纣王之际，有可能始建于周文王时期。但是宗庙遗址中出土的文物，大都属于西周中期，说明使用时间很长，到西周晚期因为周王乱政，国势衰微，犬戎占领周原，宗庙才荒废下去。宗庙遗址中发掘出大量的甲骨卜辞，超过2.1万片，其中有字的293片，所用甲骨文一千多字。卜辞字迹纤细，需用放大镜才能够看清楚，上面刻着祭祀、田猎等内容。文字的发现，意味着这儿是周人早期的祭祀中心和精神中心。

宗庙东南方4千米处是宫室群，在陕西扶风县法门镇召陈村。此地共发现大型建筑基址15处，其中上层基址13处，下层基址2处。由于这一带出土的窖藏青铜器都不是周王宫廷的器物，判断宫室群的主人不是周王，很可能是西周中晚期的"皇亲国戚"。

岐周是公亶父时期周人的政治、文化、祭祀中心。

季历灭毕程氏，在毕原程地建造宫室，作为东进的一个据点。程在季历、姬昌父子时期具有陪都性质，姬昌在程地居住了相当长的一段时间，著名的太姒"程瘗"和文王"受命"就发生在程地。

程位于毕原之上，森林资源丰富，然而土地较为贫瘠，不利于发展农业耕作。姬昌在程待了三年，发生大饥荒，不得不从其他地方调用粮食，以赈灾民。

很明显，程不是可以长久待下去的地方。但是岐周所处的地理位置又偏西，而且地势高亢，经常出现旱灾，不利于东征大业。于是位于渭河中下游的丰，进入了周文王的视野。

营建丰镐

丰，是周文王刚刚征服的方国，在渭河的重要支流沣水岸边，地势平坦，一望无垠，自然条件比岐周、程优越得多，自新石器时代以来，这儿就是关中平原人烟最稠密的地区。在原始落后的冷兵器时代，距离是战争胜负的一个重要决定因素。丰比岐周、程更加靠近中原，从这里出发攻打殷商，调动兵力极为便利，无疑是建立都城的理想之选。

新都城——丰京的选址在古河道以北的峆坞岭高冈上，今陕西西安沣水中游西岸的客省庄北堡子南、关道村北、张家坡以东一带。迄今已发现14座建筑基址，其中最大的是四号基址，东西长约61米，南北宽约35米，面积约1827平方米。

丰京筑有城垣，城中有"丰宫"——周文王的寝宫，还有供周文王游猎赏玩的花园——灵囿。可见，丰京已经是一座配套设施基本完备的王者之都。

营建丰京之前，周文王进行了长远的规划。丰京坐落在峆坞岭高冈上，东边是沣河，西边是灵沼河，南北都是低洼之地，暴雨时容易遭到水患的侵害，不适合建立居民点。自然地形地貌严重制约了丰京未来的发展空间，周文王就在丰京对面，沣河东岸不远处（今西安斗门街道一带）又建一座新城。沣东新城可能是在镐国原有的基址上建起来的，所以称为镐京。在镐京遗址已发现十余处大型建筑基址，其中五号基址规模最大，约3400平方米，有坐北朝南的宫殿遗迹，南北长约59米，东西宽约23米，面积约1357平方米，应是重檐式的王宫建筑物。

镐，在周原宗庙出土的甲骨卜辞中称之为蒿。丰、镐相去只有十

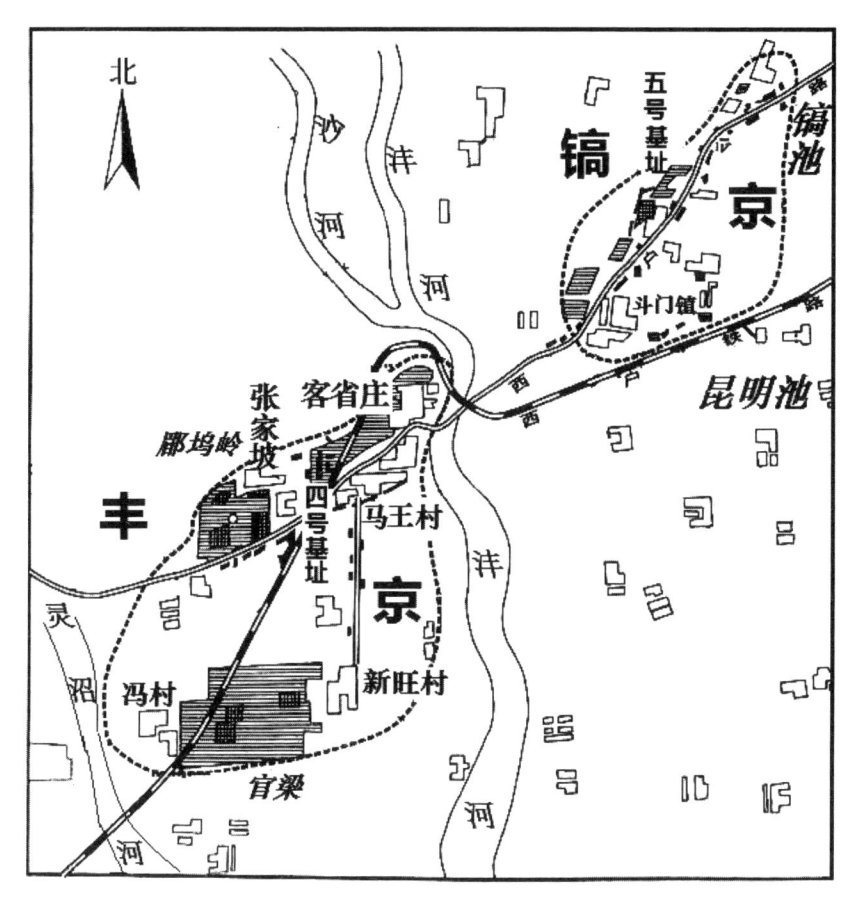

丰镐遗址简图

多千米，实际上是沣河两岸的双子城。周文王很看好镐京广阔的发展前景，他的最后时光就是在镐京王宫中度过的。武王伐纣之后，迁都镐京，建立了西周王朝。丰、镐同为王朝的政治、经济、文化中心，所以合称为丰镐。

周武王虽然迁都镐京，但是并没有忘记岐周。岐周永远是周人心中的"圣城"。因为这儿是周人的发迹之地，建有最早的宗庙，是周民族奋发有为的精神源泉。

周武王灭商之后，封弟弟姬旦为周公，将岐周以西一带赐为周公的采邑。位于今陕西岐山县凤鸣镇的周公庙，就是后人祭祀周公姬旦的宗庙。在周公庙遗址发现四十多处大型建筑基址，也出土了一些甲骨卜辞，有一片是"五月哉死霸壬午"肜祭卜辞，"哉死霸"就是夏至月的望日。根据天象记录，推测出卜辞的年代是公元前1051年，也就是周文王伐崇迁丰京的那一年。岐周以东一带则是周武王另一个弟弟毕公高的采邑。而岐周始终是周民族共有的"圣城"，由周公旦、毕公高及其后人一起虔诚地守护着祖灵。

周文王的遗训

第三次战略性转移奠定了四年之后武王伐纣的胜利基础。但是迁都丰京的第二年，即受命七年（公元前1050年），周文王积劳成疾，身染重病。他知道自己时日无多了，以后天人相隔，心忧太子姬发难以继承大业，赶紧把姬发召唤到镐京去。

某月戊子日，周文王以水洗面。翌日己丑黎明时分，周文王在弥留之际，谆谆教导卧榻前的姬发。周文王的遗训都记载在清华简《保训》中。《保训》的核心是要姬发恪守"中道"。为了让姬发切实体会到"中道"的内涵，周文王提到了历史故事，一个是帝舜求"中"于历丘，另一个是殷商先公上甲微求"中"于河。

周文王所说的"中"，到底是什么意思？"中"是一个古老的概念，早在夏朝之前就产生了。卜辞里的"中"是一个指事字，形似一面有多条飘带的旌旗，"中"字的竖线代表旗杆，方框位于旗杆中间位置，将旗杆分为上下两端，这就是"中"字的最初本义。知道"中"的本义，就不难理解周文王的"中道"。

孔子说："执其两端，用其中于民。"好比一根杠杆，一端是保守主义，另一端是冒险主义，那么"中道"是杠杆上最佳的位置，最佳的状态，也就是公正公平，或者中正中允。《尚书》上说"允执厥中"，就是指不偏不倚的中道。

战国清华简《保训》

《保训》释文：

惟王五十年，不瘳，王念日之多历，恐坠宝训。戊子，自靧(huì)。己丑，昧[爽]□□□□□□□□□[王]若曰："发，朕疾适甚，恐不汝及训。昔前代(?)传宝，必受之以詷。今朕疾允病，恐弗念终，女以书受之。钦哉，勿轻！昔舜旧作小人，亲耕于历丘，恐求中。自稽厥志，不违于庶万姓之多欲。厥有施于上下远迩，迺易位迩稽，测阴阳之物，咸顺不扰。舜既得中，言不易实变名，身滋服惟允，翼翼不懈，用作三降之德。帝尧嘉之，用受厥绪。呜呼！发，祗之哉！昔微假中于河，以复有易，有易服厥罪。微无害，迺归中于河。微志弗忘，传贻子孙，至于成唐，祗备不懈，用受大命。呜呼！发，敬哉！朕闻兹不久，命未有所延。今汝祗备毋懈，其有所由矣。不及尔身受大命，敬哉，勿轻！日不足，惟宿不详。[1]

---

[1] 参见《清华大学藏战国竹简〈保训〉释文》，《文物》2009年第6期。

周文王的"求中",求的是天地正道,宇宙万物运行的规律。从治国理政,到为人处世,都要遵循中道,才能够获得天命的佑护。否则,物极必反,盛极而衰。这就是周文王留给太子姬发最后的遗训。

求中,是《保训》的核心思想,也是后世儒家思想精粹"中庸之道"的滥觞,对华夏文明影响至深。

《保训》还有一个重要价值,就是基本平息了文王是否生前称王的历史争议。周文王在世称王,还是死后被追封为王?唐宋千年以来,一直聚讼不休。竹简开篇"惟王五十年"短短五个字,掷地有声,周文王在世之时就高举叛旗,假天命称王。

但周文王称王的时间,应在他在位的第四十四年。"惟王五十年"是另一种纪年方式,意即周文王在位统治的第五十个年头,相当于受命七年,不等于即位之时就称王。

称王之前,姬昌承袭了其父季历的西伯之号,所以史书称之为西伯昌。西伯,是商王文丁册命季历的爵号,卜辞称之为"周方伯",说明当时周国只不过是殷商王朝的一个属邦方国。西伯必须听命于商王,为商王效命。

西伯昌假托天命而称王,其野心不言而喻,就是要灭掉商纣王,取而代之,统治天下。然而,对商纣王来说,西伯昌自命为王,并非一个不可忍的反骨贼。因为殷商时期,称君称王不是商王的专属,卜辞中不少方国首领也使用王、君、公的称号。况且姬昌只是在周人境内称王,而不是跑到朝歌城,指着纣王的鼻子叫嚣:"我也是王,要跟你争抢天下!"所以史传文献或甲骨卜辞都没有提到纣王为姬昌称王而跳脚,准备兴兵讨逆。

三分天下,周有其二,形势一片大好。受天命自号为王之后,周文王仍不敢公开向纣王叫板,而是摆出一副忠顺的属臣面孔,"率商之叛国以事纣"。周文王为什么如此低调?有些事只能说不能做,有些事只能做不能说。姬昌称王,密谋伐纣,那是属臣叛宗主,在道义上理亏,只能做不能说。

这可以算是中道吗?

周武王牢记周文王临终之际的教诲——《保训》,始终不敢逾越中道。所以即位之后并没有改元,而是沿袭了周文王受命之后的纪年,自称太子发,继续奉行韬光养晦的战略。韬光养晦不仅仅是一种高明的策略,更是一种极致的美德。这也是周文王一生执着追求的中道。

第 13 章

武王伐纣

太子发践阼

周文王立太子风波

周武王是周文王的第二个儿子。文献对他形貌的描写也很夸张，身高九尺五寸，国字方脸，面色紫红，龙眉凤目，鼻子高隆，颔下有三须。史载，周武王的同胞兄弟共有十个，生母都是正妃太姒，还列出了十兄弟的名字：伯邑考、武王发、管叔鲜、周公旦、蔡叔度、曹叔振铎、成叔武、霍叔处、康叔封、冉季载。

姬发是周文王的次子，周文王为何不立长子伯邑考而立姬发呢？

司马迁说，十兄弟中周文王最喜欢姬发、姬旦，常常把他俩带在身边。而伯邑考很早就过世了（《周庙志》说伯邑考寿二十一岁），所以立姬发为太子。但是伯邑考早逝的原因，司马迁并没有记载。据说是在文王羑里之囚期间被纣王杀掉，炖成肉羹给文王吃。这一传闻流行于战国时期，然而屈原《天问》中叙及周文王时，并未提到食子的事，可能不靠谱。所以司马迁没有采录该传闻，只是留下一句模棱两可的话"伯邑考其后不知所封"，意思是说伯邑考后人的封地不知道在哪里。

周文王时期曾经有一场不大不小的立嗣风波。出土的北大汉简《周驯》中记载，周文王为立太子的事而犯愁，他问谋臣闳夭："我有四个儿子，或贵或爱，或长或贤，就是不知道该立哪一个？"贵、爱应是姬鲜、姬旦，长是伯邑考，贤指姬发。闳夭对立嗣的四条原则，立贵、立爱、立长、立贤一一作了评价，认为贤为嗣子的根本，贵而不贤、爱而不贤、长而不贤，都会给国家带来灾难，"非徒亡国而已，又将伤其先人"——不仅仅导致亡国，更会累及先人的声誉。周文王听从了闳夭的建议，最后圈定贤能的姬发为太子。

伯邑考也很想当太子，但他有自知之明，看到群臣都站在姬发那一边，就自动引退了。[1]伯邑考可能因立嗣之事，精神郁闷，导致早卒而无后，所以几个兄弟中独他没有封地。

周文王对姬发深寄厚望，耗费了很大的精力，生前反复告诫姬发，要仁政爱民、让利于民、慈惠温良！为了把姬发培养成一位合格的接班人，那位德高望重的吕尚自然成了姬发的老师。吕尚也对这个未来的主子倾心教导，修其正心，育其德行。譬如姬发有一个怪癖，嗜好臭咸鱼。一天，姬发拿着刀子，想要去切咸鱼。吕尚却把咸鱼撤走。姬发很不高兴，将这事告到周文王那儿去了。周文王问吕尚："发儿那么喜欢咸鱼，你为啥不给吃？"吕尚回答说："祭祀和宴会上，咸鱼都摆不得。怎么可以用这种违礼的臭东西来养太子？"可见吕尚对姬发用心之苦。

姬发也没有辜负周文王和吕尚的期许，汉简《周驯》里称"太子发勇敢而不疑"，赞扬姬发坚决果敢，是一个明智、理性的人。青出于蓝而胜于蓝，如果说周文王仁慈智慧，处处谨慎，那么周武王则更胜一筹，果断勇猛，充满自信，永不言败，属于开拓型的领袖。

周武王即位之后，任命吕尚为军队统帅，同母弟姬旦（周公）为辅相，姬奭（召公）、姬高（毕公）等为谋臣，组建一个战斗力极强的领

---

[1] 《春秋繁露·观德》。

导团队，发奋图强，日夜不辍，以继承周文王的灭商大业。

周文王设下的局

根据史书记载，此时的商纣王却是一个彻头彻尾、残暴不仁的"独夫民贼"，与周武王的开明、睿智、果敢形成鲜明对比。商纣王所重用之人，都是奸佞之徒：主持朝政的是贪婪好财的费仲，负责军务的是喜欢搬弄口舌的恶来。

恶来是后世秦人的先祖之一，蜚廉的儿子。蜚廉善于奔走，恶来力大如牛，父子二人都效命于纣王。秦族起源于东方，后迁徙至晋陕一带，附属于殷商王朝。因而秦族首领也是殷商王朝的贵族。恶来可能是亚来的讹误，亚是殷商官职，来是名字。亚，频频出现于甲骨卜辞和西周金文，属于高级武官。恶来是殷商晚期商军的主要统帅之一。《吕氏春秋·当染》中说："殷纣染于崇侯、恶来。"司马迁也批评恶来善毁谗，喜欢背后说诸侯的坏话。实际上，恶来与崇侯虎都不是坏人，不但勇猛而且忠心，他们的言行举止都是在维护殷商王朝的统治。只不过因为立场差异，所以成了周人的眼中钉，被刻意贬损。

殷商也不乏受到百姓爱戴、周人敬佩的真正贤者，如比干、商容、祖伊，但他们都被商纣王冷落一旁，都没有好下场。

比干，是帝乙的弟弟，纣王的叔父，名字为干，因采邑在比（今山西汾阳西北），所以称之为比干。比干生性耿直，对纣王的所作所为颇有微词。由于他的王叔身份，很令纣王忌惮，因而被纣王剖心杀死。比干犯颜强谏，流芳百世，被尊为圣人。

商容，真名失传，因为他是负责礼乐之官，知礼容，所以称之为商容。商容为人贤明，是一个不同政见者，受到费仲的排挤，只好退隐闾里。商容与纣王叔父箕子齐名，并称为"二忠圣"。祖伊也是殷商贵族，看到纣王长着一颗比花岗岩还要坚硬的脑袋，屡谏不听，失望而去。

然而，纣王"亲小人，远贤臣"的恶行都是周文王设下的局。周文王为了瓦解殷商统治阶层，采取了离间分化的策略。费仲之类的佞臣，是周文王极力扶植的重点对象，他们受到纣王的宠幸，堪称商朝王廷的"猪队友"。

周文王有一块精致的玉版，纣王让胶鬲去索讨，周文王故意不给。纣王又让费仲去索讨，周文王爽快地给了他。[1]因为胶鬲出身卑微，"举于鱼盐之中"，来自鱼盐贩子，是个贤人。周文王不想看到殷商贤人得志，希望纣王身边被一群阴险小人、无道佞臣团团包围，使他迷失方向，走上亡国丧身的不归路。周文王分化殷商统治阶层的手段大致如此。

对于比干、商容、胶鬲之类的贤人，周文王能收买则收买，为己所用，胶鬲后来就暗通周文王，成了伐商的"第五纵队"；对于收买不了的就借刀杀人，设法除掉，免得资敌。像崇侯虎、恶来那些忠勇双全的武将，是抵抗周人大军的中坚力量，只能在战场上予以扫灭。

为了颠覆殷商王朝，周文王及其谋臣真可谓处心积虑。王朝战争就是一场肮脏的游戏。

周文王从羑里脱身回到岐周之后，看到岐周实力不及殷商，自己不是纣王的对手，突然变得荒淫糜烂，制玉门，筑灵台，击钟鼓，甚至相女童（嬖幸幼女）。当然，周文王自甘堕落，是为了欺骗对手，使纣王丧失警惕心。纣王闻讯后，果然中计，大喜道："西伯昌改道易行，我高枕无忧了。"于是更加残暴，周文王的计谋得逞了。

周武王问政

周文王将荆条上的尖刺一根根拔除干净，留给太子姬发的只剩下光秃秃的木条了。幸福的太子登上王位之时，接手的是一个人才济济、兵强马壮的强大国家。而他的对手商却是一个千疮百孔的王朝，君主荒淫，臣属无能，诸侯离心，军心涣散，百姓困顿。

---

[1]《韩非子·喻老》。

战国中山王䳍铜鼎及鼎上的《武王诫铭》

《武王诫铭》释文：唯十四年，中山王䳍作鼎，于铭曰："呜呼！语不废哉！寡人闻之：'与其溺于人也，宁溺于渊。'昔者燕君子哙睿弁夫悟，长为人宗，闬于天下之物矣……"

对比之后可以发现，力量的天平严重向周人倾斜。难能可贵的是，周武王并未因此而盲动。他怀着戒惧惕厉之心，践阼才三天，就虚心向老师吕尚求治国强兵之道。

周武王问政的内容记录在《武王践阼》中，出土的战国楚简和西汉文献中都有这篇文献。践阼，就是登上王位。武王即位之后，并未改元，而是自称太子发。因为太姒梦中，在殷商王庭种下梓树的是姬发，所以姬昌、姬发父子同时受天命，延续文王的受命纪年当然顺理成章。

尽管竹简和文献里都掺和了战国儒家、道家等学说的观点，但是武王问政之事并非后人凭空捏造出来的。河北平山县一座战国时期的中山国王䳍（cuò）大墓中，挖掘出一件青铜鼎，铭文上赫然出现了《武王践阼》中的一句格言："与其溺于人也，宁溺于渊。"这尊中山王䳍铜鼎的年代约为公元前308年，与屈原同时期。两千三百年前的古人是不会撒谎的,《武王践阼》的历史可信度颇高。

周武王践阼之后,到底向吕尚求教了哪些治国之道?

武王问吕尚:"你可否用不到十句话,概括让国运百世昌盛之道?"吕尚回答:"能。"于是周武王站在南边,脸朝北面,洗耳恭听吕尚的教诲。

吕尚说:"意志压倒私欲国家昌盛,私欲压倒意志国家灭亡。意志胜私欲百姓顺从,私欲胜意志百姓造反。戒惧压倒轻慢带来吉利,轻慢压倒戒惧带来灾祸。无戒惧之心就无法求正道,无法求正道就乱政。乱政者使国家灭亡,戒惧者传至万世。使百姓不造反而顺从,百姓就愿意为我所用。"[1]

哈哈!吕尚只说了五六句话,不到十句。吕尚所言的正道核心就一个字"敬",意思是戒惧。治国理政必须如履薄冰,战战兢兢,常怀戒惧敬畏之心,国运才能万世永隆昌。

虽然不到十句话,周武王听了却倍感恐惧,汗流浃背。于是他在随身物品、器皿上铭刻下几句格言,朝夕面对,以此来警示自己。这就是著名的《武王诫铭》。

《武王诫铭》有七处。[2]

草席四个角,席前左角写着"安乐必戒"——居安思危,席前右角写着"毋行可悔"——不要做会后悔的事,席后左角写着"眠之反侧,亦不可不志"——睡中辗转反侧时也不要忘记,席后右角写着"所监不远,视迩所代"——殷鉴不远,教训就在你的眼前。

门扇转轴上写着:"皇皇惟谨,急生敬,口生诟,慎之口口。"——务必谨慎,话能招致恭敬,也能招致诟骂。言辞要慎之又慎。

---

[1] 上博楚简《武王践阼》乙本原文:志胜欲则昌,欲胜志则丧。志胜欲则从,欲胜志则凶。敬胜怠则吉,怠胜敬则灭。不敬则不定,弗强则枉。枉者败,而敬者万世。使民不逆而顺成,百姓之为听。

[2] 上博楚简《武王践阼》甲本,与传世文献《大戴礼记·武王践阼》有所不同。

镜子上刻着:"见其前,必虑其后。"——见其前更应思其后。

盥盘上刻着:"与其溺于人,宁溺于渊,溺于渊犹可游,溺于人不可救。"——与其溺于小人中,毋宁溺于深渊中,溺于深渊还可游,溺于小人不可活。

楹柱上写着:"毋曰何伤,祸将长;毋曰胡害,祸将大;毋曰何残,祸将延。"——不要说有啥伤害呢?灾祸马上就来了。不要说没啥伤害吧?灾祸马上就扩大了。不要说去残害什么?灾祸马上就延长了。

权杖上刻着:"恶危?危于忿连。恶失?失道于嗜欲。恶忘?忘于贵福。"——在哪里会出现危难?危难产生于愤怒之中。在哪里会失道?道在嗜好和私欲中失去。在哪里会忘怀?忘怀于富贵之中。

窗户上刻着:"位难得而易失,士难得而易外。"——宝座得来难,失去容易;人才得来难,流失容易。

周武王的诫铭,字字珠玑,句句箴言,无不散发出耀眼的智慧之光。他强调"敬"的功用与价值,"敬"就是警惕、戒备,无论何时都不能松懈。这是理性的光芒,一位真正的王者应具有的品质。即使放在今天,仍然是经世修身的圭臬。难怪两千三百年前的中山国王䜌会对周武王的盥盘诫铭着迷,并将它镌刻在青铜鼎上。

战火与诗歌

周人灭耆国

武王践阼之时，殷商王朝已经处在亡国的前夜。各种骇人的诡异现象层出不穷，诸如五星聚于房[1]，鬼哭山鸣，亳都连续落下十天的土灰；六月大雪纷飞，或者下起雨血雨灰，天降陨石，大的如瓮缸，小的如簸箕[2]；等等。

朝歌城角落里有个小酒杯，突然飞出一只乌鸦。商纣王大为惊讶，让一位贞人来占卜吉凶。贞人说："以小生大，这是罕见的吉兆。国家必多福，大王的英名也将倍加显耀。"这话纣王爱听，从此他整日沉溺于扬名立万的幻象之中，不理朝政，更加荒淫。殷商王朝就像斜坡上的滚石，加速滑向覆灭的深渊。

既然天命已经在抛弃商纣王，那就应该顺天意而为之。

武王践阼之后的第二年，也就是受命八年（公元前1049年），周武王出兵大举进攻耆国。武王征伐耆的事件不见史传文献，只有清华简《耆夜》中记载。一经发现，立即掀起轩然大波。

引发激烈争议的焦点在于，攻打耆国的究竟是周文王还是周武王？

---

[1] 《文献通考》（卷293下）载："周将伐殷，五星聚房。"这是指水、金、火、土、木五颗行星在房宿汇聚，根据计算只有公元前1198年、公元前1019年的天象与之相符，但都不是发生在帝辛时期的。

[2] 宋刘恕撰《通鉴外纪》载："王得二房，问之曰：'若国有妖乎？'一房曰：'昼见星，天雨血雨灰，雨石大如瓮；六月雨雪，此妖也。'"

司马迁说伐耆的是周文王，而且也得到了上博楚简《容成氏》的证实。清华简《耆夜》却有武王征伐耆的记载。对此，学术界讨论得很热闹。一会儿有人说清华简《耆夜》是伪文献，不靠谱，伐耆的是周文王；一会儿又有人说，耆国在殷商王畿范围之内，宋代就有人怀疑周文王这么一位大圣贤，断断不会以下犯上，杀入殷商的王畿之地，伐耆是武王的事，如今终于被出土文献所佐证；一会儿又有人说，两人都攻打过耆，但不是同一个小国。

那么真相如何呢？

周文王、周武王都伐耆，而且是同一个耆，都在今山西黎城县。山西黎城县出土了西周时期的楷侯宰铜壶，铭文中有"楷侯宰"。根据音韵学知识，"楷"与"皆""耆""黎"等是可以通用的，证明了古代山西黎城县确实存在一个耆国。而这个耆国，就是周文王、周武王都征讨的耆国。

耆国是一个叛服无常的国度，被周文王打败表示臣服之后，趁文王死去而又猖狂叛离，不听从周人的号令，所以就有了周武王的第二次征耆之战。[1]

周文王受命四年（公元前1053年）第一次伐耆，四年后周武王再次伐耆。为什么周人会对耆国如此执着呢？因为耆国地理位置相当重要，而且周文王伐耆时，阴沟里翻船，栽倒在纣王手里，被囚禁在羑里。这是岐周的奇耻大辱，武王如果不能一雪此恨，何以立威？又怎么率诸侯伐商？

耆国所在的黎城县，距离安阳殷都不过百余千米，地处河南、河北、山西三省的交界点。华北平原进入山西高原，自古以来有八条险峻异常的交通孔道——太行八陉。其中有一条自河北临漳至山西长治，称

---

[1] 朱彦民：《清华简"武王勘黎"考辨》，楚简楚文化与先秦历史文化国际学术研讨会，中国先秦史学会2011年。

为滏口陉。殷商时期，滏口陉是安阳殷都与西北众多方国之间往来的最主要通道，也是汾河谷地通往殷都的捷径。黎城县位于太行山脉中部的峰岭上，平均海拔超过八百米，是太行山区地势最高的县城，是滏口陉的咽喉要道，千百年来都是兵家必争之地。

周人灭了耆国，就切断了殷商与西北方国之间的联系，进而将今山西地区收归囊中。而且站在太行山的顶峰，居高临下，不到几天就可以杀到安阳殷都。

史称"三分天下，周有其二"，九州中只有青、兖、冀三州属于殷商的势力范围，其余六州都依附周人。而青、兖二州，是东夷所居之地，叛服不定，殷商的统治摇摇晃晃。

冀州很广阔，从今陕西渭南华山到今河北燕山之间都是，只要控制了今山西，周人基本上就拥有了冀州，安阳殷都和朝歌就成了纣王仅有的两座孤城。所以，对纣王来说，耆国是一块绝对动不得的奶酪。周文王伐耆，挑动了纣王的敏感神经，纣王不顾连年东征夷方的疲惫，出兵一战而擒文王。

周武王兴兵再伐耆，是在受命八年（帝辛二十七祀，公元前1049年）的深秋，距离文王去世的时间不长。所以孤竹国的两位王子伯夷、叔齐痛骂武王："父死不葬，爰及干戈，可谓孝乎？"——你的父亲还没有下葬，你就大动干戈，这是孝顺吗？

武王如此着急出兵，一是他对羑里之耻耿耿于怀，报仇心切，二是立威天下，消除诸侯对自己的疑虑。因而伐耆之役，武王御驾亲征，志在必得，吕尚辅佐，毕公姬高为主将，周公姬旦、召公姬奭、辛甲、作册逸等国中精英全员出动，军中锐卒也整装出发。辛甲的采邑在长治盆地，是这次战争的前进据点和后勤基地。

此时纣王已是强弩之末，根本无力迎战。周人出动战车，将士披甲戴胄，士气高涨，一举攻克耆国，洗雪了四年前的文王之耻。

武王赋诗

大胜之后,周武王凯旋,在文王太室告慰文王在天之灵,并举行饮至典礼,以庆贺这个伟大的胜利。饮至典礼是战争之后,献祭于宗庙、犒赏三军的隆礼,内容包括献俘授馘(guó)、饮至大赏、征会讨贰,也就是清点伤亡和斩获数量,大摆庆功酒宴,论功行赏,举行军事演习,准备下一轮的战斗。当然,最重要的环节就是酒宴行赏。

清华简《耆夜》记录了这次酒宴上,武王君臣尽兴吟诗的情景。酒宴在夜晚举行,地点是祭祀周文王的镐京文王太室。太室,属于殿堂式建筑,建筑布局可以从岐周宗庙看出。有东、西、北三墙,东墙称之为东序,西墙称之为西序。庙堂东侧称东厢,西侧称西厢。北墙开有门窗,通往庙堂后的室。南面无墙,但东西两侧都有石阶,东阶称为阼阶,西阶称为宾阶。周武王走东阶,群臣走西阶。

推测当时武王君臣的具体座次是,武王居中,东厢坐着东道主周公旦,辛甲旁坐,西厢是这次酒宴的客人毕公高,召公奭陪坐。作册逸负责记录,他是武王的国务秘书,在文献中又名尹逸、史逸。吕尚是军队统帅,因而被武王任命为司正,以军纪监酒。这不是寻常百姓的聚餐吃饭,而是国家最高层次的宴会,必须铁面无私,赏罚分明。在周成王一朝,周公旦、召公奭、作册逸、吕尚这四位元老,被尊为"四圣"。

这次酒宴,周公旦做东,请毕公高喝酒吃饭,当然所有的开销由周武王买单。这说明伐耆之役,毕公高担任主将,居功至伟。其后武王将毕公高的一个儿子赐封于耆,称为楷伯。所以有一件青铜器铭文中,楷伯自称"十世不忘,献身在毕公家,受天子休"[1]。

周武王先致开场白,举起爵杯,敬毕公高,即兴赋诗一首《乐乐旨酒》:

---

[1] 《殷周金文集成》04205。

> 我们畅饮美酒，宴请毕召二公。
> 兄弟诚信仁爱，百姓臻于和同。
> 将士威武雄壮，灭者气势如虹。
> 速速饮下此杯，美酒无始无终。[1]

向毕公高祝酒之后，武王又举起爵杯，再敬周公旦，也赋诗一首《輶（yóu）乘》，接着轮到做东的周公旦赋诗庆贺毕公高和武王。

君臣畅饮正酣之际，一只蟋蟀跃到堂上。蟋蟀是候虫，候虫知时节。[2]周公旦睹物思情，勾想起一桩桩往事，从文王受命到羑里之囚，再到伐崇、迁丰，最后文王之死，感叹时光的流逝，慨然吟诗一首。这首诗就是著名的《蟋蟀》，后来毕公之子受封耆地，此诗也被带到今山西去。由于受人喜爱，广为散播，最终收入《诗经》，成为千古传颂的瑰丽奇章。

周公旦在宴会上吟唱的《蟋蟀》，与《诗经·唐风·蟋蟀》文本有很大的差异，前者有117个字，其中15个字漫灭不清，后者只有96个字。前者文本较为松散、原始，后者句式整齐划一，都是四言句式，有很明显的加工与再创作痕迹。简单地说，《诗经·唐风·蟋蟀》是《耆夜·蟋蟀》的缩写版、改写版。[3]

不过，两首《蟋蟀》的诗旨一脉相承。《诗经·唐风·蟋蟀》的写

---

[1] 清华简《耆夜》原诗：乐乐旨酒，宴以二公。任仁兄弟，庶民和同。方壮方武，穆穆克邦。嘉爵速饮，后爵乃从。

[2] 陆游有诗云："蟋蟀鸣壁间，愧（kuì）汝知时节。"《诗经·豳风·七月》中更点出蟋蟀随着季节、月份的变化而变化："七月在野，八月在宇，九月在户，十月蟋蟀入我床下。"

[3] 清华简《耆夜》中记载的《蟋蟀》（整理后的简体版）：蟋蟀在堂，役车其行。今夫君子，不喜不乐。夫日□□，□□□荒。毋已大乐，则终以亡。康乐而毋荒，是惟良士之迈迈。蟋蟀在席，岁事云暮。今夫君子，不喜不乐。日月其迈，从朝及夕。毋已大康，则终以祚。康乐而毋荒，是惟良士之惧惧。蟋蟀在席，岁事□□。今夫君子，不喜不乐。□□□□，□□□□。毋已大康，则终以惧。康乐而毋忘，是惟良士之惧惧。

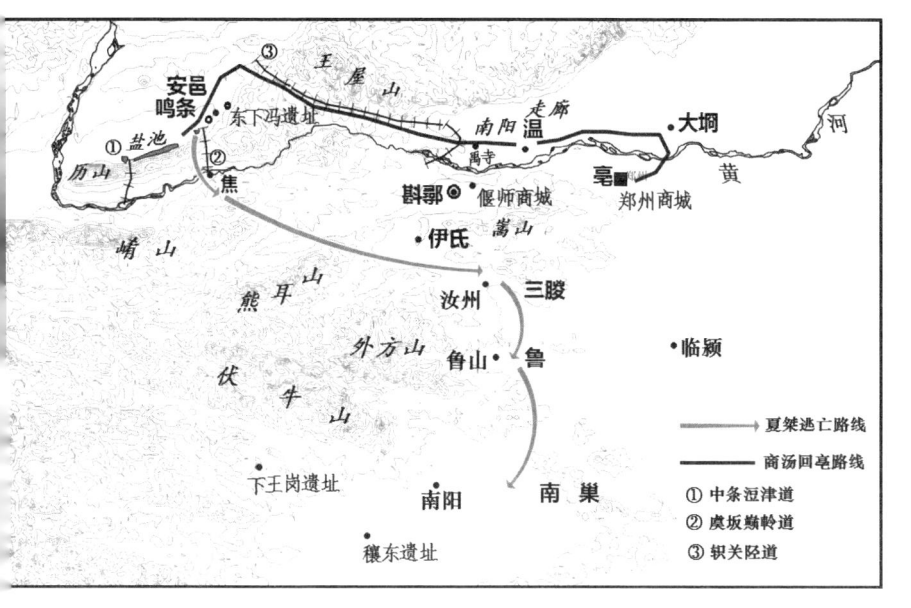

3 鸣条之战后夏桀逃亡路线示意图

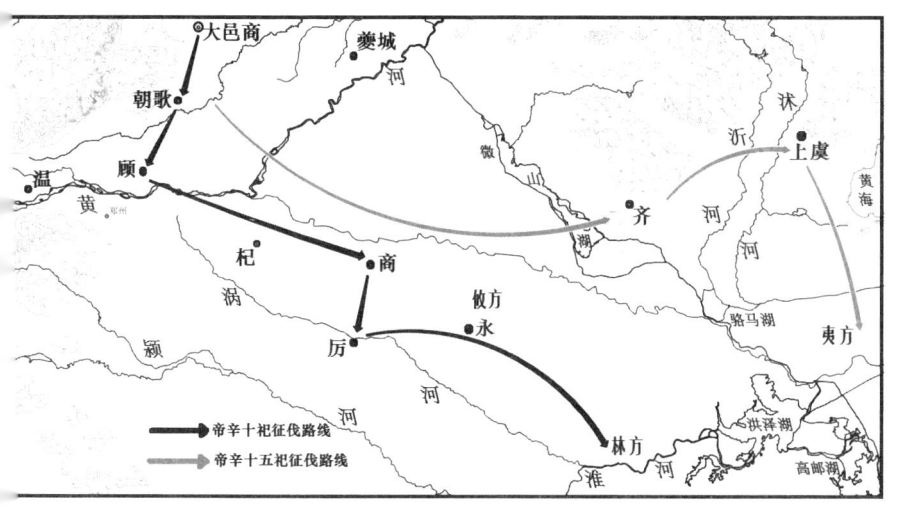

4 帝辛伐东夷示意图

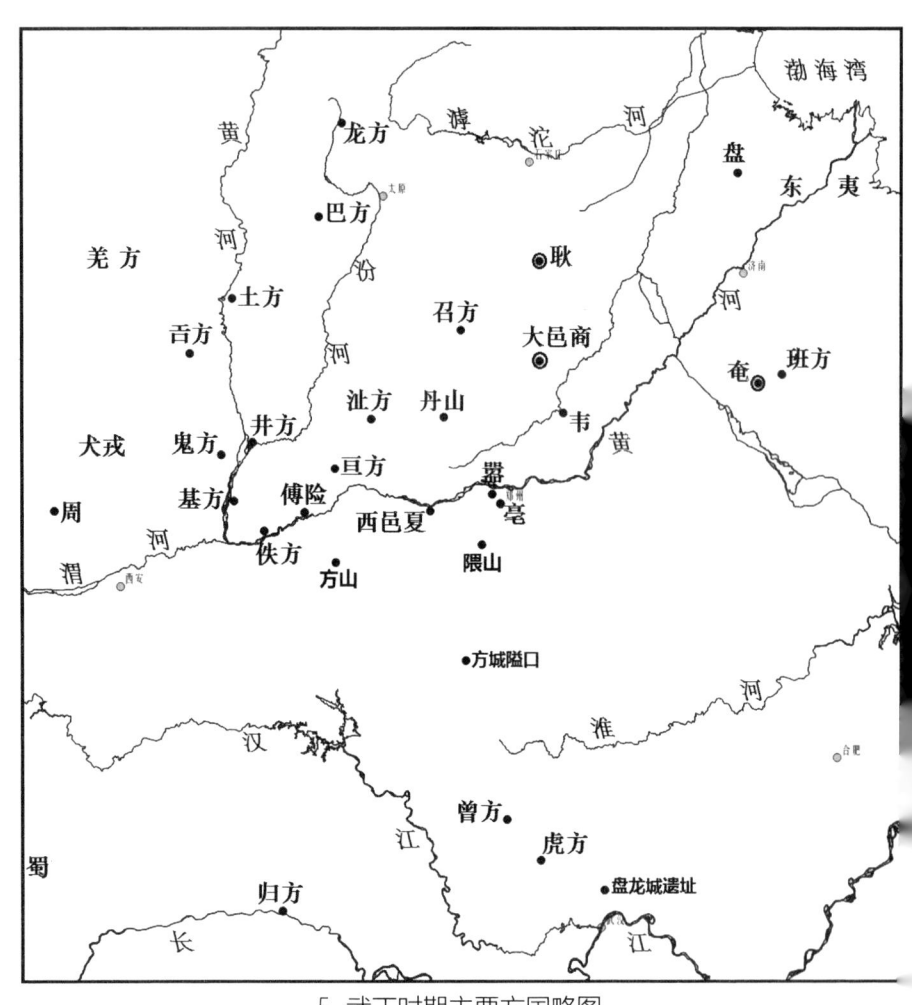

5 武丁时期主要方国略图

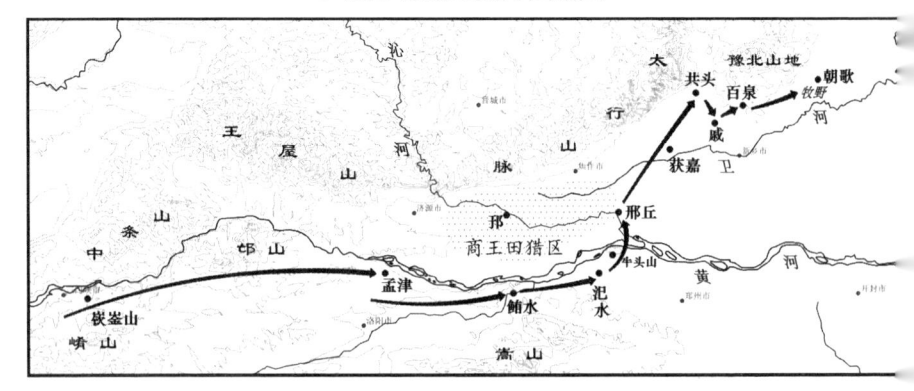

6 武王进军牧野路线示意图

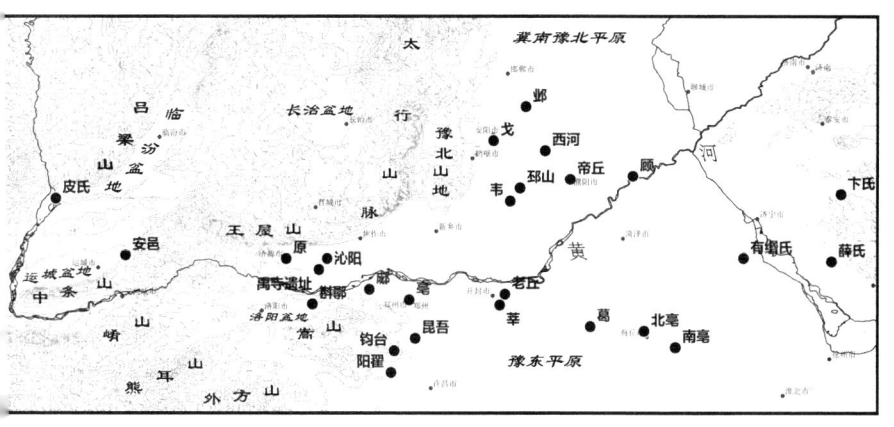

7 夏商之际形势略图

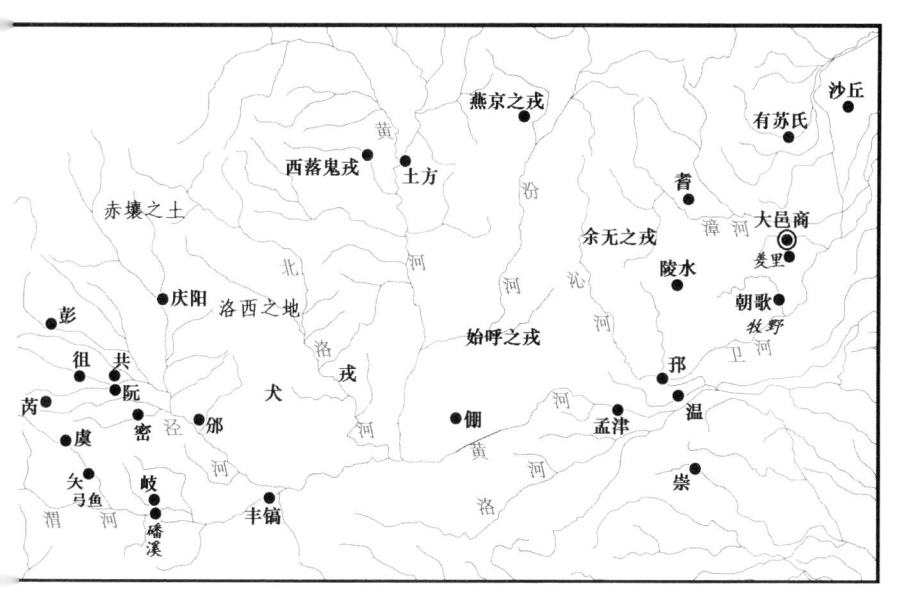

8 商周之际形势略图

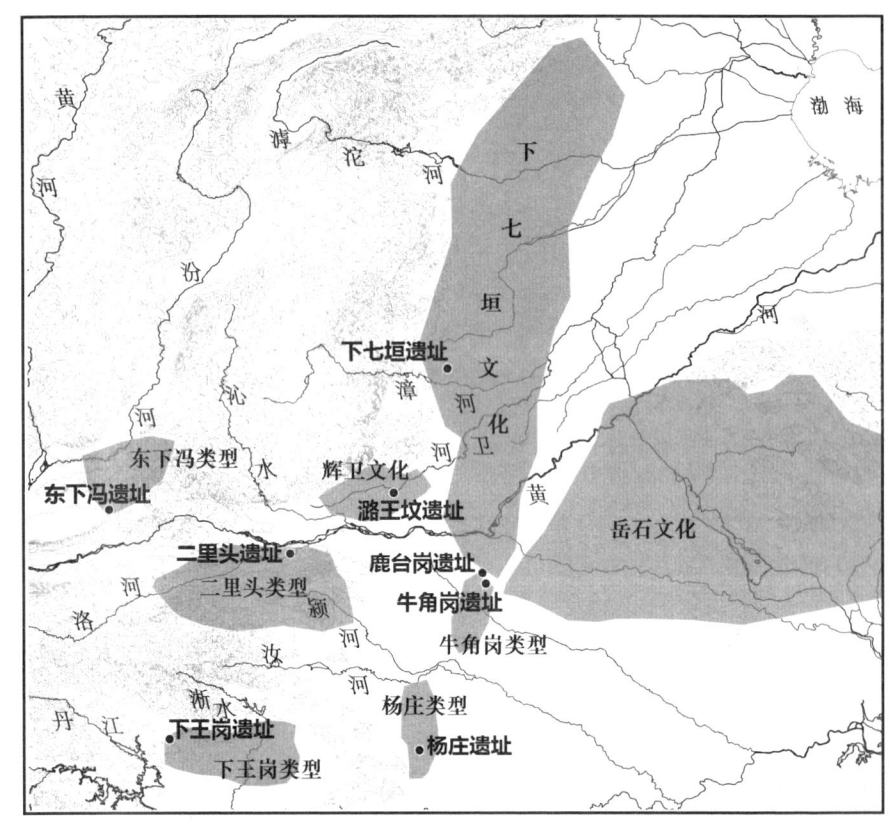

1 二里头文化类型及邻近文化分布示意图

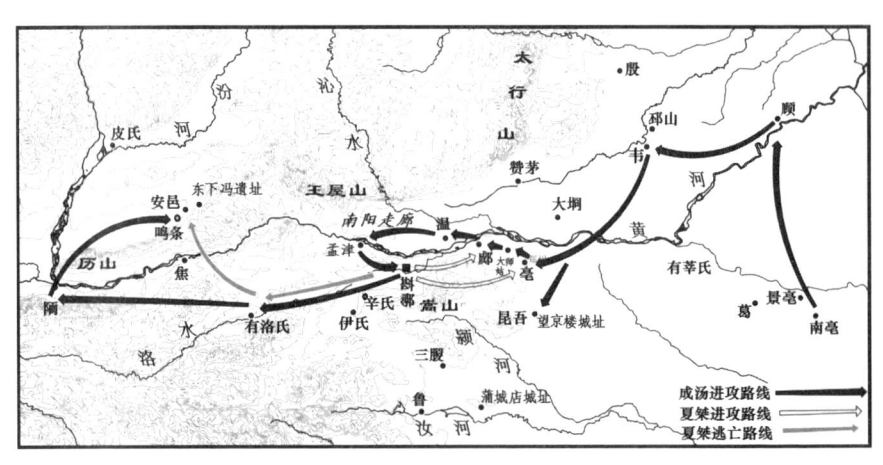

2 成汤伐桀灭夏示意图

作背景是，今山西太原一带民风俭朴，终年劳苦不休，而当时的国君晋僖公沉溺于游猎赏玩，生活奢靡，所以诗歌婉转相劝，希望晋僖公行乐之际不要忘记了老百姓的疾苦，要适可而止。《耆夜·蟋蟀》写于伐耆大胜之后的欢庆酒宴上，核心思想是"康乐而毋荒"，也就是有节制地行乐。周公旦身为杰出的政治家，未雨绸缪，提醒武王君臣不要被胜利冲昏了头脑，大胜更须戒骄；不能纵乐过甚，要时刻谨记伐商大业尚未完成，未来的路还很漫长，还很艰难。

在那一夜的酒宴上，周公旦始终保持一颗清醒的头脑，他写给毕公高的诗中有这么两句："王有旨酒，我忧以浮。既醉又侑，明日勿慆。"——大王有美酒，我担心失礼被太公望罚酒。喝酒就要一醉方休，但是明天不要犯错误。这两句诗其实是说给周武王听的，提醒周武王勿忘周文王的临终教诲——《保训》，要恪守中道，戒惧惕厉，胜不骄败不馁，方能成就大业。

伐耆之后，黄河以北的冀州之地基本上被周人控制。站在高高的太行山上，眺望东方辽阔的华北平原，一切尽收眼底。殷商王朝的心脏——安阳殷都和朝歌，已经暴露在周武王的锐利尖刀之下。

然而，周武王并未趁势直捣安阳殷都和朝歌城。这是为什么？

观兵孟津的局

孟津渡河受阻师返

伐耆大胜之后，信心爆棚的周武王开始考虑进攻殷商王朝的作战计划。

《逸周书·和寤》中记载，周武王在鲜原（今陕西咸阳东北一带）召见伐耆之役中功勋卓著的毕公高和召公奭，共议伐商之谋时，教导他们要立足百姓，实行惠民、利民政策，那种腔调，与他刚即位时向吕尚求教的治国之道大同小异。可见，强国安民是周武王发动战争的目的。

为民谋福祉的战争，是圣贤的战争。为私欲而掠夺的战争，是暴君的战争。圣贤之战，虽然力量弱小，但是能够得到百姓的拥护，积小胜为大胜，最终彻底消灭比自己强大百十倍的敌人，这就是所谓的王者无敌于天下。圣贤爱惜民力，体恤士卒，所以慎战。他们不打无准备之仗，不发动没有把握的战争，让士卒的伤亡降到最少，让百姓承受的痛苦最低。周武王就是这样的圣贤。

翦商夺取天下，是公亶父以降所有周人领袖的终极目标。从迁岐下，到迁丰镐，周与殷商的距离越来越短了，这个目标也越来越接近了。

灭耆的第二年，也就是受命九年（公元前1048年），周武王率众在毕原上杀俘祭天，宣布向殷商王朝开战。

22年前，周文王初禴于毕，誓言要推翻商纣王的暴政。所以周武王自号太子发，以继承父业为己任。既然是太子，就说明姬发此时是"无冕之王"，不可能拥有自己独立的纪元，而是沿袭了周文王的受命年号，否则姬发成"逆子"了。

父在子不得自专。周武王声称不敢擅自做主,讨伐纣王是尊奉文王的遗命。他在中军的帅车竖起了周文王的神主牌,以此来号令诸侯。

誓师时,司马、司徒、司空等高级官员,齐刷刷列队,倾听周武王威严的训话:"诸位,肃静!我本无知之人,只是祖上有德,才让我继承祖先的功业!现在已定下赏罚规矩,以后就按这个来论功。"

申明军纪,检验自己的威望之后,周武王的战车骨碌骨碌地向东方进发。

周武王从丰镐出发,要进攻大邑商(安阳殷都)或者朝歌,只能走崤函险道。崤函险道是上古时期关中地区与中原地区的最重要通道。此道东起崟釜山(今河南省三门峡市陕州区硖石乡),西至潼关,全长240千米。此道地形异常复杂,险峻难行。郦道元《水经注·河水四》中说,崤函险道"邃岸天高,空谷幽深,涧道之峡,车不方轨,号曰天险"。如果周人想推翻殷商王朝,就必须把崤函险道牢牢控制在手。周武王也确实这么做了。

这次行动,周武王与吕尚预先商讨过,大军通过狭长险要的崤函险道之后,在孟津(今河南孟津县东南约10千米)渡过黄河,先占领原(今河南济源)、邘(今河南沁阳附近),以控制豫、晋之间的交通孔道——南阳走廊,而后向东北疾行,直取朝歌或者大邑商。

但是,军队在孟津渡口集合完毕,要渡黄河时,出了一连串意外。

《淮南子·览冥训》中记载:"阳侯之波,逆流而击,疾风晦冥,人马不相见。"阳侯是传说中的一位诸侯,因溺水而死,化为水神。也就是说,周武王渡黄河之际,突然间波涛滔天,日月无光,天地一片晦暗。军中人叫马嘶,一片混乱。吕尚(一说是周武王)见状,左手高举黄金之钺,右手挥舞白旄旌旗,命令苍兕(掌管舟船的官员):"你去统领大军,调集船只,速速渡河,迟到的一律斩首!"黄金之钺和白旄旌旗都是军中统帅指挥作战的信物,加上吕尚在朝歌肉铺练就的健壮双臂以及洪亮的叫声，让乱哄哄的队伍顿时安静下来。

周武王渡河，到了中流，一条白色的鱼跃上舟船，周人顿时欢呼雀跃。因为殷商尚白，白鱼入舟（周），这是周并吞殷商的好兆头。武王把白鱼杀了，用来祭天。在孟津渡过了黄河，上了北岸，又有火星从天而坠，落在王屋山脚下，化成一只乌鸦，浑身赤红色，叫声响彻云霄。乌鸦口中还衔着谷穗。贞人都说，这是大吉大利的征兆，因为周族尚红，谷穗是后稷的魂灵。

两个兆象，似乎都预示着周将取代殷商。史书上称，这时候追随武王的诸侯有八百个（当然是夸张之词），他们纷纷云集孟津，与周武王会于钧陈垒。诸侯们异口同声，请求武王："纣王可伐！"

天道人心都在周人这一边，周武王却说了一句令人费解的话："尔等不知天命，还不能伐纣王！"当即决定退兵。

到底当时发生了什么，让周武王对伐商如此的不自信，匆匆忙忙而来，又匆匆忙忙而去？司马迁称这次行动为孟津观兵。对此，世人解释是，周武王在孟津会盟诸侯，检阅军队，举行一次伐商的军事演习。也有人认为是周武王一次试探性的军事进攻，用以试探自己的威望和号召力，同时试探商纣王的反应，其实并不准备与纣王直接开战。

但是孟津观兵之前，周武王祭毕，奉文王木主以伐，郑重其辞地告三司，然后兴师动众，可见这是一次有决心、有信心、有底气的军事行动，绝非仅仅是检阅军队、军事演习或者试探性进攻。

那么，八百诸侯毕会，既渡黄河，周武王"乃还师归"，这是为何？

裴骃《史记集解》中引用马融的话来诠释白鱼跃舟时说："鱼者，介鳞之物，兵象也。白者，殷家之正色，言殷之兵众与周之象也。"

白鱼跃舟当然只是传说而已，但其背后似乎暗示着商纣王的大军已经在王屋山脚下严阵以待，甚至与周人对峙于孟津渡口，发生过短兵相接。真实历史中的商纣王绝非史书上的那种只懂得吃肉喝酒，整天左拥右抱的昏君。商纣王久经沙场，好用兵，伐有苏氏、征夷方、擒文王，无一败绩,所以有"百战皆克"的美誉。而手下多骄兵悍将,《六韬》载称:"纣之卒,握炭流汤者十八人,以牛为礼以朝者三千人,举百石重沙者二十四人,趋行五百里,而矫矛杀百步之外者五千人。"也就是说,纣王的部卒尽是些亡命之徒,赴汤蹈火,在所不辞。

周武王在孟津渡过黄河,准备一举破敌,灭了殷商,却发现殷商军队的强大出乎意料。无论周武王还是吕尚,对能否彻底战胜纣王大军,心中都没底。

这就是为什么八百诸侯会聚孟津之后,周武王反而以"不知天命"为借口,怏怏退兵。

殷商晚期的经略重心

先来看看殷商晚期在地方经略上的基本情况。

相当于帝乙、帝辛时期的晚商阶段,殷商王朝在北方、西方、南方以及东南部,都呈现出大幅度的退缩态势。北界退至山西东南,河北唐河、定州一线,南界基本上未越过桐柏山和淮河一线,仅保留在河南信阳罗山县、安徽颍上县一带,整体分布格局呈条状伸向南方。[1]

只有在东部地区,晚商势力才出现了扩张。当时的东部地区在甲骨卜辞和传世文献中被称为"东土"或"东国",范围包括今山东省、安徽省北部、江苏省北部及河北省部分地区,是晚商时期商王重点经略的地区。商王重点经略东方地区的原因,一是为反击东夷族(包括淮夷部落)的进攻,二是为了掠夺人口和渤海南岸丰富的盐资源。在帝乙、帝辛时期,多次东征,导致中原人口大规模东迁,在鲁南和苏北地区泗水流域东侧,出现了大量的商文化聚落。其中,山东省滕州市官桥镇前掌大遗址规模最大,面积超过250万平方米。出土的上千件青铜器上,多

---

[1] 燕生东:《晚商文化在东方地区的分布态势与周初东封》,《考古与文物》2016年第5期。

数铸刻有"史""鸟"族之族徽[1]。前掌大遗址是殷商末期商王经营东方地区的两个最重要的据点之一，另一个是甲骨卜辞中的上虞，位于山东沭河以东、莒县附近。

作为殷商王朝的西部屏障，在鬼方、土方等戎夷部落的侵扰，以及周人的进攻、蚕食之下，山西境内的殷商文化仅在太行山脉以西晋中地区的灵石县旌介村、汾阳县杏花村，晋东南地区的浮山县浮山桥等地呈现出零星、插花式的分布格局。晋南地区的商文化发现稀少，可能已经全面退出。[2]这说明晚商时期，商王对山西地区的控制相当薄弱，甚至已趋向崩溃。殷商晚期，国势衰微，商王无力处处驻兵防守，只能在太行山东南麓、南麓以及王屋山南麓的"南阳走廊"，设置军事聚落或者地方管理机构，谋求掌控王畿地区（大邑商、朝歌）与崤函险道之间的交通线，以遏阻从丰镐东进的周人大军。

目前已经发现的殷商晚期青铜器墓葬，从朝歌附近的淇县大李庄遗址，顺沿着这条交通线，由东北斜向西南，其间有辉县琉璃阁遗址、焦作聂村遗址、温县小南张遗址、济源柴庄遗址，直至崤函险道之内的灵宝东桥、涧口王家湾、赵家沟等遗址。这些墓葬等级和安阳殷墟同等级的铜器墓接近，所以都属于商王朝控制范围内的商系墓葬。考古发现，这条交通线上的铜器墓与居址在分布空间上几乎重合，聚落中存在家族墓地，可见商王在这片地区采取聚族而居、以族为治的统治模式。[3]聚落使用铜器的高级贵族大多随葬青铜武器，也基本遵循殷商礼制，说明当地的贵族统治者受命于商王的委派。他们手握军权，负责镇守、保护这条攸关殷商存亡的交通线。

---

[1] 中国社会科学院考古研究所：《滕州前掌大墓地》，文物出版社2005年版。

[2] 《中国考古学·夏商卷》第六章《殷商晚期的商文化》，中国社会科学出版社2003年版。

[3] 常怀颖：《略谈晚商太行山南麓及临近地区的铜器墓》，《中原文物》2020年第4期。

太行山南麓一带是殷商王室的田猎区。这个田猎区位于太行山沁水与黄河之间，以沁阳（邘）为中心，东西150千米、南北50千米，大致是今天河南省黄河北岸的西部地区，是晚商时期商王经略的重心之一。在甲骨卜辞中，商王在这片地区设置以"师""奠""行"等为名的地方行政机构，委任重臣、驻扎军队，加以管控。

周武王在孟津渡过黄河，要想进攻大邑商或者朝歌，必须穿越以沁阳为中心的商王田猎区，势将惊动太行山南麓交通线上的各个军事聚落。商王委派的当地军事大员一定要调兵予以阻击，裴骃《史记集解》中的"白者，殷家之正色，言殷之兵众与周之象也"，说的就是这个意思。一旦商纣王得到汇报，就会迅速做好抵抗准备，纠集军队，与周武王一决雌雄。

周武王与吕尚极善于用间，早已对商纣王和商军布防情况了如指掌。在孟津渡河，继而进攻纣王，无异于捅了马蜂窝，从战略上看，绝非最佳的伐商路线，胜算不大。

那么周武王从哪儿进攻胜算最大？

黄河南岸的郑洛区。

殷商早期的都城——郑州商城（郑亳）以及陪都偃师商城，都在这一地区。郑洛区与田猎区唇齿相依，但是在晚商时期，商王对两个地区重视程度、经略方式不同。

对黄河以南的晚商墓地与太行山南麓交通线的铜器墓进行对比研究，发现有三个特点：

第一，郑洛区以郑州商城（郑亳）为中心，聚落与墓地呈现出抱团的倾向，而豫西地区十分罕见。这说明晚商时期，商文化在黄河南岸已非普遍成片分布，而各墓地等级普遍不高。太行山南麓交通线的铜器墓整体等级明显高于黄河南岸郑洛区。这说明晚商时期，商王更加重视对太行山南麓交通线的经略。

第二，太行山南麓交通线的铜器墓分布范围比郑洛区更广，这一现象当与交通线的管理有关。而郑洛区的经略方式以据点式聚落管控为主。

第三，太行山南麓交通线的铜器墓葬，自殷墟一期至四期年代序列相对完整，说明此区域在晚商时期仍然在商王的有效管控之下。但是郑洛区晚商铜器墓零星分布，年代序列不全。这是因为晚商时期国力衰微，商王对郑洛区心有余而力不足，只好放弃直接管理，所以高等级铜器墓少。也可能是郑洛区及豫西地区发生过瘟疫或灾祸，因而在晚商时期人烟稀少。[1]

可见在晚商时期，太行山南麓交通线即王畿西部的田猎区、"东土"，是商王重点经略的两个地区。《左传》中说，"纣克东夷而陨其身"，商纣王三次东征，虚耗国力，晚商对"东土"的经略更甚于西部的田猎区。而黄河南岸的郑洛区是当时殷商王朝的软腹部，商文化分布碎片化，墓葬等级低，缺乏高等级聚落。即使有驻军，也只是维持治安的小股部队，是当时商王控制最为薄弱的地区。

而郑洛区的地理位置相当关键，东接"东土"，西连田猎区，与殷商王畿相距最近，跟朝歌的直线距离不到100千米。富有战略眼光的周武王、谙习行军用兵之道的吕尚，绝对不会忽略这一点。

与纣王决战时机成熟

商纣王从来就不相信"天命"这种鬼话，《尚书·泰誓上》上说纣王"弗事上帝神祇，遗厥先宗庙弗祀"。蔑视鬼神、上帝是真的，但说纣王不祭祀祖先，那是在贬损纣王。甲骨卜辞和青铜器铭文中的"遘（gòu）祖乙肜""宾文武帝乙"等，说的就是纣王祭祀殷商先王祖乙、帝乙。但纣王过于自负。

---

[1] 常怀颖：《略谈晚商太行山南麓及临近地区的铜器墓》，《中原文物》2020年第4期。

《逸周书·酆谋》中记载，王三祀[1]，"谋言告闻"，潜伏在朝歌的周人间谍密报武王，"商其咸辜，维日望谋建功"——商纣王厉兵秣马，正准备出兵攻打周人。

周武王有点惧色，问周公旦："言多信，今如其何？"——这条情报很准确，现在该怎么办？

武王八年戡耆、九年观兵孟津之后，被激怒的纣王终于意识到问题的严重性，所以他必须先发制人，起兵伐周。

史书上记载："纣有亿兆夷人，起师自容间至浦水。"这是牧野之战时，纣王大军的分布情况。浦水，就是山西境内的蒲水，有两处蒲水，一处在临汾盆地的隰县，另一处在长治盆地的陵川县。山西境内依附于殷商的方国都属于戎狄部落，所以称之为夷人。容间，又称容关，今长江下游的句容县，江淮之间是淮夷部落的分布区，也是夷人。纣王大军虽有十几万，甚至几十万，但分散于从山西至江淮，长达数千里的战线上。

孟津观兵，已经惊动了商王朝。假如纣王"谋建功"，准备出兵讨伐周人，他的目光只会望见王畿西部的田猎区或者太行山南麓交通线一带，而不会将有限的兵力投放在黄河南岸萧条不堪的郑洛区。

静待了一两年，殷商王朝更加混乱。周公旦兴奋不已，对武王说："时至矣，乃兴师循故。"——时机来了，按原计划出兵吧！

周武王也一直在着急地等待伐纣时机的到来。

吕尚派往殷商的情侦人员，不时将纣王的情况带回丰镐。《孙子兵法·用间篇》中的"周之兴也，吕牙在殷"，就是说吕尚擅用间谍。

《吕氏春秋·贵因》中记载，有间谍回报称："殷商大乱了！"周武王问："怎么乱？"间谍答："殷商的佞臣完全压倒忠臣了。"武王很镇

---

[1] 王三祀，是《逸周书》的另一种纪年，也就是武王即位的第三年，或受命十年（公元前1047年）。武王自称太子发，断断不可能有自己的新纪年。

定:"这不是乱。"把间谍遣回去,让他再观察。

不久又报:"殷商更加乱了。"武王问:"咋回事?"间谍答:"殷商的贤臣都出走了。"这是指微子启屡谏不听,佯装为奴隶,被纣王囚禁起来。太师疵、少师强,也抱着礼乐之器投奔周国。但武王仍是那句话:"还没乱。"

不久,间谍又回报:"殷商现在非常乱。"武王问:"怎么说?"间谍答:"老百姓都不敢有所怨言。"这次武王只是喜笑了一声,赶紧去找吕尚。

吕尚说:"佞臣压倒忠臣,这叫作戮;贤臣出走,这叫作崩;百姓不敢怨言,这叫作刑胜。动用酷刑来压制民心,殷商已彻底失控了。"

吕尚、周公旦两人分析的结果相同,令周武王望穿秋水的决胜点真的从天而降了。于是伐商战争的准备工作紧锣密鼓地进行着。

周人的心脏都塞到气管里去了,期待已久的伐纣大战马上就要付诸行动了。

三星堆古国与伐纣战争

伐纣大军

按照周公旦的部署,战争动员主要做到三大原则:三同、三让、三虞。三同,是指在官僚中实行亲人同步调,贤能同任用,机密同保守。三让,是指在商业上实行:移近市场,让利于商;降低米价,让利于民;出借资本,让利于贷。三虞,是指实行严厉的地方管制措施,以防备不虞之患,包括边民不得迁入内地,道路不得驱赶牲畜,城郊不得居住百姓。

这些应急管控措施,涵盖了人员限制、情报保密、物资保障,完全属于战时思维。周人从上而下,进行全民总动员,都在准备打一场大规模的战争。这场史无前例的战争,将决定周人的命运,更将决定古老文明的走向。

为了确保伐纣战争的胜利,周武王把全部家当都摆出来,文献上的记载大体一致,包括戎车三百乘、虎贲三千人、甲士四万五千人。《逸周书·克殷》列出的数目更加具体,说有戎车三百五十乘、虎贲三千五百人、士卒三万一千五百人。

戎车所载的车兵,披甲戴胄,所以又称甲兵,是伐纣的主力部队。虎贲,就是虎奔,取猛虎奔走之意,是周王的卫队,锐不可当,分为左右两队。西周晚期的青铜器师衰簋铭文中称之为"左右虎臣",就是指左右两支虎贲之师。

五六百年前,成汤伐夏桀时出动的兵力不过战车七十乘、死士六千人，武王伐纣的兵力是成汤伐夏桀时的六七倍。战争规模扩大，意味着流血牺牲将更加惨重。

除了周族大军，武王再次竖起周文王的神主牌，檄令依附的方国、诸侯，邀请他们一同出兵。武王的檄文只有十个字："殷有重罪，不可以不毕伐。"——纣王罪恶累累，不能不全力攻伐。

根据牧野之战前的武王誓词可知，参与伐纣的诸侯主要为庸、羌、髳、微、纑（lú）、彭、濮、蜀等八个西南部方国与部落。他们地处偏远，看在"周文王木主"的薄面上，出动的只是象征性部队，勉强组成一支松散的盟军。决定伐纣战争胜负的，还是周人大军。

这八个方国与部落来自何方？

庸，今湖北房县、竹山县一带。羌，今甘肃岷县、临潭一带的游牧部落。髳，大概在今四川境内，也有说在今云南大姚一带，但距离周国超过一千公里，过于遥远，不太可能加入周武王的盟军。微在今陕西眉县。纑在今四川渠县。彭在今宁夏彭阳、庆阳，也有说在今四川彭州。濮，今重庆巫山以北的濮人。

那么蜀呢？

殷周之际，四川成都平原有一个既渺远不可知，又近在眼前、触手可摸的神秘国度——古蜀国，都城就位于今天闻名遐迩的三星堆遗址。

三星堆古国

三星堆文明的创造者是否响应武王的号召，派遣一支远征部队介入了中原地区的王朝战争？

蚕丛是传说中古蜀国的开国君主，与柏濩（huò）、鱼凫并称为三代。史书上对他们的记载少之又少，只知道这三代各数百岁，鱼凫耕种于湔（jiān）山，后来得道成仙。当时的蜀人非常少，立祠祭祀鱼凫。

蚕丛、柏濩、鱼凫三代时期，是古蜀人由原始氏族社会迈向早期国家的转化阶段，由于年代久远，缺乏文字记载，其历史事实早已消逝在

三星堆遗址巨型纵目铜人像

三星堆遗址金面铜人头像

迷雾之中。三星堆遗址的发现，渐渐拨开了历史的迷雾，让这个中原以外辉煌灿烂的青铜文明重现于世。

三星堆遗址位于四川成都以北40千米、广汉市以西6千米处，坐落在成都平原北部一个略微凸起的高地上。它的总面积约12平方公里，以牧马河北岸的月亮湾高台地为中心，向东西两侧延伸。三星堆遗址得名于月亮湾以南，与牧马河相望之处，有三座高10米许的土堆，被称为三星堆。三星堆和月亮湾，共同拥有一个美丽的名字——"三星伴月"。三星堆周围特别是南北两侧，发掘出大量不可思议的青铜器。

目前，四川成都平原发现最早的新石器文化遗存是宝墩文化，约公元前2550年至公元前2300年，年代比中原地区的尧舜时期更早。其后，长江下游百越族的良渚文化、长江中游苗蛮族的石家河文化以及中原地区洛阳盆地的二里头文化，相继传入成都平原，催生出成熟的古蜀早期文明。

进入商朝之后，古蜀国的青铜文明繁荣一时。尤其在武丁之后的殷商中晚期，古蜀文明达到鼎盛阶段，古蜀人四处扩张，向北渡过嘉陵

三星堆遗址铜神树枝头立鸟

江，翻越米仓山，侵入汉中盆地，向南抵达大渡河中游，向东延伸至三峡地区，建立了一个强大的古蜀王国。三星堆遗址，就是当时古蜀王国的心脏所在地。在殷商晚期，古蜀王国内部发生裂变。三星堆文明极盛之际，在其西南40千米处，崛起了另一个青铜文明——金沙遗址（约公元前1250年至公元前650年），最终取代三星堆文明。三星堆遗址由此衰落下去了。

三星堆遗址的中心部位，也就是三个土堆以南五六十米处的一号、二号祭祀坑，出土的奇异罕见的青铜面具，可与文献中古蜀国传说的记载相印证。其中一尊巨型人面具，阔眉大眼，眼球长45厘米，极度夸张，瞳孔呈圆柱状向外突兀而出，长达16.5厘米，直径也有13.5厘米。浑粗的瞳孔最前端呈菱形，还扣着一个圆镯。如此夺人眼目、摄人心魂的青铜面具，令所有的瞻仰者见之而终生难忘。

这个瞳孔长长凸出的怪诞面具，表现的可能就是古蜀国的始祖——蚕丛。《华阳国志》载称："蜀侯蚕丛，其目纵，始称王。"目纵，就是眼睛呈竖直状，正如这尊巨型人面具那样。有种说法是古蜀人食用的盐巴中缺碘，患有甲亢病，所以眼球凸出。而中原地区的夏人也称为横目之民，这一横一纵，南北遥相呼应，彰显出中华文明的神秘与奇特。

三星堆祭祀坑中出土了一些鱼状金器，可能与传说中的蜀王鱼凫有关。更有一条金杖，上面刻着鱼纹、鸟纹。二者被一根箭竿连接成一体，共有四组，完全相同。金杖上的鱼鸟合体，寓意可能是当时蜀人存在崇鸟部落与崇鱼部落，后来统一合并。金杖属于王者之器，是"王权神授"的产物，具有至高无上的权威。它的主人无疑就是古蜀国的政治领袖和宗教领袖，集王权与宗教祭祀权于一身。

鱼鸟合体的金杖，相当于象征上下埃及一统的纳尔迈调色板，意味着世俗王权的出现，是古蜀国家诞生的标志物。文献中记载，鱼凫耕种于湔山，并建立都邑。发现的三星堆古城，就是鱼凫时期建筑起来的。

三星堆古城北面是天然的城壕——鸭子河，东、西、南三面筑有城垣。三星堆和月亮湾就坐落在古城的中轴线上。整座古城呈正梯状，南宽北窄，总面积近360万平方米。城市布局大致是这样的：古城北面居中的月亮湾和青关山一带是宫庙区；东北面和西南部是手工作坊区；中南部是祭祀区，已发现八个祭祀坑，其中较著名的有一号、二号和四号祭祀坑。根据测定，一号祭祀坑的年代在公元前1520至公元前1430年之间，相当于商王太甲至太戊之际，四号祭祀坑的年代约在公元前1052年前后[1]，也就是周文王受命前后；西城墙外面则是墓葬区。

三星堆古城修建于商朝前期，有五个紫禁城那么大，略小于殷商中

---

[1] 关于三星堆祭祀坑的年代，2022年四川省文物考古研究院公布数据，碳14测年数据集中在公元前1131年至公元前1012年，除五号坑和六号坑年代稍晚之外，三号坑、四号坑、七号坑、八号坑的埋藏年代一致，为商代晚期，距今约3000年至3200年。

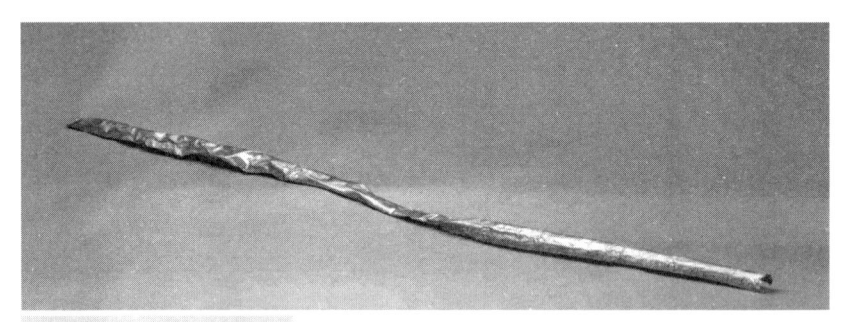

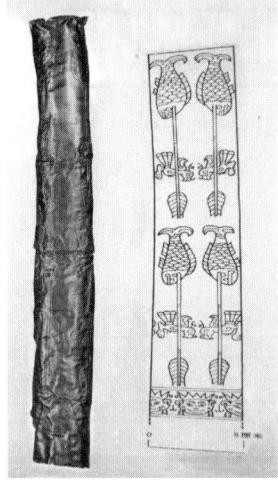

三星堆遗址鱼鸟金杖及图案

期的都城——洹北商城（约4.7平方千米），是先秦时期长江上游最大的古城址。以城区总面积245万平方米计，三星堆古城人口可达76000多人，略少于郑州商城。能够兴建如此庞大的城市，说明古蜀国的经济实力与政权组织能力非同凡响。论规模，三星堆古城也仅稍逊洹北商城一筹，所以不可能纳入殷商的内外服体系，而只可能是殷商王朝时期的一个区域性方国。

只是一个美丽的神话

那么，三星堆古国有可能被周人征服吗？

不可能。

公亶父迁岐下之后，周人还很弱小，一直受到犬戎的欺压，到了季历之时，才慢慢发展起来。文王即位后，周人迅速崛起，开始对周边部落进行讨伐。但是三星堆古国距离岐周或丰镐有千里之遥，"蜀道之难，难于上青天"，彼时入川栈道尚未架设，沿途山崖险峻，周人不可能像说话结巴的邓艾那样，偷袭成都时身上裹着毛毯，不要命地往下跳。

而且周人崛起的过程中，也正值古蜀王国如日中天之时。古蜀人四面扩张，灿烂的三星堆文化辐射到云南境内的百濮，四川西北的冉、骁（máng）等西南夷，甚至波及更遥远的东南亚，是西南地区的强权。古蜀王国堪称中原两大霸主商、周之外的第三个力量中心，无论殷商还是周国，将其征服的可能性都微乎其微。

古蜀国在公元前316年被秦国吞并之前的漫长岁月中，拥有独立的文化发展谱系和脉络，是高度独立的青铜文明，从未被外族灭亡过。只是在王国内部出现过屡次改朝易代，统治阶级的权力从蚕丛氏转移到柏灌氏，又转移到鱼凫氏、杜宇氏、开明氏。

三星堆遗址发现的一号、二号祭祀坑，其形成的原因，被认为是三星堆遗址内宗庙两次被毁，并举行祭祀典礼，将宗庙重器埋入土中，从而形成这两个祭祀坑。究其原因，应当与文献中记载的统治阶级权力的转移相类似。其他六个祭祀坑的性质、形成原因，与一、二号祭祀坑相同。[1]

所以，三星堆古国参与武王伐纣，只是一个美丽的神话而已。那么，追随武王伐纣的蜀，或者殷墟卜辞与周原甲骨中频频出现的"蜀"，又是谁呢？应是今陕西南部城固、洋县一带的蜀人。他们是三星堆文明向北扩张时，在汉中盆地建立的地方性政权，而不是古蜀王国的"中央政府"。

汉中盆地是三星堆文明与中原文明的交锋处，在城固、洋县发现的

---

[1] 四川省文物考古研究所：《三星堆祭祀坑》，文物出版社1999年版，第442页。

殷商晚期的三角形援戈

三角形援戈是三星堆文化中典型的蜀式兵器，随着古蜀人的开疆拓土，传播至整个大西南，形成一个三角形援戈"大家庭"，是西南夷最主要的作战武器。

青铜器属于混血儿，既有殷商文化因素，又有三星堆文化因素。青铜器数量众多，门类齐全，包括鼎、鬲、簋等炊器，爵、尊、觚等酒器，戈、矛、钺、刀、镞等兵器。兵器中以戈的数量最多，其中又以三角形援戈居多。

城固、洋县的青铜器组合特色是，兵器为主，超过八成，祭器次之，礼器最少。与三星堆祭祀坑的青铜器组合大相径庭，后者祭器为主，礼器次之，兵器最少。这反映了两个地区在社会结构与功能上的差异。三星堆是古蜀王国"中央政府"的驻地，是宗教祭祀、文化、政治中心，而今城固、洋县一带是蜀人北进的据点，战争频仍，必须有重兵把守。

与殷商、周人交往密切的正是今城固、洋县地区的蜀人。卜辞中记录："王供人征蜀"——商王武丁派人征讨蜀，"王敦缶于蜀"——在蜀地打击流窜此处的缶方叛军，"蜀射三百"——蜀人向殷商王朝提供三百名弓箭手,"蜀其受年"——商王关心蜀地的谷物收成。可见蜀是殷商王朝的一个方国。周人崛起之后,尤其是西伯姬昌时期,四面出击,汉中盆地的蜀人也上了征伐的名单,所以周原甲骨上有"伐蜀""克蜀"的卜辞。

至武王之时,檄令诸侯讨伐商纣王。臣服于周国的汉中蜀人,也应声而起,手执三角形援戈,与庸、羌、髳、微等部落组成联军,追随武王,东征殷商。

除了这八大方国和部落,巴人也是伐纣大军的一分子。《华阳国志·巴志》中记载:"周武王伐纣,实得巴蜀之师。"这里的巴人应该是指今陕西宝鸡附近的弓鱼族,他们是古代巴人的后裔。因为太伯曾经投奔此国,被周武王视为"友邦冢君"(即兄弟诸邦),所以在牧野誓词中未提到巴人。巴人与各方国和部落一道,响应周武王的号召,怀着满腔赤诚,一起加入了伐商大军,共同书写新的历史华章。

第14章

牧野灭殷

决战之前

伐纣大军氾水渡河

周武王启程出发的日期有两种说法,《尚书·武成》说是在一月癸巳,即周武王十一年正月二十一日(公元前1047年12月20日),《逸周书·世俘》则说是在二月丁未,即周武王十一年二月初五日(公元前1046年1月3日)。哪个说法对呢?从西安附近的丰镐到河南淇县的朝歌,至少有600千米。如果是癸巳日出发,甲子日战于牧野,一共行军31天,每天走20千米,较为合理。如果是丁未日出发,至甲子日,共行军十六七天,每天要跑三四十千米,当时交通工具落后,缺乏机械化车辆投送兵力,显然难度颇大。

伐纣大军包括周人、"友邦冢君"和西南地区的庸、羌、髳、蜀等八大方国、部落,有的已经先行出发了,在黄河岸边等候着。武王搭乘的是大马车,马车上还放着周文王的神主牌。古代帝王行军作战、巡狩或离开国都出远门时,经常带上祖宗灵牌或者社稷神牌一道同行,以祈求平安。

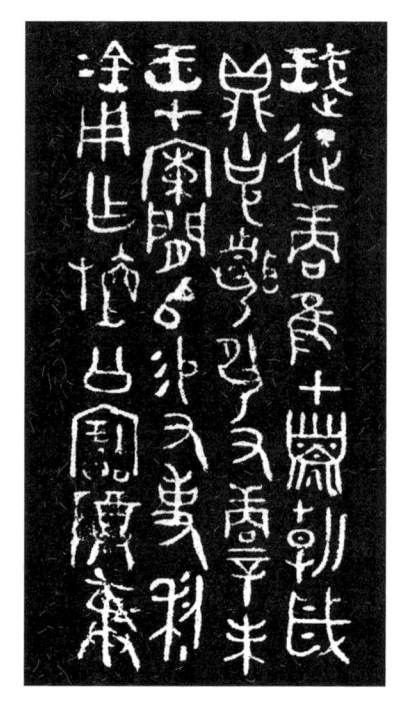

利簋铭文

马蹄铮铮,旌旗飞扬。武王和吕尚等君臣带领四万大军,千余匹马,浩浩荡荡,一路东行。走过240千米长的崤函险道,来到黄河岸边,准备渡过黄河,灭了纣王。

周武王和伐纣大军在哪里渡河?

史书上的记载有两种说法。

一说是孟津。《史记·周本纪》中载,武王"十一年十二月戊午,师毕渡盟津","二月甲子昧爽,武王朝至于商郊牧野"。《尚书·泰誓序》也说"惟十有一年,武王伐殷,一月戊午,师渡孟津"。

另一说是汜水。《荀子·儒效》中叙述武王伐纣时,不说在孟津渡河,而是提到"武王之诛纣也,……至汜而泛"。先秦时期,汜有三处,一在河南襄城县南,二在河南中牟县南,三在河南荥阳汜水镇、成皋虎牢关附近。武王伐纣要渡河北上，所以只能是成皋虎牢关附近的氾水。

千百年来，世人对此二说聚讼不休。从行军实践、文献考察、当时形势来分析，周武王应当是在氾水渡过黄河的。

司马迁说，武王十一年十二月戊午，伐商大军在盟津（孟津）全部渡过黄河，二月甲子抵达殷郊牧野。十二月戊午是殷历，二月甲子是周历。伐纣之战是一次集中压倒性兵力，对一座城镇朝歌或者安阳殷都，发动快速而又致命的一击，所以必须轻装前进。在当时落后的条件下，物力、人力有限，300辆战车和1000多匹战马很难在一天之内全都运到黄河对岸去。从戊午至甲子，共7天，孟津与牧野相距200多里，武王在6天之后赶到牧野，每天要走70里之多，这个也有问题。

问题在哪里？《尉缭子·武议》中说："三军成行，一舍而后成三舍。"是说先秦之时每天行军不过一舍，即30里。宋代《武经总要·卷五》中也记载："凡军行在道，十里齐整休息，三十里会干粮，六十里食宿。"这是说，军队每行10里，就要休息，每走30里，就要吃饭，每走60里就疲惫不堪，不得不睡觉。所以周人戊午渡孟津，甲子战于牧野，违背了当时的实际行军速度。

更可疑的是，司马迁在叙及武王伐纣一事时，前一句话用的是殷历（十二月戊午），后一句用的是周历（二月甲子）。司马迁一向治学严谨，绝对不会犯下这种低级错误的。这是因为史料来源不一，司马迁无法辨真伪，只好照录原样，都保存下来，以供后世鉴定。出土的利簋铭文证实了牧野之战发生在甲子，戊午渡孟津之说来源于《尚书·泰誓序》，显然是后人虚构的。

《尚书·泰誓序》是西汉时期儒家讲授《尚书》时所作的。《泰誓》三篇都已经散失，西汉初年所见的《尚书》，共28篇，并没有《泰誓》。现存《泰誓》三篇，被认为是后人的伪作。因而近代学者曾运乾认为，

"此晚出古文所传之伪《泰誓》，均非孔壁真本"[1]。所以，《泰誓序》中所言"一月戊午，师渡孟津"可信度不足。

而且孟津渡河之后，就是殷商晚期商王重点经略的田猎区。周武王观兵孟津，已经惊动了商纣王。倘若周武王再次在孟津渡河，势必遭到太行山南麓交通线上各地驻军的阻击或围攻，被迫在太行山南麓与商军展开激战，挨打被动。这样就将一手好牌打成烂牌，彻底失去批亢捣虚、直扑朝歌空城的先机。

《孙子兵法·势篇》曰："凡战者，以正合，以奇胜。"精通兵家谋略的周武王、吕尚君臣们，在没有必胜把握的情况下，"小邦周"克"大邑商"，只能采取出奇制胜的袭击战术，不会蠢到"作茧自缚、处处被动"的地步。因而，控制商纣王统治基础最薄弱的郑洛区，选择远离孟津的汜水（今河南荥阳汜水镇南十五里处）渡河，是当时周武王伐纣最好的进军路线。

汜水发源于河南新密，缓缓北入黄河。汜水入河口在孟津以东150里处，附近地势险峻，后世在此筑有虎牢关，堪称洛阳盆地的钥匙，有"中原之枢"的美誉。而且距离朝歌不过200里，渡河之后，一马平川，可迅速插向商纣王的"心脏"，收奇袭之效。

周武王在汜水渡河北上，除了《荀子·儒效》中的记载，还有许多早期文献作佐证。如《吕氏春秋·贵因》中提到，武王伐纣至鲔（wěi）水。鲔水在今河南巩义市以北，孟津以东50千米处。《水经注·河水》中说，"县北（即巩义市）有山临河，谓之崟原丘，其下有穴，谓之巩穴，言潜通淮浦，北达于河。直穴有渚，谓之鲔渚。……《吕氏春秋》称武王伐纣至鲔水，纣使胶鬲侯周师，即是处矣"。再者，《史记·伯夷列传》中说，武王伐纣时，"伯夷、叔齐叩马而谏"，后隐于首阳山，采薇而食之。根据清代《古今图书集成》卷《河南府古迹考·孟津县》中

---

[1] 曾运乾：《尚书正读》，华东师范大学出版社2011年版。

的记载："扣马村在县东三十五里。相传周武王伐纣，师会孟津，伯夷、叔齐扣马而谏，即其地"。伯夷、叔齐的扣马之地，就是孟津渡口以东，两人的隐居地首阳山也在今河南巩义市附近。

有学者为了合理解释《荀子》记载的武王伐纣路线，别出心裁，认为武王十一年伐纣时周师的出发地，并非丰镐，而是在成师（洛邑）。从丰镐至朝歌，必须途经四五百里长的崤函险道，"而千辛万苦，艰险异常，到盟津后再回丰镐？两年内再来，这恐怕是不可能""太公、周公、武王都不是无能之辈，他们两次东征，不会徒劳往返，一次返后驻兵成师，二次遂自成师起兵。只有这样才能完满地解释荀子的话"。[1]

可见，周武王伐纣是从孟津向东越过洛阳盆地，行经偃师、巩义而至汜水渡河。

当年成汤也是在汜水北渡黄河，而后在西边的孟津又渡黄河，绕到夏都斟鄩的西面，出其不意，灭了夏朝，奠定了六百年殷商王朝的基业。

历史就这么神奇，绕了六百年，又回到起点。

周武王率伐纣联军昼夜兼程，沿着黄河南岸郑洛区的谷地，直奔东边的汜水，一路畅通无阻。

东征之路

过夏朝旧都斟鄩之后，周武王遇到了东征途中的第一个障碍，竟然不是殷商军队，而是两个大活人，他们是孤竹国君之子，即伯夷和叔齐。俩兄弟挡在周武王的马车前，死死拉住马脖子上的缰绳，不让武王前行。

孤竹姓墨胎氏，也是殷商先祖契的一支后裔。成汤灭夏之后，念及同宗之谊，将其赐封于冀东一带（今河北卢龙县）。史书上称，伯夷、

---

[1] 杨向奎：《宗周社会与礼乐文明》，人民出版社1992年版，第71—75页。

叔齐很有德行，父死之后谁都不愿意继位，所以逃走了。当然实际情况有可能跟太伯、虞仲一样，在争位中落败，不得不主动出走。

也许殷商与孤竹同宗的缘故，伯夷、叔齐不愿意看到纣王被灭，因此拦住周武王，斥责说："父亲死了都不埋葬，就大动干戈，这叫孝吗？做臣子的，却起了逆反之心，这叫忠吗？"

周人听了大为光火，要把伯夷、叔齐杀了。吕尚说道，他们是有情有义之人啊！于是周武王放了二人，继续东行。殷商灭亡之后，伯夷、叔齐心中沉痛，不想吃西周的粮食，于是躲到首阳山去，采薇而食，最后饿死。首阳山在历史上有多处，今河南巩义西北的首阳山，也称为东阳青山，曾经是夏王孔甲的狩猎胜地，应为伯夷、叔齐兄弟俩的最终归处。伯夷、叔齐"不食周粟"的事，贤也好愚也好，但是历史潮流浩浩汤汤，大势不可挡。

武王行至鲔水时，遇到了纣王的大臣胶鬲。鲔水是巩义的一条小河，应在首阳山不远处。

这回胶鬲不是来阻挡武王的。

胶鬲问武王："你要去哪里？实话实说，不要骗我！"武王答："没骗你啊，要去殷商，灭了纣王。"胶鬲又问："什么时候到？"武王答："甲子日到殷郊，你这么汇报纣王吧！"

武王与胶鬲的对话见于《吕氏春秋·贵因》，但是细细一想，其中颇为蹊跷。首先，胶鬲怎么知道武王会走此道，必经鲔水，所以在这里等候？再者，伐纣之战攸关殷商、周国的生死存亡，武王又怎会视战争如同儿戏，将决战的日期都让胶鬲通知商纣王？简直比春秋时期"蠢猪式仁义"的宋襄公更蠢百倍。

这只有一种可能，胶鬲已被周武王收买，充当周人的眼线，双方在鲔水商谈约定，甲子日举事，里应外合，共谋大业。《逸周书·武寤》中的"约期于牧，案用师旅"说的就是这件事。武王灭商之后，关于如何赏赐胶鬲的内应之功，周公旦与他在四内（今地不详）进行了多次讨价还价，最后达成协议，胶鬲"加富三等，就官一列"[1]。除了胶鬲，失势的纣王庶兄微子启也暗通周武王，以世代封爵长侯为条件，反殷助周。所以《国语·晋语》中说"妲己有宠，于是乎与胶鬲比而亡殷"，将妲己与胶鬲列为殷商灭亡的两大罪人。伐纣之战，美艳的妲己成了商纣王的"猪队友"，而貌似忠厚的殷商贵族胶鬲和微子启，则成了周武王的"第五纵队"。

由于跟胶鬲约定在甲子日夹击纣王，因此尽管暴雨连绵不绝，周人已经疲惫不堪，军中伤病员一大堆，但是武王严令不得休息，昼夜不停地前进。武王的借口是："已经让胶鬲将会战的日期通知纣王了，如果甲子日没赶到朝歌郊外，胶鬲就会因为失信而被纣王杀掉。我这么急行军，就是为了救胶鬲一命！"为了一个敌国大臣的性命，置全军安危于不顾，这恐怕是历史上最好笑的谎言之一。也真不知道胶鬲回去是怎么向他的主子汇报的。

伐纣联军昼夜星驰，行至氾水，每天的前半夜时，木星都在东面的天空冉冉升起。在古代星占学中，木星当头坐，称之为迎太岁，是兵家之大忌。但是武王全然不顾，因为时间是决定战争胜负的关键因素之一，要趁着朝歌还是一座不设防的空城，杀纣王一个措手不及。

大军停在黄河岸边的牛头山，冒着倾盆大雨，准备渡河时，突然一声惊天响雷，武王马车前头的几匹马被雷震毙。船只到了黄河中流，波涛激涌，又是嘎吱一声，武王的帅旗折断了。军中大恐，就连一向淡定的周公旦也害怕了，说这是老天不佑周！

正当众人惶惶之际，彪悍威猛的吕尚再次扮演了定海神针的角色。吕尚说："武王受天命而为，绝不会如此的！"吕尚在河中杀掉罪人，以祭河神，而后连击三鼓，身先士卒，渡过黄河。鼓声铮铮，催人奋进，伐纣联军跟随在吕尚的身后，迅速地上了北岸。

---

[1] 《吕氏春秋·诚廉》。

北进至邢丘（即古邢陼，今河南武陟县西南），由于连续数日大雨，黄河水位暴涨，到处一片泥泞，成了水乡泽国。武王的马车深陷泥潭之中，进退不得，帅旗又嘎吱嘎吱，折断成三段。这回武王也心旌动摇曳，让散宜生占了一卜，结果龟甲上的裂象很不吉利。散宜生大为泄气："连续出现了四次凶兆，看来纣王伐不得。"

武王问吕尚："现在还可以伐纣吗？"吕尚回答："不要担忧，马车陷深水，这是洗濯甲兵，旗杆断三折，这是兵分三路，如此必能斩纣王之首，吉兆啊！"于是武王下令在邢丘休整军队，并将邢丘改名为怀宁，寓意伐灭殷商，天下大宁。

大军自怀宁北上，行至获嘉。据说百姓早已恨透了商纣王，听到武王到来，纷纷箪食壶浆，以迎义师。武王与诸侯、百姓歃血共盟，誓灭商纣王。

自获嘉北上数十里，到了共头（今河南辉县境内的共首山），不料又遇天灾，发生了山崩。泥石流滚滚而下，武王弟霍叔处吓得浑身颤抖，说："走了三天，降临五次灾害，这行吗？"周公旦回答："殷商比干剖心，箕子被囚，蜚廉、恶来当政，纣王如此罪恶，怎么不行！"

东进的道路被山崩封死了，伐纣大军只好掉头向南。周公旦下令挑选精壮战马，继续前行。翌日清晨抵达戚（今河南辉县赵固村），大军在此炊饭用餐，夜晚宿于百泉（今河南辉县百门泉）。戚与百泉相距二十里，恰好是一天的行程。百泉北面是豫北山地，不远的地方就是一马平川的牧野，那里将成为历史的大拐弯处。

周武王眺望黑洞洞的东北面，隐约可见一片灯火，那是商纣王的大军！

这一天，是武王十二年二月二十日（公元前1046年1月18日），两天之后，王朝更迭的决定性战争将正式打响。

纣王的最后抉择

商纣王的家底

殷周决战，早在商纣王的预料之中。武王观兵孟津，向殷商示威之后，纣王一度准备先发制人，攻打周人。各种诡异的征兆也预示着殷商与周国之间，将爆发一场惨烈的战争。如乌龟身上长出了毛发，兔子头上长出了角，有一种被称为夷羊的怪兽在牧野现身，这些都是"兵甲将兴"的预兆。

但是，商纣王万万没料到周武王会来得这么快，而且快杀到了自己的家门口。从胶鬲口中获知周人大军杀气腾腾，直奔朝歌而来，殷商君臣惶惶然，朝歌城中处处弥漫着恐慌的氛围。因为商军主力都派驻在外，朝歌和安阳"大邑商"已经没有几个士卒了。

武王伐纣之时，商纣王手下到底掌握了多少人马？先来看看殷商军队的编制和来源。

殷商军队按兵种可分为步卒、弓箭手、车兵和骑兵。步卒数量庞大，弓箭手也不少，卜辞中有"百射""三百射"的记录，说明一支弓箭部队的最高人数可达三百人。车兵虽然存在，但是装备落后，殷商晚期的战车基本上就是商王日常出行、狩猎时乘坐的马车，没有打造专业的军用战车。战车制造技术还停留在六百年前的成汤时代，而且从出土的战车情况来看，稳定性和灵活性均不如周人。车战武器更是缺乏，只有三分之一的战车配备弓箭。骑兵数量少得可怜，与车兵一样，在交战中都无法对周人形成威胁。

殷商军队按驻地和职能，可分为禁军、戍卫军、族军和地方军。

禁军包括京畿、王宫卫队，以及商王侍卫军。侍卫军在卜辞中称为多臣、多隶，相当于周人的虎贲、虎臣，是殷商军队中的精锐。多臣、多隶通常由非自由民、羌人组成，还有一部分贵族子弟，他们的长官称为寝，地位在亚之下。京畿、王宫卫队在卜辞中称为多马卫、多射卫、多犬卫，他们除了拱卫京畿重地，还担负起治安警察的职责。

戍卫军，是指商王派往某地执行战斗任务的部队，有些要长期戍卫边关重地，有固定的服役期。

族军，属于王室贵族的家族部队，卜辞中也叫王族、子族、多子族。

地方军，就是方国诸侯所拥有的武装部队，如纣王征夷方时，攸侯喜麾下的地方军就参与了战斗。

殷商军队的编制主要是师、旅、大行、行，通常分为左、中、右三个编队，在作战时相互配合、支持。行是最基层的战斗团队，每个团队约一百人。左行、中行、右行，组成一个约三百人的大行。左大行、中大行、右大行组成一个旅，千人为旅。三旅为一师，三千人。殷商征方国时通常出动三千人，也就是一个师。

但在武丁时期，军队编制并没有额定的人数，有时候三千人为一旅，三旅即左、中、右旅为一师，包括九千名步卒以及车兵等部队，共一万人。卜辞中记录，武丁的"巾帼英雄"妇好有一次三千登旅万，说的就是这种情况。

商王作为军队的最高统帅，独掌征兵、统兵、调兵大权。征调的兵员主要来自"众""众人"，也就是农耕劳作者。"众"属于自由民，社会地位略高于非自由民"臣""隶"。这说明殷商实行兵农合一、寓兵于农的兵役制度，闲时务农，战时为兵。商王征调兵员时，称"共人"或"登人"。

在殷商王朝的最后时刻，商军分散各地。《帝王世纪》中记载："武王乃率诸侯来伐纣，纣有亿兆夷人，起师自容间至浦水，与同恶诸侯五十国，凡七十万人，距（拒）周于商郊之牧野。"容间，是指江淮地区。浦水，在今山西境内。另外沭河以东，今山东莒县附近的上虞，驻扎一支重兵，用以镇压东夷族的反抗。在最后的关头，纣王的"铁杆粉丝"有五十个方国诸侯，他们接到纣王的"勤王诏令"，也会派兵驰援朝歌。

在大决战之前，纣王拥有的兵力即使没有七十万那么多，至少也有一二十万。但是太过于分散，武王已经兵临朝歌近郊，火烧纣王眉睫，商军主力却还驻在千里之外的容间、浦水、上虞，远水解不了近渴。朝歌和安阳"大邑商"危若累卵，殷商王朝命悬一线。纣王只好下达紧急"登人"的命令，从自由民甚至奴隶中强行征兵。

可是纣王能征到多少兵呢？这取决于安阳殷都的居民总数。根据考古研究成果，盘庚初迁殷都时人口有万余，武丁前后人口暴增，有七万至十万人。文丁时期增至十四万人，到了帝乙、帝辛之际，大概在二十三万人上下。[1]

殷商时兵源主要是自由民，纣王时期安阳殷都的二十三万居民中，王室贵族及中小贵族约占人口总数的7%～10%，自由民约占82%～87%，非自由民包括奴隶和羌人约占3%。安阳殷都居民性别比严重失衡，男女比例为2∶1，男性居民超过十五万人。社会人口自然构成以男性中青壮年和青年女性为主。以此估算，纣王强行征募的士卒在十万左右，加上王宫卫队、纣王的侍卫军、隶属于贵族的族军以及最后驰援抵达的地方部队，总数十二三万，是伐商联军的三倍多。而十二三万这个数字，也远远低于史书中记载的七十万，或者后人臆测的十七万。

陈兵牧野

当周武王夜宿于百泉之时，商纣王的抵抗力量已经在牧野集结完

---

[1] 宋镇豪：《夏商人口初探》，《历史研究》1991年第4期。

毕。牧野，就是朝歌南郊的总称。古称国都之外为郊，郊之外为牧，牧之外为野。朝歌以南的数十里区域内，土地平坦，水草丰美，牛羊成群，所以也可称为牧畜之野。

商纣王选择牧野为战场，也是无奈之举。因为朝歌缺乏坚固的城防体系，安阳殷都也没有城垣，小屯殷墟宫殿区周围只有一条武丁时期开挖的人工壕沟，东西约650米，南北1100米，深5米，宽10～20米之间。武丁之后，由于建立了一整套完备的王宫、京畿守卫制度，因而忽视了城垣的建筑。所以城市防御战一旦打起来，就是惨烈的巷战或者王宫保卫战。

假如商纣王能够设法与武王周旋到底，化空间为时间，等待各路援兵来临，胜负犹未可知。但是商纣王太自负了，他对战胜周武王信心十足，认为自己拥有三大优势：（一）兵力占优势；（二）周人远来疲惫，商军以逸待劳；（三）纣王多次远征夷方，野战经验丰富。

所以纣王毫不犹豫地在开阔平坦的牧野上，摆开阵势，布好战线，准备与周武王一决生死。《尚书·武成》中说："甲子昧爽，受（纣王）率其旅若林，会于牧野。"商军成梯次排列，第一梯队是强行征召而来的自由民，第二梯队是王室子弟、恶来和费仲等大小贵族的族军，第三梯队是王宫卫队和纣王的侍卫军。

一切准备就绪，就等着周武王来战！

二月二十一日癸亥清晨，伐商大军自百泉朝着东北继续开拔，行走了一天，一二十千米，在夜晚抵达牧野。周武王下令停止前进，摆开队形，就地过夜休息，以消除一天劳顿的疲倦，养精蓄锐，迎接明早的恶战。

伐商大军队形还没有拉开，突然间又下起暴雨来。雷电轰鸣，天空晦暗，牧野上漆黑一片。大军统帅吕尚激动地大叫起来："太好了！雷电，是天帝在响应我军的脉动！"

初春寒风料峭，然而伐商大军必胜的信念，让他们炽热的激情如同愈燃愈旺的烈火。在暴雨之中，士兵们齐声高唱，伴随着有节奏的战鼓

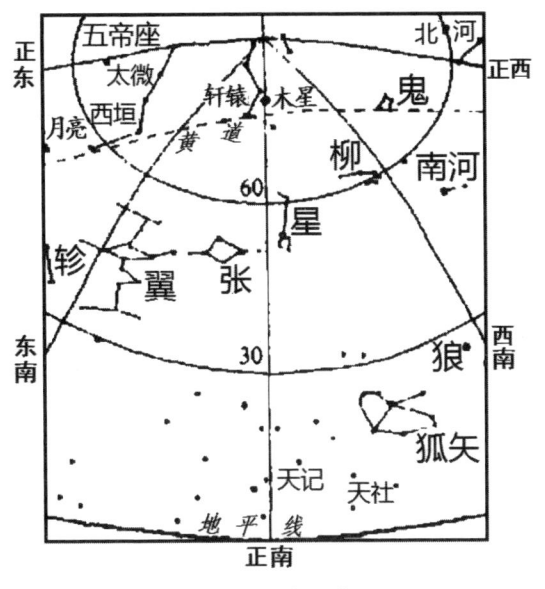

牧野之战天象示意图

声，欢快地舞蹈起来，丝毫不见疲倦之色。

暴雨下了一整夜，翌日凌晨时分终于渐渐停息了。

这一天是周武王十一年（帝辛三十祀）二月二十二日甲子，公元前1046年1月20日。《尚书·牧誓》说："时甲子昧爽。"昧就是平旦、寅时，凌晨三时许。暴雨过后的牧野上，到处弥漫着清新的气味。这种清新之感，令所有的人都终生难忘。他们用一个"爽"字来形容。爽，就是精神上轻松，身体上愉快。这就是牧野大战前周人对生死的一种切身体验。

战争，有生还，也有死亡。周武王的伐商大军都称得上是无畏的勇士，他们将成为最伟大的胜利者，留名于青史。

被暴雨洗涤过的夜空异常明澈。这时候人们抬起头，发现了夜空中奇异的天象——木星正当中天，尤其显眼。七天之后，武王身边的史官——右史利，将当时亲眼所见的天象铭刻在一尊青铜器上。这就是利簋铭文中的"岁鼎"二字。

除了木星现于中天，在牧野之战前后的真实天象还有月亮落在房宿，太阳在箕、尾二宿之间，日月会合于斗宿，火星在女、虚、危三个星宿之间，太阳与水星同时落在北方七宿[1]，也被史官忠实地记录下来。至于东汉桓谭《新论》称，"甲子，日月如连璧，五星若连珠"，是后人不实的附会。

在那个深信天命和鬼神的遥远年代，这些天象被周人视为上天的启示，成为证明"武王革命"合法性最有力的证据，让神圣的"天命"概念，能够在笔端下描绘出来，真真切切地展现于世人面前，不再那么虚无缥缈。

战争中士兵的情绪和心理，是决定胜负的关键因素。周人从天象中看到了胜利的曙光，看到了未来。这促使他们面对数倍于己的敌人，依然面不改色、无所畏惧、勇往直前地杀敌。

时值夜将明而未明，商军严阵以待，飘扬的旌旗在朦胧夜色中依稀可见。周武王下令点燃油脂火把，火光照亮脚下的道路。[2]

东汉的学者王充说，周人点燃火把，是"权掩不备"。凌晨时分，纣王大军有的还在帐篷里睡大觉，有的已经被雨水浸泡了一个晚上，军心涣散，阵脚不稳，周人趁势发起猛烈的攻势。这是周武王为灭纣搞的两个阴谋诡计之一。另一个诡计是吕尚"奸谋惑民"，也就是喂朱砂给小孩子吃，让小孩子浑身赤红，待小孩子长大后，教他说："殷商要灭亡了。"殷商民众看到小孩子全身上下红彤彤的，以为他是天神，倍加膜拜。所以听到"天神"说殷商要亡国了，就真的认定纣王快完蛋了。

王充治学态度严谨求实，吕尚喂小孩丹砂的事看似荒唐，也并非空

---

[1] 《国语·周语下》："月在天驷，日在析木之津，辰在斗柄，星在天鼋，星与日辰之位皆在北维。"

[2] 《论衡·恢国》："武王伐殷，兵至牧野，晨举脂烛。"晨，大概在三时多一点，天仍黑暗。

穴来风。但周人擅长运用心理战术,来瓦解敌国的民心与士气,却是不争的事实。周人也善于鼓动民心,激励士气。上万个油脂火把映红了牧野的夜空,周武王身披轻甲,左手拿着黄金斧钺,右手举着白旄旌旗,面对满怀期待的数万将士,发表慷慨激昂的阵前演说,这就是著名的《牧誓》。

改变华夏文明的关键一战就此拉开了序幕!

鹰扬牧野，血流漂杵

历数商纣王的罪行

周武王《牧誓》中的第一句话就是："远矣西土之人！"——我们来自遥远的西方大地！

接着，周武王厉声训话，整肃现场气氛，号召将士举起手中的武器起誓，"称尔戈，比尔干，立尔矛，予其誓"，并宣告商纣王的三宗大罪，以鼓舞军心。

第一宗罪，商纣王唯妇人是用，宠幸妲己，荒淫乱政。

殷商时期，妇女地位之高，在古代社会是罕见的。这是因为殷商时期虽已是父系制社会，但它从母系社会过渡而来为时不长，在许多方面保留了母系社会的特点。

殷商王妇直接干预政事，掌控国家的部分权力，主持祭祀典礼，甚至披甲戴胄，挂帅出征，涌现出像妇好那样杰出的女性军事家。她们还拥有自己的专属领地，指导农业耕作，在社会生活中真正起到了半边天的巨大作用。这就是周武王在《牧誓》中指责的"牝鸡无晨"，以及"今商王受，惟妇言是用"。但这并非属于周武王个人行为问题，而是殷、周两种文化观念冲突的典型体现。周族崛起于西方，以男权至上的观念来审视殷商妇人干政的政治状况，深为大惑不解。可见，殷周之间的王朝战争，观念上的冲突也是起因之一。西周建立之后，由于礼仪制度的严酷制约，将女性完全排除在政治舞台之外，与殷商相比，妇女的地位是十分低下的。

第二宗罪，商纣王废弃享祭宗庙，不信鬼神。

殷商自武乙之后，随着国家机器的强化，王权的巩固，以贞人、巫觋为代表的神权势力受到重击。殷商晚期的帝乙、帝辛，甚至用上了至尊神灵"天帝"的称号。这就宣告，商王就是帝，是天地之间最权威的人。纣王更是崇尚人本主义，淡化祖先鬼神崇拜。在尊祖崇宗的周人眼中，这简直就是罪大恶极，无法忍受。宗教祭祀和信仰上的冲突，也成了殷周战争的一条导火线。周武王灭商之后，敬天、尚德、尊祖、崇礼，由此发展了华夏文明。

第三宗罪，商纣王昏庸乱政，让小人得志，贤臣被遗弃。

殷商从立国之君成汤开始，就自称"余一人"，不断地强化王权。到了纣王时期，王权逐渐凌驾于家族权、宗教权之上。这与周人重视家庭伦理观念的传统格格不入，成为纣王的一宗不可赦的大罪。所以，周武王说纣王"遗其王父母弟不用"，狠批纣王无视宗族观念，摒弃同宗兄弟。

历数了商纣王的条条罪行，周武王申明军纪："尔所不勉，其于尔身有戮。"——你们不奋勇杀敌，临阵脱逃的，一律斩首！

最后，周武王端正衣冠，敬告于天，说：商纣王无道，荼毒百姓，欺凌诸侯，骄奢淫逸，毁国灭种。今日我替天行道，伐灭殷商！

随着武王右手一挥，白旄旌旗迎风飘扬。战鼓惊天动地，战马嘶鸣，战车滚滚，碾过泥泞、潮湿的大地。周人高声呐喊，向商军发起猛烈的进攻。伐纣大军锐不可当，走如疾风，声如震霆。

激战牧野

牧野之战，大约在凌晨四时打响，交战地在朝歌城以南二十里。

伐纣大军摆出雁阵形，吕尚带领最勇猛的百夫长，组成一支突击队，身先士卒，冲向商军。周武王和他的虎贲之师，紧随其后。再之后就是三万名步卒、各部联军、"友邦冢君"的部队。

吕尚矫健的雄姿如鹰击长空，疾驰于牧野之上。四万名士卒在他的激励下，无不舍生忘死，勇往直前。

周人贵族在《诗经·大雅·大明》中，如此描绘了当时振奋人心的战场情景：

> 殷商大军，旌旗如林。英主武王，誓师牧野：
> "唯周最强，兴旺发达。上帝俯视，勿生二心。"
> 牧野无垠，檀木战车，光彩鲜艳，骏马宏盛。
> 你看吕尚，披坚执锐，长空鹰扬，辅佐武王，
> 翦灭殷商，讨伐纣王，战至黎明，天下太平。[1]

吕尚无疑是牧野沙场上最亮丽的主角。他的百夫长突击队如同一把利刃，迅速插入商军阵中。摆在商军第一梯队的是强征而来的自由民。被迫离开妻儿，去拥抱死神，他们满腹牢骚，战心全无，遇到吕尚的百夫长突击队，一触即溃。

《荀子·儒效》里说："鼓之而纣卒易乡。"周人的战鼓一响，纣王大军就崩溃，纷纷掉转矛头，对准驱赶他们上战场的商纣王。参战的巴人部队，英勇无比，他们前歌后舞，以一种极为奇特的形式向前冲杀。商军的第一梯队抵挡不住巴人的进攻，都倒戈向后逃窜。

第一梯队的"雪崩"，导致商军全线瓦解。溃兵不但冲散了恶来、费仲和宗室贵族的第二梯队，而且也波及第三梯队的王宫卫队和纣王侍卫军。

胶鬲的贵族部队就在这当头举行战场起义，引领蜂拥而至的周人大

---

[1] 《大明》原文（部分文字）：殷商之旅，其会如林。矢于牧野，维予侯兴。上帝临女，无贰尔心。牧野洋洋，檀车煌煌，驷騵彭彭。维师尚父，时维鹰扬。凉彼武王，肆伐大商，会朝清明。

军，杀往朝歌城。所以荀子说，杀死纣王的，不是周人，而是殷人。[1]

周武王亲率虎贲之师，全力围剿溃散的商军第二梯队。恶来的秦族部队成了周武王重点进攻的对象。恶来颇为勇猛，顽强抵抗，但终究不敌周人大军，与费仲一道，沦为周武王的阶下囚。

周武王对战俘的处罚手段非常残忍。周人用手掰开恶来的嘴巴，武王亲自把箭射进恶来的咽喉里去。恶来精忠报国，悲壮地死去，为殷商王朝流尽最后一滴血。他的父亲蜚廉由于在战前奉命到北方去，所以在牧野之战中侥幸脱身。

可见牧野大战之惨烈，绝非东汉桓谭《新论》上轻描淡写的"兵不血刃而定天下"。《尚书·武成》中记载，牧野之战，商军"前徒倒戈，攻于后以北，血流漂杵"。杵，指长杆武器，杆是木质的。"血流漂杵"是说杀人极多，血流成河，兵器都漂浮起来了。虽然当时的战场情形没这么夸张，但是战前一夜曾经下过大暴雨，牧野上低洼之处都灌满了雨水，被战殁者的鲜血染红了。兵器漂浮在充满血腥味的积水上，或许这才是"血流漂杵"的真正含义。

解决了商军第二梯队之后，周武王的战车疾驰而过，迅速冲向朝歌城。消灭第三梯队，以及剪除武王革命的终极目标——商纣王，成了牧野大战的压轴戏。

商纣王的结局

周人在倒戈商众的引领下如潮而至，商纣王被迫退守朝歌城中。他生命最后一刻的动向，史书上的记载很混乱。较为流行的说法是，纣王身披珠玉，自焚于鹿台。《史记·周本纪》正义引《周书》云："甲子夕，纣取天智玉琰五，环身以自焚。"司马迁也是这个说法。

也有说，周武王带一队虎贲士卒，在南单之台（即鹿台）生擒商纣

---

[1] 《荀子·儒效》："盖杀者非周人，因殷人也。"

王，将其囚禁于宣室［或鄗（hào）宫，纣王的宫殿］，最后亲手杀死了他。临死前，纣王深恨自己没有在羑里杀了周文王，以致招来大祸。

更有史书提到，纣王和他的"多臣""多隶"顽强抵抗到最后，全部战死。他们的尸体被遗弃在朝歌城门外，殷商百姓对纣王恨之入骨，纷纷跑上去，用脚狠狠地踢，狠狠地踩，"蹈其腹，蹶其肾，践其肺，履其肝"[1]，尽情泄愤。

真相究竟如何？

出土的镇国宝器利簋上的铭文揭开了谜底，"岁鼎克闻，夙有商"。克闻，就是克商报闻于周武王。夙是指日出，当天安阳、朝歌上午七时三十分左右日出。牧野之战前后打了足足四个小时，天亮之后就灭了殷商王朝。所以说傍晚时分（甲子夕）纣王自焚于鹿台，是不实的。

凭着商纣王的孤傲自负、刚愎顽强和嗜战成性，他绝对不肯苟且偷生，也不肯窝囊地死去。夷方远在千里之外，纣王尚能御驾亲征。牧野之战近在眼前，攸关自己的身家性命和殷商王朝的存亡，纣王更没有理由不亲自带兵迎战周武王。《古本竹书纪年》中载："武王亲禽帝受于南单之台，遂分天之明。"就是说天明之时，武王在鹿台生擒了负隅顽抗的商纣王，这与《诗经·大雅·大明》中的"凉彼武王，肆伐大商，会朝清明"相吻合，也能够跟青铜器利簋铭文"夙有商"互相印证。

商纣王三十载君王生涯的最终结局，应该是死在堆积着珠宝金玉的鹿台上。安阳殷墟M1567空荡荡的墓室，再也没有等到它的主人。

纣王孔武有力，他的侍卫队"多臣""多隶"来自非自由民和羌人，都是无惧死神的亡命之徒。周武王的虎贲之士也是大军中的精锐，以硬碰硬，鹿台之役必定是一场殊死搏斗。虽然俘获了商纣王，消灭殷商最后的抵抗力量，但是周武王的虎贲也为此付出了惨重的代价。

作为一个完全胜利的征服者，这片大地的新主子，一向理智、沉稳

---

[1] 贾谊：《新书·连语》。

的周武王也变得肆无忌惮起来。周武王杀红了眼，再也没有理性可言。他愤怒地举起黄金斧钺，砍下纣王的头颅，双手顿时沾满了鲜血。[1]

周武王把纣王的头颅挂在太白旌旗上，又冲进纣王的后宫，艳妃妲己和另一个王妇早已自缢而死。也有史书说，是武王亲手绞死妲己二女的。但是周武王的恨意犹未尽，朝着妲己的尸体连射三箭，拿起轻吕利剑又刺了几下，把两具尸体戳成马蜂窝，最后用玄钺砍下妲己的脑袋。

玄钺就是铁斧，未经磨砺，不是那么锐利。用一把钝斧来砍断一个死去女人的脖子，那种疯狂与残忍，真不知道要如何来形容。

周武王之所以连商纣王、妲己的尸首都不放过，应当与史书中记载的"武王羁于王门"有关。"武王羁于王门"可能是周文王被囚禁于羑里之时，身为太子的姬发也被纣王捆绑在朝歌宫门外，加以羞辱。

此恨绵绵，令周武王铭心刻骨，而骤胜之后的肆无忌惮，让一向理智、沉稳的圣君突然失性。

对早已身亡的妇女尚且如此残忍，对那些俘虏就更不必说了。《逸周书·世俘》记载，周武王在牧野举行祭祀，一次就杀掉上百名殷商战俘。

除了屠杀，周武王也变得贪婪起来。战败之前，纣王要焚毁堆积在鹿台上的玉器珠宝，与之同归于尽，但是浓烟把他熏晕了，所以成了俘虏。牧野之战后五天，周武王派了一千人到鹿台去，搜寻尚未被烧尽的珠玉。

象征国祚的九鼎也落入周武王之手，武王命南宫适、作册逸将九鼎运到三巫去，标志着武王革命和改朝换代的最终完成。三巫地名不详，可能是于夹（郏，在洛邑附近）的误写。

商纣王数十载搜刮而来的民膏民脂，都被周武王占为己有。其数量异常可观，《逸周书·世俘》记载："凡武王俘商，得旧宝玉万四千，佩玉亿有八万。"亿，就是十万，武王所获的玉器将近二十万。"班赐宗彝，作分殷之器物"，之后，周武王又跟贵族们对这些战利品进行分赃。这

---

[1] 《尸子》辑本："手污于血，不湿而食"。

一点也不奇怪,战争的本质就是掠夺财富。

此时的周武王已全然不是史书中所记载的圣君形象。胜利之后的彷徨与失落,有时也会让人性的丑陋暴露无遗。

斩杀了纣王和妲己,牧野之战也落下帷幕。周武王带着纣王和妲己的头颅,还有数不清的战利品,退出城外,返回军中。而后举行隆重的进城仪式,向全天下宣示,周人的时代来临了。

退隐闾里的殷商旧臣商容混在百姓队伍中,他们一同见证了改朝换代的历史性时刻。看到毕公高来了,殷商百姓都说:"这是我们的新主子!"商容摇摇头:"不是。此君为人严肃,一副急燎燎的样子,令人望而生畏。"吕尚走在周人大军的前头,雄赳赳气昂昂。殷商百姓又说:"这是我们的新主子吧!"商容还是摇摇头:"不是。此君虎踞龙盘,遇到敌军,威武百倍,见到目标,就拼命地往前冲,无视后顾之忧。此君统兵作战,能够当机立断,进退自如。"最后,周武王来了。殷商百姓又说:"这回是我们的新主子吧!"商容回答:"正是。圣人替天下苍生讨伐罪逆,见到恶行不露怒色,见到善行不露喜色,从容淡定,是真的王者!"

这就是殷商遗臣对新王朝执政团队的总体评价。

微子启让人捧着殷商宗庙里的祭祀器物,自己袒露上身,双手反绑,又让人左边牵着一只羊,右边拿着一把茅草,跪着前行,代表殷商王室贵族,向周武王乞降。

微子启的卑贱与屈辱,换来了终身的富贵,子孙世代也封爵长侯。

周武王进城之后,立即下令释放被纣王囚禁的箕子,命闳夭在比干所葬之处堆土为坟,又在商容隐居的里巷前竖立木牌,以表彰他们二人的美德。

为了安抚殷商遗民,周武王册命商纣王之子禄父为殷侯,让成汤的香火得以延续下去。

历史在公元前1046年1月20日出现了个大翻转。周人从殷商王朝西陲的小部落,经过四代人的不懈努力,终于翻身做主人,取代殷商成为天下共主,并建立了一个长达八百年的青铜王朝。而殷商一个泱泱大邦,主死国灭,举族沦为周王朝的附庸。

然而,殷商的故事并没有就此完结。

武王伐纣日程简表

阳历	阴历	干支	事件	来源
帝辛二十九祀・周武王十一年・公元前1047年					
12月20日	正月二十一日	癸巳	武王乃朝步自周,于征伐纣①	《尚书・武成》
12月30日	二月初一日	癸卯	朔日②	《夏商周时期的天象和月相》
帝辛三十祀・周武王十二年・公元前1046年					
1月2日	二月初四日	丙午	逮师	《三统历》
1月18日	二月二十日	壬戌	朝食于戚,暮宿于百泉	《荀子・儒效》
1月19日	二月二十一日	癸亥	夜阵牧野	《史记・殷本纪》
1月20日	二月二十二日	甲子	牧野克商	《史记・殷本纪》
1月21日	二月二十三日	乙丑	天雨,王命除道修社,入商宫,朝成汤之庙	《帝王世纪》
1月23日	二月二十五日	丁卯	太公望命御方来,至,告以馘俘	《逸周书・世俘》
1月24日	二月二十六日	戊辰	追祀文王。吕他命伐越、戏、方	《逸周书・世俘》
1月25日	二月二十七日	己巳	武王乃俾于千人,亲爱之四千庶玉,则销天智玉五,在火中不销	《逸周书・世俘》
1月27日	二月二十九日	辛未	王在阑师,赐右史利金,用作檀公宝尊彝。	利簋铭文
1月28日	三月初一日	壬申	荒新至,告以馘俘。侯来命伐,靡集于陈	《逸周书・世俘》
1月31日	三月初四日	乙亥	王祀于天室	天亡簋铭文
2月2日	三月初六日	丁丑	王飨	天亡簋铭文

（续表）

阳历	阴历	干支	事件	来源
2月6日	三月初十日	辛巳	侯来告以馘俘。	《逸周书·世俘》
2月9日	三月十三日	甲申	百𠻳（jiè）以虎贲誓命伐卫，告以亳俘	《逸周书·世俘》
2月25日	三月二十九日	庚子	陈本命伐磨，百韦命伐宣方，新荒命伐蜀	《逸周书·世俘》
2月27日	四月初一日	壬寅	朔日	《夏商周时期的天象和月相》
3月2日	四月初四日	乙巳	陈本命新荒蜀磨至，告以馘俘。百韦至，告以馘俘。百韦命伐厉，告以馘俘	《逸周书·世俘》
3月4日	四月初六日	丁未	祀于周庙，追王太王、王季、文王	《资治通鉴前编》
3月7日	四月初九日	庚戌	武王朝，至燎于周。王秉黄钺，正国伯	《逸周书·世俘》
3月8日	四月初十日	辛亥	祀于位，用籥于天位。荐俘殷王鼎	《逸周书·世俘》
3月9日	四月十一日	壬子	王服衮衣，矢琰，格庙，籥人造。王秉黄钺，正邦君	《逸周书·世俘》
3月10日	四月十二日	癸丑	荐殷俘王士百人	《逸周书·世俘》
3月11日	四月十三日	甲寅	谒戎殷于牧野	《逸周书·世俘》
3月12日	四月十四日	乙卯	武王以庶祀馘于国周庙籥人奏《崇禹》《生开》三终	《逸周书·世俘》

注：

①殷历建丑（今农历十二月），周历建子（今农历十一月）。"武王乃朝步自周于征伐纣"，殷历为纣王二十九祀十二月癸巳，周历为武王十一年正月癸巳。牧野之战发生在殷历纣王三十祀正月甲子，周历武王十一年二月甲子。

②根据李广宇、何玉囡、张健、张培瑜：《夏商周时期的天象和月相》（"夏商周断代工程丛书"），世界图书出版公司2007年版。

殷商余绪：武庚之乱

周武王的两道防火墙

牧野大战，周武王以诈谋奇计取胜，仅仅四个小时就推翻了一个长达六百年的青铜王朝。胜利来得太突然，以至于周人都觉得恍惚。

周人贵族伐功矜能，甚至吹嘘说："取殷易，兵不血刃。"[1]周武王却很理智，他知道自己摧毁的只是殷商王朝的头脑，但其筋骨和肌肉受损不大。沉积了六百年的文化底蕴，周人不可能在朝夕之间将其彻底征服。武王伐纣之后，获得的是一大笔极为富饶的王朝遗产。如何管理好这笔遗产，成为周武王的当务之急。

周武王克殷的第二天，清理道路，修缮殷商社稷神坛和纣王的宫殿，并举行祭天与祭祖典礼，命史臣作册逸将商纣王的罪恶祝告皇天上帝。根据作册逸的祭辞，商纣王有三宗罪："珍废先王明德，侮蔑神祇不祀，昏暴商邑百姓。"[2]也就是不遵祖训、不信鬼神、不爱百姓。此后，尊宗敬祖、崇信神鬼、仁政爱民成为周文化的核心内容。

商纣王天命尽失，理应由周武王来接手，因而在隆重的祭礼上，武王大言不惭地宣称："膺更大命，革殷，受天明命。"[3]祭天与祭祖的目的，就是要宣示武王伐纣是顺天命、应天时，以彰显取代殷商的合理性和合法性。

---

[1] 〔东汉〕王充：《论衡·语增》。

[2] 《史记·周本纪》。

[3] 《逸周书·克殷》。

对新征服的殷商王畿地区和民众，周武王实行了安抚和怀柔的宽松政策，让纣王之子禄父领属殷商遗民，"发钜桥之粟，散鹿台之钱"，将缴获而来的商纣王部分财富释放出来，给殷商旧贵族和民众一定的实惠，另外还祭成汤之庙、表商容之闾、封比干之墓、解箕子之囚，以笼络人心。

周武王忌惮殷商大族的势力，为了避免战火继续蔓延，以最小的代价获取最大的胜利，立武庚禄父为殷侯，优待殷商遗民。毕竟还有数百个臣服于殷商的方国、部落，等待着周武王去征服。

为了防止殷商遗民作乱或复辟，在安抚怀柔的同时，周武王还设置了两道防火墙，对禄父和殷商旧贵族进行严密的监视。

禄父，在出土的太保簋铭文中被称为禄子耿，清华简《系年》中又作禄子圣，谥号武庚，所以史称武庚禄父。武庚禄父的封地在商邑，也就是大邑商或安阳殷都。商邑的殷商遗民有三类人，以禄子圣、微子启、箕子为首的殷商王室及他们的侍从、奴仆、卫队等，殷商旧贵族及官僚人员，普通商族民众。武庚禄父为殷商宗族的族长，享有宗庙祭祀大权。

在武庚禄父的身边，周武王安插了"三监"——三个武官，对他进行零距离监督，这是防止殷商遗民闹事的第一道防火墙。三监是哪三个人？史传文献说，周武王将殷商王畿地区

太保簋铭文

分为三部分：邶（bèi）、鄘（yōng）、卫。邶是武庚禄父的封地，鄘是管叔鲜的封地，卫是蔡叔度的封地，三监就是指武庚禄父、管叔鲜、蔡叔度三人。但是邶、鄘、卫在哪里？世人纷纷扰扰，争吵了千余年。结果清华简一出土，真相大白，世人全错了，邶、鄘、卫是后来卫国的地名，武庚禄父、管叔鲜、蔡叔度都不是三监。三监另有其人，只是名字失传。

第二道防火墙，周武王分封功臣子弟时，让两个自家兄弟驻守在安阳殷都不远处的战略要地，一旦殷商遗民作乱，可迅速出兵扑灭。一个是周武王的三弟管叔鲜，封地在管或阚（今郑州，或说今河南淇县一带）；另一个是周武王的五弟蔡叔度，封地在管西北的祭城（今荥阳西北）。周武王命其弟管叔鲜、蔡叔度为禄父的辅相，以辅佐之名行监视之实。

安顿好武庚禄父之后，周武王继续挥师，讨伐殷商王畿之外的方国。这些军事行动包括吕尚剿灭勤王救驾的殷商旧臣方来，吕他攻伐今河南巩义东南的越、戏、方，侯来讨伐陈，百喈率虎贲锐卒攻伐卫，陈本伐磨，新荒伐蜀，百韦伐宣、厉。

新荒攻打的蜀，也不是成都平原的三星堆古国，仍应是今汉中城固、洋县一带的蜀人。蜀人本是追随武王伐纣的各部联军之一，纣死之后，殷商贵族霍侯逃亡蜀国。新荒伐蜀，可能就是为了追打霍侯。

百韦所伐的厉，在今河南、安徽交界处的鹿邑一带。鹿邑太清宫曾发现一座西周初期的"长子口"墓，但出土的大量青铜礼器，具有浓郁的殷商晚期风格。长子，也见于殷墟卜辞，当为臣服殷商的方国厉。

百韦伐厉告捷，是在周武王十二年四月初四，牧野之战后的第四十一天。这是周武王踏上归程之前的最后一次军事行动。据《逸周书·世俘》记载，周武王伐商，灭国九十九个，斩首亿有七万七千七百七十有九人，俘虏三亿万有二百三十人,六百五十二个邦国臣服。十万为亿[1],周武王共灭、服751国,杀、俘48.7万人,这与甲骨卜辞与青铜器铭文中记载的方国、部落约790个相近。

厉国降服之后,周武王回到镐京,再也没有去过东方。

武庚之乱

克商后的第四年(公元前1043年)的十二月,周武王驾崩,享年54岁。太子姬诵继位,他就是周成王。史书上称,周成王当时年仅十三岁,由谙熟权谋的周公旦辅政。主弱臣强,使得这个诞生仅仅三四年的青铜王朝面临着严重的危机。

危机开始于周公旦摄政当国,专制擅权,甚至有史书说周公旦自立为王,乾纲独断,把周成王架空。远离镐京千里之外的商邑城中,正酝酿着一个惊天逆谋,终于形成了一场大风暴——"武庚之乱"。

武庚之乱又称三监之乱,或管蔡之乱。根据司马迁的记载,管叔鲜、蔡叔度是这场大暴乱的主谋,他们怀疑周公旦有异心,所以挑唆武庚一道起兵造反。然而,南宋的理学家朱熹却不认可这种说法:"商之遗民及与纣同事之臣,一旦见故主遭人杀戮,宗社为墟,宁不动心!兹固畔心之所由生也。"[2]朱熹将武庚之乱归咎于殷商遗民看到故国家园变成一片废墟,不甘心沦为周王朝的"二等公民",叛逆之心早已产生。一些殷商顽民,主要是"世受皇恩"的殷商旧贵族,武王伐纣让他们丧失了大量的财富和既得利益,因而感怀旧主子纣王的恩德,成为武庚之乱的始作俑者。

朱熹用了几句看似荒唐,却又十分贴切的话来诠释武庚之乱的缘由:

---

[1] 古时十进制以十万为亿。《尚书孔氏传》有云:"十万曰亿,十亿曰兆,言多。"又《梦溪笔谈·技艺》云:"古法,十万为亿,十亿为兆,万兆为秭。"

[2] 《朱子语类》卷七十九。

> 这是周公之过，无可疑者。然当初周公使管蔡者，想见那时好在，必不疑他。后来有这样事，管、蔡必是被武庚与商之顽民，每日将酒去灌唂它，乘醉以语言离间之曰："你是兄，却出来在此；周公是弟，反执大权以临天下！"管、蔡呆，想被这几个唆动了，所以流言说："公将不利于孺子！"这都是武庚与商之顽民教他，使得管、蔡如此。[1]

按照朱熹的看法，武庚利用了周王朝统治阶层的内讧与不和，挑唆管、蔡竖起叛旗。所以，武庚之乱实质上是殷商遗民的一次复国运动。周公旦大权在握后，居于高位，疏忽了王室贵族之间的沟通，欠缺世人一个摄政当国的合理解释。结果管、蔡等兄弟对周公旦起疑心，形成了大气候下的小气候。

武庚之乱另一个深层次原因是武王伐纣的胜利来得太迅速，从而轻忽了对殷商王朝的全面军事征服与社会改造。纣王虽死去，但构成殷商王朝的社会主体还在，必须再来一次革命。

在这场风暴中，秦族首领蜚廉起了推波助澜的作用。蜚廉因奉命出使北方，成了牧野大战的漏网之鱼。蜚廉有两个儿子，长子恶来，居朝歌，随伺商纣王，被周人野蛮地杀死，次子季胜。纣王死后，蜚廉逃窜至东方的商奄氏（今山东曲阜境内），煽动东夷部落起兵反周。

正如朱熹所说的那样："武庚是纣子，岂有父为人所杀，而其子安然视之不报仇者？"[2]

商纣王的头颅滴淋着鲜血，在周武王的太白旗杆上晃来晃去，这撕心裂肺的一幕永远令武庚难以忘怀。

武庚深抱亡国之恨、杀父之仇，内受殷商顽民的拥戴，外有蜚廉与

---

[1] 《朱子语类》卷八十一。
[2] 《朱子语类》卷八十一。

东夷部落的支持,既有反叛之心也有反叛之胆,更有反叛之力。于是武庚杀死周武王设置的三监,宣布叛乱,并挑唆管、蔡、霍三兄弟出兵反周。

就这样,在大、小气候的合力作用下,一场席卷中原地区、声势浩大的叛乱终于发生。叛乱主力有三支,分别是:武庚的殷商顽民,东夷八个部落(也有说熊、嬴族等东夷十七国),管、蔡、霍的地方部队。叛火从山西临汾盆地的霍山,燃烧到太行山脉东麓的豫北山地、黄河南岸的豫中平原,再到山东海岱地区、江淮一带,战线长达一千四百多里,战祸殃及黄河中下游的所有地区。

周武王打下的半壁江山几乎沦陷,周王朝摇摇欲坠。

武庚之乱,周公旦也负有一定的责任,所以他勇挑重任,与周成王共克时艰,发起了气势磅礴的东征战争。东征战争为期三年,《尚书大传》用三句话来概述:"一年救乱,二年克殷,三年践奄。"

一年救乱,周成王元年(公元前1042年),先芟平管、蔡、霍之乱,管叔鲜被诛杀,蔡叔度被流放,霍叔处被废为庶民。

二年克殷,周成王二年(公元前1041年),周公旦辅佐成王,王师攻克商邑,除掉反贼之首武庚禄父。

三年践奄,周成王三年(公元前1040年),周公旦在吕尚的协助下,直捣蜚廉的老巢商奄,杀死蜚廉。既而驱虎、豹、犀、象,征服东夷、丰伯(今山东青州市)、薄姑(今山东博兴)等五十余国,彻底平息了这场大暴乱。

蜚廉死后,他的族人被强行西迁至遥远而又荒凉的邾圉(今甘肃甘谷县西南),让他们去守边,抵御奴狙之戎。这一支被流放的部落就是后世秦人的先祖。

殷商的最后鸣叫

东征大捷之后,周公旦于周成王三年的某月戊辰日在宗庙中举行饮至典礼，以庆贺胜利。

十年之前，周公旦跟周武王一道兴师伐耆，报了周文王之仇。灭耆之后，周公旦为东道主，在镐京文王太室宴请召公，举行饮至典礼。当时十几个兄弟饮酒作诗，其乐融融，周人上下一心，这才有了伐纣灭商的千古盛举。时过境迁，兄弟发生了阋墙之争，被殷商顽民所利用，掀起惊涛骇浪，差点儿颠覆了周王朝。不知道戊辰日饮至贺捷之时，周公旦会有如何的感想？

三年东征，是第二次讨伐殷商的战争。战争结束之后，周成王、周公旦吸取武庚之乱的教训，将殷商遗民分散各地，使他们无法凝聚成一个拳头。其中迁往洛邑的是殷商豪族，在西周文献中被称为"庶殷""殷献民""商王士""殷多士""殷士"等。

一些殷商大宗族被割裂成小宗族，散居到各诸侯国中去。微子启的族人可能是武庚之乱的支持者，他们被分割为三部分，一部分跟随微子启受封于宋，一部分被迁徙至周原，成为西周时期的微史家族，还有一部分迁至遥远的北方，被安顿在召公奭的封地燕国内。

对殷商另一豪族——举族的处罚更为严重，他们至少被分割为五部分，散居燕国、关中、甘肃灵台、鲁国、宋国等地。

殷商王畿地区则成了周武王幼弟康叔封的领地，周成王将他分封于康丘（今河南浚县、淇县之间），负责管辖殷王畿地区的殷商遗民。

一度繁华的安阳殷都在东征战争中遭受到严重的破坏。周公旦平定武庚之乱后，"虚殷国，而天下不称戾焉"[1]，对安阳殷都进行有组织的大规模破坏，使之残破不堪，沦为废墟。小屯殷墟发掘出柱烬、铜柱烧熔后的残余铜珠、基址上的红烧土，可见纵火焚烧是周人对殷都的破坏手段之一。

除了焚毁殷都宫殿，周人还大肆盗掘殷商王陵。小屯殷墟王陵区出

---

[1] 《荀子·儒效》。

现的一些早期盗坑，年代约在商末周初，就是周人对武庚叛乱的一种惩罚行为。

经过周人的大肆破坏，西周初期的安阳殷墟已沦为普通聚落，往日的光芒至此黯淡下去。殷墟之名，最早出现于《左传·定公四年》，这是殷商王朝灭亡之后540年。

武庚之乱过后，箕子曾经前往镐京，途经殷墟时，所见之处满目疮痍，辉煌的宫殿已被夷为平地，成了自由民的耕田，庄稼茁壮成长。往事不堪回首，箕子伤心欲绝，眼泪却流不得，因为男儿有泪不轻弹。箕子见景触情，只好吟诗一首，以抒胸中无穷无尽的忧伤："麦秀渐渐兮，禾黍油油，彼狡童兮，不与我好兮。"[1]——

> 麦穗吐出尖突突的麦芒，
> 禾苗长出绿油油的枝叶，
> 恨那个光鲜明亮的小子，
> 不肯跟我相好！

这是"玄鸟传人"发出的最后一声鸣叫。

自契开始，殷商民族历经千年之久，建立了一个长达六百年的青铜王朝。铿锵悦耳的青铜器，是殷商文明的象征，也是中华文明社会的起始点，传承着数千年的辉煌历史。西周建立以后，全盘接收了殷商的青铜礼器。除了青铜器，殷商的制度、礼乐、宗教、文字、法律、科技等，也几乎被西周全面接受。正是由于继承了先进而且辉煌的殷商文明，所以西周在建国之初就是一个制度完备的王朝，成为中国历史上礼乐昌明的开端。

---

[1] 〔先秦〕佚名：《麦秀歌》。

参考文献

北京师范大学国学研究所：《武王克商之年研究》，北京师范大学出版社1997年版。

曹定云：《殷虚妇好墓铭文研究》，云南人民出版社2007年版。

常玉芝：《商代史·卷八：商代宗教祭祀》，中国社会科学出版社2010年版。

常玉芝：《商代周祭制度》，中国社会科学出版社1987年版。

晁福林：《先秦民俗史》，上海人民出版社2001年版。

陈光宇、宋镇豪：《甲骨文与殷商史：新六辑》，上海古籍出版社2016年版。

丁山：《商周史料考证》，中华书局1988年版。

杜金鹏、许宏：《二里头遗址与二里头文化研究》，科学出版社2006年版。

范勇：《解谜三星堆：开启中华文明之门》，天地出版社2017年版。

冯卓慧：《商周民事经济法律制度研究》，商务印书馆2014年版。

宫长为、徐义华：《商代史》卷十一《殷遗与殷鉴》，中国社会科学出版社2011年版。

管燮初：《殷墟甲骨刻辞的语法研究》，中国科学院1953年版。

《郭沫若全集·考古编》第03卷《殷契粹编》，科学出版社1965年版。

国家地图集编纂委员会：《中华人民共和国国家历史地图集》第一册，中国地图出版社、中国社会科学出版社2012年版。

韩江苏、江林昌：《中国商代史》卷二《〈殷本纪〉订补与商史人物徵》，中国社会科学出版社2010年版。

胡厚宣：《甲骨文合集释文》，中国社会科学出版社1999年版。

井中伟、王立新：《夏商周考古学》，科学出版社2013年版。

李广宇、何玉囡、张健、张培瑜：《夏商周时期的天象和月相》，世界图书出版公司2007年版。

李守奎：《古文字与古史考·清华简整理研究》，中西书局2015年版。

李松儒：《清华简〈系年〉集释》，中西书局2015年版。

李学勤、[美]艾兰：《欧洲所藏中国青铜器遗珠》，文物出版社1995年版。

李学勤、彭裕商：《殷墟甲骨分期研究》，上海古籍出版社1996年版。

李学勤：《出土简帛与古史再建》，经济科学出版社2017年版。

李学勤：《李学勤早期文集》，河北教育出版社2008年版。

李学勤：《青铜器入门》，商务印书馆2013年版。

李学勤：《失落的文明》，上海文艺出版社1997年版。

李学勤：《文物中的古文明》，商务印书馆2008年版。

李学勤：《夏商周年代学札记》，辽宁大学出版社1999年版。

李学勤：《夏商周文明研究》，商务印书馆2015年版。

李学勤：《中国古代文明研究》，华东师范大学出版社2009年版。

李学勤：《走出疑古时代》，长春出版社2007年版。

李勇：《月龄历谱与夏商周年代》，世界图书出版公司2004年版。

刘次沅、马莉萍：《中国历史日食典》，世界图书出版公司2006年版。

刘次沅：《从天再旦到武王伐纣：西周天文年代问题》，世界图书出版公司2006年版。

刘海年、杨升南、吴九龙：《中国珍稀法律典籍集成》甲编，第一册《甲骨文金文简牍法律文献》，科学出版社1994年版。

刘起釪：《古史续辨》，中国社会科学出版社1991年版。

刘翔、陈抗、陈初生、董琨：《商周古文字读本》增补本，商务印书馆2017年版。

罗琨：《商代史》卷九《商代战争与军制》，中国社会科学出版社2010年版。

吕思勉：《先秦史》，上海古籍出版社1982年版。

彭裕商：《殷墟甲骨断代》，中国社会科学出版社1994年版。

饶宗颐：《饶宗颐二十世纪学术文集》卷二《甲骨》，中国人民大学出版社2009年版。

三星堆研究院、三星堆博物馆：《三星堆研究》第一辑，天地出版社2006年版。

沈培：《殷墟甲骨卜辞语序研究》，台北文津出版社1992年版。

史念海：《西安历史地图集》，西安地图出版社1996年版。

四川省文物考古研究所：《三星堆祭祀坑》，文物出版社1999年版。

四川省文物考古研究院、三星堆博物馆、三星堆研究院：《三星堆出土文物全记录：青铜器》，天地出版社2009年版。

宋镇豪：《甲骨文与殷商史：新二辑》，上海古籍出版社2011年版。

宋镇豪：《甲骨文与殷商史：新七辑》，上海古籍出版社2017年版。

宋镇豪：《甲骨文与殷商史：新三辑》，上海古籍出版社2013年版。

宋镇豪：《甲骨文与殷商史：新五辑》，上海古籍出版社2015年版。

宋镇豪：《甲骨文与殷商史：新一辑》，线装书局2008年版。

宋镇豪：《商代史》卷七《商代社会生活与礼俗》，中国社会科学出版社2010年版。

宋镇豪：《商代史》卷一《商代史论纲》，中国社会科学出版社2011年版。

宋镇豪：《夏商社会生活史》，中国社会科学出版社1994年版。

孙亚冰、林欢：《商代史》卷十《商代地理与方国》，中国社会科学出版社2010年版。

谭其骧：《中国历史地图集》第一册《先秦》，中国地图出版社1996年版。

唐嘉弘：《先秦史论集——徐中舒教授九十诞辰纪念论文集》，中州古籍出版社1989年版。

唐兰：《西周青铜器铭文分代史徵》，中华书局1986年版。

田继周：《先秦民族史》，四川民族出版社1996年版。

王立新：《早商文化研究》，高等教育出版社1998年版。

王宇信、徐义华：《商代史》卷四《商代国家与社会》，中国社会科学出版社2011年版。

王宇信、杨升南：《甲骨学一百年》，社科文献出版社1999年版。

王宇信：《甲骨学通论》，中国社会科学出版社1989年版。

王玉哲、胡厚宣等：《中国断代史系列·先秦史》，上海人民出版社2019年版。

王玉哲：《中华远古史》，上海人民出版社2000年版。

王震中：《商代史》卷三《商族起源与先商社会变迁》，中国社会科学出版社2010年版。

王震中：《商代史》卷五《商代都邑》，中国社会科学出版社2010年版。

王震中：《中国古代国家的起源与王权的形成》，中国社会科学出版社2013年版。

王震中：《中国文明起源的比较研究》，中国社会科学出版社2013年版。

夏商周断代工程专家组：《夏商周断代工程1996—2000年阶段成果报告》，世界图书出版公司2000年版。

肖先进：《三星堆研究》第二辑，文物出版社2007年版。

谢维扬：《中国早期国家》，浙江人民出版社1995年版。

徐旭生：《中国古史的传说时代》，文物出版社1985年版。

徐振韬、蒋窈窕：《五星聚合与夏商周年代研究》，世界图书出版公司2006年版。

许宏：《先秦城市考古学研究》，北京燕山出版社2000年版。

杨朝明：《周公事迹研究》，中州古籍出版社2002年版。

杨升南、马季凡：《商代史》卷六《商代经济与科技》，中国社会科学出版社2010年版。

尹盛平：《周文化考古研究论集》，文物出版社2012年版。

于省吾：《甲骨文字释林》，商务印书馆2010年版。

袁珂：《中国神话传说——从盘古到秦始皇》，人民文学出版社1998年版。

张培瑜：《中国先秦史历表》，齐鲁书社1987年版。

赵殿增：《三星堆文化与巴蜀文明》，江苏教育出版社2005年版。

郑杰祥：《商代地理概论》，中州古籍出版社1994年版。

中国社会科学院考古研究所：《安阳殷墟小屯建筑遗存》，文物出版社2010年版。

中国社会科学院考古研究所：《中国考古学·夏商卷》，中国社会科学出版社2003年版。

中国社会科学院考古研究所：《新中国的考古发现和研究》，文物出版社1984年版。

中国社会科学院考古研究所：《偃师二里头1959年—1978年考古发掘报告》，中国大百科全书出版社1999年版。

中国社会科学院考古研究所：《殷墟妇好墓》，文物出版社1980年版。

中国社会科学院考古研究所：《殷周金文集成》，中华书局2007

年版。

周有光:《世界文字发展史》,上海教育出版社1997年版。

朱凤瀚:《新出金文与西周历史》,上海古籍出版社2011年版。

朱歧祥:《周原甲骨研究》,学生书局1997年版。

邹衡:《夏商周考古学论文集》,文物出版社1980年版。

〔美〕班大为:《中国上古史实揭秘——天文考古学研究》,徐凤先译,上海古籍出版社2008年版。

〔美〕杨晓能:《另一种古史:青铜器纹饰、图形文字与图像铭文的解读》,唐际根、孙亚冰译,生活·读书·新知三联书店2008年版。

〔日〕白川静:《甲骨文と殷史》,日本东京平凡社2000年版。

〔日〕西江清高:《扶桑与若木:日本学者对三星堆文明的新认识》,徐天进等译,巴蜀书社2001年版。

附　录

一、夏朝世系简表

序号	夏王	备注	考古学文化	商族
第1代	禹		河南龙山文化	契
第2代	启			昭明
第3代	太康			昭明
	仲康	太康弟弟		相土
第4代	帝相	仲康儿子		相土
东夷政权	后羿		新砦期	昌若 曹圉
	寒浞			昌若 曹圉
第5代	少康	帝相儿子		冥
第6代	帝杼	少康儿子		冥
第7代	帝槐	又名芬、祖武，帝杼儿子		冥
第8代	帝芒	帝槐儿子		王亥 王恒 上甲微
第9代	帝泄	帝芒儿子		王亥 王恒 上甲微
第10代	不降	帝泄儿子		王亥 王恒 上甲微
	帝扃	帝不降弟弟	二里头一期	报乙 报丙 报丁
第11代	帝廑	帝扃儿子	二里头一期	报乙 报丙 报丁
	孔甲	帝不降儿子	二里头二期	报乙 报丙 报丁
第12代	帝皋	孔甲儿子	二里头二期	主壬 主癸 成汤
第13代	帝发	帝皋儿子	二里头三期	主壬 主癸 成汤
第14代	夏桀	又称履癸，帝发儿子	二里头三期	主壬 主癸 成汤

注：夏朝积年，《古本竹书纪年》说"夏四百七十一年"，《汉书·律历志》说"四百三十二年"，《易纬稽览图》说"禹四百三十一年"。夏朝十四世、十七王，如果以一世三十年记，就是四百二十年，加上穷寒之乱近半个世纪，与《古本竹书纪年》所说的四百七十一年较为相符。

二、商朝世系简表

序号	商王	备注	考古学文化	周族
第1代	成汤（1）		二里岗文化	公刘 庆节
第2代	太丁	成汤太子		皇仆
	外丙（3）	太丁之弟		
第3代	太甲（2）	太丁之子		
第4代	沃丁	太甲之子，卜辞中不见受周祭，沃丁即位当史载有误		差弗
	太庚（4）	太甲之子，史载为沃丁之弟		
第5代	小甲（5）	太庚之子		毁隃
	太戊（6）	小甲之弟，庙号中宗		
	雍己（7）	太戊之弟		
第6代	中丁（8）	太戊之子，又名三祖丁	小双桥文化	公非
	外壬（9）	中丁之弟		
	河亶甲（10）	中丁之弟		
第7代	祖乙（11）	中丁之子		
第8代	祖辛（12）	祖乙之子		高圉 亚圉
	沃甲（13）	祖辛之弟		
第9代	祖丁（14）	祖辛之子，又名四祖丁		
	南庚（15）	沃甲之子		
第10代	阳甲（16）	祖丁之子		
	盘庚（17）	阳甲之弟		
	小辛（18）	盘庚之弟		
	小乙（19）	小辛之弟		
第11代	武丁（20）	小乙之子，庙号高宗	殷墟一期	公叔祖类
第12代	祖己	武丁太子，又名孝己		
	祖庚（21）	武丁之子	殷墟二期	
	祖甲（22）	祖庚之弟		
第13代	廪辛	祖甲之子，未入祀谱		公亶父
	康丁（23）	廪辛之弟		

（续表）

序号	商王	备注	考古学文化	周族
第14代	武乙（24）	康丁之子	殷墟三期	季历
第15代	文丁（25）	武乙之子		
第16代	帝乙（26）	文丁之子		周文王
第17代	帝辛（27）	帝乙之子，纣、辛受	殷墟四期	周武王
第18代	武庚	帝辛之子，录子圣		周成王

注：

（1）人名后序号为即位顺序，该表排序依据殷商卜辞周祭祀谱。

（2）商代积年有多种说法，《古本竹书纪年》说："汤灭夏以至于受（商纣王）二十九王，用岁四百九十六年。"《左传·宣公三年》："桀有昏德，鼎迁于商，载祀六百。"《史记集解》引谯周《古史考》为六百余年。《孟子·尽心下》："由汤至于文王，五百有余岁。"《世经》引《殷历》为四百五十八岁。《世经》据《三统历》为六百二十九岁。《今本竹书纪年》三十王共五百零八年。商王朝十七世，如以每世三十年计，共五百一十年，与《今本竹书纪年》相差2年，与《古本竹书纪年》相差14年，与孟子所说的五百有余岁也较相符。夏商周断代工程的阶段性成果《夏商周年表》中，商朝自约公元前1600年至公元前1046年，共历五百五十余年。

后 记

中华文明是世界上独立起源，且能够持续到今的古老文明之一。在五千多年的漫长发展历程中，中华文明凭借其源远流长、坚忍不拔的特质，为世界文明的进步作出了巨大的贡献。

璀璨夺目的中华文明，滥觞于史前时代与夏文化，定型于周秦文化，而殷商六百年的历史发展时空，正处在一个承前启后的关键性位置，奠定了早期中华文明的基石。

殷商一朝虽在早期中华文明上具有特殊的地位，却因史传文献记载上的严重匮乏，使得这一关键的断代史长期处于"空白状态"。1899年王懿荣发现了甲骨文，以及1928年安阳小屯殷墟的发掘，不断地刷新着人们对殷商一朝的认知。

这一个从未失落过的上古文化，正逐渐、鲜活地展现在世人面前，仿佛并没有那么遥远，而是近在咫尺，触手可及。

我对殷商的兴趣，开始于上个世纪末启动的"夏商周断代工程"。二十多年来，我就一直关注殷商历史的研究动态、考古发掘，注意搜集、阅览与其相关的资料，也做了一些整理，很想以殷商为主题，做点什么事，但迟迟未能动笔。直到2021年大有书局出版了我的《史前中国：从智人时代到涂山会盟》之后，我才意识到该付诸行动了。

人是创造历史的主角，没有人，谈何历史？

创造灿烂殷商文化的主角，包括赫赫有名的上甲微、成汤、太甲、盘庚、武丁等君王，功勋卓著的伊尹、妇好、望乘、攸侯喜等贵族重臣，还有默默无闻的殼、宾等贞人，甚至微不足道的平民、奴隶，等等，都"活"在冰冷、黝黑的龟甲、兽骨上。

就像从未消逝似的，他们静静地"躺"在甲骨文中，"沉睡"了三千六百多年，等待着世人有朝一日能去唤醒他们。

所以，除了阅读《史记》、诸子百家等早期文献之外，我更多的是从甲骨卜辞中，去找寻拼凑殷商六百年历史的零碎信息和断断续续的线索。

收录甲骨卜辞的工具书，比较重要的有以下几种：

《甲骨文合集》（简称为《合集》），由"甲骨四堂"之一郭沫若（字鼎堂）主编，著名史学家胡厚宣负责总编，共收录小屯殷墟发现的甲骨卜辞41956片。

《甲骨文合集释文》，胡厚宣对《甲骨文合集》收录的4万多片甲骨卜辞进行校对、释读，另编成书，被史学界誉为研究甲骨卜辞的权威巨作。

《殷契粹编》（简称为《粹》），郭沫若早年考释甲骨卜辞的专著之一，精选了安阳小屯殷墟早期（1923年至1928年间）出土的1595片甲骨卜辞，详加考释、阐述，是普及甲骨学的佳作之一。

《殷虚书契》五种，包括"甲骨四堂"之一、清末学者罗振玉（号雪堂）的《殷虚书契前编》《殷虚书契菁华》《殷虚书契后编》《殷虚书契续编》四种，以及罗振玉第五子罗福颐的《殷虚书契四编》。共收录甲骨拓本5861片（其中《前编》2229片、《菁华》68片、《后编》1104片、《续编》2016片、《四编》444片），为罗氏一家数十载研究甲骨卜辞的心血结晶。

《殷契佚存》（简称为《佚》），现代古文字学家商承祚编纂，共收录了甲骨卜辞1000片，包括著录者1932年在北京收集的440片、自家私藏的560片。

《殷墟文字甲编》《殷墟文字乙编》，"甲骨四堂"之一董作宾（字彦堂）著录。两书共收入甲骨13047片，汇集了1928年至1937年这十年间中央研究院历史语言研究所在安阳殷墟所获得的甲骨卜辞。

另有，国学大师网站对近现代著名的二十五部甲骨卜辞工具以及中国社会科学院考古研究所编纂的《殷周金文集成》进行电子化处理，大大便利了对一些重要历史信息的检索。

这些都是探求殷商六百年历史的必备工具。

除了甲骨卜辞，浩如烟海的史传典籍，如司马迁的《史记》，散见于诸子百家著作中的史料碎片，《诗经》《尚书》《逸周书》等，这些也是探求殷商历史必不可少的资料。

笔者水平有限，不可能写出一部十分可观的殷商断代史。这本小作，只是我试图把收集到的一些零星材料，用自己的认知，去拼接出一个我心目中的殷商王朝兴衰史。

作为一个普通的作者，非常清楚这样做的困难以及风险。

其中最大的困难就是如何将发掘到的考古材料，包括商周古遗址，甲骨卜辞、金文辞，战国竹简，还有难以数清的殷周器物，与史传文献中的某些记载联系起来，研究它们之间的内在逻辑关系，然后用通俗的文字描述出来。

也许我的猜测和推想纯属子虚乌有，但这并不妨碍我对殷商的故事做合理推测的热情。这本《殷商六百年》就是我试图在一个既邈远辽阔又包罗万象的上古世界中寻觅的一朵思维的浪花。

我不由得想起了，两千五百多年前，有一个不知名字的古人，心思不宁地徘徊在洛邑的小河边，吟诵出一句诗：

"知我者，谓我心忧；不知我者，谓我何求。悠悠苍天，此何人哉？"

如果可以选择，我真想回到那个神秘的殷商时代，对那段历史一探究竟！

2022年8月21日

图书在版编目（CIP）数据

殷商六百年：殷周革命与青铜王朝的兴衰/柯胜雨著. — 成都：天地出版社，2023.4
ISBN 978-7-5455-7269-8

Ⅰ.①殷… Ⅱ.①柯… Ⅲ.①中国历史—商代—通俗读物 Ⅳ.①K223.09

中国版本图书馆CIP数据核字（2022）第185854号

YINSHANG LIUBAINIAN：YINZHOU GEMING YU QINGTONG WANGCHAO DE XINGSHUAI
殷商六百年：殷周革命与青铜王朝的兴衰

出 品 人	陈小雨　杨　政
作　　者	柯胜雨
责任编辑	武　波
责任校对	杨金原
封面设计	左左工作室
责任印制	王学锋

出版发行	天地出版社
	（成都市锦江区三色路238号　邮政编码：610023）
	（北京市方庄芳群园3区3号　邮政编码：100078）
网　　址	http://www.tiandiph.com
电子邮箱	tianditg@163.com
经　　销	新华文轩出版传媒股份有限公司

印　　刷	北京文昌阁彩色印刷有限责任公司
版　　次	2023年4月第1版
印　　次	2024年12月第10次印刷
开　　本	710mm×1000mm　1/16
印　　张	28.5
插　　页	8
字　　数	382千字
定　　价	88.00元
书　　号	ISBN 978-7-5455-7269-8

版权所有◆违者必究

咨询电话：(028) 86361282（总编室）
购书热线：(010) 67693207（营销中心）

如有印装错误，请与本社联系调换

只有话到文字，分发人类智慧

天喜文化